REVISTA TRIMESTRAL DE

DIREITO PÚBLICO

19/1997

MALHEIROS EDITORES

Revista Trimestral de Direito Público

Órgão do

INSTITUTO GERALDO ATALIBA —
IDEPE — INSTITUTO INTERNACIONAL
DE DIREITO PÚBLICO E EMPRESARIAL

INSTITUTO DE DIREITO ADMINISTRATIVO PAULISTA
IDAP

RTDP
publicação trimestral de
MALHEIROS EDITORES LTDA.
Rua Paes de Araújo, 29, cj. 171
CEP 04531-940 - São Paulo, SP - Brasil
Tel. 822-9205 - Fax: 829-2495
Diretor Responsável: Álvaro Malheiros
Diretora: Suzana Fleury Malheiros

Assinaturas e comercialização:
CATAVENTO DISTRIBUIDORA DE
LIVROS S.A.
Rua Conselheiro Ramalho, 928
CEP 01325-000 - São Paulo, SP - Brasil
Tel. 289-0811 - Fax: 251-3756
Supervisão Gráfica: Vânia Lúcia Amato
Composição: PC Editorial Ltda.

SUMÁRIO

DOUTRINA

UM CASO PARADIGMÁTICO DE VIOLAÇÃO AO DIREITO
Celso Antônio Bandeira de Mello 5
CIDADANIA E CONSTITUIÇÃO (AS CORES DA REVOLUÇÃO CONSTITUCIONAL DO CIDADÃO)
Cármen Lúcia Antunes Rocha 19
A LEI DOS PARTIDOS POLÍTICOS (LEI 9.096, DE 19 DE SETEMBRO DE 1995)
Sérgio Sérvulo da Cunha 38
O DEVIDO PROCESSO LEGAL E O ESTADO DEMOCRÁTICO DE DIREITO
Geraldo Brindeiro 49
A AUTONOMIA DO BANCO CENTRAL
José Simões Patrício 53
O PRESSUPOSTO LÓGICO DO ATO ADMINISTRATIVO
José Roberto Pimenta Oliveira 81

PARECERES

CONTRATO DE ASSOCIAÇÃO – DESCUMPRIMENTO DO PRINCÍPIO CONSTITUCIONAL DA IMPESSOALIDADE DA ADMINISTRAÇÃO PÚBLICA
Fábio Konder Comparato 103
ASPECTOS DO PROCESSO DE "IMPEACHMENT" – RENÚNCIA E EXONERAÇÃO DE AGENTE POLÍTICO – TIPICIDADE CONSTITUCIONAL DOS CRIMES DE RESPONSABILIDADE
Luís Roberto Barroso 115
CORREÇÃO MONETÁRIA DE PARCELAS PAGAS COM ATRASO A SERVIDOR PÚBLICO
Mirtô Fraga 126
INCINERAÇÃO DE DOCUMENTOS ARQUIVADOS NO ARQUIVO GERAL DA PREFEITURA MUNICIPAL
Hélcio de Abreu Dallari Júnior 145
REESTRUTURAÇÃO DO SETOR POSTAL BRASILEIRO
Floriano Peixoto de Azevedo Marques Neto 149

ESTUDOS E COMENTÁRIOS

A ANEEL E A DESESTATIZAÇÃO DOS SERVIÇOS DE ENERGIA
Marcos Juruena Villela Souto 170
DA DEFINIÇÃO E DA DIVISÃO (NO DIREITO) – DA CLASSIFICAÇÃO DAS COMPETÊNCIAS DAS PESSOAS POLÍTICAS E O MEIO AMBIENTE
Heraldo Garcia Vita 185
OS TRIBUNAIS DE CONTAS E O SANCIONAMENTO ADMINISTRATIVO DE LICITANTES E CONTRATADOS
Eduardo Rocha Dias 203

PROCESSO DE CASSAÇÃO DE MANDATO ELETIVO E O AFASTAMENTO PROVISÓRIO DE PREFEITO MUNICIPAL DO CARGO POR DECISÃO DA CÂMARA DE VEREADORES
Fábio Medina Osório 213

RESPONSABILIDADE DOS AGENTES PÚBLICOS POR CONDUTAS OMISSIVAS APÓS A VIGÊNCIA DO CÓDIGO DE DEFESA DO CONSUMIDOR
Georghio A. Tomelin 219

CONFERÊNCIAS E DEBATES

O PODER EXECUTIVO E O PODER LEGISLATIVO NO CONTROLE DE CONSTITUCIONALIDADE
Gilmar Ferreira Mendes 226

JURISPRUDÊNCIA 257

DOUTRINA

UM CASO PARADIGMÁTICO DE VIOLAÇÃO AO DIREITO

CELSO ANTÔNIO BANDEIRA DE MELLO
Professor Titular de Direito Administrativo da Faculdade de Direito da PUC/SP

1. No Brasil é incomum que os estudiosos do Direito se ocupem do exame de "casos", como forma de analisar vícios jurídicos e mesmo de despertar estudos sobre a forma de prevenir-lhes a reiteração. Sem embargo, uma vez que, recentemente, ocorreu um dos mais teratológicos eventos de violação à ordem jurídica, vale a pena comentá-lo tecnicamente. É que, embora estivesse em pauta fato importantíssimo, com ampla repercussão política, seus aspectos *de direito* ficaram ensombrecidos, baldos de análise efetuada por tal prisma, conquanto, ao propósito dele, a ordem jurídica haja sido escandalosamente aviltada.

Referimo-nos ao processo de alienação das ações que a União Federal detinha na TELEBRÁS, empresa da qual detinha o controle e que era, juntamente com a EMBRATEL, igualmente privatizada, responsável por todo o sistema de telecomunicações do país.

Dita alienação foi efetuada com vícios jurídicos tão espantosos que é razoável supor que os responsáveis por ela acreditaram-se *acima da Constituição e das leis e* ***descrentes em que o Poder Judiciário do país se atreveria a contê-los*** de logo: questão, é bem de ver, da máxima gravidade, tanto mais porque a seqüência dos fatos revelou que a pressuposição governamental estava fundada em prognóstico certeiro.

2. O primeiro e *ostensivo vício* da operação de alienação – suficiente para fazê-la nula – reside em que a pessoa jurídica encarregada de efetuá-la mediante leilão, o BNDES, recusou-se, até mesmo, a atender às *exigências legais de publicidade*. Isto é, as que constam do *art. 11 da Lei 9.491, de 9.9.97*, norma específica sobre desestatização e alienação de ações de estatais e, ademais, posterior à Lei 9.472, criadora da Agência Nacional de Telecomunicações (ANATEL) e na qual foi prevista a privatização da TELEBRÁS.

Dito art. 11, *por estar alocado em norma específica sobre o tema e que é posterior à Lei 9.472, alterou-lhe o art. 198, passando, evidentemente, a ser o regente da publicidade da alienação de estatais*.

Dispõe o citado art. 11:

"*Para salvaguarda do conhecimento público das condições em que se processará a alienação do controle acionário da empresa*, inclusive instituição financeira incluída no Programa Nacional de Desestatização, assim como de sua situação econômica, financeira e operacional, será dada ampla divulgação das informações necessárias, *mediante a publicação de edital, no 'Diário Oficial da União' e em jornais de notória circulação nacional*, do qual constarão, pelo menos, os seguintes elementos.

"a) justificativa da privatização, indicando o percentual do capital social da empresa a ser alienado;

"b) data e ato que determinou a constituição da empresa originariamente estatal ou, se estatizada, data, ato e motivos que determinaram sua estatização;

"c) passivo das sociedades de curto e de longo prazo;

"d) situação econômico-financeira da sociedade, especificando lucros ou prejuízos, endividamento interno e externo nos cinco últimos exercícios;

"e) pagamento de dividendos à União ou às sociedades por essa controladas direta ou indiretamente, e aporte de recursos à conta capital, promovidos direta ou indiretamente pela União, nos últimos 15 (quinze) anos;

"f) sumário dos estudos de avaliação;

"g) critério de fixação do valor de alienação, com base nos estudos de avaliação;

"h) modelagem de venda e valor mínimo da participação a ser alienada;

"i) a indicação, se for o caso, de que será criada ação de classe especial e os poderes nela compreendidos."

3. Esta lei, posterior à Lei 9.472 e, ademais, *especifica para o tema da desestatização e alienação de estatais* ao setor privado, veio, no artigo transcrito, precisamente evitar que a divulgação da privatização de estatais, sua *justificativa* e suas condições, ficassem exclusivamente por conta do *Diário Oficial* e daquilo que os meios privados de divulgação entendessem de noticiar, segundo o viés de cada qual.

Assim, seu intento manifesto foi assegurar que o tema pudesse ser objeto do conhecimento de qualquer do povo, em todos os seus detalhes, no que se atendia a um princípio elementar do Estado de Direito: o da transparência e o da submissão dos atos governamentais ao controle da Sociedade. A importância desta providência é particularmente saliente no caso de alienação de um patrimônio de vulto extraordinário, como ocorreu com a privatização do Sistema TELEBRÁS, que se constituiu na "maior privatização em bioco já realizada no mundo", conforme, aliás, noticiou a imprensa.

Registre-se que a simples leitura do art. 11 citado enseja perceber, de imediato, que o sentido da sobredita regra não é o de reclamar cumprimento da função inerente aos "editeis de licitação", qual a de proporcionar *aos que possam se interessar em acorrer ao certame* conhecimento das condições estabelecidas para concorrerem e ofertarem, disputando-o com prévia ciência dos termos que o regem.

O sentido do art. 11 é manifestamente o de permitir que *a sociedade, os cidadãos, o público em geral*, possam verificar que *a privatização daquela especifica empresa ou conjunto de empresas* atende a razões prezáveis, vai se desenvolver com a adequada transparência e que, pois, não comparecem motivos para objetá-la. Em suma: visa a assegurar, e de maneira qualificada, o princípio da publicidade.

4. Tanto é óbvio ter sido este o propósito do art. 11 (transparência no que se pretende efetuar e prestação de contas ao público quanto à procedência da decisão tomada) que o sobredito preceptivo exige *informações absolutamente irrelevantes para fins de um procedimento licitatório*, mas que, inversamente, *são cruciais para atender ao objetivo apontado como o que lhe é pertinente*. Valem como exemplo disto as exigências das letras "a", "b" e "e", ainda que o mesmo possa ser dito de quase todas.

Na letra "a" demanda-se *justificativa da privatização*, ou seja, exposição do *conjunto de motivos* que levaram o Poder Público a privatizar *aquela especifica empresa ou conjunto de empresas* que esteja em causa, e, pois, demonstração da ausência de razões ponderáveis que a infirmariam ou, pelo menos, a enunciação de argumentos explicativos do por quê devem, ao juízo do Poder Público, preponderar os concernentes à alienação da empresa. É claro que *nos editais de licitação* é irrelevante a exposição aos eventuais interessados em afluírem à disputa dos motivos que justificam a conduta administrativa consistente em adquirir, locar ou alienar bens, realizar obras ou serviços. E é claro, de outra parte, que tudo isto é indispensável se o que se deseja é oferecer ao corpo social explicações de uma dada conduta.

Na letra "b" requer-se *data e ato que determinou a constituição da empresa ou, se estatizada, data, ato e motivos que determinaram sua estatização*. Ainda aqui é igualmente óbvio que em *nada interessa aos licitantes* saber por que determinada atividade algum dia foi assumida pelo Estado. É óbvio, pelo contrário, que, se o desejado pela norma é propiciar *ao público em geral* amplo conhecimento das razões que motivam o Estado a agir do modo a que se propõe, interessa profundamente à sociedade com um todo saber por que o Estado considerou importante assumir determinada empresa e passou depois a reputar que esta não mais interessa aos objetivos que lhe haviam determinado a estatização.

Na letra "e" reclama-se informação sobre *pagamento de dividendos à União Federal ou a sociedades por essa controladas direta ou indiretamente, e aporte de recursos à conta capital, providos direta ou indiretamente pela União, nos últimos 15 (quinze) anos*. Vê-se, igualmente, que é irrelevante para os licitantes o montante de recursos aportados nestes últimos 15 anos pela União. Inversamente, se o dispositivo legal que impõe tal esclarecimento almeja proporcionar aos cidadãos a ocasião de conferirem o bom fundamento do propósito de desestatizá-la, interessa, e muito, saber se o Poder Público tem efetuado dispêndios com ela e se vem colhendo proveitos econômicos apreciáveis.

5. Verifica-se, então, que o edital a que se refere o art. 11 tem, para além de qualquer dúvida ou entredúvida, o objetivo claro, manifesto e indiscutível de *garantir a todo o corpo social* um amplo conhecimento das *razões determinantes da alienação de uma dada empresa*, para que este possa fiscalizar e avaliar a justeza da medida, com as correlatas conseqüências, inclusive os ônus políticos que daí derivem para quem haja decidido dela se desfazer. *Note-se que tal encargo foi posto à compita do Poder Público, isto é, não se pretendeu deixá-lo ao sabor meramente das informações ou direcionamento ensejado pelos rumos que a "mídia" adotasse quanto a cada caso de privatização.*

Em suma: o alcance específico do art. 11 da Lei 9.491, de 9.9.97, *foi justamente impedir que o promotor da licitação se limitasse a publicar, em jornais de grande circulação nacional, tão-somente "avisos"*, remetendo o leitor ao *Diário Oficial*, como dantes estabelecia o art. 198 da Lei 9.472.

6. Sem embargo, o BNDES não publicou *em jornais de grande circulação nacional os dados do edital que estava obrigado a publicar*. Limitou-se a publicar um "Aviso", remetendo o leitor ao *Diário Oficial da União*. Isto é, não foi feito o que a lei determinou, e foi feito exatamente aquilo que ela pretendeu evitar que se fizesse.

7. Não se imagine que a Lei 9.491 não se aplica à alienação do Sistema TELEBRÁS e que esta se regeria exclusivamente pela lei da ANATEL. O art. 3º da Lei 9.491, em sua primeira parte, poderia induzir a tal entendimento, contudo, a segunda parte do artigo espancaria qualquer dúvida passível de se instalar no espírito do exegeta. Veja-se. Diz o preceptivo em causa: "Não se aplicam os dispositivos desta Lei ao Banco do Brasil S/A, à Caixa Econômica Federal, e a empresas públicas ou sociedades de economia mista que exercem atividades de competência exclusiva da União, de que tratam os incisos XI e XXI do art. 21 e a alínea 'c' do inciso I do art. 159 e o art. 177 da Constituição Federal, *não se aplicando a vedação aqui prevista às participações acionárias detidas por essas entidades, desde que não incida restrição legal à alienação das referidas participações*".

Inexistia restrição legal à venda de ações do Sistema TELEBRÁS, até porque, se existisse, não poderiam ser alienadas. O permissivo para tanto está expresso no art. 187 da Lei 9.472.

8. Em suma: a *Lei 9.491, de 9.9.97*, veio a se constituir na lei regente de *todas as desestatizações*, como decorre da abrangência de seus termos. Aliás, tal abrangência resulta explicitamente do mesmo art. 3º precitado. Com efeito, a própria exceção que dele consta, ao excluir expressamente o Banco do Brasil e a Caixa Econômica Federal (que jamais foram incluídos no Plano Nacional de Desestatização), bem como outras entidades em relação às quais, todavia, *ressalvou a exceção* (quando inexistisse restrição legal à alienação das participações acionárias da União), demonstra que dita lei apresentou-se, explicitamente, como retora de *quaisquer desestatizações*. A não ser assim, o art. 3º seria um sem-sentido; não teria qualquer razão de existir.

É induvidoso, pois, que desde a citada lei a publicidade da venda de estatais exige publicação, em jornais de grande circulação nacional, *de todos os elementos indicados em seu art. 11*. De resto, *seria disparatado, ridículo, incongruente, que tais cautelas fossem exigidas para a privatização de quaisquer estatais e não o fossem justamente para a "maior privatização do mundo"*.

9. Aliás, independentemente do disposto na citada lei, a ausência de "justificativa" do ato, isto é, de sua "motivação", deve ser considerada, ainda, como vício autônomo, isto é, como um *segundo* vício. Deveras, a motivação é condição de validade dos atos administrativos praticados no exercício de alguma discrição e induvidosamente requerido nos casos de alienação, tanto que, consciente disto, a Lei Geral de Licitações e Contratos (n. 8.666, de 21.6.93, com suas alterações), em seu art. 17, dispõe: "A alienação de bens da Administração Pública, subordinada à existência de interesse público devidamente justificado (...)".

Ao respeito do dever de motivar, quadra referir a precisa lição da eminente professora e juíza do Tribunal Regional Federal da 3ª Região, Lucia Valle Figueiredo:

"A motivação é elemento essencial para o controle, sobretudo para o controle judicial.

"Não haveria possibilidade de aferir se o ato se conteve dentro da competência administrativa, dentro da *razoabilidade*, que deve nortear toda competência, caso não sejam explicitadas as razões condutoras do provimento emanado" (*Curso de Direito Administrativo*, São Paulo, Malheiros Editores, 1994, p. 101).

In casu, o vício da falta de motivação é de relevância extrema, *não só por ser ela expressamente exigida na letra "a" do art. 11 da Lei 9.491, ou por estar em causa a alienação de um complexo gigantesco de empresas, mas por envolver concessões de serviço público*.

Deveras, a Lei 8.987, de 13.2.95, que disciplina as concessões de serviço público, em seu art. 5º prevê que: "O poder concedente publicará, previamente ao edital de licitação, ato justificando a conveniência da outorga de concessão ou permissão, caracterizando seu objeto, área e prazo". É certo que a alienação das empresas do Sistema TELEBRÁS não se rege especificamente por tal lei. Sem embargo, ninguém, em seu juízo normal, suporia que é obrigatória a justificativa emitida em ato público e oficial precedendo uma mísera permissão de serviço público qualquer e não o é quando se trate de efetuar concessões abrangendo a totalidade do "Sistema de Telecomunicações do país".

10. Os exegetas nutridos de alguma ilustração sabem que a existência de um dado poder outorgado legalmente à Administração não significa elisão do restante da ordem jurídica, e muito menos de princípios gerais de Direito. A respeito, e de modo lapidar, assim se manifestou o consagrado publicista espanhol Eduardo García de Enterría: "La administración – hay que repetirlo una vez más – no es un poder soberano, sino una organización subalterna al servicio de la comunidad, y por esta simplicísima e incontestable razón no puede pretender apartar en un caso concreto, utilizando una potestad discrecional, la exigencia particular y determinada que dimana de un principio general del Derecho en la materia de que se trate. *La ley que ha otorgado a la Administración tal potestad de obrar no ha derogado para ella la totalidad del orden jurídico*, el cual, con su componente esencial de los principios generales, sigue vinculando a la Administración" (Eduardo García de Enterría y Tomás-Ramón Fernández, *Curso de Derecho Administrativo*, 3ª ed., Madri, Civitas, 1981, p. 400 – grifos nossos).

11. O *terceiro vício* reconhecível de plano foi o de ofensa manifesta àquele que é, talvez, o mais importante princípio inspirador do Estado de Direito, qual seja, o princípio da igualdade. O edital de alienação das ações vedou que participassem do leilão Estados, Distrito Federal, Municípios e entidades integrantes de suas Administrações indiretas.[1]

Inversamente, não existe no edital restrição alguma à participação de Governos estrangeiros ou de pessoas controladas por Governos estrangeiros, tanto que, como é público e notório, inscreveram-se para participar *empresas controladas pelos Governos de diversos países e várias delas foram as arrematantes*.

Nisto existem, simultaneamente, várias violações ao Direito.

Uma, a de que, permitindo-se participação de estatais estrangeiras e, inversamente, não se permitindo que Estados, Municípios ou entidades de sua Administração indireta disputem o leilão, ofende-se, às escancaras, o *princípio constitucional da igualdade*. E dita ofensa é tanto mais grave porque praticada com *favorecimento a estrangeiros e em desfavor do que é brasileiro*, o que contraria, também, toda a lógica do sistema constitucional de qualquer país que se pretenda soberano (arts. 1º, I, 4º, I, e 170, I, da CF).

Porém, demais disto, viola-se, outrossim, o *princípio constitucional da autonomia de Estados e Municípios*, porque a eles se impõe limitação não residente na Lei Magna. Acresce que, destarte, restringe-se o universo de proponentes, o que se contrapõe ao princípio básico de qualquer certame licitatório.

De resto, tal limitação foi imposta sem que sequer estivesse mascarada pelo suposto apoio de alguma lei autorizante, a qual, se existisse, forneceria algum arreme-

1. É este o texto do item 1.2.2 do Edital: "Não será admitida a participação de entidades integrantes da Administração Pública direta, indireta ou fundacional, de qualquer dos poderes da União, do Distrito Federal, dos Estados e dos Municípios, no leilão, exceto aquelas relacionadas no inciso I do art. 3º do Decreto n. 1.068, de 2 de março de 1994" (as liberadas para participar, a teor do dispositivo referido, são, unicamente, o BNDES Participações S/A, o BB – Banco de Investimento S/A e o Instituto de Resseguros do Brasil).

do de pretenso calço jurídico à restrição de direitos nela contemplada. Deveras, como bem foi anotado em estudo de mão e sobremão a respeito do edital *sub examine* efetuado pelo eminente Gaspar Viana, certamente o maior especialista brasileiro em direito de telecomunicações:

"Não há na Lei n. 9. 472, de 16 de julho de 1997, nem em qualquer outra lei, um único artigo que proíba o Distrito Federal, os Estados da Federação, os Municípios, ou mesmo os entes descentralizados do Poder Público, em qualquer de suas esferas, de controlar acionariamente ou mesmo de ter participação relevante no capital de empresas de telecomunicações.

"Se não há tal restrição legal, o Edital – que é um ato administrativo de execução – não poderia estabelecê-la.

"(...)

"O Edital, todavia, desconhecendo os limites impostos ao ato administrativo, estabelece restrição que não existe na lei, operando assim outra odiosa discriminação e interferindo indebitamente na Administração Estadual e Municipal.

"A discriminação inscrita no item 1.2.2 do Edital é, portanto, *inconstitucional, e nula de pleno direito*, devendo tal nulidade ser declarada por sentença judicial de mérito."

Assim, este terceiro vício apontado traz consigo, ao menos, um *quarto vício*, qual o de invadir autonomia de Estados e Municípios, para não se falar da ostensiva postergação da rudimentar noção de que toda atividade administrativa – e, pois, qualquer restrição por ela imposta – necessita inelutavelmente estar calçada em lei.

12. O *quinto vício* é literalmente espantoso, porque configura, mais do que descaso pela *segurança nacional*, ato de manifesto comprometimento dela e uma incompreensível ausência de previsibilidade em relação a um futuro imediato.

Tal vício pode ser exposto com transcrição das seguintes considerações extraídas do mencionado trabalho notável da lavra de Gaspar Viana, o qual, depois de referir que o Edital não colocou quaisquer peias à participação de empresas controladas por outras potências, anotou:

"Ao se omitir sobre esta questão essencial, o Edital admite tudo (cf. item 3.1.II) e autoriza o entendimento discriminatório de que o funcionamento, no Brasil, de entes estatais de outros países é mais salutar do que a existência no Brasil de empresas estatais brasileiras.

"Com esta grave omissão, o Edital, poderá configurar uma *desnacionalização* que, adicionalmente, caracterizará uma grave inconstitucionalidade: empresas estatais estrangeiras, que atuam no campo da *geração de informação*, poderão assumir o controle acionário de empresas sediadas no Brasil e encarregadas do *transporte da informação*.

"Como se sabe, em quase toda a América Latina, no Leste Europeu, na África e em parte da Ásia as redes e sistemas de telecomunicações estão caindo sob o domínio de um reduzido grupo de países – nomeadamente, Estados Unidos, Reino União, Alemanha, França, Espanha, Itália, Japão e seus sócios menores da OCDE e Comunidade Européia.

"Impulsionando este novo infocolonialismo estão o Departamento de Comércio dos Estados Unidos, a Organização Mundial de Comércio (OMC), a União Internacional de Telecomunicações (UIT), o FMI, o Banco Mundial e outras instituições ligadas aos governos e interesses econômicos daqueles países.

"E quem executa esta estratégia de dominação de mercado relevante?

"A execução desta estratégia está a cargo da *American Telephone & Telegraph* (AT&T), o maior operador de telecomunicações dos Estados Unidos; a *British Telecom*, operador privado britânico de telecomunicações, *no qual o Governo inglês tem participação acionária estratégica*; as

France Telecom, *Deutsche Telecom* e *Telecom Italia, operadores controlados e dirigidos pelos Estados francês, alemão e italiano*, respectivamente; a *Telefónica de España*, outro operador privado, *no qual o Estado – espanhol – tem participação acionária estratégica*. Atores menores e associados são as *MCI*, *Bell South* e outras companhias norte-americanas; a *Telia*, companhia estatal sueca; até a pequena, mas muito esperta, *Portugal Telecom*.

"Coincidentemente, todas estas empresas estão pré-qualificadas para participar do 'leilão' da TELEBRÁS...

"Esta corrida pelo domínio das redes e sistemas de telecomunicações em todo o mundo é parte de um veloz e feroz esforço dos grandes grupos multinacionais, dos bancos e corretoras internacionais, dos conglomerados da comunicação social e, claro, *dos Estados hegemônicos do mundo*.

"E com que objetivo?

"A resposta é evidente e plena de lógica: para controlar as tecnologias, meios e sistemas que lhes permitam acessar, processar, registrar, comunicar – em suma, açambarcar e dominar –, toda e qualquer Informação de natureza científica, tecnológica, gerencial, financeira, mercadológica, política, sem falar das sociais e culturais mais gerais, que as organizações, as empresas, os serviços públicos e, claro, os Estados necessitam em suas atividades econômicas, políticas e culturais.

"Já é certo e incontestável que o próximo milênio será a 'Era da Informação'. Então é indiscutível que Informação tornou-se o mais importante recurso econômico e social da humanidade, neste fim de século. Permitir ou negar o acesso e uso da Informação significará favorecer ou não a criação e distribuição de trabalho e riquezas, no mundo e em cada país.

"Também a Democracia dependerá, ainda mais do que sempre dependeu, do livre, amplo e plural acesso dos cidadãos às informações necessárias à tomada de decisões sobre os rumos da sociedade.

"Informação é poder: poder econômico, poder político. O acesso à Informação e aos meios de comunicá-la tanto pode ser um instrumento de radicalização democrática e de justa distribuição das oportunidades e riqueza, quanto de centralização autoritária do poder e correspondente exclusão social. Não será um imperativo tecnológico, mas sim as decisões conscientemente políticas da sociedade que determinarão uma ou outra escolha.

"As tecnologias da informação e da comunicação globalizam a economia e a cultura, mas não suprimem, por si sós, a exclusão social, a concentração de riquezas, a dominação de povos e países. Certamente, no mundo de hoje, alguns países globalizam, outros são globalizados. No passado, se diria, alguns países colonizam, outros são colonizados.

"O domínio das redes e sistemas de telecomunicações, dos satélites que se encontram em seus vértices superiores, dos cabos, troncos e estações que formam a sua base à volta do mundo e em cada país, pode tornar quase obsoleto o uso da força bruta militar para impor essa nova dominação infocolonial.

"*No milênio que se avizinha, não será mais necessário invadir um país para submetê-lo. Bastará deixá-lo surdo e mudo, desligando os seus circuitos de satélite e outros sistemas que sirvam de suporte e infra-estrutura para as comunicações dos seus bancos e empresas, para o controle do seu tráfego aéreo, para as emissões das suas cadeias de televisão, sem falar, claro, das comunicações próprias e internas do governo, das forças de segurança e mesmo dos cidadãos, no dia-a-dia*.

"Com todas – rigorosamente todas – as empresas de telecomunicações de um país nas mãos das forças do capital internacional, uma súbita interrupção dos circuitos – um 'apagão' –, embora intencional, poderá ser divulgado como um simples 'acidente'.

"Esta possibilidade, embora pareça fantástica, especialmente em tempo de paz, não pode ser ignorada. Hoje, os giga-empreendimentos transnacionais são mais poderosos do que a maioria das nações do globo, e todos eles dispõem de um tentáculo no setor de teleinformática. A 'Era da Informação' deixou de ser uma figura de retórica dos teóricos da Informação e se tornou uma realidade palpável. Portanto, *o setor de teleinformática tornou-se o eixo vital de Soberania*, e mais ainda o são, pelo poder de voz e voto que confere a uma sociedade e a um Estado, neste mundo de economia e cultura globalizadas.

"*Exatamente por isso, nenhuma potência do Primeiro Mundo permitiu que Estados Estrangeiros, diretamente ou através de suas empresas, mesmo rotuladas de 'privadas', passassem a ter o controle diretivo e acionário de todos os segmentos de suas telecomunicações.*

"Nas nações do chamado 'Primeiro Mundo', a globalização e as novas tecnologias conduziram à privatização, *contudo o controle diretivo e acionário foi reservado aos nacionais do país*. A desnacionalização, pura e simples, não foi sequer cogitada. *Os Editais de Venda de Ações limitaram a participação estrangeira* a percentuais de 20% (como nos Estados Unidos) a 49% (como na Espanha), mas jamais admitiram o controle do capital votante."

13. O *sexto vício*, também este de agressão ostensiva à Constituição e a vários de seus dispositivos – consistente na restrição do direito de acesso e informação –, foi assim flagrado por Gaspar Viana:

"O *Edital* estabelece que 'para ter acesso aos estudos elaborados pelos *Consultores*, bem como a outras informações relativas ao *Sistema TELEBRÁS* e à sua reestruturação, os interessados deverão estar inscritos para acesso às *Salas de Informações*, nos termos do Aviso de Inscrição publicado no *Diário Oficial da União* em 16.4.98, as quais permanecerão abertas até a data indicada no Cronograma" (o Cronograma, item 7.4, indica que tal data é o dia 17.7.98).

"Segundo o referido Aviso de Inscrição, o acesso às referidas Salas de Informações (também chamadas de *data rooms*) é restrito aos interessados qualificados, isto é, aos *investidores* que cumprirem determinadas condições, inclusive o pagamento de uma quantia em dinheiro, que vai de 20 a 100 mil reais.

"Tais restrições foram estabelecidas com amparo no § 1º do art. 198 da Lei n. 9.472, de 16 de julho de 1997, que estabelece que 'o acesso à integralidade dos estudos de avaliação e a outras informações confidenciais poderá ser restrito aos qualificados, que assumirão compromisso de confidencialidade'.

"Este dispositivo é, evidentemente, *inconstitucional*, pois subtrai da sociedade brasileira a igualdade de direitos e o inalienável direito de acesso à informação sobre assunto de seu peculiar interesse (cf. o art. 5º, *caput* e incisos XIV, XXXIII e XXXIV). Ao permitir exclusivamente aos investidores o acesso à documentação da privatização (estudos elaborados pelos consultores e documentos relacionados à reestruturação do Sistema TELEBRÁS, critérios de avaliação do patrimônio e critérios para o estabelecimento do valor mínimo de venda), *ele subtrai da sociedade brasileira o direito inalienável à informação e a verificação da lisura do processo*. É abominável, para usar adjetivo brando, *que se assegure a um investidor estrangeiro* (que pode ser apenas um especulador, e nada mais) o acesso a informações ditas 'confidenciais' – as mesmas que se proíbe ao cidadão brasileiro interessado na verificação da lisura do processo de privatização.

"Portanto, o Edital, em seu item 1.4, quando faculta *exclusivamente aos 'investidores'* o acesso à documentação da privatização (estudos elaborados pelos consultores e documentos relacionados à reestruturação do Sistema TELEBRÁS, critérios de avaliação do patrimônio e critérios para o estabelecimento do valor mínimo de venda), viola os princípios da publicidade, da igualdade de tratamento, de direito à informação, da moralidade e do interesse público, todos inscritos na Constituição Brasileira, e, em especial, em seus arts. 5º, incisos XIV, XXXIII e XXXIV, e 37, *caput*."

Note-se que não estava em pauta, no caso vertente, o simples acesso a "pastas" do Edital, como ocorre em geral com as licitações, mas o direito dos cidadãos de se inteirarem daquilo que a lei reputou indispensável para "amplo conhecimento público" e a que têm o mais inequívoco direito de aceder em face dos termos constitucionais atinentes ao direito de informação e à transparência nos negócios públicos.[2]

14. O *sétimo vício* reside na restrição ilegal estabelecida em relação aos Fundos de Pensão Brasileiros e estampada no item 1.2.3 do Edital, ademais, *sem que equivalente restrição haja sido feita aos Fundos de Pensão Estrangeiros*.

Ainda aqui, para bem exibir esta afronta ao Direito, melhor não se poderá fazer senão transcrever as lições de Gaspar Viana:

"O Edital restringe onde a lei impede e libera onde a lei manda restringir Esta é a lógica do absurdo seguida pelo Poder Executivo Aqui, o Edital de Leilão impede, sem antecedente legal, e sem justificada razão, que as entidades brasileiras de previdência privada participem majoritariamente no leilão de privatização das empresas de telecomunicações.

"Os Fundos de Pensão do Exterior estão plenamente aptos para assumir o controle das telecomunicações brasileiras, mas os Fundos de Pensão do Brasil estão proibidos pelo Edital de fazê-lo. A SISTEL e a TELOS, que são Fundos de Pensão geridos por empregados e ex-empregados do setor de telecomunicações, e que reúnem a excelência do conhecimento brasileiro no setor, nem mesmo estes Fundos, vitoriosos até mesmo na administração de complexos empresariais, de natureza completamente diversa, como *shopping centers*, nem mesmo tais Fundos poderão controlar uma das empresas de telecomunicações.

"*Há uma injustificável e odiosa discriminação contra o capital nacional, e em favor do capital estrangeiro*.

"(...)

"Somente a lei poderia proibir os Fundos de Pensão Brasileiros de participar livremente do Leilão, entendido como tal o direito de atuar segundo os seus interesses de investimento em favor dos patrocinados. Afinal, 'ninguém será obrigado a fazer ou deixar de fazer alguma coisa senão em virtude de lei' (art. 5º, inciso II). E se lei estabelecesse tal restrição deveria estendê-la também aos Fundos de Pensão Estrangeiros, uma vez que 'todos são iguais perante a lei, sem distinção de qualquer natureza' (art. 5º, *caput*).

"Ocorre que o Poder Executivo esmerou-se em inverter integralmente o sentido da lei, pois estabeleceu restrição odiosa, em desfavor do capital nacional, em ato administrativo de segundo grau, um Edital de Leilão. Mais uma vez é o malfadado Edital que agride as garantias inscritas em nossa Lei Maior ao impedir que os Fundos de Pensão adquiram ações ordinárias (com direito a voto e decisão) e só permitindo que sejam adquiridas ações preferenciais, ainda assim no limite de 25% do capital (que não configura participação relevante).

"O Poder Executivo, ao estabelecer estas limitações discriminatórias contra o capital nacional, abusa do poder que lhe foi conferido, pois favorece injustificadamente os Fundos de Pensão Estrangeiros e os

2. Dispõe o art. 5º, XXXIII, que "todos têm direito de receber dos órgãos públicos informações de seu interesse particular, ou de interesse coletivo ou geral, que serão prestadas no prazo da lei, sob pena de responsabilidade, ressalvadas aquelas cujo sigilo seja imprescindível à segurança do Estado". E o inciso XXXIV, "b", estatui que "são a todos assegurados, independentemente do pagamento de taxas: (...) a obtenção de certidões em repartições públicas, para defesa de direitos e esclarecimento de situações".

demais concorrentes potenciais que participarão do leilão, em prejuízo da economia nacional e dos ex-empregados do próprio Sistema TELEBRÁS reunidos em seus fundos de pensão."

Houve nisto pois, uma inconstitucional restrição do direito de participar do certame, sem base legal e com *discriminação em favor de entidades estrangeiras*, com nova ofensa aos arts. 5º, *caput* e inciso II, e 37, por violação aos princípios da legalidade e moralidade.

15. O *oitavo* vício reside na fixação de preço mínimo insuficiente, isto é, na *subvalorização do objeto da alienação.*

Para servirmo-nos apenas de dois exemplos bastante elucidativos do aviltamento do preço das empresas do Sistema TELEBRÁS, basta anotar o que segue.

No Estado de São Paulo, a concessão da Banda B (telefonia celular), outorgada no ano passado, o foi por um total de cerca de *3,9 bilhões* de reais. Ou seja: só o direito de exploração. Não foram vendidas instalações algumas, nem havia, ainda, como é óbvio, assinante algum. Para usar uma expressão do Min. Sérgio Mota, "foi vendido só o ar". Contraste-se, agora, com este valor, o preço mínimo de venda fixado para a TELESP Celular, que explora a Banda A. Foi de *1.100.000* reais (item 2.2.2 do Edital), *com todas as suas instalações e já com 1.348.726 assinantes.*

Em Minas Gerais, a TELEMIG Celular – que explora a Banda A –, tendo *450.000* assinantes, atendendo a 129 localidades, o que implica equipamentos, estações rádio-base, centrais de comutação etc., e cujo faturamento mensal é de 52 milhões de reais, teve seu preço mínimo fixado pelo edital em *230 milhões*. Sem embargo, no mesmo Estado para a outorga da concessão da Banda B (novamente a "venda de ar"), há apenas poucos meses, o preço mínimo fixado foi de *400 milhões* de reais, tendo sido efetivamente liquidado por 520 milhões.

Ou seja: nos dois exemplos dados, "o ar" foi estimado em valor superior ao "ar", equipamentos e assinantes para fins de preço mínimo de venda das estatais.

Tome-se, agora, a EMBRATEL, cujo preço mínimo de venda foi estimado em 1.8 bilhões de reais (item 2.2.2 do Edital). Ora bem, nas palavras de Gaspar Viana:

"A EMBRATEL está senão posta à venda por R$ 1,8 bilhões. Ocorre que, segundo o seu último Balanço Patrimonial, de 31.3.98, o seu *patrimônio líquido* é de R$ 5,6 bilhões – ou seja, *três vezes mais*!

"As dívidas da empresa com fornecedores, empréstimos e financiamentos, impostos e outras obrigações (que a Contabilidade chama de 'exigível a longo prazo'), é de apenas R$ 0,593 milhões. E, para saldar tais obrigações, a empresa tem em caixa ('reservas', na linguagem contábil) R$ 1,377 bilhões

"A EMBRATEL é uma empresa de capital fechado, isto é, não tem ações em Bolsa, senão que a União detém 98,8% do seu capital social. Logo, de acordo com os dados do Balanço Patrimonial da Empresa, o valor mínimo para a sua venda deveria ser de R$ 6,1 bilhões, e nunca R$ 1,8 bilhões ."

16. Diga-se, de passo, que o ex-Ministro das Comunicações, Sr. Sérgio Mota, conforme noticiado na ocasião por toda a imprensa, estimava que a privatização da TELEBRÁS renderia 30 bilhões de reais. Ao depois, seu sucessor, o Min. Mendonça de Barros, indicou estimativa de cerca de 21 bilhões, isto é, 30% menor, sem que se saiba como ou por quê pessoas com a responsabilidade dos cargos que ocupam ou ocuparam fizeram tais estimativas, tão díspares, conquanto separadas por curto período de tempo. Supõe-se que não as fizeram levianamente.

Sem embargo, o *preço mínimo fixado para o leilão* foi fixado muito abaixo de ambas as estimativas: 13,47 bilhões – ou seja: 35,85% a menos do que o previsto pelo Min. Barros e 55,1% menor do que o previsto pelo Min. Mota!

Note-se que o alienado, em rigor, não é simplesmente uma dada quantidade de ações da TELEBRÁS – que é o que se compra nas Bolsas de Valores. Ao ser leiloada a parte que a União possui no pacote acionário da empresa, o que está sendo vendido é o controle do negócio. É, pois, a própria empresa, a qual se aloca entre as *10 maiores empresas de telecomunicações do mundo*. Seu patrimônio, ainda em 31.12.96, era de *31 bilhões de reais*. Seu faturamento anual, em 1997, foi de *22 bilhões de reais*. Seu lucro liquido, no mesmo ano, foi de *4,3 bilhões de reais*. A previsão do faturamento para 1998 é de *27 bilhões*. Seu investimento com recursos próprios, em 1997, foi de *7,5 bilhões*. As ações da TELEBRÁS representam mais de 50% do volume diário de movimentação da BOVESPA e é a segunda empresa não-americana que mais vende ações na Bolsa de Nova York, superada apenas pela *Shell*. O setor de telecomunicações é um dos de maior potencialidade em todo o mundo. Segundo a revista *Newsweek* de julho do corrente ano, é a segunda maior empresa do mundo dos mercados emergentes.

17. Adite-se que, em palestra aos investidores de Nova York, o Diretor de Privatização do BNDES disse o seguinte: "Comprem as empresas de telecomunicações brasileiras agora, que daqui a dois ou três anos vocês poderão revendê-las por duas ou três vezes os preços pagos agora". Há, nisto, visível sugestão de que o Brasil estará fazendo péssimo negócio em vender tais empresas e que seus compradores estrangeiros fariam um autêntico "negócio da China", à custa do patrimônio público. Ora, tal declaração não pode ser desdenhada ou menoscabada. Não foi feita em uma mesa de bar ou por pessoa irresponsável, mas por um agente público, em viagem oficial, em palestra oficial. E não por qualquer agente, *mas exatamente pelo que era o representante do Brasil encarregado diretamente do "negócio"*. Nada mais, nada menos, do que o Diretor de Privatização do BNDES, Sr. Pio Borges.

Para evidenciar ainda mais o caráter estranho da operação desencadeada pelo Governo, relembre-se que o próprio Ministro das Comunicações, Mendonça de Barros, conforme notícia amplamente divulgada pelos jornais, aconselhou os interessados em adquirir linhas de celular da TELESP a que não o fizessem e aguardassem a privatização da sobredita empresa, para fazê-lo apenas depois que fosse comprada por particulares. Pode-se imaginar alguém propondo-se a vender uma loja, uma fábrica, aconselhando seus potenciais clientes a que não adquirissem suas próprias mercadorias ou produtos enquanto não passasse a loja ou a fábrica para as mãos de outrem?

Registre-se, por fim, que, *com a mesma metodologia adotada pelo Governo, o* Grupo de Assessoramento Técnico da COPPE, da Universidade Federal do Rio de Janeiro, coordenado pelo renomado professor Luiz Pinguelli Rosa, apontou um preço mínimo 50,5% superior ao estimado pelo Governo para a alienação das ações do Sistema TELEBRÁS.

18. De resto, *a confirmação irrespondível de que houve subavaliação* foi dada pelo próprio resultado do leilão. Ao cabo dele, no total, apurou-se pouco mais de 22 bilhões: ágio de 63,74%, variando, no caso de cada empresa, entre 1% (TELENORTE Leste) e 228,69% (TELEMIG Celular). A simples existência de ágio deste porte demonstra que, no seu todo, as empresas estavam subavaliadas. Já a variação do ágio entre elas põe em causa a criteriosidade da avaliação de cada qual, e nisto se compromete o todo, que não é senão a soma das partes.

Eis, aí, então, outro evidentíssimo vício na alienação do Sistema TELEBRÁS: dada a subavaliação das empresas, houve sinalização em desfavor de ofertas que poderiam ter sido muito superiores, isto é, ocorreu induzimento a lances mais baixos do que os que corresponderiam ao objeto leiloado. Nisto, pois, estampou-se vício em um pressuposto da alienação: a avaliação correta dos bens a serem vendidos – ressaltando que, em tese, pode mesmo ter existido um atentado ao princípio da *moralidade administrativa*, residente no art. 37 da Lei Magna.

19. O *nono vício* da alienação resulta de que, havendo o Governo agido com excepcional açodamento, o procedimento para a alienação do Sistema de Telecomunicações do país foi desencadeado antes da edição de leis que lhe seriam condicionais e absolutamente indispensáveis, pena de acarretar violação de outras leis ou de instituir situações de perplexidade normativa.

Assim, ao colocar à venda o pacote acionário correspondente a diferentes empresas que compõem um mesmo "Grupo de Empresas", irá fragmentá-lo entre os distintos adquirentes. Tais empresas deixarão, pois, de se constituir em um "Grupo de Empresas". Com isto, acarretará a descomposição de uma *entidade de previdência fechada*, o SISTEL, que é *pessoa de direito privado* e entidade previdenciária dos empregados do atual Grupo TELEBRÁS. Com efeito, a teor do art. 4º, I, "a", da Lei 6.435, de 17.7.77, é requisito para a qualificação de uma entidade de previdência privada como "fechada" que seja "acessível exclusivamente aos empregados de uma só empresa ou grupo de empresas". Ou seja: haverá sua dissolução *nesta qualidade*, sem obediência a qualquer forma legal, inclusive porque sua transmutação em entidade "aberta" *também não é possível sem obediência aos requisitos da mesma lei*.

Ou seja: produzir-se-á situação ilegal e até mesmo de perplexidade jurídica como fruto da conduta estranhamente açodada na alienação do Sistema TELEBRÁS.

Nada importa, quanto a isto, a inclusão no Edital, em sua cláusula 4.3.IV, da obrigação, imposta aos participantes vencedores do leilão, de assegurarem "aos atuais empregados das Companhias e de suas respectivas controladas, os Planos de Previdência Complementar da Fundação SISTEL de Seguridade Social e da TELOS – Fundação EMBRATEL de Seguridade Social (...)". Tal dispositivo não elide a descomposição de uma entidade de previdência privada fechada, nem a ilegalidade que se apontou, praticada à revelia dos participantes dela.

20. Finalmente, dentre tudo, o que mais ressalta, e já agora como um *décimo vício* envolvendo a decisão de venda do Sistema TELEBRÁS, tanto como as circunstâncias e o modo em que se processou, é a ofensa radical a um princípio básico do direito administrativo, cuja transgressão *faz nulo* e *irremissivelmente nulo* qualquer comportamento administrativo incidente em sua censura: *o princípio da razoabilidade*.

Em outra oportunidade, em obra teórica, e simplesmente traduzindo o que é corrente e moente na doutrina, deixamos averbado: "Descende também do princípio da legalidade o princípio da razoabilidade. Com efeito, nos casos em que a Administração dispõe de certa liberdade para eleger o comportamento cabível diante do caso concreto, isto é, quando lhe cabe exercitar certa discrição administrativa, evidentemente tal liberdade não lhe foi concedida pela lei para agir desarrazoadamente, de maneira ilógica, incongruente. Não se poderia supor que a lei encampa, avaliza previamente, condutas insensatas, nem caberia admitir que a finalidade legal se cumpre quando a Administração adota medida discrepante do razoável. Para sufragar este entendimento ter-se-ia que atribuir estultice à própria lei na qual se haja apoiado a conduta administrativa, o que se incompatibilizaria com princípios de boa hermenêutica. É claro, pois, que um ato administrativo afrontoso à razoabilidade não é apenas censurável perante a Ciência da Administração. *É também inválido*, pois não se poderia considerá-lo confortado pela finalidade da lei. Por ser inválido, é cabível sua fulminação pelo Poder Judiciário a requerimento dos interessados. Não haverá nisto invasão do 'mérito' do ato, isto é, do campo da discricionariedade administrativa, pois discrição é margem de liberdade para atender o sentido da lei e em seu sentido não se consideram abrigadas intelecções induvidosamente desarrazoadas, ao menos quando comportar outro entendimento" (*Curso de Direito Administrativo*, 10ª ed., São Paulo, Malheiros Editores, 1998, p. 38).

O mínimo que se pode dizer de tudo o que cerca a alienação das ações do Sistema TELEBRÁS e em particular do Edital é que não é razoável, não responde a critérios mínimos de prudência, de equilíbrio, da sensatez que qualquer homem médio dispõe e que a Sociedade tem o direito de esperar de suas autoridades. A simples precipitação com que foi realizada bem o demonstra.

21. No que tange ao inconcebível açodamento, vale como demonstrativo o simples fato de que na Inglaterra, segundo o testemunho autorizado do Presidente Fernando Henrique Cardoso, o processo de privatização das telecomunicações levou mais de 10 anos. Segundo suas próprias palavras, em entrevista concedida à revista *Veja*, em 17.1.96, a reestruturação e a desestatização das telecomunicações deveriam ser feitas com muita prudência, de forma a não causar danos irreparáveis ao patrimônio público. Exemplificando, citou a Inglaterra, onde o processo, como dito, levou 10 anos. "Poderia ser mais rápido? Talvez poderia. Com os recursos de que disponho, não" – afirmou, conclusivamente, o mandatário do país.

Como explicar, então, que se pretendesse em curtíssimo prazo realizar, como foi realizado, um leilão de *todas* as ações da União, em *todas* as empresas de telecomunicações e *em um mesmo dia*? Parece impossível aceitar-se, inclusive à vista de juízos emitidos pelo próprio Chefe do Executivo, que o comportamento em apreço se enquadre nas pautas da indispensável "razoabilidade".

A recusa governamental em promover nova avaliação das empresas – mesmo ante um questionamento tão grande quanto o que houve –, a resistência em debater com a Sociedade assunto que envolve visivelmente a segurança nacional e o futuro do país, a decisão de efetuar a alienação das ações já em um final de governo, na imediação das eleições, demonstram conduta imprudente, açodada, intemperante e carente da serenidade demandada de quem ocupe cargo de responsabilidade.

22. Deveras, a presumível justificativa da venda, e que lhe imprimiria, ao menos, um eventual patamar de argumentação em prol de sua razoabilidade, não poderia firmar-se sobre o pressuposto de que com ela obter-se-iam recursos formidáveis, capazes de obviar dificuldades econômico-financeiras do país. Com efeito, o produto presumido da venda do Sistema TELEBRÁS – em face dos aviltados preços mínimos estabelecidos e mesmo em face dos que a final resultaram do Leilão (cerca de 22 bilhões de reais) – estava e está longe de representar montante de significação notável para ditos fins.

Com efeito, o que a União se propunha a obter como mínimo na alienação (13,47 bilhões de reais) e o que afinal resultou da venda das ações do Sistema TELEBRÁS (cerca de 22 bilhões) é absolutamente inexpressivo para fins de enfrentar nossa dívida interna, já que esta excede o montante de *280 bilhões*. Também o é em face dos juros da dívida pública externa e interna, visto que só no ano retrasado o Brasil pagou o equivalente a *24 bilhões* de dólares, ou perante o que o próprio Governo reputou-se capaz de enfrentar alocando recursos para o PROER (*mais de 20 bilhões*, já estando a suportar uma inadimplência de *10 bilhões*). Porém, demais disto, nos termos da cláusula 2.2.4 do Edital, o participante vencedor só está obrigado a pagar, à vista, 40% (o que também diminui o ingresso imediato apurado com o leilão das empresas). Ou seja: à vista não receberá mais do que *8,8 bilhões* de reais. O restante virá em duas parcelas iguais com vencimento em 12 e 24 meses, de sorte que para enfrentar o pagamento dos *13,2 bilhões remanescentes os arrematantes contarão com o lucro que obterão com a exploração das empresas adquiridas*!

23. Também não se poderá buscar suporte capaz de elidir tal inculca na alegação de que o que acima de tudo se buscava era não tanto (ou não apenas) um proveito econômico, mas estabelecer um regime de concorrência, em benefício do público e da qualidade do serviço.

Para perseguir tal objetivo não seria preciso vender a TELEBRÁS. Bastaria abrir licitação, outorgando concessões, em regime concorrencial com a empresa estatal, liberando os serviços a quem se interessasse em disputá-los. A final, não é isto mesmo que o Governo declarou pretender fazer, propiciando o surgimento de "empresas-espelho", para concorrerem com as privatizadas?

Verifica-se, pois, que, de fora parte os nove primeiros vícios jurídicos apontados, é inequívoco ter ocorrido manifesta incursão em falta de razoabilidade, mácula, esta, que, de per si, configura irretorquível denúncia de "desvio de poder", ou seja, de comportamento nulo, rechaçado pelo Direito como uma das mais graves incorreções que pode afetar a atividade administrativa.

DOUTRINA

CIDADANIA E CONSTITUIÇÃO
(As cores da revolução constitucional do cidadão)

CÁRMEN LÚCIA ANTUNES ROCHA
Advogada – Professora Titular de Direito Constitucional da Faculdade
Mineira de Direito da PUC/MG

Meu povo é meu destino
meu futuro:
se ele não vira em mim
veneno ou canto –
apenas morro. (Ferreira Gullar)

Introdução. I – O homem na Cidade Política: 1. O homem e a cidade – 2. Os conceitos históricos de cidadania: 2.1 Cidadania como conceito exclusivamente político (civilização greco-romana) – 2.2 Idade Média: a dominação privada. II – As cores da revolução constitucional do cidadão: 1. Azul: a cidadania buscada na liberdade (o cidadão e o Estado) – 2. Branco: a cidadania construída na igualdade (o cidadão e o outro) – 3. Vermelho: a cidadania redimida na solidariedade (o cidadão **com** *o outro). III – O conceito constitucional contemporâneo de cidadão. IV – Cidadania e constitucionalismo no Brasil. Conclusão.*

Introdução

Porque o Direito cuida da vida e ela não é em preto e branco (ou preto no branco) é que se considera a constelação de cores que domina todas as visões jurídicas que se oferecem ao homem, para dessa mescla fazer nascer o caleidoscópio do sistema de normas que se põem ao proveito da coletividade.

A referência às cores tem sido uma constante para definir posições (as cores dos partidos políticos, as cores de correntes de idéias etc.), para expressar noções ou identificar pessoas (as cores das bandeiras nacionais), enfim, a multiplicidade de cores tem servido para clarear a idéia de pluralidade de tons humanos que se vislumbra em todos os grupos sociais. É, pois, o homem – plural em sua unidade – que tinge com os matizes que mais o tocam cada situação que se lhe apresenta para viver.

O Direito construiu idéias de cidadania segundo as cores que prevaleciam e que prevalecem em cada momento e em cada local habitado dos homens. Os homens coloriram as cidades segundo as idéias que habitavam cada tempo e cada lugar no Direito.

As idéias do azul, branco e vermelho, que revolucionariamente foram dadas ao mundo ocidental na conformação do Estado Moderno a partir do século XVIII, representando os três pilares da construção juspolítica, parecem a alguns meras falácias que mais escondem que mostram a liberdade, a igualdade e a fraternidade, base de todo o pensamento jurídico e de toda prática política buscada ainda no Estado Contemporâneo. Todavia, a cidadania matiza-se naquele ideário tricolor, fundando-se nela a alma política do homem de todas as épocas, a traspassar esse final de século em busca da soma de todas as cores para atingir uma plenitude que faça mais universalmente humana a convivência na grande cidade de todos. Liberdade, igualdade e solidariedade são alguns dos nomes que o Direito toma como fios para tecer a meada única da Justiça.

O direito constitucional tem como objetivo o homem e como natureza a confiança no ser humano uno e plural, único e coletivo. Por isso, ele abriga todas as cores de todos os homens e põe na esperança de um traçado mais vasto, que inclua cada um e todos no grande regaço de suas palavras-normas, a garantia de justeza e justiça na vida havida e vivida na cidade. O grande desafio do direito constitucional é fazer compreender na mescla de todos os tons aqueles que realizem todas as formas de liberdade e até a liberdade sem forma, todas as mãos iguais de tantas cores que as tenham os homens e a igual forma de ser do homem sem cores que os distingam naquilo que é a sua indistinção e a sua identidade única e eterna: a de sua condição de ser humano que tem uma pele sem cor, um espírito sem forma, uma alma sem qualidade diversa da de todos os outros homens.

A idéia do infinito azul é bem, ainda, a que prevalece para a liberdade: o vislumbre mais exato de uma imensidão indefinida previamente, além de onde a vista pode alcançar, mas até onde a imaginação humana possa se aventurar; o branco, sem máculas, nem balizas ou cortes, oferece, ainda e sempre, um conceito político que o Direito aproveita: o que não se discrimina porque o homem não se marca nem se assinala como estigma balizador de seres classificados e graduados em valores não humanos; vermelho ainda e sempre é o sangue igual, a tornar irmãos todos os homens; o sangue é o mesmo, o vermelho é igual, a natureza é uma; estamos todos juntos, solidários e cúmplices, metade vitimas, metade culpados, como diria Sartre: a fraternidade sustenta a construção da idéia de Justiça humana que o Direito teima em albergar em suas palavras de normas (ou normas em palavras).

O direito constitucional moderno é, assim, herdeiro da trilogia liberdade-igualdade-fraternidade, que dominou a construção jurídica democrático-liberal a partir do período revolucionário setecentista, divulgando-se e impondo-se por todo o mundo ocidental desde aquele momento.

O triunfo democrático de teoria do direito constitucional não significou, entretanto, o sucesso da prática constitucional garantidora dos direitos concebidos e expressos nos documentos normativos que se fizeram apresentar em todos os Estados modernos. Há muito cinza, marrom e negro nas experiências tirânicas que ainda tremulam sob bandeiras costuradas em azul, branco e vermelho. A injustiça não se resolve pela só teoria da Constituição. O que essa ajuda é na ciência que se põe a todos de que a cidadania é o único caminho para o enfrentamento dos déspotas e para a conquista da efetiva liberdade, igualada na solidariedade jurídica (e, portanto, racional) de todos com todos. A universalização do conhecimento de direitos é a única via para o vigor da luta que não se empresta a negócios não humanos. Por isso, mesmo não sendo suficiente por si só,[1] a Constituição é imprescindível como

1. A adoção formal de uma Constituição não realiza o milagre de sua adoção, a certeza de seu acatamento e respeito. O Brasil teve Constituição, no sentido jurídico, em 1937, em 1967 e em 1969, nem por isso alguém afirmaria tê-lo tido no sentido político-democrático ou jurídico-democrático. Teve-se, então, Constituição formal, mas não se teve Constituição substancial, como é de sua essência legítima. Cida-

ponto de partida e como certeza da chegada de uma cidadania comprometida com a liberdade igualmente fruída por todos e construída pela solidariedade jurídica libertadora de cada um.

I – O homem na Cidade Política

1. O homem e a cidade

Deus criou o homem. O homem criou o Direito. O Direito criou o cidadão. Segundo uma lenda, Deus criou o homem, desenhou-lhe o corpo, coloriu-lhe a boca e o sexo, cobriu todos com o mesmo tecido para que se identificassem uns com os outros e deu a cada qual um nome diferente, para que se reconhecessem na distinção da unidade. Além da lenda, fico a pensar que, buscando criar à sua imagem e semelhança, o homem criou a República. Deu-lhe o próprio nome – povo (de *publicus*) – para que o poder se identificasse com ele e ele próprio se identificasse nesse governo. E nesse governo do povo, o Direito criou o cidadão.

Assim, a cidadania é uma qualificação política criada pelo Direito para o homem em sua experiência com os outros. A cidadania é uma das faces do homem, é a *persona* política do homem juridicamente definida e assegurada. A cidadania é a alma política do homem concebida no mundo do Direito para o seu exercício na sociedade. Por isso mesmo, a cidadania é um conceito jurídico e a sua definição normativa impõe-se ao sistema positivo como fundamento do próprio viver no Estado. A Justiça está acima do Direito. E o Direito é mais que a lei.

O homem apaixona-se independente de leis. Ama mesmo contra as leis. O acasalamento de homem e mulher não atenta ao direito civil. O voto, no entanto, depende do Direito. O homem não tem de onde extrair a sua forma de participar da aventura política senão do Direito. O poder-força pode independer do Direito. O poder-democracia é forjado no, pelo e segundo o Direito, porque em sua base está a figura insubstituível do cidadão, constituído pelo Direito, instrumentalizado por ele e garantido em seu desempenho pelo sistema no qual ele se ponha como centro. É certo que a única perspectiva de se pensar esse ordenamento jurídico assim referido é a democrática, cujos valores se lhe antecedem e a ele se impõem: Direito como instrumento de realização da Justiça. Lei injusta é tirania formalizada. Celebrada é a frase colocada por Platão na fala do sofista: "Vós todos que estais aqui, eu vos considero parentes uns dos outros. A natureza, a despeito da lei, tornou-vos concidadãos. Mas a lei, essa tirana do homem, violenta a natureza em muitas ocasiões".[2] Onde o sistema normativo não invoca a Justiça e despreza a cidadania não se tem Direito legítimo, não se tem o jurídico justo, não se tem o homem como centro do sistema de valores e princípios feitos normas.

O homem habitou a cidade. Fez da praça o centro onde se fez povo, qualificando-se cidadão, pólo principal da experiência *com* o outro. É a praça uma construção do homem à sua feição própria. É ela a *res* que se faz de todos, espaço público do único exercício legítimo do poder. E todos os homens conciliam-se no grande abraço da cidade de leis.[3]

dãos morriam em estádios transformados nos novos campos de concentração e a legitimidade murchava em becos escuros, escondida dos urutus e dos cassetetes destemidos. A Constituição, minguada pelo silêncio dos ditadores de plantão, fazia-se palavra sem vida nessa vida sem compromisso com o outro, com todos os outros que formavam e formam o Brasil de ontem e de amanhã. Mas a formalização da Constituição, ainda que não bastante por si só, é imperativo que se põe para que se chegue ao constitucionalismo praticado com respeito e seriedade, a fim de que se possa chegar e preservar a democracia efetiva e eficaz.

2. *Apud* Fustel de Coulanges, *A Cidade Antiga*, Lisboa, Livraria Clássica Editora, 1971, p. 433.

3. A praça é um símbolo do Direito, da cidade construída segundo normas que se põem para uma convivência em paz. Tanto é assim que a minha ge-

A cidadania é uma projeção da liberdade e, por isto, a sua concepção faz-se segundo o Direito legítimo, posto a partir do reconhecimento da liberdade e no qual se tem como ponto nuclear a garantia do exercício desta condição humana na maior largueza, a permitir a cada um e a todos a realização de sua vocação.

Nessa natureza de instituto que constitui desdobramento da liberdade do homem – a de ser parte (ser membro e, nessa condição, participar) da sociedade estatal –, a cidadania antecede a positivação do Direito, conquanto o seu exercício dependa do sistema jurídico. Mesmo naquilo que corresponda ao exercício livre das manifestações plurais da cidadania, a ausência de limites ou formas para tal participação é uma formulação havida no sistema.

2. *Os conceitos históricos de cidadania*

2.1 Cidadania como conceito exclusivamente político (civilização greco-romana)

Cidadão, que o romano traduziu de *pólites* (para *cives*), era aquele que, no orbe romano, titularizava o *ius civitatis*. A ele se conferia o *status* da *civitas*, considerando-se, então, o romano para distinguir-se do não-romano.[4] Ao romano – e somente a ele – se conferiam direitos e se imputavam obrigações políticas, a dizer, somente a ele se reconhecia o *status* de titular de direitos e deveres pela condição de membro da cidade.

Nessa sociedade, que produz o Estado solidarista,[5] o cidadão não é distinto do indivíduo. Desconhecidos direitos hoje considerados fundamentais e assegurados juridicamente, o estatuto de direitos políticos, então estabelecido, supria, em parte, a carência daquele reconhecimento, fazendo com que a condição não de homens, mas de membros de determinada comunidade, constituísse fonte de direitos. Não era, pois, a humanidade – a condição humana do ser – que dotava alguém de um direito, mas a sua condição de membro da comunidade é que o fazia "elevar-se" à categoria de titular de uma determinada faculdade.[6] O contraponto, entretanto, da liberdade na *polis* era que a liberdade existia apenas *para a polis*. Quer-se dizer, a liberdade do indivíduo – liberdade *individual* – não era celebrada ou assegurada, pois o *indivíduo* não era relevado, importando apenas o *cidadão*. Ao invés de se somarem, as liberdades pensadas no plano pessoal (individual) e no plano político-social rivalizavam-se e excluía-se aquela pelo realce dado ao *status* de cidadão. De Aristóteles a Rousseau, de Platão a Foucault, reconheceu-se, sempre, serem a educação e a jurisdição matérias exclusivas do Estado. No

ração, cinéfila por excelência, assistiu a quilômetros de filmes em que a "cidade sem lei" era (e continua sendo) sempre representada por uma rua sem espaço para os cidadãos; a "cidade sem lei" não tem praça, não tem povo, porque o cidadão é uma manifestação da lei criada para o aperfeiçoamento do homem.

4. Somente no ano 212 d.C. o imperador Caracala promulgou o *Edito Antoniniana*, pelo qual a todos os habitantes do Império Romano foi estendido o *status civitatis*, excluindo-se da cidadania assim reconhecida apenas os peregrinos dedítícios (moradores de cidades que haviam resistido aos romanos quando do cerco).

5. Ou *monista*, na palavra de Jellineck, ao ensinar que: "El reino germano nace, pues, como un poder limitado; por consiguinte, desde su comienzo lleva en sí un dualismo: el derecho del rey y el derecho del pueblo, dualismo que jamás há llegado a superarlo la Edad Media. Este *Estado* era *dualista*, en tanto que el *Estado antiguo* fué, y permaneció simepre, esencialmente *monista*" (*Teoría General del Estado*, Buenos Aires, Editorial Albatros, s/d, p. 239).

6. É certo haver sobrelevado a questão do direito natural mesmo na Antigüidade, memória remetida a Antígona, que teimava em tripudiar das leis de Creonte, ao argumento de que "essas não foi Zeus que as promulgou, nem a Justiça, que coabita com os deuses infernais, estabeleceu tais leis para os homens. E eu entendi que os teus éditos não tinham tal poder, que um mortal pudesse sobrelevar os preceitos, não escritos, mas imutáveis dos deuses. Porque esses não são de agora, nem de ontem, mas vigoram sempre, e ninguém sabe quando surgiram. Por causa das tuas leis, não queria eu ser castigada perante os deuses, por ter temido a decisão de um homem" (*Antígona*).

modelo da Antigüidade, o molde do homem, o formato do cidadão e a imagem da pessoa eram gestações políticas, não composições individuais.

Reduzido, no período antigo, basicamente à votação de leis e à atuação judiciária o desempenho dos cidadãos nos negócios da cidade, a cidadania era um desempenho cívico diretamente exercido, desconhecida como era a representação política. A participação direta do cidadão nos negócios políticos de sua cidade estabeleceu algumas formas de igualdade reconhecidas juridicamente (tais como a igualdade de voto, a igualdade da palavra pronunciada na eclesia etc.), mas também eliminou – até mesmo pela impossibilidade material do encontro na praça pública em razão do grande número de cidadãos (40.000 cidadãos aproximadamente no século V) – extensa camada da população, como, em Atenas, os escravos, as mulheres, os artesãos, dentre outros.

O exercício do poder pelo cidadão estendeu-se à proposta e à votação direta de leis, ao questionamento sobre leis feitas pelo próprio povo e ao desempenho da jurisdição. Careceu tal desempenho da natureza de direitos subjetivos, vez que tal participação ergueu-se como dever.

A cidade antiga podia dizer-se "cidade plena", totalizando a vida do homem-cidadão, integralmente submetido ao seu destino e à sua vocação. A cidade fazia-se, de resto, a única vocação do cidadão; sua voz era a da cidade; sua cidade, o eco de sua voz. Mas a palavra era política, não individual. A *persona* que dominava era a do ser político, absorvido em sua inteireza pela experiência no Estado, nada restando ao ser individualizado, único e livre na sua particularidade. Não se tinha o homem qualificado pela cidadania, mas o cidadão encarnado num homem.

2.2 Idade Média: a dominação privada

As características das práticas políticas medievais não permitiam a fixação de um conceito, menos ainda o tirocínio da cidadania. Nesse quadro ela perde *status* e espaço, pois a relação de vassalagem e o figurino de dominação suserana não permitem a interface da liberdade do homem político que a cidadania encarna e realiza.

Cidadania, lembrei antes, exerce-se no espaço público. As relações que se instalam no período medievo são particularistas e acanhadas, sedimentadas no espaço privado da propriedade do senhor. Cidadania não tem senhorio. Não é fachada de aluguel da liberdade. Não habita casa grande, nem comporta senzala. Logo, num ambiente contrário à nascente da política de liberdades, a cidadania faz-se ausente do cenário. A política passa ao largo do povo e a cidadania põe-se como terceira margem.

Não se há, contudo, de esquecer que as doutrinas cristãs que se semeiam no período contribuem, na seqüência histórica, para o desdobramento da concepção do homem como ser dotado de individualidade (que aquelas teorias traduziram no conceito de alma) e ser completado na transindividualidade (que transborda no sentimento político da relação com o outro). A dicção de que *a Deus o que é de Deus e a César o que é de César* constitui a versão mais acabada de uma compreensão, que então se impõe, segundo a qual uma parte do homem é dada ao mistério que a transcendência guarda e, assim, escapa ao toque do outro e à ação política, enquanto uma segunda parte, aquela que enlaça os homens na versão mais perfeita do encontro (viver *com* o outro no espaço público), dá-se à comunhão na praça, e é esse o lado da liberdade humana que faz do povo um único todo que o poder congrega e a ele compete operar para garantir cada qual. Note-se, assim, que mesmo as Assembléias que tiveram lugar nos Estados Medievais eram essencialmente particulares, pois o poder feudal fazia-se mostrar na força que se convertia em decisão política, baseando-se a potestade nos domínios que os mesmos senhores ostentavam.

II – As cores da revolução constitucional do cidadão

A formação do Estado Moderno definiu a centralização do poder político como modelo de organização institucional da sociedade. A presença da Igreja a determinar os paradigmas estatais fortalecera-se de tal maneira no curso do Medievo que o exercício e o próprio exercente do poder dependiam do Papa. A laicidade (de resto, relativa) do Estado Moderno fez-se por imposição de um novo figurino que se vinha impor e que determinava o afastamento das forças (e interesses) políticas da Igreja daquelas que formavam uma nova sociedade. O clero, se bem que ainda gravitando no âmbito do poder político do Estado, guardou-se como estamento e atuou com os nobres, mas já não mais como determinante único dos governos. Para rivalizar com a Igreja, o poder temporal fez-se mais e mais centrado em si, pelo quê a breve experiência renascentista das cidades italianas, a realçar o homem do burgo na dinâmica política da coisa pública, viu-se sem continuidade: faltou a cidade voltada ao homem, num Estado em que a cidade construía os seus próprios muros contra outros interesses.

O paradoxo observado é entre as doutrinas cristãs determinantes e as práticas antieclesiais prevalentes naqueles primórdios do Estado Moderno: a idéia de indivíduo (a ensejar a formação do individualismo como pólo principal de idéias e práticas) eclode para resgatar o homem em sua dimensão central. O egocentrismo dá o tom. A ciência, como a consciência, que a Europa constrói e divulga para todo o mundo torna o indivíduo o tema principal de todas as experiências. A dimensão do ser humano, tomado como ser único, igual e livre, transforma a história, batiza de novo o Direito, faz-se o ideal de Justiça pensada. A influência da doutrina cristã, incipiente em períodos históricos anteriores, passa a predominar nas concepções políticas: a máxima *a Deus o que é de Deus* abala não apenas o ideário, mas a própria estrutura política que se arrastava desde a Antigüidade, pois somente a *persona* política do homem – *o que é de César* – pode ser cuidada pelo Estado. O fracionamento institucional Estado/Igreja não é senão a feição mais acabada da densidade cidadão/homem: aquele, na praça; este, em seu próprio altar do qual parte em busca do outro; aquele, plural; este, individual sem perder a noção do outro; aquele, a voz; este, a alma revelada inclusive (mas não só) na palavra.

O Direito tem a sua grande revolução na transformação das relações do homem em seu contato com o outro e em sua própria dignidade. Essa revolução fez-se patentear nos processos revolucionários iniciados – e não acabados, antes prolongados ainda hoje – nos oitocentos. O Direito, então, fez-se em cores, a ver se recobre a sociedade com os tons de todos os homens.

1. Azul: a cidadania buscada na liberdade (o cidadão e o Estado)

Na base da organização estatal moderna se põem os direitos do homem *e do cidadão*, tal como enunciado no título da Declaração Francesa de 1789.[7]

7. A expressa referência ao homem *e ao cidadão* na celebrada Declaração Francesa de 1789, lembra (e resguarda) a condição política do ser humano como membro de uma sociedade estatal, ou, na dicção da norma, da nação. A sua condição de membro formador da vontade geral – art. 6º – dota-o da condição de co-partícipe da associação política, e é dele que se retira a legitimidade, encarecida no processo revolucionário e no Direito que a partir dele se formou.

O projeto de declaração apresentado por Marat distinguia, em seus *consideranda*, os direitos do homem dos direitos do cidadão, explicando ele que "les droits civils de chaque individu ne sont, au vrai, que ses droits naturels, contrebalancés par ceux des autres individus et limités au pont ou ils commenceraient à les blesser. (...). Les hommes ayant reçu les mêmes droits de la nature, doivent conserver des droits égaux dans l'état social. Les droits civils comprennent la sûreté personnelle, qui emporte un senti-

Idéias somaram-se, formulando-se a partir delas uma nova concepção de convivência política, um novo Estado, um novo Direito. A República, pensada e institucionalizada como alternativa às monarquias despóticas e absolutistas experimentadas, celebrou a igualdade jurídica como pedra de toque de um sistema que substituía outro, pejado de distinções sem razões e discriminações perversas. A Democracia liberal – que, se conteve pouca prática de Democracia real, teve vital importância na cadência da formalização necessária dos direitos fundamentais – pôs-se como objeto à forja de um novo ensaio de vivenciar o poder. Mais que tudo, a liberdade não foi cogitada como concessão do Estado ou ganho do cidadão, mas como dado essencial do ser humano, com a qual não compete e contra a qual não atua, legitimamente, o Estado. Por causa dela o poder se limita.

Liberdade e Direito, Liberdade no Direito e Direito pela Liberdade aliam-se como novos horizontes abertos ao sistema político centrado no homem. E é nessa visão assim adotada que a Democracia liberal ou o Liberalismo cogitado então como democrático-formal oferece idéias de uma liberdade política que se punha como direito de estar a salvo do Estado e de suas ações, ao invés de estar a salvo para ser Estado. Cidadãos todos eram, então, porque se igualavam no Estado como membros do corpo político. Mas distinguia-se a cidadania civil da cidadania política, a cada qual correspondendo um estatuto jurídico distinto e bem definido.

A cidadania política foi, então, entendida como o exercício livre de direitos políticos do homem como membro do corpo político do Estado. A liberdade que se reconheceu e se buscou assegurar ao homem ampliou-se ao plano político. Essa forma de liberdade foi reconhecida na relação homem/Estado (e não apenas naquela estabelecida entre os homens) e condensava-se no estatuto de direitos políticos e civis. Esses são conceituados por Pimenta Bueno como "as faculdades, vantagens ou prerrogativas que pertencem aos homens, parte como homens, e parte como membros da respectiva sociedade civil, e que presidem, ou prevalecem em suas mútuas relações privadas".[8] Já os primeiros eram concebidos pelo constitucionalista do Império como "as faculdades ou prerrogativas que competem não aos homens e nem mesmo aos simples nacionais ou simples cidadãos, mas sim e somente aos cidadãos ativos, de participar na formação do poder público e intervir no governo do Estado na forma da lei política ou constitucional".[9]

ment de sécurité contre toute oppression, la liberté individuelle qui renferme le juste exercice de toutes les facultés physiques et morales, la propriété des biens qui comprend la paisible jouissance de ce qu'on possède".

8. J. J. Pimenta Bueno, *Direito Público Brasileiro e Análise da Constituição do Império*, Rio de Janeiro, Ministério da Justiça e Negócios Interiores, 1958, p. 434.

9. Idem, ibidem.

A Constituição do Império fazia expressa referência aos cidadãos ativos em seu art. 90, conferindo a esses, reunidos "em assembléias paroquiais os eleitores de província, e estes os representantes da nação e províncias".

Este conceito de cidadania ativa corresponde ao que se estabelecera na Constituição francesa de 1791, arts. 1º e 2º do Capítulo I, sec. 2ª. Ali se distinguiram os cidadãos ativos dos cidadãos passivos, e na seqüência de tal concepção se confundiam, então, inclusive na doutrina, os conceitos de cidadão simplesmente com nacionalidade, enquanto o cidadão ativo era o nacional dotado das condições para o exercício dos seus direitos políticos.

Contrariamente ao que então se entendia, prevalece hoje, com nitidez, a distinção entre nacionalidade e cidadania, de tal modo que se tem por superada a distinção de cidadania e cidadania ativa, de que o douto constitucionalista imperial se valia, correspondência guardada entre esses dois conceitos e aqueles primeiros.

Nesse sentido, por exemplo, Rafael Bielsa, segundo o qual "la ciudadanía es un atributo político referido también al Estado, pero que denota la capacidad política de un derecho a formar el gobierno con el voto. Nacionalidad no es, pues, sinónimo de ciudadanía" (*Derecho Constitucional*, Buenos Aires, Depalma, 1959, p. 261).

Invertem-se os termos da equação política do Estado Antigo: nesse, à igualdade política – de participar das decisões políticas como membro da sociedade global – correspondia uma total falta de liberdade individual,[10] enquanto no Estado Moderno, informado pela liberdade individual, a liberdade política restringia-se a um conjunto de instrumentos que propiciavam, mas não fomentavam, menos ainda garantiam, a efetividade permanente da participação política do cidadão no Estado.

Põe-se em debate a questão crucial da existência e coexistência do direito natural e do direito que, posteriormente, a teoria registraria como *positivo*. No centro de todos os debates dois entendimentos que se diversificam: o primeiro, o que se põe a questionar (e a aceitar) se há um direito que todos os homens igualmente têm e que lhes advém dessa sua mesma condição: são os direitos ditos naturais; e um segundo, de acordo com o qual há o direito que o Estado põe (positiva) à observância de todos e que se manifesta, excelentemente, pela lei, fruto da vontade geral (art. 6º da Declaração dos Direitos do Homem e do Cidadão). Se e quando prevalece o primeiro, tem-se uma continuidade do "estado da natureza", pois o "estado civil" (que, posteriormente, seria grandemente aproveitado no conceito de "sociedade civil") seria uma sua seqüência necessária, em cuja fonte se encontraria o paradigma social jungido. Direitos existem – como o de participar da vida na coletividade e de resistir à lei injusta, mesmo sendo esta uma manifestação voluntária do grupo social – que o homem tem, fundamental e essencialmente, e existem (segundo os adeptos desta teoria) independentemente de qual o povo e qual o modelo sistêmico adotado. Para os teóricos da segunda corrente, direitos são os que a própria Sociedade põe, reconhece e assegura pela lei, manifestação solene e formal da vontade geral, pelo quê direitos do "estado da natureza" não prevalecem.

Na esteira deste debate outro se lhe seguiu, referente aos direitos da própria cidadania (direitos políticos e não individuais) e à sua essência de *direitos naturais* (decorrentes da própria condição *natural* – do "estado da natureza" – do homem). Se os direitos fundamentais do indivíduo (ditos também *direitos humanos*) são considerados iguais em todos os espaços, independentemente do modelo de Estado adotado e do regime nele acatado (porque o critério para tal reconhecimento seria a igual condição humana de todos), seria de se considerar se também iguais, em todos os espaços, deveriam ser reconhecidos os direitos políticos e civis, ou se estes seriam apenas aqueles albergados em cada ordenamento jurídico. Ocorre que alguns direitos políticos, como aquele referente à resistência à opressão (art. 2º da Declaração dos Direitos do Homem e do Cidadão, de 1789),[11] foram erigidos em normas jurídicas em alguns sistemas, mas na maioria dos documentos constitucionais vigentes ainda hoje não são incluídos. Se são considerados direitos fundamentais e, ainda, se a cidadania expressa uma face do homem, tomado em sua essência, os direitos políticos têm que ser considerados aceitos como uma dimensão da liberdade humana – a liberdade política de estar e participar com o outro do Estado, e não de apenas fazê-la valer no plano individual contra o Estado – e, nessa acolhida, são indisponíveis e o seu exercí-

Note-se que o conceito de cidadania não se restringe, hoje, apenas à participação política do membro de determinado Estado no sentido de votar, tendo-se ampliado sensível e nitidamente nas últimas décadas.

10. Até mesmo porque, como antes relevado, o "indivíduo" não existia, mas tão-somente o cidadão. Não era a qualidade humana que dotava o ser de subjetividade jurídica e titularidade de direitos, mas especialmente a condição de membro da coletividade, sendo que essa o absorvia e adjetivava.

11. "Art. 2. Le but de toute association politique est la conservation de droits naturels et imprescriptibles de l'homme. Ces droits sont la liberté, la sûreté et *la résistence à l'opression*".

cio é concernente ao homem, independente do figurino jurídico positivado.

A liberdade deixa, pois, de ser um anteparo de negação à ação do Estado e passa a ser uma formulação jurídica de atuação positiva do homem no Estado.

Na infinitude da liberdade individual, concebida e aceita como esteio a que se acha acorrentada a alma humana, a cidadania rasgou o horizonte político moderno, singrando o espaço como um arco revertendo pela sua passagem o velho veleiro de direitos velhos e despidos de humanidade livre e inteira. Liberdade, em si, não é senão um sentimento a que se acha condenado o ser humano, como a paixão e a fé. Aliás, a liberdade é uma forma de paixão: a paixão sem forma na grande magia da aventura do viver. Escravo do ideal de liberdade, o homem tem nela, como no amor, a dupla face da sua permanente busca e padecimento: sofre-se para tê-los, pois sem isso o sentido da vida fica menor. É no espaço da emoção de liberdade que transborda o sentido de Justiça, a guiar o homem rumo ao outro no encontro de si mesmo. É a liberdade que apresenta ao ser humano a sua superação no processo contínuo de libertação de si mesmo rumo ao outro, a um outro, ao próprio encontro no outro. Nos primórdios do Estado Moderno, com a aceitação apenas da liberdade individual, a cidadania política fez-se mais contra o Estado, do que a favor da Sociedade. O silêncio social fez-se a palavra individual, e embora a praça tenha-se tornado de todos, a voz política de cada um fez-se apenas eco em nome da soberania da coletividade exercida pela representação. A liberdade individual calou-se na cidadania política, entendida esta na relação homem/Estado (talvez fosse melhor considerar homem *x* Estado). O estatuto individualista sobrepôs-se ao estatuto social do homem; o homem contrapôs a sua liberdade não apenas ao Estado, mas ao outro. Daí a cidadania ter sido concebida apenas em sua conotação política, deixando de estender-se à sua natureza também social.

2. *Branco: a cidadania construída na igualdade (o cidadão e o outro)*

A cidadania não se conteve na busca da liberdade, porque a vivência do homem com o outro (convivência) é que traça o marco da humanidade. Não é no não-encontro ou no desencontro que se faz o Direito, mas no inestimável conforto de união de mãos, na conjunção do abraço. Um homem só não faz Direito. Sequer interessa ao Direito o eremita. Põe-se e dispõe-se no Direito para o enlace de homens. A multidão – não a solidão – tem a cor do Direito. Como o Direito se busca, a cidadania se constrói. A liberdade individual é imprescindível. Mas a terra é que é azul, não apenas um de seus habitantes. A liberdade é de todos. A cidadania, sua guardiã realizadora.

A cidadania, cujo conceito jurídico se formulou e se enfatizou nos primeiros momentos do Estado Moderno, é a que exalta a liberdade do homem em sua relação com o Estado. Por isto, ela qualificou-se apenas politicamente, a dizer, em relação ao Poder Político do Estado, sem deixar espaço à ênfase na relação dos indivíduos entre si. Tanto se explica pelas forças que se buscavam contestar então: o despotismo fizera dos indivíduos coisas do Estado; dos cidadãos, servos; dos servos, escravos. Mas a prática mostrou que a liberdade vem ao Direito pelo transbordamento da alma política de um povo. A convivência no espaço comum é que dá a dimensão do exercício da liberdade que ao Direito importa, pois a ele não interessa *apenas*[12] a liberdade de um, mas a igual liberdade de todos.

12. Digo *apenas* porque a liberdade de cada um é a matéria-prima do Direito. Onde houver um homem tocado em sua liberdade, haverá que haver uma luta em sua defesa. Como em John Donne, "não perguntes por quem os sinos dobram: eles dobram por ti". Todas as vezes e em qualquer lugar em que houver um único homem algemado em sua liberdade legítima, há um direito comprometendo todos os homens do Planeta. Não perguntes... Mas a luta pelo outro se dá porque a liberdade de cada um é a mes-

O cidadão supera uma etapa e passa a ser construída uma nova cidadania na soma do princípio jurídico da igualdade ao da liberdade. Ao azul da dimensão livre do homem adita-se o branco da ausência de cortes e recortes, que conceitos e preconceitos põem, a estancar em quadros odiosamente separados homens que se igualam na condição de sua mesma natureza.

O princípio da igualdade, esboçado na legenda revolucionária, não se efetivou no primeiro período de formalização constitucional dos direitos fundamentais. E assim não se deu porque a ênfase no individualismo acanhou, se não os próprios ideais, as práticas políticas e econômicas seguidas na ocasião. No entanto, desde a sua introdução no sistema de normas jurídicas no art. 1º da Declaração dos Direitos do Homem e do Cidadão de 1789 ("Les hommes naissent et demeurent libres et égaux en droits. Les distinctions sociales ne penvent être fondées que sur l'utilité commune") esse princípio nunca cessou de ser objeto de debates políticos e de reivindicações sociais. Ele expressa, em essência, uma concepção política de Justiça social acolhida em determinado sistema de vida aceito por um grupo, pelo quê a sua vertente antecede e ultrapassa o próprio Direito.[13] Tida como um princípio tão natural em sua aspiração quanto utópico em sua realização,[14] a igualdade representa uma etapa na conquista dos direitos que se somam na construção da liberdade para cada um e para todos. Onde um homem dispensa caviar enquanto outro homem faz do lixo a sua marmita não há liberdade nem de um nem de outro, porque a desigualdade impossibilita a humanidade harmoniosa da convivência. Daí por que se fala em valor supraconstitucional da igualdade, pois ela se impõe ao próprio ordenamento, mesmo quando não se ache nele expressa. As Cortes Constitucionais do Estado Contemporâneo têm extraído do contexto constitucional, quando não do próprio texto (em sua principiologia implícita), esse princípio jurídico que obriga o constituinte e o legislador infraconstitucional, o governante e o juiz, o administrador e o administrado, a seu integral acatamento. Nessa condição de valor supraconstitucional e pré-constitucional (antecedente do processo de formalização das normas jurídicas e de sua aderência imperativa), o princípio da igualdade jurídica impõe-se em todos os planos do Direito (interno e internacional). Daí o Direito Comunitário europeu ter disposto, expressamente, serem os quatro "objetivos da Comunidade Européia" a liberdade, a igualdade, a solidariedade e a unidade, os dois últimos subseqüentes necessários e inarredáveis daqueles primeiros.[15] Duzentos anos após a trilogia revolucionária, adiciona-se, assim, o ideal de unidade, sem perda dos motes que reconstituíram a sociedade na construção de um novo modelo de Estado, cujos ideais estão não apenas vivos, mas sensíveis como justos e como obra humana em construção.

A igualdade não nasce com o homem. Constrói-se. E essa construção dá-se por uma luta permanente dos cidadãos, pois contra ela há o fator desigualador que é o interesse pessoal, especialmente o de natureza econômica.

Ciente e consciente de que nascemos e permanecemos desiguais no aspecto físico, intelectual, e, ainda, que a igualdade sócio-econômica não brota do solo seco e sem o fermento da obrigação coativa posta pela norma, o Direito cuidou de recriar a pessoa, ou de cogitar de um ser no Direito

ma de todos; logo, é a solidariedade que estende a mão e garante, na liberdade assegurada a cada um, a liberdade efetiva de todos.

13. Ensina Gilles Pellissier que "de tous les principes du droit positif, l'égalité est sans doute le plus ambigu. Il exprime à la fois un désir individuel d'être au moins aussi bien traité que le mieux traité et une conception politique de la justice social" (*Le Principe d'Égalité en Droit Public*, Paris, LGDJ, 1996, p. 1).

14. Por exemplo com Voltaire, *apud* Gilles Pellissier, ob. cit., n. 2.

15. Idem, ibidem.

concebido sob o auspício da igualdade. Essa pessoa, que se formulou numa nova visão democrática, recobriu-a o Direito com a *pele jurídica* que o homem pode para si mesmo criar na relação com o outro: aquela que se impõe a todos pela melanina externa produzida pelo sistema normativo. Esse fator de igualação da conformação jurídica de cada qual é ponderado e temperado segundo a condição em que se acha cada qual, de tal modo que o Direito cuida de produzir a igualdade jurídica tratando igualmente os iguais e desigualando os desiguais na medida de sua desigualdade. Isto significa que não se discrimina, não se prejudica e nem se beneficia validamente alguém pela condição de sua "pele física", mas pela sua situação no ambiente social que ao Direito importa prover. Mais que a não aceitação do preconceito como fator de desigualação, o princípio jurídico da igualdade constrói uma nova liberdade política, mas especialmente possibilita a composição de uma liberdade social, onde se criam novos espaços sociais, políticos e econômicos que possibilitam a igualdade e onde os direitos fundamentais denominados de terceira geração (à condição econômica garantidora do mínimo para a titulação do direito à dignidade humana, à informação que lhe permita exercer a sua liberdade intelectual e, assim, política, crítica e afeita aos interesses apurados como próprios, à democracia e aos bens comuns da humanidade) são igualmente assegurados a todos.[16] A igualdade jurídica amplia os horizontes azuis que a liberdade projetara, conduzindo à construção de um Direito onde os homens façam-se mais próximos. Não mais apenas se cingiu o espaço inexpugnável à ação do Estado, mas nesse espaço livre aproximaram-se os homens, relevando-os numa condição em que se contam e se recontam, se apontam e se aprontam as igualdades e não as diferenças. Note-se, por necessidade do momento histórico que vivemos, que não se anulam as diferenças havidas na individualidade pela concepção e aplicação do princípio da igualdade jurídica, mas se ampliam a definição e a interpretação das igualdades havidas na humanidade. Tem-se o direito de ser igual sempre que algum fator (físico, social, econômico ou político) nos exclua, mas se resguarda o direito de ser diferente, para que a individualidade se respeite. Nestes tempos que correm, em que se intenta reimplantar o liberalismo individualista, mas com um individualismo sem individualidade (que é o que se vislumbra na denominada "mundialização"), há de se ter em conta que os homens têm todas as cores e que é neste caleidoscópio que se tem o pluralismo libertador.

16. É ainda Gilles Pellissier que, fazendo coro a uma doutrina jusconstitucional evidentemente majoritária, enfatiza que "l'égalité accompagne ainsi le double mouvent dans lequel se développe le droit européen, à savoir, la construction d'un espace de liberté et celle d'un espace social, où respect des principes fondamentaux et développement des libertés économiques vont de pair" (idem, ibidem).

3. *Vermelho: a cidadania redimida na solidariedade (o cidadão* ***com*** *o outro)*

Ilusão não produz Direito. Mas faz o Direito viver. Faz o próprio ser humano viver, como se fora uma alavanca a sustentar a esperança numa espiral de confiança que o faz lutar a cada dia. Todas as ilusões que o homem acalenta traduzem-se em Esperança e Justiça, a projetar o ideal que nutre o Direito.

Experimentada a desilusão a que o fetichismo da lei conduzira no primeiro momento do Estado Moderno, a confiança numa ordem jurídica dotada de efetividade jurídica e produtora de uma alteração – não apenas de um reconhecimento – das condições sociais propiciadoras de eficácia social passou a gerar um novo modelo jurídico ou, pelo menos, um novo ideal de Direito.

O Direito deixou de ser contemplativo para ser operativo. Ao invés de apenas reconhecer direitos fundamentais, passou a ser instrumento de produção das condições para a sua efetividade. Nem poderia ser diferente, pois o cidadão deixou de ser passivo para ser ativo, no sentido não apenas de se fazer representar, mas, especialmente, de fazer-se apresentar no exercício do poder.

Os acertos da liberdade buscada e da igualdade que se põe em permanente construção adicionam-se na produção de um novo pensamento jurídico sobre cidadania que deságua no desvendar de uma nova concepção: a da solidariedade que produz a liberdade intersocial e a igualdade afirmada no e pelo Direito.

A liberdade pode ser azul. Mas ninguém tem essa ou qualquer outra cor. Pessoa alguma tem sangue azul. A liberdade que irmana os homens traduz-se na mesma viscosidade que corre no coração de cada um: o sangue é vermelho igual e transmite-se entre os homens como a própria humanidade libertada das veias de todos. A cidadania humaniza-se na redenção de uma fraternidade apenas relanceada na pureza ideal dos revolucionários de ontem.

Esta cidadania assim humanizada é que expressa uma nova face da convivência no Direito: a da fraternidade jurídica ou da solidariedade social posta como princípio jurídico articulado como fundamento da ordem normativa.

A cidadania social toma assento no Direito. A solidariedade desabotoa-se e abre-se à conformação jurídica na condição de princípio fundamental que possibilita a racionalidade da liberdade buscada e a possibilidade da igualdade em construção. Mas a solidariedade que se impõe formula-se como direito, e não mais como uma esperança espraiada na sociedade.

Não é recente a idéia de que na base de um sistema jurídico, a solidificar a construção do Direito, está a solidariedade social. Coube ao brilho genial de Duguit afirmar, ainda no início do século que se põe ao fim, que "le fondement du droit est la solidarité ou interdépendance social, que tous les membres de la société sont obligés par la règle de droit de ne rien faire qui soit contraire à la solidarité sociale et de faire tout ce qui est en leur pouvoir pour en assurer la réalisation, que s'il y a de droits, ils dérivent de cette obligation, que tout homrne a le pouvoir d'accomplir son devoir social et de s'opposer à ce qui quiconque l'empêche de l'accomplir. (...) le droit étant ainsi fondé sur la solidarité sociale s'impose aux détenteurs de la puissance politique, à l'État, qu'il en résulte pour lui l'obligation de ne faire aucune loi susceptible de porter atteinte au libre développement de l'acitivité individuelle, parce que ce libre développement est nécessaire pour que la solidarité sociale puisse se réaliser et se développer. (...). La conception de la solidarité conduit encore à cette conséquence que l'État est obligé de faire certaines lois. Il est obligé de mettre la puissance dont il dispose au service de la solidarité sociale: par conséquent, il est obligé par le droit lui-même de faire toutes les lois qui assureront a chacun la possibilité matérielle et morale de collaborer à la solidarité sociale".[17] Segundo este eminente constitucionalista, a organização mesma dos indivíduos explica-se pela confiança havida na solidariedade social como base de todo o congraçamento político na praça.[18]

A fraternidade referida no ideário revolucionário – hoje traduzido constitucionalmente pelo princípio da solidariedade social entronizado nos sistemas positivos –

17. Léon Duguit, *Traité de Droit Constitutionnel*, Paris, Ancienne Librairie Fontemoing et Cie. Éditeurs, t. III, 1930, pp. 640 e 641.

18. É daquele grande publicista a lição segundo a qual "c'est au moment où la masse des esprits a le sentiment que le respect de cette règle est si essentiel au maintien de la solidarité sociale qu'elle en réclame la sanction organisée. Je ne dis pas que cette règle sera alors nécessairement bonne et conforme à un idéal de droit supérieur; je dis seulement quelle est alors une règle de droit du groupe social considéré" (ob. cit., t. II, p. 119).

expressa o terceiro elemento caracterizador da cidadania concebida e ensaiada no Estado Contemporâneo. É esse princípio que redimensiona a cidadania, agora havida em seu princípio ativo, não mais no sentido liberal, mas no sentido social, literal, a dizer, a negação da passividade na e em face da coletividade. A solidariedade social como princípio jurídico fundamental faz aflorar a impositividade da ação concreta do cidadão em sua obrigação política com o outro para o benefício de todos. E, mais ainda, determina a ação positiva do próprio Estado. Essa solidariedade social juridicamente concebida e albergada nos sistemas sociais revitaliza os princípios anteriormente referidos. Assim, a liberdade pessoal soma-se à convicção e à experiência da liberdade social, da liberdade do grupo na concepção, formulação, participação concreta e controle efetivo das políticas, que, então, se fazem efetivamente públicas (do povo, para o povo e tomadas pelo Poder Público mediante o seu clareamento pelo público), enquanto a igualdade jurídica cunha a sua extensão na teoria e prática da ação afirmativa.

A cidadania se humaniza e se redime em sua reconciliação do homem com o homem.

Para Paulo Mendes Campos, em verso que já lembrei antes,

"o homem é um gesto que se faz ou não se faz.

"Seu absurdo – se podemos admiti-lo – não se redime em injustiça.

"Doou-nos a terra um fruto. Força é reparti-lo

"Entre os filhos da terra. Força – aos que o herdaram –

"É fazer esse gesto, disputar esse fruto."

A solidariedade é o princípio jurídico que determina o gesto. A justiça que se faz para que a convivência – ou a mera vivência – não se redima em absurdo. Afinal, como para o poeta, o Direito determina que se organize o sofrimento da trágica aventura mágica do homem ao sofrimento de todos: "se multipliquei a minha dor, também multipliquei a minha esperança". Como disse antes, o Direito vive da esperança do homem no próprio homem: a solidariedade jurídica faz com que ela se multiplique e se torne não apenas crível, mas, especialmente, factível pela ação-dever social de uns com os outros.

A cidadania social, que se põe ao homem como dever moral e jurídico coativamente posto pelo Estado e *ao* Estado, delimita-se segundo as condições do ambiente político, fazendo com que – como tem que ser sempre – os sistemas constitucionais atentem sobremaneira ao contexto político para a produção e aplicação dos textos jurídicos.

Não obstante todas as dificuldades encontradas no momento histórico atual – principalmente em razão dos sistemas econômicos que massificam e tornam a liberdade individual e política dos diferentes Estados tanto menos facilmente respeitada quanto mais agressivos em sua necessidade de mercado e de consumidores-objetos acríticos, e não de homens-cidadãos livres –, a Democracia ainda constitui o modelo de convivência que permite o florescimento incessante do sentimento de Justiça do homem, que não se massifica, porque depende do atendimento das peculiaridades sociais e das diferenças individuais que constituem a igualdade dos homens. Pelo quê se pode mutilar as mãos, mas não se eliminar o abraço; pode-se calar a voz, mas não a alma; pode-se vendar os olhos, mas não as idéias.

Um dia, no interior do Pará, pedi a amigos que me levassem a conhecer o que não se põe à amostragem de turistas rápidos de ocasião: o lugar habitado por quem ali luta para viver na labuta do dia-a-dia.

Como quem mostra ao visitante de improviso e de inopino um cômodo da casa não arrumado para o hóspede intempestivo, levaram-me, meio a contragosto, a uma favela chamada "Nova República Tancredo Neves". E explicaram-me: "ela era chamada de Tiradentes. Mas os novos tempos impõem novos nomes, coerentes com o que se aspira". Este é o meu tempo, pensei. O tempo da certeza de que é a fome que move as asas no vôo. Sem pão a liberdade é sonho difícil de ser sonhado. E a ceia – que na solidariedade social devida inclusive pela ação do Estado não tem sido santa, quando tem sido... – há que ser composta para a festa de todos. Ou não será de ninguém, se não se souber repartir o alimento.

Em dois séculos de predomínio dos ideais, depois princípios jurídicos, da liberdade, da igualdade e da solidariedade social, o homem se encontrou e se perdeu, nasceu e se matou, amou e guerreou. Este século, que agora se vai extinguindo como se fosse mais um retorno que um avanço, viu Hiroshima e Apolo 1, a Revolução Russa e Auschiwitz; século de João XXIII e do Ayatolá Khomeini, de Gandhi e de Hitler. Do tilburi ao Challenge e ao Mir, do carro de boi à Internet, modas vieram e se foram, idéias vieram e se foram e ainda voltaram, coisas se criaram e homens se destruíram e ainda as destruíram: só o homem permaneceu com os seus mesmos anseios (e até angústias) de liberdade igual e solidária para todos e para cada um. O tempo – acentua Bobbio[19] – é imprevisível. O homem, em sua essência, não (conquanto em seus atos, sim): ele nasce, cresce, envelhece e morre. E quer o livre querer que o faz sentir-se bem consigo e unido ao outro, senhor de si e do seu destino, mesmo que também isso não passe de mais uma ilusão, pelo menos no plano pessoal (porque, no plano político, continuo a acreditar ser o povo autor de sua história e senhor do seu destino).

19. Norberto Bobbio, *O Tempo da Memória*, Rio de Janeiro, Campus, 1997, p. 160.

A cidadania é uma milícia. A milícia da liberdade a serviço de cada e de todos os homens. Afirmava Pasolini que

"a sabedoria nunca terá força suficiente no juízo desta opinião pública, cuja leve sabedoria lhe basta para viver e nunca a libertou.

"A covardia nos acostuma a ver atrocidades com a mais estranha indiferença.

"Toda idéia é irreal.

"Toda paixão é irreal."

Toda luta é irreal, eu acrescento. E, no entanto, toda luta é necessária para transformar a realidade. E apenas pela paixão e pela idéia essa luta pode ser legítima e eficiente. A luta com o outro. Principalmente, a luta pelo outro.

A paixão é do homem. A compaixão, também. Afinal, ela não é mais que a paixão *com* o outro, mais que pelo outro. A cidadania é o mais fervoroso exercício da paixão solidária. Enquanto a paixão homem/mulher é egoísta, a paixão política é altruísta. E uma como outra são próprias do homem e são manifestações da solidariedade do homem com o outro.

Já se perguntou: "Qual a liberdade?" "Qual a igualdade?" E o turbilhão em que vivem as sociedades estatais talvez esteja a levar à indagação, mais ampla e própria: "Qual a cidadania?" Hoje, a resposta a essa questão pode ser encontrada na concepção que a põe como um compromisso com a Democracia substancial, em permanente estado de construção para a concretização dos ideais de Justiça social dotados de efetividade social e jurídica.

Os movimentos revolucionários setecentistas – dos quais o francês foi o mais cosmopolita e o que divulgou a tríade ideal, antecipando o Direito cosmopolita, preconizado por Kant – vieram tingir os valores, hoje mais que antes, predominantes, conquanto longe de serem universalmente realizados. Nem por isso se pode afirmar que esses valores ideais, postos na base do Estado Moderno e torneados e recoloridos no curso destes dois últimos séculos, possam ser considerados ultrapassados ou desconsiderados em sua condição fundamentalíssima. A mundialização joga com o fantasma da fome e da miséria numa época, mais que nunca, em que se pode produzir alimentos em abundância para todos. Joga também com a massificação como antônimo necessário da liberdade crítica, igual para respeitar as individualidades e solidária para propiciar a união. Nunca, porém, a divulgação de idéias e ideais pôde ser tão amplamente feita como hoje. Nunca, como agora, se pôde ter o fortalecimento dos ideais pela difusão dos valores e pela exigência da ética da Justiça como princípio e garantia da vida digna de cada um e de todos.

III – O conceito constitucional contemporâneo de cidadão

A cidadania apresenta-se, atualmente, numa dupla dimensão, a saber, a nacional e a universal (ou talvez fosse melhor denominá-la apenas de transnacional). Essa segunda desconhece fronteiras. Não se pretende admitir no Direito atual o apátrida (aquele despojado de alguma nacionalidade. Nesse sentido dispõe o art. 15 da Declaração dos Direitos do Homem de 1948). Nem o carente de alguma cidadania. Faltaria a quem nessa situação se achasse um aspecto de sua liberdade não assegurada pelo Direito: o de ser parte e de participar ativamente de um grupo social constituído e organizado em Estado.

Numa época em que os Estados ultrapassam as suas fronteiras e se reúnem para fortalecer-se e promover ações comuns para a realização de seus interesses, por que os indivíduos haveriam de se ater aos limites territoriais e jurídicos de um único Estado para se chamarem cidadãos?

O Direito se torna comunitário e caminha-se para um Direito cosmopolita (assim no que concerne aos direitos humanos). Logo, haverá que se reconhecer alguns direitos inerentes à cidadania que tendem a ser considerados universalmente, quaisquer que sejam a pátria, a nacionalidade e a condição do seu titular.

A mundialização de ações estatais e particulares (com a denominada "economia globalizada") produz o cidadão do mundo.

À face da cidadania, aqueles direitos que a formam e a conformam juridicamente, referente à participação – à ação como parte da espécie humana – política em qualquer quadrante da Terra, haverá que ser considerada como legítima e garantida seja qual for o Estado no qual ele se encontre e onde os faça exercer. Afinal, mais que nunca, "não perguntes por quem os sinos dobram: eles dobram por ti". A vida de cada um é a mesma vida de todos. Se os sinos dobram por todos, a banda também.

Posta como princípio jurídico, a solidariedade impõe que cada um atue na distribuição de bens como compromisso-dever social juridicamente posto à observância de todos para a concretização de uma nova cidadania: aquela que cuida de assegurar a dignidade da pessoa humana, da qual ela é uma mera expressão. A cidadania, que é uma das formas de manifestação da liberdade sócio-política, elabora-se para pôr à mostra a dignidade do homem em sua experiência com o outro. Sem a aliança, o homem perde-se em sua dimensão social justa, conquanto possa contracenar com todos sem se dar a alguns. Solidão não produz dignidade: produz desintegridade. O homem é inteiro com o outro; a solidariedade proporciona condições à vinculação do homem ao homem, a sua composição integral e, na extensão de sua liberdade, a sua inteireza conforme os dons que conformam a individualidade.

Do Estado Liberal, no qual a doutrina liberal-individualista privilegiou a cidadania civil e a cidadania política, sem respeito à ação participativa no plano coletivo, ao Estado Social, no qual a cidadania social promoveu o retorno da igualdade e da fraternidade como valores convertidos em princípios constitucionais a serem aplicados para configurar o conteúdo da cidadania contemporaneamente desenhada nos sistemas jurídicos, o mundo mudou, o Estado mudou, o Direito transformou-se ao sabor dos acontecimentos e vê a volta e a reviravolta de muitos desses princípios, compostos e recompostos segundo os interesses que prevalecem nos diferentes momentos em que os grupos predominantes no poder dos diferentes Estados exercem sua influência.

Como princípio jurídico-constitucional, todavia, não se há negar que a dignidade da pessoa humana põe-se, neste final de século, como fundamental e dimensionador da cidadania e dos demais direitos tidos como essenciais à pessoa humana.

Quanto mais se fazem acintosas as diferenças dentro de um mesmo Estado – no qual ricos e pobres chafurdam na luta entre os excessos entediantes dos primeiros e a carência desesperadora dos segundos – ou entre os Estados – nos quais uns dilapidam reservas para a aquisição de armas enquanto outros não dispõem de recursos para adquirir comida –, mais se afirma o princípio da dignidade da pessoa humana como princípio-limite definidor da pobreza aceitável (?) e da riqueza legítima.

Considerado um fim em si mesmo e nunca mais, em qualquer caso (como, antes, o dos escravos), como coisa tendente à realização de um fim, a dizer, como *meio para*, o ser humano é considerado em sua dignidade pelos sistemas democráticos contemporâneos, e é dessa condição (tornada, constitucionalmente, princípio fundamental) que fluem os direitos à liberdade e à igualdade.

Tomado como princípio constitucional fundamental da dignidade da pessoa humana (art. 1º, III, da Constituição da República do Brasil de 1988) – conquanto o conceito anteceda o ordenamento jurídico e mesmo o submeta como valor superior do ser humano, que independe de sistema –, contém ele dois elementos essenciais em sua essência, a saber: o homem e a dignidade.

A dignidade é uma qualidade do que, em razão de uma superioridade absoluta decorrente de uma condição própria, entranha-se na essência do próprio sujeito, não sendo, então, passível de mensuração ou substituição sem perda do próprio ser. Na lição de José Afonso da Silva (embasando-se em Kant), "no reino dos fins tudo tem um preço ou uma dignidade. Aquilo que tem um preço pode muito bem ser substituído por qualquer outra coisa equivalente. Daí a idéia de valor relativo, de valor condicionado, porque existe simplesmente como um meio, o que se relaciona com as inclinações e necessidades gerais do homem e tem um preço de mercado, enquanto aquilo que não é um valor relativo, e é superior a qualquer preço, é um valor interno e não admite substituto equivalente, é uma dignidade, é o que tem uma dignidade. Correlacionados assim os conceitos, vê-se que a dignidade é atributo intrínseco, da essência da pessoa humana, único ser que compreende um valor interno, superior a qualquer preço, que não admite substituição equivalente".[20]

Não é o homem em qualquer momento ou situação que se pretende centro da ordem jurídica, mas o homem tomado em sua condição essencial, dotado da dignidade que o torna princípio e fim do Direito e do Estado.

É o reconhecimento e garantia da dignidade humana que se projetam na ordem jurídica a legitimá-la e orientá-la no atendimento dos objetivos fundamentais da Sociedade. Quanto mais atuantes e eficientes os sistemas jurídico e político no sentido

20. José Afonso da Silva, *A Dignidade da Pessoa Humana como Valor Supremo da Democracia*, tese apresentada na XV Conferência Nacional da Ordem dos Advogados do Brasil.

de possibilitar a todos as condições materiais, espirituais, psicológicas, para o desenvolvimento de suas aptidões e vocações, mais legítimos serão eles e mais justa será a Sociedade.[21] Tanto se dá porque a dignidade da pessoa humana – valor que, entronizado no sistema jurídico, transforma-se em princípio constitucional fundamental informador do ordenamento veiculado por meio de norma jurídica – impõe que a Sociedade e o Estado prodigalizem-se, obrigatoriamente, no sentido de criar as condições para que o pleno desenvolvimento do ser humano integral se possa realizar.

Sem que a dignidade de cada um e de todos se faça respeitar na Sociedade a cidadania capenga, porque carente do elemento próprio ao ser em sua própria condição humana. Sem a cidadania exercida ativa e solidariamente a dignidade se acanha, porque ausente do seu desdobramento político inerente à liberdade para a qual flui e na qual se aperfeiçoa.

Por isso, o fenômeno denominado de *exclusão social* transgride a ordem jurídica, agride o Direito e fere o sentimento de Justiça e o sentido que ele adota na base do ordenamento jurídico posto pelo Estado à universalidade dos homens. Por *exclusão social* entende-se a situação que deixa à margem do processo político, social, participativo, econômico, e, portanto, das garantias jurídicas fundamentais, uma pessoa ou grupo social. Os "excluídos" têm desrespeitados até mesmo os seus direitos fundamentais, despojados que são do núcleo mínimo de seu patrimônio jurídico que lhes garantiria a dignidade humana. A Sociedade integra o indivíduo ao todo social. O perverso fenômeno da *exclusão* desintegra-o, retira-o do contexto sócio-político e econômico integrado segundo um modelo estatal eleito como próprio e adequado à universalidade de seus membros.

A *exclusão social* é o não-direito, é a negativa de direitos, é a injustiça contornando uma Sociedade que se pretende organizada, conquanto essa organização segregue uma parte do todo que forma o grupo humano contido no processo organizatório e dinâmico da política. Nega-se por esse processo de acantonamento de alguns não apenas o direito de um homem, mas o próprio homem como sujeito de direitos: renega-se a dignidade da pessoa humana como condição a ele inerente. Toda fome é indigna; todo gueto é indigno. A esmola é a resposta indigna a um homem que reclama a dignidade que o esmoler teima em lhe negar. O direito constitucional – máxime os que constituem o conjunto de direitos fundamentais do homem – não se concilia com a exclusão social. Não há uma *vida de excluído:* o direito à vida é negado àquele que nessa condição se encontre.

Se nem de direitos humanos básicos dispõe o homem que exista em tal conjuntura, que dirá cidadania...

Uma nova sensibilidade jurídica põe-se, pois, a despeito de todas as dificuldades que o chamado "neoliberalismo globalizante e globalizado" parece querer impor à cidadania.

Pensada com base na trilogia principiológica que a informa e sustenta – a liberdade individual política e social, a igualdade jurídica e a solidariedade social –, a cidadania repensa-se, contemporaneamente, concebendo os sistemas jurídicos novas expressões e novas formas de seu exercício.

Tal como acima figurado, a cidadania fez-se mais ativa no sentido de uma participação efetiva e permanente na gestão dos

21. Segundo Francisco Fernandez Segado, "el derecho, el ordenamiento jurídico en su conjunto, no quedará iluminado, en términos de Lucas Verdú, legitimado, sino mediante el reconocimiento de la dignidad de la persona humana y de los derechos que le son inherentes. Pues bien, en cuanto la Constitución parte de este principio, al fundamentar la totalidad del orden político en él, bien puede sostenerse que en nuestra Norma Suprema late un sustrato filosófico iuspersonalista".

negócios públicos e nos interesses plurais da Sociedade.

Direitos ora designados como *difusos*, que não podem ser individualizados em sua titularidade jurídica, menos ainda particularizados em seu exercício (tais como o meio ambiente, o patrimônio histórico e cultural da humanidade, o direito à informação e à comunicação, dentre outros), passam a compor o núcleo básico de interesses e direitos a serem objeto de cuidados de todos os cidadãos.

Esses direitos transindividuais demonstram que a cidadania é embasada no princípio da solidariedade social, pois a preocupação com o que se difunde como bem de uso direto ou indireto de todos é uma forma de cuidado com o outro, além, é claro, de o ser com o próprio cidadão que atua. A transindividualização dos direitos difusos determina uma transnacionalização da cidadania. Afinal, a preservação da Amazônia não interessa nem atina apenas ao patrimônio de um cidadão brasileiro. Antes, como outros bens da humanidade, a pureza e a impureza do ar e a saúde das pessoas em todos os recantos do Planeta tangenciam a questão do meio ambiente, que nela tem um de seus principais bolsões de resguardo.

A moralidade pública já não atinge apenas um cidadão de um determinado Estado: a apropriação de bens que podem fragilizar as finanças de um povo pode, imediata e paralelamente, detonar as Bolsas de Valores em outro ponto do Planeta. A ética pública a determinar a lisura no cuidado de dinheiros públicos não respeita, assim, apenas ao cidadão de um local.

A proteção dos direitos difusos e, principalmente, dos direitos humanos, inclusive os de terceira geração (como são os que se referem aos bens culturais e democráticos da humanidade, à paz, ao desenvolvimento, ao meio ambiente e à comunicação, fundamentalmente) passou a ser o espaço de ação livre, igual e comprometida do cidadão.

Mais ainda, o controle das políticas públicas e do poder público em todos os momentos de sua atuação e em todas as instâncias de sua ação passou a ser objeto de cuidados dos cidadãos. Assim, entre nós, alarga-se o objeto da ação popular, que é garantia constitucional entregue ao cidadão (art. 5º, LXXIII: "qualquer cidadão é parte legitima..."), e sugerem-se novas alternativas para que outros institutos venham a facilitar o seu desempenho como agente social extragovernamental, mas parte do povo do Estado.

A Constituição – disse-o em outra ocasião – passou de Carta de Liberdades a Carta de Libertação do homem. O cidadão houve por bem transformar-se no fluxo desta revitalização constitucional e converteu-se de agente político passivo em sujeito social ativo *do* e *no* Estado, em benefício de sua liberdade e da liberdade do outro, do tratamento igual que o beneficia e garante também o outro, da solidariedade que o faz visceralmente ligado a todos com o compromisso de agora e do futuro.

Esse cidadão assim refeito no conceito legítimo de um Direito justo e democrático é o que se encontra no outro e assim se realiza em si mesmo: o que tem fé em que é possível reinventar a humanidade e praticar a Justiça.

IV – Cidadania e constitucionalismo no Brasil. Conclusão

No Brasil, o constitucionalismo – tão pródigo em textos e doutrina de muito boa qualidade, quanto avaro em práticas legítimas e democráticas – ainda não conta com uma cidadania operante e vigilante: ela ressente-se, ainda, de uma organização social igualitária, pluralista e justa.

Conquanto o texto constitucional vigente disponha serem objetivos fundamentais da República Federativa do Brasil a erradicação das desigualdades sociais e regionais, da pobreza e da miséria e a constituição de uma Sociedade livre, justa, solidária e pluralista (art. 3º), a democracia social nem de longe foi ainda atingida.

Num Estado em que a educação é um privilégio, a saúde uma prerrogativa especial, a jurisdição uma concessão, o cidadão pensa direitos humanos com o próprio corpo: a cidadania passa pela cesta básica. Por isso, fatores como a falta de segurança, o desemprego, a agressão que é o menor abandonado, são lembrados antes mesmo da liberdade de expressão e da liberdade de pensamento. Com 32 milhões de crianças pobres (aquelas que vivem em lares cujos chefes ganham no máximo até dois salários mínimos), apurou-se, em 1994, que 3% das crianças brasileiras vivem "fora da situação de pobreza" (Censo 91); no Rio de Janeiro, 6.033 menores foram "exterminados" em 10 anos: Herodes não morreu. O cidadão brasileiro já nasceu?

Há, é certo, crianças que brincam e aprendem a ler com computadores. Cria-se uma nova cultura política para um cidadão da ação? Ou será que a Internet apenas noticia e acomoda o cidadão a uma operação?

Meio milhão de crianças (522.185 menores entre 5 e 9 anos) são consideradas pelo IBGE como escravizadas em trabalhos inadequados e nocivos à sua condição. Da colônia ao Brasil do Real o cidadão esteve onde?

A Constituição Brasileira de 1988 tem como seu centro – e diversamente do que houvera antes no constitucionalismo brasileiro – o homem. Segundo Ulysses Guimarães, "graficamente (ela) testemunha a primazia do homem, que foi escrita para o homem, que o homem é seu fim e sua esperança. É a Constituição-cidadã".

Com uma Constituição que propicia e instrumentaliza o homem a cumprir o seu dever jurídico de solidariedade para a garantia não apenas do outro, mas para si mesmo, como se entender possível não ter "vontade de beijar os olhos de minha pátria (...) vontade de mudar as cores do vestido (auriverde!) tão feitas de minha pátria, de minha pátria sem sapatos e sem meias, pátria minha, tão pobrinha!"? Como se entender cidadão longe dos versos de Vinícius de Moraes, a lembrar a "vontade de adormecer-me entre teus doces montes, pátria minha, atento à fome em tuas entranhas e ao batuque em teu coração"? Como se entender longe da esperança em uma pátria de todos para ser de verdade de cada um? Como ser cada um se não há como chegar-se a isso senão com todos os outros, reflexos e esperanças de Justiça igual?

Belo Horizonte, 18 de agosto de 1997

DOUTRINA

A LEI DOS PARTIDOS POLÍTICOS (Lei 9.096, de 19 de setembro de 1995)

SÉRGIO SÉRVULO DA CUNHA
Advogado em Santos

A hostilidade à formação dos partidos, e portanto, em última análise, à democracia, serve – consciente ou inconscientemente – a forças políticas que visam ao domínio absoluto dos interesses de um só grupo. (Hans Kelsen, *Essência e Valor da Democracia*)

1. Introdução

A fonte do art. 17 da CF brasileira – que a Lei 9.096, de 19.9.95, se propõe regulamentar[1] – é, com a interrupção de 1937, a experiência iniciada em 1930 (mais precisamente com o Código Eleitoral de 1932), que floresceu a partir de 1945 e encerrou-se em 1964. O período de 1964 a 1985 é o contraponto autoritário que, nessa qualidade, matiza aquela experiência.

Durante a Constituinte, no amplo receituário das propostas, ressurgiram as fórmulas restritivas e intervencionistas tão a gosto do autoritarismo: voto majoritário, cláusula de barreira, cartorialização do partido político. Foram derrotadas. O constituinte optou pela liberdade de organização do partido político, e assegurou-a com uma verdadeira garantia: nenhuma exigência, para sua criação, além daquelas que constem, da lei civil, para a existência de qualquer associação.

Isso, evidentemente, não faz do partido político uma pessoa jurídica de direito privado. O acesso à existência legal sem outro requisito além dos exigidos para qualquer associação civil protege os partidos políticos contra a intervenção dos interesses dominantes, habitualmente encartada nas normas infraconstitucionais.

Mesmo antes da constitucionalização dos partidos políticos era possível apreender-lhes a natureza no seu "reconhecimento pelas instituições publicas", como diz, com lucidez, Yves Mény (*Dictionnaire Constitutionnel*, PUF, p. 704). O germe desse reconhecimento já se encontrava no art. 124 da Constituição de Weimar: "Toda associação pode adquirir capacidade jurídica, conforme as prescrições do direito civil. Essa capacidade não pode ser recusada a uma associação pelo motivo de propor-se um fim político, social ou religioso". Atento a esse processo de publicização – como parte do processo maior de "racionalização do poder" –, já estava, na década de 20, Mirkine Guetzevitch, que menciona a experiência norte-americana e tcheco-eslovaca, no "reconhecimento das

1. Seria melhor, com respeito à Constituição, dizer "implementar".

atribuições de direito público aos partidos políticos" (v. *As Novas Tendências do Direito Constitucional*, Cia. Editora Nacional, 1933).

No Brasil, o reconhecimento veio com o Decreto 21.076, de 24.2.1932. Independentemente de que o dissessem a Constituição ou a lei, até então, os partidos políticos – entidades privadas com fins públicos – organizavam-se, como toda associação, na forma da lei civil O reconhecimento publiciza a categoria, na medida em que a integra como elemento indispensável à organização do poder político.

Nasceu, aí, a duplicidade de registro, que se mantém no posterior Código Eleitoral (a Lei 48, de 4.5.1935). E é com o Código Eleitoral de 1950 (Lei 1.164, de 24.7.50), que se passa a designar expressamente o partido político como pessoa jurídica de direito público. Estávamos já sob a Constituição de 1946, que, embora sem uma abordagem sistemática, tratava dos partidos políticos em vários dos seus dispositivos.

A natureza pública dos partidos políticos é também referida expressamente pelas leis da ditadura: a primeira (Lei 4.740, de 15.7.65) e a segunda (Lei 5.682, de 21.7.71) Lei Orgânica dos Partidos Políticos. Entretanto, já não vivíamos, aí, o processo de publicização dos partidos políticos, mas de sua estatalização. Porque, ao mesmo tempo em que criava um registro especial para a personalização do partido político, o Estado desligava-o de seu berço espontâneo, em que surgia como instrumento da sociedade civil, mediador entre esta e o poder político. Segundo o interesse dos grupos dominantes, que tinham o Estado a seu serviço, os partidos passaram a ser criados cartorialmente: é o Estado, com suas "leis orgânicas", que passa a organizá-los de cima para baixo.

Contudo, se há democracia, a Constituição e os partidos políticos não podem ser produtos artificiais. A personalização do partido na forma da lei civil não significa o retorno à primeira República, quando o partido não possuía *status* público; nem o regresso à década de 30, quando o partido não possuía *status* constitucional. Significa a reafirmação do seu caráter público não estatal, emanação da sociedade civil, não só a fórmula institucionalizada através do seu reconhecimento público, mas a fórmula institucionalizada como institucionalizante, elemento indispensável para formação do poder político. O art. 17 da CF de 1988 é a síntese feliz dessa evolução.

2. *Objeto deste estudo*

Há leis cujo principal escopo é trair a Constituição (a elas assim se refere Josaphat Marinho: "Será fraude à Constituição a lei que, a título de regulá-la, a deformar ou subverter, ferindo-lhe o texto ou o espírito" – "Direitos e garantias fundamentais", *RIL* 127/9).

Nas laudas deste comentário não cabe o rol das inconstitucionalidades contidas na Lei 9.096. Selecionei algumas que me parecem mais graves e que dizem respeito à natureza do partido político, aos requisitos de sua existência e funcionamento e a algumas inigualações desigualizantes.

Também não poderei falar sobre as lacunas desse diploma. Preso à visão policialesca, o legislador perdeu a ocasião de editar a nossa primeira lei de liberdade partidária: uma lei dedicada a dizer não o que o partido não pode fazer, mas a protegê-lo naquilo que pode e precisa fazer.

Exemplo: convinha à lei dizer – não por necessidade intrínseca, mas para uso do foro – que, ao impetrar mandado de segurança coletivo, assim como faz ao ajuizar ação direta de inconstitucionalidade, o partido tutela interesses gerais, e não apenas interesses dos seus filiados.

Também é tempo de se fazer o partido co-responsável, politicamente, por atos praticados, no exercício do mandato, por representantes eleitos sob sua legenda. A co-responsabilidade do partido é fator do seu fortalecimento e da desindividualização da prática política.

Especificamente, a mais grave lacuna – porque o legislador foi expressamente incumbido de disciplinar a matéria (art. 17, IV, da CF) – diz respeito ao funcionamento parlamentar do partido político. A Constituição quer que a lei – e não o regimento interno das casas legislativas – trate do funcionamento parlamentar, para subtrair à discricionariedade das formações majoritárias a definição dos direitos das bancadas minoritárias. Havendo reserva legal, é flagrante a inconstitucionalidade do art. 12 da lei partidária, que remete às disposições regimentais a disciplina do funcionamento parlamentar; igualmente inconstitucional o inciso II do art. 56, que entrega à Mesa Diretora da Câmara dos Deputados competência para dispor sobre o funcionamento de representações partidárias diminutas.

3. *Natureza jurídica do partido político*

No Brasil, os cargos políticos nos Poderes Legislativo e Executivo são preenchidos mediante eleições, e só se admite candidato mediante a inscrição partidária (v. art. 14, § 3º, V, da CF). Portanto, sem o concurso dos partidos não há como organizar e desempenhar as funções estatais. Na democracia moderna não há poder político, nem Estado, se não há partido político. Ressalta, daí, a natureza pública do partido.

Como os partidos políticos adquirem personalidade jurídica na forma da lei civil (CF, art. 17, § 2º), alguns excelentes autores, precipitadamente, entenderam que são pessoas jurídicas de direito privado. No mesmo equívoco incidiu a lei 9.096, em seu art. 1º.

Sabemos, porém, que o nome não dá ser às coisas Mesmo a lei designa erroneamente, se designa em desacordo com o que deflui dela mesma e do ordenamento, em seu conjunto.

Para caracterizar as pessoas jurídicas de direito público, a doutrina, com alguma insegurança, tem sugerido vários critérios. Marcello Caetano (*Manual de Direito Administrativo*, v. 1/181, Coimbra, Almedina, 1991) conceitua, com precisão: "Muitos têm sido os critérios propostos para caracterizar as pessoas coletivas de direito público: o de criação pelo Estado, o da tutela do Estado, o dos fins coincidentes com os fins do Estado, o dos fins de realização obrigatória, o da titularidade de poderes de supremacia sobre outras pessoas, e outros ainda... Ora, como já ficou dito, o que caracteriza o Direito Publico é a proteção direta e imediata dos interesses públicos, resultando da supremacia destes a atribuição de prerrogativas aos sujeitos de direito que os prosseguem. Portanto, pessoa coletiva de direito público será aquela que nasça da necessidade de realização de interesses públicos, isto é, interesses que sejam considerados fundamentais para a existência, conservação e desenvolvimento da sociedade política".

Não podemos esquecer, também, que no sistema partidário brasileiro – reposto nos trilhos de sua evolução democrática pela Constituição de 1988 – temos o duplo registro partidário. O primeiro, realizado na forma da lei civil, que confere ao partido político uma existência embrionária, podendo exercitar pregação, movimentação política e arrebanhar prosélitos; e o segundo registro, realizado na Justiça Eleitoral, com que adquire capacidade jurídica específica, isto é, a de participar de eleições, inscrevendo candidatos.

No sistema constitucional-partidário brasileiro são três os estágios em que se pode situar o partido político: a infância (partido com registro na forma da lei civil), a maioridade (partido com registro na Justiça Eleitoral) e a maturidade (partido com representantes eleitos e funcionamento parlamentar) (v. "A nova lei de liberdade partidária", *RIL* 114/125, abril-junho/92). Esses os degraus que, em face da Constituição, estabelecem diferenças legítimas entre os partidos políticos existentes, situando-os em classes ou categorias distintas.

4. *Requisitos de existência do partido político*

Diz o art. 17 da CF que é livre a criação de partidos políticos (*caput*), assegurada autonomia para definir sua estrutura interna, organização e funcionamento (§ 1º); diz também (§ 2º) que os partidos políticos adquirem personalidade jurídica na forma da lei civil.

Portanto, não pode haver para a personalização de partido político qualquer outra regra além das previstas, de modo geral, na lei civil para a personalização das associações. Essa norma, como se indicou acima, foi solução sábia do constituinte para frear as agressões do legislador à liberdade de criação do partido político.

São, assim, francamente inconstitucionais as disposições da Lei 9.096 que exigem, para o registro de partido político:

a) assinatura, no respectivo requerimento, de no mínimo 101 eleitores, com domicílio em no mínimo um terço dos Estados (art. 8º, *caput*);

b) comprovação do apoiamento de eleitores em número correspondente a pelo menos meio por cento dos votos dados na última eleição geral para a Câmara dos Deputados, distribuídos por um terço ou mais dos Estados, com um mínimo de um décimo por cento do eleitorado que haja votado em cada um deles (arts. 7º, § 1º, 8º, § 3º, e 9º, III e § 1º);

c) indicação do endereço da sede do partido na Capital Federal (arts. 8º, § 1º, e 15, I).

Essas exigências exorbitam do texto constitucional, contrariam-no manifestamente, e representam resíduo da legislação autoritária, incompatível com a nova organização dos partidos políticos.

O requisito referido na letra "b", acima, é, aliás, um exemplo curioso de resquício autoritário. Ou o "apoiamento" aí mencionado representa – como tudo indica – apenas uma etapa formal na gincana cartorialesca dos currais, ou significa uma providência praticamente proibitiva da criação de novos partidos.

Em São Paulo, por exemplo, votaram na última eleição para a Câmara dos Deputados 8.662.689 eleitores. Os patronos da incipiente (ou da já gigantesca) organização precisariam conseguir o apoiamento de 866.268 eleitores – sendo a veracidade das respectivas assinaturas e o número dos títulos atestados pelo escrivão eleitoral (art. 9º, § 1º) – e completar semelhante proeza em no mínimo nove Estados. Anote-se que na última eleição (1994) apenas quatro partidos (PMDB, PFL, PPR e PSDB) conseguiram mais de dez por cento dos votos em no mínimo nove Estados da Federação.

Por último, observe-se a gritante inconstitucionalidade dos arts. 59 e 60 da Lei 9.096, ao pretender modificar o Código Civil e a Lei dos Registros Públicos para submeter a existência c registro do partido político aos requisitos de uma "lei específica".

O legislador ordinário, infelizmente, viu no art. 17, § 2º, da CF o que nele não está (privaticidade do partido político), e no mais ignorou essa norma em todos os seus propósitos.

5. *Inigualações desigualizantes*

Sendo genérica, a lei não pode excepcionar salvo a presença de fatores objetivos, amparados por preceitos constitucionais inequívocos (Geraldo Ataliba, *República e Constituição*).

5.1 O princípio da isonomia – cuja concreção oferecia dificuldades, no passado, ao aplicador da lei – aos poucos veio encontrando traduções precisas.

A lição do pranteado Geraldo Ataliba expressa, com felicidade, aquilo que Francisco Campos já tentara em formulação mais analítica: "Desde que, ao regular um ato, um fato, uma atividade ou ao criar um direito ou uma obrigação a lei prescreva um determinado regime jurídico para um, sem que o estenda a todos os demais da mesma classe, está violando o princípio constitucional da igualdade perante a lei" ("Igualdade de todos perante a lei", *RDA* 10/399).

À elucidação do mesmo tema dedica-se Celso Antônio (*O Conteúdo Jurídico do Princípio da Igualdade*, 3ª ed., 5ª tiragem, São Paulo, Malheiros Editores, 1998), que indaga ao início de sua investigação: "Como as leis nada mais fazem senão discriminar situações para submetê-las à regência de tais ou quais regras – sendo esta mesma sua característica funcional – é preciso indagar quais as discriminações juridicamente intoleráveis" (p. 11).

E passa, em seguida, a responder: "tem-se que investigar, de um lado, aquilo que é adotado como critério discriminatório; de outro lado, cumpre verificar se há justificativa racional, isto é, fundamento lógico, para, à vista do traço desigualador acolhido, atribuir o específico tratamento jurídico construído em função da desigualdade proclamada. Finalmente, impende analisar se a correlação ou fundamento racional abstratamente existente é *in concreto* afinado com os valores prestigiados no sistema normativo constitucional" (pp. 21 e 22).

Semelhante é o ponto de vista de Geoffrey Marshall (*Constitutional Theory*):

"Dado que se aceita que o legislador pode determinar pessoas ou grupos para um tratamento distinto, posto que a 'classificação é inerente à legislação', cabe decidir várias coisas acerca das condições necessárias para compatibilizar tal classificação ou discriminação com a garantia de igualdade. Por exemplo:

"1. Que entre a classificação e os objetivos da norma deve haver algum tipo de conexão.

"2. Que a classificação deve basear-se em uma diferenciação compreensível.

"3. Que a classificação deve basear-se em alguma distinção real e substancial.

"4. Que a classificação tem que ser pertinente ao objeto da norma.

"5. Que a classificação deve estar relacionada racionalmente com o objeto.

"6. Que a classificação deve estar relacionada honestamente com o objeto.

"7. Que a classificação não deve ser caprichosa ou discriminatória.

"8. Que a classificação não deve ser arbitrária.

"9. Que a classificação deve ser razoável.

"10. Que a classificação deve ser justa" (cf. ed. espanhola da Espasa-Calpe, 1982, p. 187).

5.2 Ao diferenciar ou discriminar (ou seja, ao inigualar), o legislador o faz seja para igualizar os desiguais, ou para não desigualar os iguais. Os critérios da inigualação, expostos acima, subordinam-se ao conteúdo dos princípios e das normas hierarquicamente superiores. Admitem-se as inigualações que buscam a realização dessas regras, e vedam-se aquelas que as contrariam, ou marcham em sentido contrário ao da sua realização: ou seja, as inigualações desigualizantes.

O grande princípio reitor da vida do partido político inscrito na Constituição brasileira de 1988 é o da liberdade de organização e de funcionamento: exceções a essa liberdade – que aqui significa autonomia – são apenas as indicadas expressamente pela própria Constituição, umas concebidas em termos abertos, outras em obrigações concretas de fazer ou não fazer. São exceções "em branco" as que jungem o partido político à soberania nacional, ao regime democrático, ao pluripartidarismo, aos direitos fundamentais da pessoa humana (art. 17, *caput*) e ao caráter nacional (art. 17, I).

O intérprete dirá o que se entende, aí, por "saberania nacional", "regime democrático", "pluripartidarismo", "direitos fundamentais da pessoa humana" e "caráter nacional". Não cabe ao legislador dizê-lo, porque esses são conceitos constitucionais cuja definição a Lei Fundamental não entregou ao legislador ordinário. E, ao pretender fazê-lo, o legislador poderia trair, restringir ou estender o conceito, a dano do princípio que excepciona. É o que acontece com o conceito de "caráter nacional", que o art. 7º, § 1º, da Lei 9.096 confundiu com "âmbito nacional". O legislador, note-se, não é intérprete da Constituição, salvo ali onde o constituinte lhe haja entregado expressamente essa incumbência.

Cabe, porém, ao legislador, na sua tarefa de implementar a Constituição, dizer: a) se aqueles requisitos (referidos nas exceções) apenas se verificam formalmente, nos atos constitutivos dos partidos políticos (criação, fusão, incorporação) ou também materialmente, no exercício da sua atividade pública e parlamentar; e b) qual a sanção aplicável ao partido político que deixe de observar aqueles preceitos.[2]

São exceções concretas correspondentes a obrigações de fazer ou não fazer as constantes do art. 17, II (proibição de recebimento de recursos financeiros de entidade ou governo estrangeiros ou de subordinação a estes) e III (prestação de contas à Justiça Eleitoral),[3] bem como do § 4º (proíbe a utilização de organização paramilitar).

O segundo grande princípio reitor que preside a organização e funcionamento dos partidos políticos, situado praticamente no mesmo nível, e em parte corolário do princípio da autonomia, é o princípio do pluralismo.

Peço licença para transcrever o que incluí em estudo apresentado à XV Conferência Nacional da OAB, e publicado na *Revista de Informação Legislativa* 125/5-11: "O princípio da liberdade partidária, indiscutivelmente posto pela Constituição, vincula-se ao princípio pluralista. Por quatro vezes a Lei Fundamental utiliza o termo 'pluralismo': em seu 'Preâmbulo' (pluralismo social), no art. 1º (pluralismo político), no art. 17 (pluralismo partidário) e no art. 206, III (pluralismo de idéias e concepções pedagógicas). Esse não é, certamente, um termo vazio. Ao contrário, possui uma significação prescritiva, qualitativa. Dizer que uma sociedade deve ser pluralista não significa fixar-se uma determinação numérica, acima de alguns e abaixo de muitos, dentro da qual se permite a convivência dos diferentes. Significa, ao contrário, o dever de criar e manter esse espaço de convivência; restringi-lo, direta ou indiretamente, corresponde a ferir o princípio pluralista. Pluralismo, instrumentação da liberdade, tem sentido mais concreto, mais preciso do que esta".

Da noção de pluralismo é indissociável o conceito moderno de democracia, que, bem por isso, a partir de Dahl, vários autores denominam "poliarquia" (para Wanderley Guilherme dos Santos a poliarquia define-se "por elevado grau de institucionalização da competição pelo poder, associado a extensa participação política" – *Razões da Desordem*, p. 80) e que Lijphart

2. V. o art. 141, § 13, da CF de 1946: "É vedada a organização, o registro e o funcionamento de qualquer partido político ou associação, cujo programa ou *ação* contrarie o regime democrático, baseado na pluralidade dos partidos e nos direitos fundamentais do homem" (grifo meu). O Decreto-lei 9.258, de 14.5.1946, em seu art. 26, mandava cancelar o registro do partido político:

"a) quando se provar que recebe de procedência estrangeira orientação político-partidária, contribuição em dinheiro ou qualquer outro auxílio;

"b) quando se provar que, contrariando o seu programa, pratica atos ou desenvolve atividade que colidam com os princípios democráticos, ou os direitos fundamentais do homem, definidos na Constituição."

3. A fraude a essas normas constitucionais já está montada no art. 53 da Lei 9.096 via fundações ou institutos paralelos ao partido.

caracteriza como "democracia de consenso": "Nas sociedades plurais, norma de maioria significa ditadura da maioria e contenda civil antes que democracia. O que essas sociedades necessitam é um regime democrático que acentue o consenso". Esse autor delineia o modelo da democracia de consenso mediante oito elementos limitadores da maioria, entre os quais um sistema pluripartidário (*Las Democracias Contemporáneas*, 2ªed., Barcelona, Ariel, 1991, pp. 38 e ss.). Para impor o princípio pluralista, por conseqüência, bastaria à Constituição brasileira ter mencionado, como fez em seu "Preâmbulo" e em seu art. 1º, o propósito de instituir um Estado Democrático; a reiterada menção ao princípio pluralista significa explicitação enfática do que já se continha implicitamente naqueles enunciados.

Seria, por isso, tão inconstitucional a lei que fixasse um número *x* de partidos políticos (3, 4 ou 5), quanto a lei que criasse as condições que empurram o quadro partidário para um número *x*. Ou seja, é tão inconstitucional a cláusula de exclusão, quanto a exclusão que – não obstante inexistir preceito explícito – se opera como resultado da lei.

O terceiro e quarto princípios reitores da vida partidária são o da representação e o da competição. Todos esses conceitos se interligam. Só pode aceder a cargo público eletivo quem possui filiação partidária (art. 14, § 3º, V, da CF), e a Câmara dos Deputados compõe-se de representantes do povo, eleitos pelo sistema proporcional. Cabe ao legislador-complementar estabelecer o número de deputados proporcionalmente à população e tendo em vista a representação dos Estados e Distrito Federal (art. 45, § 1º), e cabe ao legislador ordinário dispor sobre o sistema proporcional (art. 45, *caput*), o que significa fixar a fórmula para conversão de votos em cadeiras O princípio da competição pelo poder implica a existência de regras gerais de competição, vale dizer, iguais para todos.

5.3 Para sistematizar esta abordagem, versaremos neste tópico as inigualações desigualizantes inscritas nos arts. 7º, § 3º, 13, 41, II, e 48 e 49 da Lei 9.096, que tratam, respectivamente: a) da proteção ao nome, sigla e símbolos partidários; b) do funcionamento parlamentar; c) da distribuição de recursos do Fundo Partidário; e d) do direito de antena (propaganda partidária gratuita no rádio e televisão).

a) *Proteção ao nome, sigla e símbolos partidários* (art. 7º, § 3º, da Lei 9.096) – O art. 7º, § 3º, da Lei 9.096 assegura "exclusividade de sua denominação, sigla e símbolos" apenas ao partido que possua o duplo registro. É constitucional a classificação dos partidos em partidos com um, ou partidos com os dois registros. O legislador ordinário pode disciplinar – para prevenir manipulações maliciosas – a utilização de denominações, siglas e símbolos partidários. Mas, sendo esses elementos inseparáveis da existência de um partido como tal (como conceber um partido sem nome?), não pode negar proteção aos partidos que tenham somente o primeiro registro e reservá-la apenas para os partidos com duplo registro.

O que faz o § 3º do art. 7º é negar efeitos próprios ao primeiro registro, tornando-o inoperante, e inócuo o § 2º do art. 17 da CF.

b) *Funcionamento parlamentar* (art. 13 da Lei 9.096) – Diz esse artigo que "tem direito a funcionamento parlamentar, em todas as Casas Legislativas para as quais tenha elegido representante, o partido que em cada eleição para a Câmara dos Deputados obtenha o apoio de, no mínimo, cinco por cento dos votos apurados, não computados os brancos e os nulos, distribuídos em, pelo menos, um terço dos Estados, com um mínimo de dois por cento do total de cada um deles".

Entende-se por "funcionamento parlamentar", nos termos da lei, a constituição de uma bancada e respectiva liderança (art.

12), bem como a representação partidária nos cargos e funções da Casa Legislativa (art. 25). Assim, os deputados eleitos por um partido que não haja alcançado aquela marca ou migram para outro partido ou ficam impossibilitados de alcançar postos reservados à representação partidária. Esses postos não correspondem apenas a funções administrativas, mas também a funções tipicamente legislativas, como a participação em comissões permanentes ou especiais. Parece claro, portanto, que essa regra fere o princípio da isonomia, seja considerada quanto ao direito dos deputados, como considerada quanto ao direito dos partidos.

Estaria o legislador autorizado a efetuar essa amputação nos mandatos, cujas regras têm sede constitucional? Indaga-se, primeiro, se ele – além de fixar o quociente partidário contido no sistema proporcional (para o quê foi autorizado pelo art. 45 da CF) – pode estabelecer uma outra exigência, que desiguala os mandatos. O que permite acesso à plenitude da representação é a fórmula de conversão de votos em cadeiras, que o legislador está autorizado a fixar como parte do sistema proporcional. Podem os direitos daí decorrentes ser relativizados pela introdução de uma outra exigência, estranha ao sistema proporcional, e que o legislador não foi autorizado a estabelecer?

É impossível perceber, para essa inigualação, um critério compatível com os objetivos e regras constitucionais. Alguém poderia dizer que a existência de muitas bancadas dificulta o processo decisório. A busca da eficiência é, sem dúvida, um princípio prático que deve presidir qualquer atividade. Mas ela não constitui um valor, e sequer um fim. Considerada em si mesma, independentemente dos fins a que sirva, não possui relevância política ou ética. E sua definição parlamentar (seria a rapidez nas deliberações, seria a ausência de dissenso?), associada a expedientes como o voto de liderança, ou a aprovação de projetos mediante o simples decurso de prazo, tem servido à implantação de processos mecânicos, de ínfima transparência e participação, à supressão de etapas no processo deliberativo, ao predomínio absoluto das direções partidárias e ao atrelamento do Legislativo ao Executivo. Anote-se, por fim, que, se a eficiência em política porventura alcançou expressão jurídica, terá sido através do modelo democrático.

A pluralidade de representações é condição da decisão democrática, e inexiste quadro partidário autêntico que não sofra um processo natural de seleção, limitando o número dos partidos efetivos. O que fazem as regras interventivas, cerceadoras da liberdade, é exatamente favorecer os arranjos artificiais, sem base na realidade social.

c) *Distribuição de recursos do Fundo Partidário* (art. 41. II) – O art. 41 da Lei 9.096 encarrega o TSE de distribuir os recursos do Fundo Partidário aos "órgãos nacionais dos partidos". O legislador começa errando aí, porque só o estatuto partidário poderá dizer se o partido possuirá ou não um "órgão nacional". O partido pode formar-se no Município com um número mínimo de aderentes e ter "caráter" nacional – ou seja, identificação programática com os atributos da nacionalidade – sem instalar sede em Brasília e sem possuir um diretório nacional, entendido como soma de delegações federativas. Quem exigir, de um partido, "âmbito" nacional (o que estava nas Ordenações militares, mas não está na Constituição de 1988) inviabilizará a norma do art. 17, *caput* e seu § 2º, da CF. Assim, os recursos do Fundo devem ser distribuídos ao órgão diretivo máximo do partido, conforme definido no respectivo estatuto, que para isso – entre outras razões – deve ser registrado no TSE.

Ofende os princípios da isonomia e da livre competição o inciso II desse art. 41, que manda entregar 99% dos recursos do Fundo Partidário, na proporção dos votos obtidos na última eleição para a Câmara dos Deputados, aos partidos que, nessa eleição, hajam obtido no mínimo 5% dos votos apurados, na forma prevista no art. 13 da lei.

À primeira vista parece justo distribuírem-se os recursos do Fundo proporcionalmente ao tamanho de cada bancada. Dir-se-ia, até, que a regra é resultado do princípio da competição.

A falácia, entretanto, reside exatamente aí. Se todos os partidos com representação parlamentar participam, como de fato, da mesma competição pelo poder, os ônus e encargos dessa competição são iguais para todos, e as regras desse processo competitivo devem ser iguais para todos. Aliás, fosse o tamanho da bancada a determinar vantagens para um ou outro competidor, certamente o critério do equilíbrio mandaria reforçar os mais fracos, porque os membros destes precisam se desdobrar e desgastar muito mais, a fim de emparelhar com os mais fortes. O que seria de um torneio no qual o vencedor do último campeonato já entrasse com vários pontos de vantagem?

A regra do reforço do mais forte é uma âncora no passado. É um diferenciador progressivo que, crescendo de eleição em eleição, compromete o futuro; fomenta a invencibilidade de quem um dia foi mais forte e a extinção de quem um dia foi mais fraco. Intervém arbitrariamente no processo de seleção natural, favorecendo ectoplasmas partidários (como, por exemplo, teria ocorrido com o PRN, em 1990, um dos partidos com maior representação na Câmara dos Deputados, e hoje praticamente extinto).

Portanto, essa regra é não apenas formal e materialmente injusta, mas presumivelmente desonesta, se quisermos adotar o decálogo de G. Marshall.

d) *Propaganda partidária gratuita no rádio e televisão* (arts. 48 e 49 da Lei 9.096) – Aplica-se inteiramente, aqui, o que se incluiu no item acima, sobre a desigualdade na distribuição dos recursos do Fundo Partidário.

A propaganda partidária gratuita é uma das maiores conquistas da democracia brasileira, fator de moderação da influência do poder econômico. A inigualação que a lei agora busca fazer é desigualizante, e cria privilégio para os partidos mais fortes, em detrimento dos mais fracos.

6. Algumas observações sobre a cláusula de barreira[4]

Não obstante a Lei 9.096, acertadamente, não tenha incluído cláusula de barreira – à qual, durante a tramitação do respectivo projeto de lei, a imprensa se referia insistentemente como "cláusula de desempenho" –, parecem-me pertinentes algumas observações a esse respeito.

As Ordenações militares que vigoraram no Brasil juntamente com os Atos Institucionais criaram exigências praticamente impeditivas para a formação de partidos políticos.

A Carta de 1967, além de proibir coligações partidárias (art. 149, VIII), exigia, para que pudesse existir partido político, o apoio de "dez por cento do eleitorado que haja votado na última eleição geral para a Câmara dos Deputados, distribuídos em dois terços dos Estados, com o mínimo de sete por cento em cada um deles, bem assim dez por cento de deputados em pelo menos um terço dos Estados, e dez por cento de senadores" (art. 149, VII).

Essas marcas foram reduzidas, pela Ordenação de 1969, para "cinco por cento do eleitorado que haja votado na última eleição geral para a Câmara dos Deputados, distribuídos em pelo menos sete Estados, com o mínimo de sete por cento em cada um deles" (art. 152, VII). A EC 11, de 1978, as diminuiu para "cinco por cento do eleitorado que haja votado na última elei-

4. Sobre a cláusula de barreira v. José Antônio Giusti Tavares, *Sistemas Eleitorais nas Democracias Contemporâneas*, ed. Relume-Dumará, 1994, pp. 112 e 113.

ção geral para a Câmara dos Deputados, distribuídos, pelo menos, por nove Estados, com o mínimo de três por cento em cada um deles".

Essas exigências, sempre inaplicadas por variados motivos, eram coerentes com o bipartidarismo e com a concepção autoritária do regime militar. Não se tinha aí, porém, o chamado "umbral", "barreira" ou "bloqueio", que põe exigência não para a criação de partido político, mas para sua sobrevivência após uma eleição parlamentar.

Cláusula de barreira é a disposição, posta em norma legal, que nega ou existência, ou representação parlamentar, ao partido que não tenha alcançado um determinado número ou percentual de votos. Já a tivemos com o Decreto-lei 8.835, de 24.1.1946, art. 5º, com o Código Eleitoral de 1950 (Lei 1.164, de 24.7.50) – cujo art. 148, em seu parágrafo único, mandava cancelar o registro do partido que não conseguisse eleger ao menos um representante para o Congresso Nacional, ou que não obtivesse ao menos 50.000 votos – e também com a "EC" 11/85, que vedou representação ao partido com votação inferior a cinco por cento do eleitorado, distribuída, pelo menos, por nove Estados, com o mínimo de três por cento em cada um deles.

Suponhamos que se desejasse criar, no Brasil, uma barreira semelhante à instituída na Alemanha pela lei de 15.6.94 (exigência de 5% dos votos).

Cinco por cento parece um número inocente, que justifica o sacrifício de um partido. À primeira vista, adotada essa regra, haveria espaço para no máximo 20 partidos, o que parece bastante razoável do ponto de vista democrático (representativo), e até um pouco exagerado do ponto de vista da "governabilidade".

Entretanto, a aritmética não é bem esta. Se aquela regra incidisse desde logo, eliminando do Congresso os partidos que não superaram a barreira na eleição parlamentar de 1994, teriam perdido seus mandatos 53 deputados, correspondentes a 10,30% dos membros da Câmara.[5] Os 5%, no seu primeiro golpe, transformam-se em 10,30% da representação nacional. Os eleitores que votaram nesses deputados deixariam de ser representados, donde se vê o teor majoritário da regra

O voto restrito é forma de voto majoritário Se, antes da implantação do voto proporcional, o eleitor minoritário estava condenado a ser dirigido por aquele em quem não votou, hoje, com o moderno voto restrito, nos países onde existe, esse eleitor vê-se obrigado a votar em partidos e candidatos que não são os da sua preferência.

Com uma barreira de cinco por cento também estariam correndo risco de eliminação os deputados do PDT, do PP e do PTB (partidos que, na eleição de 1994, situaram-se imediatamente abaixo dos partidos mais votados: PMDB, PFL, PSDB, PPR e PT). Foram estes os percentuais de votação daqueles partidos, situados na área de risco:

– PDT: 7,22663%;

– PP: 6,95580%;

– PTB: 5, 21093%.

Vigente a barreira, não é improvável que os partidos da faixa de risco pereçam na eleição seguinte. Os efeitos da barreira não se verificam somente depois da eleição, mas começam a se exercer antes da eleição, com a fuga dos candidatos às legendas ameaçadas. Se a barreira, ao seu primeiro impacto, sacrificasse também esses partidos, que abrigam hoje 101 deputados, correspondendo a 19,40% do total, os 5% teriam se convertido em 29,70% da representação nacional resultante da eleição de 1994. Esse não é um número desprezível.

Não estou interessado, aqui, em examinar o umbral em face dos princípios de-

5. PSC (3), PL (13), PPS (2), PMN (4), PRN (1), PSB (15), PSD (3), PV (1), PRP (1) e PC do B (10).

mocráticos, ou democrático-constitucionais. A quase-unanimidade dos autores o condena. Ao sofisma da "governabilidade" (para Sartori, "é débil a 'lei' de que uma alta fragmentação origina coalizões instáveis e governos ineficazes" – *Parties and Party-System – A Framework for Analysis*, cons. na ed. da Alianza Editorial, Madri, 1992, p. 448) já respondeu, entre nós, Wanderley Guilherme dos Santos (*Crise e Castigo – Partidos e Generais na Política Brasileira*, 1987). Também Kelsen dedicou ao tema algumas linhas:

"O sistema proporcional indubitavelmente consolida essa tendência à liberdade, que deve impedir um domínio incontestado da vontade da maioria sobre a vontade da minoria.

"Contra o sistema proporcional objetou-se especialmente que ele favorece a formação de pequenos partidos, ou, melhor, de partidos minúsculos, comportando assim o perigo de um desmembramento dos próprios partidos. Isso é correto e tem como conseqüência a possibilidade de nenhum partido dispor da maioria absoluta no parlamento e de, com isso, a formação da maioria, indispensável ao procedimento parlamentar, vir a se tornar essencialmente mais difícil. Mas o sistema eleitoral proporcional nesse aspecto implica apenas que a necessidade de coalizão dos partidos, isto é, a necessidade de superar as diferenças menos importantes entre os grupos e de unir-se pelos interesses comuns mais importantes, desloca-se do âmbito do eleitorado para o âmbito do parlamento... O sistema da proporcionalidade pressupõe, mais do que qualquer outro sistema, a organização dos cidadãos em partidos políticos e, onde a organização dos partidos não estiver suficientemente evoluída, terá forte tendência a acelerar e reforçar essa evolução. Esse é um passo decisivo para a transformação dos partidos políticos em órgãos constitucionais da formação da vontade do Estado. A proporcionalidade, portanto, mesmo onde não levou a esse resultado, produziu um efeito que identificamos como o resultado do jogo de forças que constitui a essência do Estado democrático de partidos" ("O princípio da maioria", in *Essência e Valor da Democracia*, coletânea de textos de Hans Kelsen, publicados em português pela Martins Fontes Editora, 1993, sob o título *A Democracia*).

7. Considerações finais

Os estudos sobre matéria eleitoral-partidária, com raras exceções, ou se debruçam exclusivamente sobre seu aspecto jurídico-formal ou, na linha do que se convencionou chamar de ciência política, dão ênfase a aspectos sociológicos e quantitativos. Contudo, nem o jurista pode ignorar os fatos sociais e políticos que subjazem à lei, nem pode o cientista político desdenhar da influência que a lei exerce sobre os fenômenos eleitorais-partidários. As reduções não dão conta da realidade.

Um certo voluntarismo acadêmico, de sabor platônico, gostaria de estabelecer, *a priori*, cânones matemáticos para a estruturação partidária. Padecemos muito, em boa parte deste século, das fórmulas racionais salvacionistas.

Também tivemos a experiência de regimes que, sob o signo da eficiência, alcançaram notáveis êxitos econômicos, administrativos e militares. Mas abriram o caminho da catástrofe ao proscrever as minorias e as oposições, juntamente com as garantias do jogo democrático.

A Constituição prevalecerá se o Judiciário resistir:

a) à retórica oficial;

b) aos preconceitos do academicismo liberticida;

c) às soluções que priorizam o partido como elemento legitimador de decisões, em detrimento de sua função como emanação da sociedade civil, canal democrático da representação.

Santos, novembro de 1995

DOUTRINA

O DEVIDO PROCESSO LEGAL E O ESTADO DEMOCRÁTICO DE DIREITO

GERALDO BRINDEIRO
Doutor em Direito pela Universidade de Yale (EUA) – Professor da Universidade de Brasília – Procurador-Geral da República

Vivemos uma época neste País onde há grande preocupação dos responsáveis pelo funcionamento do sistema jurídico, com sua maior credibilidade, maior eficiência, tendo em vista o acúmulo de processos no Judiciário, o excessivo formalismo das regras processuais e a quantidade às vezes abusiva de recursos e procedimentos protelatórios ou impeditivos da prestação jurisdicional. As dificuldades no acesso à Justiça e a lentidão nos julgamentos definitivos têm sido objeto de críticas e preocupações não só dos principais protagonistas dos processos – os juízes, os advogados e os membros do Ministério Público – mas também, e principalmente, dos seus destinatários: as partes e os cidadãos e cidadãs brasileiros.

Preconiza-se como uma das soluções a reforma constitucional do Judiciário – e creio que ela como outras reformas da Constituição são necessárias para permitir o desenvolvimento econômico e social do País, já às vésperas do século XXI, e para que o Estado possa efetivamente exercer o seu papel de promover a segurança, a justiça e o bem-estar, num regime democrático participativo e estável.

Não tenho dúvidas da necessidade premente de modernizar o Poder Judiciário e o Ministério Público, aparelhando-os com os meios materiais e os recursos humanos necessários e eliminando-se anacronismos legislativos e administrativos que geram a lentidão na prestação jurisdicional e o acúmulo de processos. Há anos tenho sido francamente favorável à adoção do efeito vinculante das súmulas dos Tribunais Superiores, especialmente do STF e do STJ, não apenas para evitar o acúmulo absurdo de processos repetidos onde as questões jurídicas já foram anteriormente decididas inúmeras vezes, prejudicando o acesso ao Judiciário e a qualidade da prestação jurisdicional, mas também e principalmente em respeito ao princípio constitucional da isonomia, pois parece-me inaceitável dar tratamento diferenciado, com base na mesma lei, a pessoas em situações jurídicas absolutamente idênticas.

Os interessados em número crescente, descrentes da presteza e da eficácia da máquina judiciária, no campo civil e comercial, buscam soluções alternativas, como a arbitragem e os acordos extrajudiciais. No campo trabalhista tentam-se soluções negociadas entre trabalhadores e empregadores sem interveniência da Justiça do Trabalho. No campo penal há reclamações generalizadas sobre a insegurança e a impunidade.

As modernas teorias do processo demonstram seu caráter instrumental, aproximando os mecanismos processuais dos anseios práticos da sociedade. Não se pode aceitar hodiernamente velhos procedimentos formais, por mero apego a oneroso e complicado tecnicismo, em detrimento do exame da substância do direito. É preciso que, ao lado das garantias da forma, disponha o processo judicial de eficiência e funcionalidade. Nesse sentido, os processualistas brasileiros têm dado significativas contribuições à moderna doutrina.

A modernização do processo, todavia, não deve significar a redução pura e simples de formalidades e a diminuição de recursos, a qualquer custo, em nome de suposta eficácia da prestação jurisdicional, sem a prudente e cautelosa análise de sua essencialidade. É preciso todo cuidado para não incidir no grave erro das soluções simplistas em prejuízo de princípios constitucionais do Estado Democrático de Direito.

A CF de 1988 consagra o princípio do devido processo legal no seu art. 5º, LIV. Este princípio, originado da cláusula do *due process of law* do Direito anglo-americano, deve ser associado aos princípios constitucionais do controle judiciário – que não permite à lei excluir da apreciação do Poder Judiciário lesão ou ameaça a direito – e das garantias do contraditório e da ampla defesa, com os meios e recursos a ela inerentes, segundo o disposto nos incisos XXXV e LV do mesmo artigo da CF. A garantia da prestação jurisdicional, com a devida presteza e sem procrastinações, é corolário do devido processo legal. E quando a expressão refere-se a *processo*, e não a simples procedimento, alude, sem dúvida, ao processo judicial pelo Estado, segundo os imperativos da ordem jurídica e com as garantias da isonomia processual, da bilateralidade dos atos procedimentais, do contraditório e da ampla defesa.

Penso, ainda, que a igualdade perante a lei e o devido processo legal são princípios constitucionais complementares entre si, pois os princípios da legalidade e da isonomia – essenciais ao Estado Democrático de Direito – não fariam qualquer sentido sem um poder capaz de fazer cumprir e pôr em prática, para todos, com a necessária presteza, a Constituição e as leis do País. No Direito Constitucional americano, onde se inspira o princípio do devido processo legal introduzido no Brasil pela Constituição de 1988, as cláusulas do *due process of law* e da *equal protection of the laws* (igual proteção das leis) complementam-se reciprocamente, a partir da XIV Emenda à Constituição de 1787 dos Estados Unidos, ratificada pelo Congresso em 1868.

Tão importante princípio – o do devido processo legal – teve sua origem histórica, como se sabe, na Magna Carta de 1215, que se referia inicialmente ao processo *by the lawvful judgement of his equals or by lhe 1aw of the land* ou, na expressão original em Latim, *per legale judicium parium suorum, vel per legem terrae* – o que significa que ninguém pode ser processado "senão mediante um julgamento regular pelos seus pares ou em harmonia com a lei do país".

A V Emenda à Constituição americana de 1787 foi, porém, que introduziu a expressão *due process of law*, estabelecendo que "nenhuma pessoa pode ser privada da vida, liberdade e propriedade, sem o devido processo legal". E a XIV Emenda, em 1868, vinculou os Estados da Federação à cláusula, o que permitiu à Suprema Corte americana, especialmente nos anos 60, durante o período do *Chief Justice* Earl Warren, desenvolver jurisprudência de proteção aos direitos civis assegurados no *Bill of Rights*.

A cláusula do devido processo legal no direito constitucional americano refere-se, numa primeira fase, como se sabe, apenas a garantias de natureza processual propriamente ditas, relativas ao direito a *orderly proceedings* – procedimentos ordenados por princípios como, no campo processual penal, a proibição de *bill of attainder* (ato legislativo que importa considerar alguém culpado pela prática de crime sem a precedência de processo e julgamento regular em que lhe seja assegurada ampla defesa) e de leis retroativas (*ex post facto law*), além da vedação de auto-incriminação forçada (*self incrimination*), do julgamento duas vezes pelo mesmo fato (*double jeopardy*) e do direito à ampla defesa e ao contraditório. No campo processual civil, como no processo trabalhista, do direito constitucional à tutela jurisdicional do Estado e do devido processo legal resultam a instrução contraditória, o direito de defesa, o duplo grau de jurisdição e a publicidade dos julgamentos, dentre outras garantias. Segundo sua concepção originária e adjetiva, portanto, a cláusula do devido processo legal não visava a questionar a substância ou o conteúdo dos atos do Poder Público, mas sim a assegurar o direito a um processo regular e justo. Por isso, nesse sentido, aplica-se a denominação *procedural due process*.

A partir de 1890 incorporou-se à cláusula do *due process of law*, já na vigência da XIV Emenda à Constituição americana, o sentido de proteção substantiva dos direitos e liberdades civis assegurados no *Bill of Rights*. A Suprema Corte dos Estados Unidos, por meio de construção jurisprudencial (*construction*) e baseando-se em critérios de razoabilidade (*reasonableness*), passou a promover a proteção dos direitos fundamentais contra a ação irrazoável e arbitrária (*protection from arbitrary and unreasonable action*). Estas são, em síntese, as razões do desenvolvimento da teoria do *substantive due process*.

A doutrina constitucional americana tem-se modificado ao longo dos anos sobre a extensão e o significado da cláusula do devido processo legal. O renascimento do *substantive due process*, a partir das decisões da Suprema Corte nos casos "Griswold *vs.* Connecticut", em 1965, e "Roe *vs.* Wade", em 1973, volta a enfatizar a importância da proteção de valores fundamentais contra a ação arbitrária e irrazoável. Nas investigações criminais, segundo a doutrina e a jurisprudência norte-americanas, a *disclosure* – isto é, a revelação de dados sigilosos – somente pode ocorrer existindo *probable cause* (fundada suspeita), o que somente se apura obedecidos os ditames do *due process of law*. A excepcionalidade da medida relativamente à privacidade dos cidadãos, assegurada na Constituição, somente pode ser verificada no âmbito do Poder Judiciário, fundada em critérios de razoabilidade e interesse público relevante.

A Constituição brasileira de 1988, inspirada na jurisprudência da Suprema Corte dos Estados Unidos, adota, no seu art. 5º, LVI, o princípio da invalidade, no processo, de provas obtidas por meios ilícitos. Consagra, assim, no nosso sistema constitucional, a famosa doutrina constitucional americana sintetizada na expressão *fruits of the poisonous tree*, observada em alguns casos pelo STF.

O princípio do devido processo legal nos Estados Unidos tem também sido aplicado em muitos casos pela jurisprudência, especialmente da Suprema Corte, para limitar a ação administrativa do Estado na esfera individual e o poder de policia, garantindo aos cidadãos a proteção contra os abusos e a violação de garantias procedimentais e de direitos fundamentais. No Brasil, a Constituição Federal de 1988 assegura aos litigantes, *em processo judicial ou administrativo*, o contraditório e a ampla defesa.

Finalmente, a importância da garantia constitucional do *due process of law* é reconhecida no direito comparado e no direito internacional, ao incluí-la na Declaração Universal dos Direitos Humanos de 1948, das Nações Unidas, segundo dispõem os seus arts. 8º e 10, expressamente: "Toda pessoa tem direito a receber dos tribunais nacionais competentes recurso efetivo para os atos que violem os direitos fundamentais que lhe sejam reconhecidos pela Constituição ou pela lei;" e "Toda pessoa tem direito, em plena igualdade, a uma audiência justa e pública por parte de um tribunal independente e imparcial, para decidir de seus direitos e deveres ou do fundamento de qualquer acusação criminal contra ela".

Para concluir, devo enfatizar mais uma vez a necessidade de reformas a fim de tornar o processo moderno e funcional, atendendo aos anseios da sociedade. É preciso também modernizar a legislação, para maior eficiência no combate à corrupção e à criminalidade, especialmente em relação à ameaça do tráfico internacional de drogas, ao crime organizado e aos crimes do colarinho branco (denominação usada pelos criminalistas americanos já na década de 50, a partir da publicação do livro *The White Collar Crime*, em 1949, por Edwin H. Sutherland).

Não se deve, porém, esquecer jamais as lições do passado, para não cometer os mesmos erros dos julgamentos sumários e tribunais de exceção nos regimes autoritários. A história constitucional brasileira e a de sua democracia demonstram a necessidade de superar as dificuldades tradicionais da cultura política, realizando mudanças para a consolidação do regime democrático no País. E o Estado Democrático de Direito não pode prescindir do respeito à Constituição, aos princípios da legalidade, da igualdade e do devido processo legal.

A AUTONOMIA DO BANCO CENTRAL

JOSÉ SIMÕES PATRÍCIO
Advogado

Tendo ganho, nos últimos lustros, o favor da opinião nos meios especializados e até entre o público, a "independência" dos bancos centrais vem sendo consagrada legalmente em muitos países e mesmo na União Européia. As observações que seguem pretendem contribuir, modestamente embora, para alguma ponderação do que efetivamente constitui uma relevante questão de atualidade.

Verificar-se-á que a abordagem ora empreendida é de cariz jurídico-institucional; mas não deve ser inútil, para perspectivar mais globalmente a temática, começar por uma pequena introdução na qual brevemente se apontem a etiologia (histórica) e o fundamento (econômico) da chamada e proposta "independência" dos bancos centrais.

Daí que a seqüência expositiva compreenda uma introdução (I), os vários ângulos institucionais da mencionada "independência" (II) e, finalmente, a responsabilidade correlativa dessa "independência" (III). Sempre que oportuno e a par da experiência (jurídica e não só) de outros sistemas nacionais, far-se-á referência à do nosso país.

I – Introdução

Historicamente, dir-se-ia que a vaga de fundo a que hoje assistimos, no sentido de um protagonismo sustentado na "independência" dos bancos centrais, parece traduzir um certo retorno a algo característico dos bancos centrais.

É sabido, com efeito, terem ganho os bancos emissores – sobretudo no século XIX, mas realmente numa progressão que veio de muito antes – uma importância crescente nos sistemas financeiros e econômicos em geral: primeiro, ao obterem o exclusivo ou privilégio da emissão de notas, para assegurarem a convertibilidade destas em ouro, metal cuja reserva nacional detinham; depois, terminada a I Guerra Mundial e, com ela, a convertibilidade das notas-ouro, as notas de banco ganharam primazia sobre o ouro. Deste modo, cada banco titular do monopólio da emissão situa-se naturalmente *no centro* do sistema financeiro e de pagamentos; torna-se, pois, o banco central.

O período entre-guerras começou por ser marcado pela grande importância atribuída aos bancos centrais, testemunhada logo em 1920 pela Conferência Monetária de Bruxelas, donde saiu a recomendação de se criarem bancos centrais onde eles ainda não existiam (América Latina, em especial). Mas o caráter efêmero da reintrodução do padrão-ouro (em cujo âmbito, efetivamente, os bancos centrais podiam desempenhar um papel de árbitros politicamente neutros) e mais ainda a grande depressão desencadeada em 1929 e, depois, a eclosão de nova guerra mundial – tudo isso veio, decerto, a toldar a atmosfera propícia ao bom e prestigiado desempenho dos bancos centrais.

Terminada a II Guerra Mundial, isto é, a partir de 1945, esmorece o entusiasmo pela função dos bancos centrais, passando estes inclusivamente a ser vistos com alguma reserva. Pela primeira vez se questiona a sua desmesurada "independência", dado que muitos (na Europa) eram de estatuto privado e, contudo, detinham o monopólio da emissão monetária e, portanto, do fornecimento de crédito à economia, aliás num momento particularmente agudo de necessidade de capitais para a reconstrução e para a modernização dos países atingidos pela guerra. Deste modo, muitos bancos centrais foram nacionalizados (o da França em 1945, o da Inglaterra em 1946 e o da Holanda em 1948, por exemplo) e na maior parte passaram a ser utilizados pelos poderes públicos como *longa manus* ou instrumentos, diretos ou indiretos, da política monetária dos respectivos governos.[1]

A título de exemplo, a atuação do Banco de Inglaterra foi subordinada durante os anos 50 e 60 às prioridades macroeconômicas de ambos os maiores partidos do Governo – as quais, obviamente, eram as do emprego e do crescimento econômico –, denegando-se-lhe até alguma pequena margem de autonomia, assegurada pela lei da nacionalização, quanto às instruções ao sistema bancário. No relatório da comissão Radcliffe, de 1959, afirmava-se declaradamente que a política monetária não pode prosseguir objetivos próprios independentes e que "we are (...) dissociating ourselves from a view (...) that the central bank should be assured complete independence from political influence". Ponto de vista idêntico foi mais tarde assumido, ainda em 1980, no relatório da comissão Wilson.[2]

Com os anos 70 assiste-se a importantes mutações nos sistemas financeiros, a começar pelo abandono das taxas de câmbio fixas e continuando por elevadas e persistentes taxas de inflação, donde emergiu o fenômeno da "estagflação". Às políticas macroeconômicas de recorte keynesiano contrapõem-se as soluções de base monetarista. No debate político-econômico, a partir de finais dos mesmos anos 70 e especialmente nos anos 80, a ênfase é posta na falta de "independência" dos bancos centrais, propugnando-se, logicamente, a consagração dessa independência.

Nota-se, porém, desde princípios dos anos 90, algum decréscimo no favor merecido pela "independência" dos bancos centrais, ou pelo menos surgem entre os próprios economistas certas dúvidas quanto à efetiva consecução dos objetivos imputados à mesma independência. O contexto deflacionista ainda vigente na maioria dos países – mesmo naqueles onde existem bancos centrais "independentes" –, as crises que afetaram o SME em 1992 e 1993, o desemprego galopante etc. são fatores que põem em causa a bondade das opções monetárias (monetaristas?), excessivamente rígidas no sentido da estabilidade da moeda. Parece vir a propósito a consideração feita no Reino Unido por Richard Sayers, proeminente membro da já referida comissão Radcliffe,[3] segundo o qual "there is no

1. Cf. R. Dhordain e O. Clodong, *Les Banques Centrales*, Paris, 1994, pp. 10 e ss.

2. Michael Collins, "Bank of England autonomy: a retrospective", polic., comunicação apresentada em maio de 1996 nas Jornadas da Associação Européia de História Bancária, realizadas em Évora com o patrocínio do Banco de Portugal, por ocasião do seu 150º aniversário.

Cf. Don Fair, "The independence of central banks", *The Banker* 644/31, outubro/79, artigo baseado em elementos fornecidos à mencionada comissão Wilson.

3. M. Collins (loc. cit.) dá pormenorizada conta de como a própria Margaret Thatcher, enquanto primeira-ministra e mesmo recentemente na autobiografia publicada em 1995, considerava a política monetária da responsabilidade exclusiva do Governo, representando a sua atribuição aos técnicos de um banco central que gozasse de autonomia uma "abdicação do chanceler": afirmação de 1988; ela resistiu às propostas do chanceler Nigel Lawson, nesse mesmo

code of eternal rules for (central bankers) to follow".

Mas não há dúvida de que o reconhecimento da autonomia dos bancos centrais vem sendo feito um pouco por toda a parte: no Chile, em 1989, e seguidamente no México e na Venezuela; em 1992 na Estônia, e depois, em 1993, na Rússia (consagração constitucional, através de referendo); ainda em 1993, na Zâmbia e no Paquistão; também na África do Sul, por obra do primeiro governo de maioria negra; já não falando na União Européia...

Vejamos agora, rapidamente, quais os *fundamentos teóricos* da "independência" proposta para os bancos centrais.

Pela sua concisão, servem estas palavras de um proeminente ex-governador:[4] "An effective central bank must be a strong central bank, with substantial autonomy in its operations and with insulation from partisan and passing political pressures".

Curiosamente, aparece aqui não somente uma idéia de neutralidade política, que já trataremos de concretizar melhor, mas também a utilização da palavra *autonomy*, e não, como é, porventura, mais comum nos textos em Inglês, *independence* – que tão apressada quanto erradamente se traduz, nas línguas latinas, por "independência". Como se realmente fosse praticada nos próprios países com bancos centrais muito autônomos, ou fosse mesmo pensável, uma separação ou falta de relacionamento entre as instâncias do poder monetário e do poder político, as quais, muito pelo contrário, é sabido terem de dialogar permanentemente e de variadas formas.

Aliás, é recorrente a consideração de que tratamos de uma "autonomia dentro do governo (poder político) e não em relação ao governo".[5] A expressão foi cunhada nos Estados Unidos, já em 1952, por Allan Sproul: "I think it should be continuously borne in mind that whenever stress is placed upon the needs for the 'independence' of the Federal Reserve System it does not mean independence from the Government but independence within the Government".

E vale a pena conhecer a continuação dada imediatamente, pelo autor, a este pensamento: "In performing its major task – the administration of monetary policy – the Federal Reserve System is an agency of the Congress set up in a special form to bear the responsability for that particular task which constitutionally belongs to the legislative branch of the Government".[6]

Uma vez que, portanto, a independência não é realmente total (autonomia absoluta) e será preferível um termo menos conotado, passaremos a utilizar doravante o vocábulo *autonomia*.[7]

A fundamentação da autonomia dos bancos centrais foi pela primeira vez baseada teoricamente por Kydland e Prescott, no chamado problema da "incoerência temporal" (*time inconsistency*), estudado na política econômica.[8] Tal problema ocorre

ano, para conferir maior autonomia ao Banco de Inglaterra, segundo o modelo do Fed americano, levando a que o chanceler se demitisse no ano imediato (ela demitiu-se um ano após); no fundo, a política monetária será demasiado importante, nesta concepção, para ser confiada a técnicos...

4. Paul A. Volcker, "The triumph of central banking?", *Central Banking* 2/85, 1990.

5. Teodora Cardoso, "O novo enquadramento da política econômica portuguesa e as suas conseqüências sobre a política monetária", *Revista da Banca* 5/20, janeiro-març/88. Praticamente com as mesmas palavras se exprimira Vítor Constâncio, ao tomar posse como governador do Banco de Portugal, em março de 1985: a "independência do Banco Central tem de se entender como independência dentro da estrutura de Governo e não como independência face à estrutura de Governo".

6. *Apud* "Vers un système européen de banques centrales", relatório do grupo de trabalho presidido por Jean-Victor Louis, Bruxelas, 1989, p. 281.

7. Segue-se a opção de Marc Bassoni e André Cartapanis, "Autonomie des banques centrales. Un réexamen", *Revue Economique*, março/95, p. 415.

8. F. W. Kydland e E. C. Prescott, "Rules rather than discretion: the inconsistency of the optimal plan", *Journal of Political Economy*, junho/77, p. 473.

Não aludimos no texto às razões de ordem política que historicamente explicam a autonomia dos quando aos poderes públicos se depara, como solução ótima em determinado momento, a prossecução de uma política diversa e não coerente com a anterior. É o que se passa, segundo os mesmos autores, com a proteção legal das patentes: a melhor solução que o Estado pode oferecer aos inventores, incentivando-os, é a proteção (o monopólio legalmente assegurado) das invenções durante o tempo em que sejam aplicadas; porém, quando surgem novas invenções, a solução ótima é fazer cessar a anterior proteção legal, proporcionando, assim, que o maior número de pessoas possível usufrua das inovações tecnológicas. É por isso, evidentemente, que a proteção das patentes é conferida por tempo limitado.

Similarmente acontece com a política monetária e com a inflação, que é sua preocupação necessária. Os agentes econômicos e as famílias são menos eficientes numa atmosfera de inflação alta e imprevisível; pelo contrário, eles podem ser levados a uma atuação mais eficiente se as autoridades monetárias anunciarem crivelmente (é importante esta condição, como já veremos) uma diferente (*hoc sensu*, não coerente) taxa de inflação ou, simplesmente, uma taxa-limite ou, então, certa meta para o crescimento dos agregados monetários. Por exemplo, se as autoridades se propuserem atingir uma taxa de inflação inferior àquela que em certo momento grava a remuneração dos depósitos bancários, tornando-a inferior à do mercado, ou até negativa, os agentes econômicos deixarão de fazer tantas deslocações aos bancos para evitarem a manutenção de montantes significativos nos saldos das suas contas – um custo, ligado à inflação "esperada", referido como *shoe leather cost*...

A consideração central é, pois, definir as condições de sucesso da política monetária, imunizando-a da "incoerência temporal" muitas vezes associada à conjuntura econômica e em especial aos ciclos eleitorais. Trata-se, caracteristicamente, da procura de benefícios políticos a curto prazo – máxime baixar o desemprego ou o valor da dívida pública – à custa da criação de uma inflação não esperada. Ora, para isolar a política monetária destas áleas ou flutuações, a literatura econômica propõe justamente que aos bancos centrais seja garantida autonomia e conferido o mandato explícito da estabilidade dos preços.

Também na literatura jurídica aparece justificada – ou legitimada, mesmo constitucionalmente – a autonomia dos bancos centrais com base no valor jurídico-constitucional da estabilidade econômica e no princípio igualmente constitucional da separação de poderes, entendida esta, no entanto, em sentido atualista.[9]

Deste modo será reforçada a *credibilidade* das autoridades monetárias. Se um banco central realmente autônomo considerar demasiado alta certa taxa de inflação e anunciar que a vai reduzir, o público tenderá a reduzir também a inflação antecipada, os sindicatos serão mais comedidos ao

bancos centrais em alguns países de estrutura federal (Estados Unidos, Suíça, Alemanha): a intenção de evitar demasiado poder financeiro nas mãos dos governos federais (centrais) e, por outro lado, garantir a estabilidade da instância monetária, num ambiente de descentralização e, portanto, pulverização do poder orçamental. No caso do *Federal Reserve System* americano, instituído em 1913, isto terá sucedido muito ao invés do pretendido originalmente: Steven Solomon, *The Confidence Game*, Nova York, 1995, pp. 35 e ss.

Por sua vez, existem países de estrutura unitária e não federal cujos bancos centrais adquiriram autonomia por razões também de ordem política. É geralmente apontado o caso da Holanda, onde o Banco Central funciona historicamente como pólo de estabilidade em face de governos que por tradição resultam de forças políticas coligadas e, por isso, denotam alguma fragilidade.

9. É o caso de Tomás-Ramón Fernández, "La autonomía de los bancos centrales: un problema de rango constitucional", na obra coletiva *Estudios de Derecho Bancario y Bursatil*, t. I/715, Madri, 1994, onde menciona em especial a doutrina e a jurisprudência germânicas. Cf. *infra*, n. III, 2.

negociarem aumentos salariais, os investidores exigirão menores taxas de juros ou de rendimento – enfim, os agentes econômicos tenderão a adotar comportamentos em correspondência com o desejado pelo banco central. É da experiência comum que isto muito menos garantidamente ocorrerá se a política monetária continuar nas mãos do poder político propriamente dito.

Os agentes econômicos e em particular os mercados financeiros (atentos aos menores sinais dos poderes públicos) – dado esse "suplemento de credibilidade" – acreditam mais naturalmente na continuidade da atuação prosseguida por um banco central indiferente aos calendários eleitorais, em especial, do que na dos titulares do poder político. E acreditam tanto mais facilmente quanto mais claras forem as mensagens e maior for a continuidade das decisões da autoridade monetária, para o quê se mostram melhor preparados os bancos centrais.

Mas a condição essencial para conseguir uma autêntica credibilidade da manutenção da estabilidade monetária é que o Governo – ou, em geral, o poder político – *delegue* a política monetária ao banco central, abstendo-se de interferir (ou de interferir demasiado) na condução da mesma. Assim foi definida a autonomia pelo ex-presidente do Fed, Paul Volcker, como vimos antes.

Acentuemos desde já que é geralmente aceita uma correlação entre grau de autonomia do banco central e nível de estabilidade dos preços (baixa inflação), conquanto seja menos certa uma verdadeira relação de causalidade entre ambos.[10] Efetivamente, a realidade prática oferece exemplos de países onde, mesmo sem bancos autônomos, se conseguiram períodos de baixa inflação: casos do Japão e, mais recentemente, da França.

Por outro lado, tem-se observado que a autonomia dos bancos centrais pode ser uma condição necessária da estabilidade monetária, mas não é sua condição suficiente. Muitos fatores – que ao cabo e ao resto traduzem a credibilidade dessa autonomia (ou de outros princípios de atuação visando ao mesmo objetivo) – jogam aqui, destacando-se os interesses do setor financeiro da economia ou ainda mecanismos e consensos endógenos a determinadas sociedades (a alemã, por exemplo). Como se afirmava há pouco, autorizadamente: "When (central bank) independence is solely imposed from above as an institutional solution, without a politically powerful anti-inflationary interest in the society to support it, it cannot be expected to afford the same low inflation level of those statutorily identical (central banks) that have such support".[11]

Por último, como observação ligada ao que se acaba de notar, sublinhamos que são de fonte diversa as componentes da autonomia real de cada banco central. Umas provêm de disposições estatutárias (direito escrito), mais ou menos precisas; outras (como na tradição anglo-saxônia) assentam em praxes ou regras costumeiras, se não em regras informais; enfim, poderá ainda sobrelevar a personalidade mais forte ou, pelo contrário, mais acomodatícia do governador de certo banco.[12] Daí que se dis-

10. M. Bassoni e A. Cartapanis, loc. cit. No mesmo sentido: Marta Castello-Branco e Mark Swinburne, *Central Bank Independence: Issues and Experiencies*, FMI, 1991, *working paper* 91/58, e Clive Briault *et al.*, "Central bank independence and accountability: theory and evidence", *Bank of England Quarterly Review* 36, n. 1, fevereiro/96, p. 64.

11. Adam S. Posen, "Why central bank independence does not cause low inflation", *Central Banking* 2/61, 1993. A afirmação conclusiva do artigo é categórica: "interests determine public wants for more than even independent institutions do".

Por sua vez, o fator credibilidade, já antes referido, aparece ao longo da recente obra de Steven Solomon, já citada, subintitulada "How unelected central bankers are governing the changed global economy".

12. Cf. M. Bassoni e A. Cartapanis, loc. cit.

A independência pessoal dos gestores do banco central é enfatizada por M. J. M. Neumann, *apud* Laurence Gormley e Jacob de Haan, "The democratinga por vezes entre autonomia *de jure* e autonomia *de facto*, cada uma delas podendo certamente contribuir – isoladamente ou então contrabalançando a outra – para definir, em cada caso, o grau de autonomia de um banco central.

II – Aspectos da autonomia

Porque se privilegia aqui a abordagem jurídico-institucional, importa começar por prevenir que naturalmente teremos presente o modelo de uma autonomia consagrada ou garantida *por lei*. Mas não se trata da única forma sugerida para ser prosseguido o objetivo principal da política monetária, a estabilidade dos preços.

Outro mecanismo utilizado, com efeito, é de ordem contratual (*contracting approach*), consistindo em o Governo (comitente) mandatar o banco (comissário) relativamente a determinado objetivo, por exemplo uma certa margem ou taxa de inflação, tornando-se os gestores do banco explicitamente responsáveis pelo respectivo desempenho, em certas condições. Este sistema foi adotado em 1989 na Nova Zelândia, segundo veremos mais à frente.

Defende-se também[13] que não haja propriamente delegação (legislativa) ou mandato (contratual) do banco central, mas antes o seu "controle normativo" a partir de metas ou pontos de referência monetários, objeto de anúncio pelas autoridades políticas e que o banco central deverá atingir, sob pena de sanções. É claro que já estamos, aqui, no domínio das *alternativas* à autonomia, e não dos mecanismos em que ela pode traduzir-se.

Quando se trata de verdadeiro regime de autonomia, há elementos – ou mesmo disposições legais – que em princípio o caracterizam. Passamos a referir alguns, muito sumariamente.

À cabeça, surge a *missão* ou mandato explícito conferido ao banco central. Visa, principalmente, a definir o objetivo final da política monetária – no comum das vezes, a estabilidade dos preços; mas abrange também as atribuições do mesmo banco referentes à definição e à execução da mencionada política monetária.

Temos, depois, o que se chama garantias "operacionais" de *não interferência* governamental na gestão do banco: definição dos objetivos monetários, escolha dos instrumentos de atuação etc. A legislação canadense, curiosamente, submete à arbitragem do Parlamento a resolução dos conflitos que possam surgir entre o Governo e o Banco Central.

Costuma referir-se igualmente o imperativo de competência e probidade dos gestores do banco, que, além disso, podem, e devem, agir colegialmente nas escolhas político-monetárias a fazer, tirando partido da variedade das suas experiências.

Seguem-se as *garantias pessoais* de independência que hão de reconhecer-se a esses gestores. Têm a ver, na essência, com a duração suficientemente longa do mandato e com a sua inamovibilidade de princípio.

Por último, aponta-se a necessidade de estabelecer uma estrita delimitação das *relações financeiras com o Estado*. Tem-se em vista, designadamente, a proibição de quaisquer formas de monetarização, pelo banco central, dos déficits públicos.

Os elementos referenciados nesta visão de conjunto dos contornos da autonomia servirão para, de seguida, caracterizarmos as modalidades típicas em que a mesma autonomia se perspectiva.

Duas grandes classificações costumam apresentar-se: a autonomia *orgânica* e a *funcional*, podendo abranger-se na segunda a autonomia *financeira* ou então consi-

tic deficit of European Central Bank", *European Law Review* 2/110, 1996, em nota, enquanto liberdade de ligações ou dependências políticas e aceitação do objetivo do banco central como sua motivação pessoal, ao que chama um "efeito de Thomas Becket".

13. Por exemplo Margaret Thatcher, na autobiografia mencionada *supra*, n. 3.

derar esta como categoria paralela.[14] Na primeira espécie inserem-se os requisitos de nomeação do governador e demais gestores, a composição dos órgãos sociais (designadamente se estes integram ou não representantes de instâncias políticas) e principalmente a duração e forma de cessação dos mandatos. Na segunda modalidade consideram-se quer a definição dos objetivos principais (missão) do banco, quer a sua liberdade na escolha dos objetivos, na condução e nos instrumentos da política monetária. Por último a autonomia financeira respeita especialmente à margem de manobra de que o banco central dispõe quanto às receitas necessárias ao seu funcionamento.

Uma outra tipologia, menos condensada, foi exposta no Reino Unido tendo por base os aspectos da repartição de responsabilidades entre o Governo e o Banco de Inglaterra.[15] Consideraram-se cinco aspectos: a precisão do(s) objetivo(s) último(s) da política monetária; a concretização das metas específicas a atingir; a base estatutária da autonomia; a possibilidade excepcional de o Governo se sobrepor às decisões do banco; e, finalmente, a nomeação e exoneração dos gestores.

Na exposição subseqüente socorremo-nos, porque talvez mais compreeensivo e arrumado, do critério subjacente à classificação adotada na resolução do Parlamento Europeu de 15 de dezembro de 1993, sobre a independência dos bancos centrais dos países-membros, na perspectiva da 2ª e 3ª fases da UEM.[16] Abordaremos, assim, por esta ordem, as atribuições principais (objetivos), a autonomia institucional, a funcional, a pessoal e a material.[17]

1. Atribuições principais

Em primeiro lugar, com efeito, deve saber-se em que medida o banco central pode escolher ou pelo menos ser partícipe na escolha do objetivo primordial – ou nos objetivos, já que podem ser plúrimos – da política monetária. Se se limitar a *executar* a política monetária definida por outrem, não gozará, certamente, de autonomia completa.

No ordenamento jurídico português pode ser observada uma nítida evolução nas duas últimas décadas. Assim, na versão original de 1976, o art. 105º da CF referia que o Banco de Portugal, "como banco central, tem o exclusivo da emissão de moeda e (...) *colabora na execução* das políticas monetária e financeira". A essa data, já a lei orgânica do Banco, promulgada em 1975, lhe assinalava (art. 4º) a função de, "no contexto da política econômica e financeira nacional e por forma a *assegurar o desenvolvimento do País*, zelar pelo equilíbrio monetário interno e pela solvência externa da moeda". Entretanto, com a

14. Cf. as obs. cits. De R. Dhordain e O. Clodong e de M. Bassoni e A. Cartapanis.

15. "Independent and accountable. A new mandate for the Bank of England", relatório do *independent panel* presidido por Eric Roll, Londres, 1993.

16. Documento A3-0387/93, publicado no *JOCE* C20, de 24.1.94. Na Comissão dos Assuntos Econômicos e Monetários e da Política Industrial – cujo relatório e exposição de motivos seguiremos – foi relator o deputado Karl von Wogau (PE 205.218/def.).

Na resolução o Parlamento Europeu "exorta os Estados-membros a concederem o mais depressa possível a independência aos seus bancos centrais, tendo como modelo o Tratado de Maastricht", e aponta os atinentes "requisitos mínimos".

Duas notas mais podemos destacar na sobredita resolução. A primeira é a afirmação expressa (n. 2 da resolução) de que ainda *nenhum* dos bancos centrais da UE se pauta pelos critérios definidos; na exposição de motivos (n. 1.2) especifica-se que nem sequer o banco central germânico satisfaz o modelo desenhado. A segunda nota respeita a algo que já deixamos referido: na mesma exposição de motivos (n. 1.1.6) afirma-se que, mesmo existindo um quadro legal como o propugnado na seqüência do Tratado de Maastricht, não resulta garantida a estabilidade dos preços que é visada: importa, como condição prévia, que haja um *consenso*, a nível político e da opinião pública, acerca desse objetivo da política monetária.

17. No relatório "Vers un système européen...", cit. na anterior nota 6, pp. 25 e ss., a autonomia foi considerada sob os seguintes aspectos: institucional, material, pessoal, financeiro e de gestão interna.

2ª revisão constitucional operada em 1989, o art. 105º da CF passou a dispor que, enquanto banco central, o Banco de Portugal "tem o exclusivo da emissão de moeda e colabora na execução das políticas monetária e financeira, *de acordo com a lei do Orçamento*, os objetivos definidos no plano e as *diretivas do Governo*"; substancialmente, apenas foi introduzida na 1ª versão do texto constitucional a referência à lei do Orçamento.

Em 1990 a mencionada lei orgânica é também revista, passando a cometer ao Banco Central, "nessa qualidade, assegurar o *equilíbrio monetário* interno e a solvência externa da moeda" (art. 3º); ao mesmo tempo, atribuía-lhe a função de, "tendo em conta as orientações do Governo (...) *colaborar na definição e executar a política monetária e cambial*" (art. 18º-1*a*). Entretanto, voltou a Lei Fundamental a ser revista, em 1992, passando o seu art. 105º a dispor que "o Banco de Portugal, como banco central nacional, *colabora na definição e execução das políticas monetária e financeira* e emite moeda, *nos termos da lei*". Por sua vez, a lei orgânica do Banco passou a dispor, a partir de 1995, que este "tem por atribuição principal *manter a estabilidade dos preços, tendo em conta a política econômica global do Governo*" (art. 3º), e que, "para além da *condução da política monetária* (...) compete especialmente ao Banco *colaborar na definição e executar a política cambial*" (art. 18º-1*a*).

Concluída esta digressão pelo direito interno, que já demonstra alguma progressiva clareza na definição das atribuições do Banco Central e da respectiva autonomia, analisemos genericamente o aspecto da autonomia respeitante à definição do(s) objetivo(s) do banco central.

Comecemos por uma brevíssima referência à distinção, segundo proposta da teoria econômica,[18] entre a autonomia de objetivos e a autonomia instrumental (*goal/instrument independence*). Genericamente, abrange-se na primeira a liberdade deixada ao banco central de prosseguir os objetivos que lhe são fixados, ou pelo menos determinar o grau específico em que esses objetivos são atingidos; na segunda abrange-se a liberdade de escolha dos instrumentos ou meios de alcançar as metas ou objetivos fixados. Nesta parte da exposição só tratamos da autonomia referente aos objetivos.

Numa análise comparatística, deparam-se primeiramente aqueles países em que nenhuma ação autônoma – e muito menos qualquer missão primordial – é confiada ao banco central. Assim acontece no Reino Unido, onde toda a política monetária é retida na esfera do Governo; mas também sucede o mesmo em países com bancos centrais mais autônomos: Bélgica, até há pouco, e Itália, por exemplo.

Relativamente aos países onde é atribuído aos bancos centrais um objetivo primordial específico, poderemos começar por notar que ele é quase sempre, hoje em dia, o da *estabilidade dos preços* (ou da inflação). Observa-se algumas vezes, porém, uma certa fluidez na atribuição deste "mandato". Assim, um dos bancos mais autônomos do mundo (2º ou 3º, talvez) – o *Fed* americano – tem por missão, simultaneamente, assegurar o pleno emprego, a manutenção dos preços e a moderação das taxas de juros a longo prazo.[19] Por sua vez,

18. S. Fischer, "Modern central banking", na obra coletiva *The Future of Central Banking*, Cambridge, 1994. Walter Marques ("Independência e consistência na Banca Central", *Revista da Banca* 22/9, abril-junho/92, p. 9) distingue entre objetivos da política econômica e meios de atuação na área monetária.

Para uma exposição clara e completa sobre os objetivos e os instrumentos da política monetária, v., entre nós, José Martins Barata, *Moeda e Mercados Financeiros*, Lisboa, 1993.

19. Assim dispõe o *Humphrey-Hawkins Act*. Presentemente, no entanto, debate-se muito nos Estados Unidos a necessidade de substituir os vários objetivos por apenas o da estabilidade dos preços, havendo congressistas que propõem a revogação expressa do objetivo do pleno emprego: *The Economist* de 27.7.96, p. 19.

o Banco Nacional suíço deve levar a cabo uma política monetária "que sirva os interesses gerais do país". O Banco da Holanda tem por missão "regular o valor da moeda holandesa da maneira mais apropriada ao bem-estar do país, estabilizando assim, quanto possível, o seu valor" – texto estatutário de 1948 que é levado à prática, atualmente, como obrigando à estabilidade da taxa de câmbio da moeda holandesa relativamente à alemã.

Outro aspecto a considerar, e que já resulta das breves considerações antecedentes, é que em muitos países a política monetária a prosseguir pelo banco central não tem um único objetivo, mas, quando muito, um *objetivo principal* e outro(s) secundário(s). A exceção de que temos conhecimento é a Nova Zelândia, país cujo Banco Central tem por missão "definir e executar a política monetária, com o objetivo econômico de alcançar e manter a estabilidade do nível geral dos preços" (seção 8ª da lei do *Reserve Bank*, de 1989).

Entre os países que são a regra, destacam-se ainda aqueles onde se estabelece um *objetivo primacial*, quer dizer, que não pode ser prejudicado pelo cumprimento de outras atribuições também cometidas ao banco central. É paradigmático o regime do Banco Central alemão. Certo é que o § 3º dos seus estatutos (*Bundesbankgesetz*, de 1957) lhe atribui a missão de "salvaguardar a moeda"; e a lei de 1967 sobre a estabilidade e a expansão econômica dispõe que o *Bundesbank* deve ter em conta quatro objetivos: a estabilidade dos preços, uma elevada taxa de emprego, o equilíbrio do comércio externo e um crescente e razoável crescimento econômico. Todavia o § 12º daquele primeiro diploma impõe também ao mesmo Banco o "apoio à política geral do Governo Federal, desde que seja compatível com as suas funções". E é justamente com base nesta última ressalva que se reconhece ao Banco um direito próprio de interpretar o sentido específico da obrigação de apoiar a política econômica do Governo.[20]

Como é bem sabido, este modelo de subordinação dos objetivos secundários ao primário passou do direito germânico para o direito comunitário: art. 105º do Tratado CE e art. 2º dos Estatutos do SEBC.[21]

Mas convém acentuar desde já – e a benefício de uma reflexão complementar em sede de responsabilidade dos bancos centrais (*infra*, n. III) – que a determinação, ao nível comunitário, do objetivo político-monetário assinalado ao SEBC é feita no próprio *direito constitucional* (ou o respectivo equivalente, que são os Tratados), que não, simplesmente, no direito ordinário (o direito comunitário derivado): art. 105º-1 do Tratado CE. Nos ordenamentos jurídicos dos Estados-membros não acontece de igual modo, sendo até raros (Alemanha, Suíça e Portugal) aqueles em que o texto constitucional faz alusão à existência de um banco central; mas, quando tal sucede, não há menção explícita do seu objetivo específico (cf. o art. 105º – curiosamente, o mesmo número da disposição atrás referida do Tratado CE – da nossa CF).[22]

A um segundo nível de objetivos poderá ainda reportar-se a autonomia. Referi-

20. Cf. "Vers un système européen...", cit., p. 162.

21. Na resolução do Parlamento Europeu de dezembro/93, mais acima referenciada, pondera-se que o ritmo da desinflação pode ter importante incidência sobre o emprego e o crescimento "e requerer, portanto, um juízo político, juntamente com o juízo técnico" (*considerando* "F"), e admite-se que, ao nível estadual, sem prejuízo da estabilidade dos preços, devam ser também apoiados "outros objetivos da política econômica, tais como o pleno emprego e o crescimento econômico" (n. 1*a*). Cf. ainda, sobre o fundamento teórico (científico) destes outros objetivos, os ns. 1.1.1 e 1.3.3 da exposição de motivos integrante do relatório que serviu de base à resolução do Parlamento Europeu, onde – entre o mais – se afirma que "desde há muito tempo a ciência reconhece que não existe *trade-off* entre a inflação e o emprego".

22. O art. 105º da CF manter-se-á inalterado na revisão constitucional de 1996: v. a parte final do n. 5, *infra*.

mo-nos aos objetivos monetários intermédios ou *metas político-monetárias* propriamente ditas, como, designadamente, a manutenção da taxa de câmbio dentro de certas margens ou, então, a fixação de determinadas metas para a massa monetária – objetivo, este último, que é menos facilmente controlável (até pela dificuldade de estimar a procura da moeda) do que o primeiro e que, ao invés deste, não é sujeito à prova dos mercados.

Diga-se, de passagem, que nos anos mais recentes vários países – Finlândia, Suécia, Reino Unido, Canadá, Nova Zelândia – abandonaram a fixação de objetivos intermédios à sua política monetária, optando pelo objetivo da própria inflação. A taxa ou margem da inflação é perspectivada a médio ou longo prazo, tornando-se variável central da política monetária, de modo que os "mecanismos de transmissão" desta tenham tempo de atuar sobre o nível dos preços.

Em geral, depara-se no âmbito desta autonomia com exemplos bastante matizados. Por um lado, o Banco de Inglaterra, não autônomo, carece de atribuições neste âmbito, já que só o Governo (Tesouro) é competente; isto, não obstante alguns tímidos passos recentemente dados.[23] Por outro lado, o Banco de Reserva neozelandês, muito autônomo, vincula-se perante o Governo, por contrato com vigência trienal, a manter a inflação entre 0 e 2% ao ano; caso não seja atingido o objetivo acordado, o governador pode ser demitido, embora o contrato contenha cláusulas de salvaguarda respeitantes à ocorrência de circunstâncias particulares, claramente identificadas, que o isentarão de responsabilidade (por exemplo, acréscimo da tributação indireta, alteração nociva do regime das taxas de câmbio etc.). Pode também ser determinada pelo Governo a esse Banco Central a prossecução de objetivo diferente da estabilidade dos preços, desde que o seja por período inferior a um ano e ficando obrigado a dar conhecimento dessas instruções à Câmara dos Deputados e a publicá-las no jornal oficial.

A fixação exógena de objetivos concretos pode ainda ocorrer teórica e esporadicamente, se bem que num quadro de relacionamento que terá mais a ver com a autonomia institucional (de que tratamos seguidamente), nos ordenamentos jurídicos de dois países cujos bancos centrais gozam de autonomia: no primeiro caso *de jure*, no segundo *de facto*. Assim, nos Estados Unidos, o presidente do *Fed* apresenta contas ao Congresso duas vezes por ano e, efetivamente, o órgão legislativo tem o direito de emanar as suas instruções. Também nos Países Baixos o ministro das finanças pode dar ao Banco Central instruções relativas à política monetária (com um direito de objeção do Banco, dentro de três dias, mas pertencendo a última palavra à Coroa, isto é, ao ministro das finanças), sendo o ministro, em tal caso, responsável perante o Parlamento pela política monetária; mas a verdade é que essa faculdade nunca foi exercida na prática.

23. Após a prática governamental, nos anos 80, de anunciar uma estratégia de médio prazo, passou-se recentemente à fixação da meta de 4% ao ano para a inflação, a reduzir para 2% em 1997. Porém, algum espaço de manobra vem sendo dado ao Banco de Inglaterra: desde fevereiro/93 o Banco publica quadrimestralmente um *inflation report*, agora sem prévia consulta do Tesouro, que expressa a sua solicitude pela estabilidade da moeda e lhe permitirá indicar a sua opinião sobre a inflação esperada; desde novembro do mesmo ano pode determinar o calendário das alterações nas taxas de juros, taxas que, no entanto, continuam a ser fixadas pelo chanceler; e desde abril/94, por recomendação da Comissão do Tesouro e da Função Pública, da Câmara dos Comuns, começaram a ser publicadas as minutas dos encontros mensais entre o governador e o chanceler sobre política monetária (publicação feita seis semanas após os encontros) – o que submete o Governo ao escrutínio da opinião pública, principalmente quando a sua atuação vai em sentido diverso do parecer do governador.

Cf., sobre o que antecede, Michael Collins, ob. cit. *supra*, nota 2, e a edição do *Financial Times* de 15.4.94.

No âmbito da UEM européia dispõe-se que o BCE, diretamente ou através dos bancos centrais de cada país (art. 9º-2 dos Estatutos do SEBC), com autonomia defina e execute não apenas a política monetária, mas também os objetivos monetários intermédios, além do mais (art. 12º-1 dos mesmos estatutos). A definição dos objetivos por que se virá a optar encontra-se já a ser discutida no IME, ao qual, na verdade, somente cabe "preparar" as opções a tomar pelo BCE; e tais objetivos, do ponto de vista técnico (com implicações políticas e institucionais que igualmente se discutem), são de duas espécies: metas diretamente relacionadas com a taxa de inflação (*inflation target*), segundo o que vimos ser o estilo inglês, e metas referentes à massa ou oferta monetária (*monetary target*), na linha da prática do Banco Central alemão, designadamente.

Por último, refira-se que também o *Bundesbank* não recebe quaisquer instruções do Governo relativamente a metas de caráter temporário a atingir; no entanto, utiliza-as internamente como instrumentos da gestão monetária e por vezes, como sucede desde 1974 – com o propósito de credibilização e de orientação de expectativas –, torna públicas certas taxas (ou bandas) do agregado monetário, o que traduz implicitamente determinada meta da inflação.

2. *Autonomia institucional*

Reporta-se esta espécie de autonomia à instituição banco central, *a se*, como entidade jurídica, no seu relacionamento com os poderes políticos.

É por demais evidente que o banco central não pode constituir mero *órgão* (repartição, serviço etc.) da Administração Pública, antes tem de ser dotado de *personalidade jurídica* separada ou autônoma do Estado.[24] Contudo, um dos vetores determinantes para aferir o grau de autonomia institucional reside em saber que *gênero de instituição* é, juridicamente, o banco central. Trata-se de aspecto nada claro na maior parte das legislações nacionais – até no direito português, onde a qualificação adotada é a de empresa pública, mas por certo muito diferente das demais, porque variados são os pontos do regime especial da lei orgânica do Banco de Portugal –, e sem dúvida por via das dificuldades que suscita.[25]

A resolução do Parlamento Europeu, antes mencionada, vai ao ponto de considerar (n. 2) contrária ao princípio da autonomia a adoção de uma forma societária, ou, melhor, "a existência de um banco central com acionistas privados" – coisa rara, decerto, numa Europa onde explícita ou implicitamente foram há décadas nacionalizados (quase) todos os bancos centrais.

Outro aspecto proeminente da autonomia institucional, segundo o protótipo da UEM comunitária, é que a definição da política monetária seja feita pelo banco central sem influência externa. Concretamente: tanto ao banco central como aos titulares dos respectivos órgãos de gestão é *vedado pedir ou receber instruções*, e mais ainda ordens, de outras instâncias, organismos ou instituições (aspecto passivo); por outro lado, os órgãos políticos – governamentais, em especial – devem abster-se de influenciar ou mesmo "tentar influenciar"

24. É também, esta, a primeira observação feita, quanto à autonomia institucional, no relatório já mencionado "Vers un système européen...", p. 25.

25. A lei francesa, por exemplo, continua a qualificar o Banco de França como *instituição*: "la Banque de France est une institution dont le capital appartient à l'État" (art. 6º da lei de 4.8.93)... No esforço doutrinal e jurisprudencial para interpretar essa referência deparam-se classificações que, pondo de parte a figura da *empresa pública* (no sentido francês de "estabelecimento público industrial e comercial"), preferem a de *estabelecimento público misto* (porque também exerce autoridade administrativa), ou só *organismo híbrido*: Dimitris Triantafyllou, *L'Activité Administrative de la Banque Centrale*, Paris, 1992, p. 72. Cf. Jean-Philippe Colson, *Droit Public Économique*, Paris, 1995, p. 243, para o qual se trata de uma "forma menor" atípica (na sua expressão, "inédita") de empresa pública.

o banco no exercício dessas funções (aspecto ativo). É o que resulta, para os próprios bancos nacionais, do art. 107º do Tratado CE.

Na mencionada recomendação do Parlamento Europeu acolhe-se a opinião de que o ideal para garantir, na prática, uma autonomia desta espécie será cometer a definição das orientações fundamentais da política monetária a um órgão colegial – cujos membros sejam nomeados segundo variados procedimentos e com proveniência regional também diferenciada –, o qual será deste modo menos permeável a quaisquer tentativas de influência externa, ao mesmo tempo em que poderá refletir melhor, na formação das decisões, as experiências e saberes plurais dos respectivos titulares. Tal é o modelo já adotado atualmente nas legislações francesa e espanhola, por exemplo.

Esta vertente da autonomia institucional será nitidamente ameaçada – para dizer o menos – naqueles casos (como os da Bélgica e da Espanha, mesmo após as primeiras adaptações legislativas feitas com vista ao acesso à 3ª fase da UEM) em que está prevista a presença, nos órgãos colegiais dos bancos, de altos funcionários governamentais ou de nomeação política, ainda que, evidentemente, não tenham direito de voto. No Parlamento Europeu não se deixou de apontar este regime como constituindo já, decerto, uma "tentativa inadmissível de influência por parte do Governo".[26] Di-lo-íamos igualmente quanto à permissão da presença, nas reuniões do órgão de decisão, dos membros do órgão de fiscalização, que são normalmente de nomeação governamental.

Bem diverso é o regime norte-americano, onde o órgão decisor do *Fed* se reúne no mais completo secretismo,[27] de seis em seis semanas, sem prévio conhecimento, sequer, do titular da pasta do Tesouro ou do próprio Presidente. E a circunstância de noutros países não haver porventura tal rigorismo pode explicar-se virtualmente pela forma de composição ou pela autonomia de que gozam os seus bancos centrais – pelo quê não é invocável acriticamente em países sem idêntica idiossincrasia, história e consenso político-social quanto ao funcionamento (e prestígio) do banco central.[28]

Por último, em homenagem à autonomia institucional, haverá que *suprimir qualquer forma de tutela administrativa* da atividade específica do banco central, por exemplo a faculdade de suspender ou de revogar os atos dos seus órgãos decisores. Assim acontece entre nós (art. 43º-2 da lei orgânica do Banco de Portugal) e ainda ocorre na Alemanha, cuja lei permite ao Governo – conquanto este nunca haja feito uso desse poder[29] – vetar suspensivamente, pelo prazo máximo de duas semanas, as decisões do *Bundesbank*, o que teria eventualmente por conseqüência que o Governo fosse submetido a um debate parlamentar nesse lapso de tempo; mas, findo o mesmo prazo, a decisão torna-se legalmente eficaz.[30]

Mais genericamente, a plena capacidade de decisão do banco central, assim

26. N. 2.1 da exposição de motivos que instruiu a proposta de resolução já antes mencionada.

Curiosamente, algo de idêntico está previsto (art. 109º-B do Tratado CE e art. 46º-2 dos Estatutos do SEBC) em relação ao próprio Banco Central Europeu – caso em que, segundo observam L. Gormeley e J. de Haan (ob. cit., p. 106), "independence is clearly independence under observation".

27. Steven Solomon, ob. cit., p. 36.

28. É insustentável, na ausência de preceito legal expresso – mas chegou a ser publicamente aventado há poucos anos, entre nós (v. o jornal *Público* de 5.5.92) –, que o ministro das finanças se arrogue o poder de se reunir com o órgão de administração do Banco Central, cuja nomeação (e... exoneração) depende de proposta sua.

29. *Apud* L. Gormely e J. de Haan, ob. cit., p. 98.

30. Durante os trabalhos preparatórios do Tratado de Maastricht a França chegou a propor que a presidência do Conselho da UE pudesse analogamente suspender as decisões do Banco Central Europeu; mas a proposta não passou na conferência intergovernamental que aprovou o Tratado.

como não pode ser condicionada previamente através de instruções governamentais ou similares, também não deve ser desautorizada pelo direito de veto ou de mera suspensão dos seus atos, posteriormente, pelos órgãos políticos; *a fortiori*, deve ter-se por de todo afastada a tutela substitutiva: atuação de outrem na esfera de atribuições do banco e em vez deste.

3. *Autonomia funcional*

Segundo a resolução do Parlamento Europeu repetidamente mencionada, esta dimensão da autonomia dos bancos centrais consiste essencialmente em lhes ser reconhecida liberdade de decisão na escolha dos instrumentos da política monetária e no modo da sua aplicação. Trata-se, julgamos, daquilo que usa chamar-se *condução* da política monetária, cometida ao banco central no âmbito da execução da política monetária previamente definida. Não propriamente no sentido de "dirigir" ou até "definir" a política monetária, mas antes na acepção (que o verbo *to conduct* terá primariamente em Inglês) de *gerir* no dia-a-dia a mesma política ou os seus instrumentos.[31]

Segundo a dicotomia referenciada mais acima, falamos agora da autonomia instrumental (*instrument independence*), e não da autonomia de objetivos. Ora, como instrumento fundamental da política monetária aparecem à cabeça as *taxas de juros* de curto prazo. A respectiva quantificação deve, portanto, ser deixada à responsabilidade exclusiva dos bancos centrais, sem intromissão de instâncias governamentais.[32]

Outros instrumentos monetários são bem conhecidos: as operações de *open market* (compra e venda de títulos, designadamente); as *reservas de caixa* mínimas impostas aos bancos; de forma indireta ou reflexa, por serem primariamente regras prudenciais; os coeficientes (*rácios*) de solvabilidade e liquidez e os limites respeitantes a riscos de crédito etc. O recurso a instrumentos de caráter menos administrativo e mais de mercado – como se verificou em Portugal claramente a partir de 1992 – faz-se, como é óbvio, no quadro de maior liberdade ou autonomia do banco central.

Segundo aspecto considerado no âmbito da autonomia funcional é a *proibição do financiamento monetário do Estado* pelo banco central.[33] Nos países da Comunidade Européia esta proibição entrou em vigor no início da 2ª fase da UEM, isto é, em 1º de janeiro de 1994, abrangendo não somente a concessão de crédito pelos bancos centrais "sob a forma de descobertos ou sob qualquer outra" ao setor público estatal (administrativo e empresarial), mas também o acesso privilegiado, pelo setor público, às instituições financeiras em geral: arts. 104º e 104º-A do Tratado CE. Em Portugal a conta gratuita tradicional e legalmente aberta no Banco Central à Admi-

31. Neste entendimento das coisas, poderá compatibilizar-se inteiramente o art. 18º da lei orgânica do Banco de Portugal (na versão do Decreto-lei 231, de 12.9.95), onde se alude justamente à função primordial de *conduzir* a política monetária, com o art. 105º da CF, que refere como atribuição do Banco a *participação* (apenas) na definição da política monetária.

Diga-se em abono da verdade que nenhuma das forças políticas com representação parlamentar mostrou, no debate da ratificação daquele diploma de 1995, uma percepção aproximada da que temos por mais defensável; antes, todos pareceram convencidos de que o Banco Central passaria já a definir (como resultaria da palavra "conduzir") a política monetária: cf. o *Diário da Assembléia da República* 14, I série, 9.12.95. Certo é, porém, que o Tratado de Maastricht explicitamente atribui ao futuro SEBC a definição e execução da política monetária da Comunidade (art. 105º-2).

32. Algo deste gênero – mais impróprio, talvez, da autonomia institucional que da autonomia fundacional – persiste ainda na *praxis* portuguesa, pois todos os avisos do Banco de Portugal, e desde logo os respeitantes especificamente à condução da política monetária, continuam a ser publicados com a assinatura do ministro das finanças.

33. Assim, expressamente, o n. 1.1.3 da exposição de motivos do relatório que serviu de base à resolução do Parlamento Europeu, que vimos a referir.

nistração Central foi objeto de consolidação, em 31 de dezembro de 1992, por contração de um empréstimo a longo prazo (art. 58º da lei do Orçamento para 1992: Lei 2, de 9.3.92), com antecipação, portanto, do calendário comunitário; no tocante às Regiões Autônomas, confira-se o protocolo relativo a Portugal, anexo ao Tratado de Maastricht.

Isto representa, por certo, um corte com a tradição centenária iniciada com o estabelecimento de uma relação de alguma contrapartida explícita entre o privilégio ou exclusivo da emissão monetária e a abertura de contas gratuitas ou concessão de crédito ao Estado outorgante do privilégio.

Não está, contudo, afastado por completo que os bancos centrais continuem a desempenhar a tradicional função de *banqueiros do Estado*. Não, evidentemente, nos Estados da UE, na qualidade de prestamistas, mas no que respeita a outros serviços não tanto de aconselhamento na área financeira e cambial como, sobretudo, de recebimentos e cobranças ou entregas e pagamentos de valores mobiliários por conta do Estado e outros atos de gestão da dívida pública etc. Ponto é que – em observância das mencionadas disposições legais – aí se não envolvam facilidades ou privilégios creditícios. Igualmente se imporá que tais serviços não sejam gratuitos, ainda que larvarmente, como no caso de serem remunerados abaixo do custo efetivo.

4. *Autonomia pessoal*

Reporta-se, evidentemente, este aspecto da autonomia ao estatuto dos gestores dos bancos centrais. Na resolução de 1993 do Parlamento Europeu, que temos referido, alude-se em especial à duração suficientemente longa dos mandatos, lembrando-se que o do governador não pode ser inferior a cinco anos, segundo os Estatutos do SEBC. Mas a autonomia pessoal não se esgota aí, como resulta do próprio direito comunitário positivo.

É intuitivo que rodear o exercício destas funções da maior segurança possível contribui sobremaneira para a qualidade do seu desempenho; e a prática o demonstra em alguns casos, mesmo no respeitante especificamente ao controle da inflação.[34] Assim como desde logo contribui para que possam recrutar-se as pessoas mais competentes e idôneas.

A primeira manifestação do grau concreto de autonomia pessoal é, por certo, a escolha da entidade que, na hierarquia do Estado, é competente para a *nomeação* dos responsáveis pela administração do banco central e, especialmente, do governador.

No direito comparado há situações de vários tipos. A nomeação é feita pelo Governo nos casos do Japão, da Nova Zelândia (sob proposta do conselho de administração do *Reserve Bank* e com veto recíproco), da Suíça e da França, por exemplo. Mas compete ao chefe de Estado na Alemanha, nos Estados Unidos (sujeita, embora, a aprovação do Senado), no Reino Unido, na Espanha (nomeação do governador pelo Rei, sob proposta do presidente do Governo, devendo, no entanto, o ministro da economia e fazenda comparecer previamente na comissão respectiva do Congresso para informar sobre o candidato proposto) e na Holanda (nomeação da Coroa, nominalmente, mas na prática sempre o Governo, tradicionalmente, escolheu e indicou ao Monarca o primeiro nome da lista proposta pelos órgãos do *Nederlandsche Bank*, a comissão diretiva e o colégio de censores, em sessão conjunta – o que vem a equivaler a uma cooptação).

Em Portugal, quando da revisão constitucional de 1992, houve uma proposta para introduzir a nomeação do governador e dos vice-governadores entre os poderes do Presidente da República, sob proposta do Governo – explicitação constitucional cuja ausência impede, segundo a opinião co-

34. "Independent and accountable...", cit., p. 26.

mum, que a lei ordinária atribua esse poder ao Presidente – mas, após um debate mais ou menos frouxo,[35] a proposta não obteve aprovação. Para a revisão de 1996 voltaram a ser propostas a nomeação e a exoneração pelo Presidente da República, sob proposta do Governo, do governador do Banco de Portugal, apenas,[36] ou dele e dos vice-governadores.[37] Também se propôs[38] que a própria Assembléia da República "designe" o governador e os vice-governadores do Banco, o que pode significar a indigitação deles ao Presidente da República (não, por certo, ao Governo), mas, à primeira vista, não será coadunável com a nomeação presidencial sob proposta do Governo, como igualmente se aponta no mesmo projeto.

E, com efeito, tudo parece aconselhar também entre nós a *desgovernamentalização* (para usar a linguagem política) dos mais altos dirigentes do Banco Central. Aliás, basta lembrar que identicamente se procede já na designação de vários órgãos independentes[39] (Procurador-Geral da República, Provedor de Justiça, Conselho Econômico e Social, Alta Autoridade para a Comunicação Social etc.).

A nomeação dos restantes gestores será com certeza mais autônoma se o governador tiver uma palavra a dizer, como sucede em alguns países. Na Espanha, por exemplo, o vice-governador é designado pelo Governo sob proposta do governador e os restantes membros do conselho são também designados pelo Governo sob proposta ministerial e ouvido o governador.

Segundo aspecto a considerar, no âmbito da autonomia pessoal, é o respeitante à *duração do mandato*. O dos membros da comissão executiva do BCE tem a duração de oito anos – sem dúvida por decalque do sistema alemão –, mas a experiência de outros países é, também aqui, variada: quatro anos, quanto ao presidente do *Fed* americano (escolhido dentre os membros do *board*, estes nomeados por 14 anos); cinco anos, nos casos de Portugal e do Japão, e bem assim como duração mínima fixada comunitariamente (art. 14º-2 dos Estatutos do SEBC), relativamente ao direito nacional de cada país integrante da UEM; seis anos na Espanha e na Suíça; sete na Holanda; oito na Alemanha.

A idéia de base, pelo menos numa perspectiva político-econômica, para conceber um "mandato suficientemente longo" vem a reconduzir-se à justificação da autonomia propriamente dita dos bancos centrais: é a preferência por uma duração que em princípio *exceda a da legislatura* (quatro anos, no nosso país) e, portanto, coloque os gestores ao abrigo da alternância democrática ou, pura e simplesmente, dos ciclos eleitorais. Forma específica adotada em alguns países, para o mesmo efeito, é estabelecer uma rotação de, por exemplo, metade dos membros do órgão de administração, a meio do mandato global.

Terceiro aspecto, porventura mais relevante que os anteriores, da autonomia pessoal é o da *revogabilidade* dos mandatos. Os membros dos órgãos de governo do banco central não hão de, no mínimo, poder ser exonerados *ad nutum*, ou por mera "conveniência de serviço".

A inamovibilidade é, com efeito, o regime-regra nos Estados Unidos tal como na

35. Cf. o *Diário da Assembléia da República* 39-RC, 2ª série, de 30.9.88.

36. Projetos de revisão, no referente ao art. 136º da CF, do PS (n. 3/VII) e de um deputado do PCP (n. 11/VII), *Diário da Assembléia da República* 27, 2ª serie-A, suplemento, de 7.3.96.

37. Projeto de revisão do PP no tocante igualmente ao art. 136º da Lei Fundamental (n. 1/VII), *Diário da Assembléia da República* 21, 2ª série-A, suplemento, de 1.2.96.

38. Projeto referido na anterior nota, com referência ao art. 166º da CF.

39. A nossa própria lei ordinária alude genericamente a "entidades públicas independentes": por exemplo, Lei 64, de 26.8.93 (art. 3º-1*c*), alterado pelo art. 8º-4 da Lei 39-B, de-27.12.94), e Lei 4, de 2.4.83 (art. 4º-1*l*), na redação da Lei 25, de 18.8.95); o Conselho Nacional de Consumo foi até agora, decerto, a última entidade a ser qualificada pela lei como "órgão independente": art. 22º-1 da Lei 24, de 31.7.96.

Alemanha, decerto os países modelares. É-o também nos Países Baixos, embora por tradição, somente, que não por força dos estatutos, como sucede naqueles dois outros casos. Igualmente o virá a ser no tocante aos governadores dos bancos centrais dos países que integrarem a área da moeda única européia (e, aliás, como requisito essencial para esse efeito): art. 14º-2 dos Estatutos do SEBC. Neste regime, somente a perda superveniente das qualidades requeridas ou a comissão de falta grave podem fundamentar a exoneração, e ainda assim com a possibilidade de recurso para o Tribunal de Justiça *comunitário*, não para as jurisdições nacionais.[40]

O regime previsto para o SEBC contempla ainda alguns outros aspectos que garantem a autonomia pessoal. Nos termos, com efeito, do art. 11º-1 dos mencionados Estatutos, os membros da comissão executiva – entre os quais se contam os *governadores dos próprios bancos nacionais* – não poderão exercer quaisquer atividades profissionais, ainda que não remuneradas, ressalvados os casos autorizados a título excepcional pelo Conselho do BCE. Algo de similar se dispõe no ordenamento português (art. 71º-2 da lei orgânica do Banco de Portugal).

40. Entre nós foi agora sugerida a constituição de uma autoridade para o mercado financeiro (bancário, segurador e de valores mobiliários) com "real independência", traduzida especialmente na designação governamental dos seus gestores, confirmada por maioria de dois terços da Assembléia da República, e na impossibilidade legal de eles serem demitidos: Fernando Costa Lima, "Novo modelo para a regulação financeira", semanário *Expresso* de 27.7.96.

Na verdade, e pelo menos no que respeita a órgãos de regulação financeira, temos já em Portugal o precedente da CMVM, pois os titulares dos respectivos órgãos só podem ser demitidos "em caso de falta grave comprovadamente cometida": art. 37º-1*d* do Códigp do Mercado de Valores Mobiliários, de 1991.

No respeitante a bancos centrais, ocorre-nos, no âmbito dos países lusófonos, a recente lei orgânica do Banco de Cabo Verde, de 1º de julho de 1996, cujo art. 34º-2 dispõe que o governador "só pode ser exonerado com fundamento em grave deficiência no desempenho das suas atribuições ou em prolongada impossibilidade pessoal de exercício das funções".

Em certas legislações nacionais esta proibição mantém-se por algum tempo *além* do termo do mandato, pelo menos no tocante à atividade no setor financeiro; isto, obviamente, mediante contrapartida remuneratória. Assim, a lei espanhola veda ao governador e ao vice-governador, durante dois anos após a cessação de funções, o exercício de atividades profissionais relacionadas com instituições de crédito e mercados de valores; em contrapartida, perceberão a título compensatório entre oitenta e cem por cento do total das remunerações dos seus cargos, compensação que, por sua vez, deixará de ser devida no caso de exercerem atividade remunerada no setor público ou no privado (salvo a docência) ou quando a cessação de funções tiver sido acordada com o Governo.

5. *Autonomia material*

Na recomendação já mencionada, o Parlamento Europeu aponta de modo particular, neste âmbito, a autonomia *orçamental*, porque imprescindível para "obviar à possibilidade do exercício de formas indiretas de pressão". E, no relatório que esteve na base da resolução, afirma-se que atentará contra a autonomia material, por exemplo, a exigência de que o orçamento do banco central seja aprovado pelo Governo. No direito comparado deparam-se países reconhecendo esta autonomia orçamental (Estados Unidos, Alemanha, Itália), mas outros que a não reconhecem (Japão, Nova Zelândia, Bélgica). Na ordem jurídica portuguesa o orçamento anual do Banco Central é apenas *comunicado* ao ministro das finanças (art. 62º-2 da respectiva lei orgânica).

Aspecto obviamente importante é que o banco central se financie através de receitas geradas pelas suas próprias atividades – máxime a da emissão monetária – e das operações que efetua interna e externamente.

Em geral, segundo o relatório antes mencionado, a espécie concreta de autonomia agora tratada traduz-se no "poder de decisão em todas as questões que não se refiram à definição e execução da política monetária nem a recursos humanos". Alude-se ainda à necessidade de uma *gestão* pautada pela racionalidade econômica, especificando-se a adoção das normas comuns aplicáveis aos valores mobiliários e, ao que parece, as de contabilidade.

Porém, nada impede que, relativamente ao aspecto da livre escolha do *pessoal* do banco central, especialmente os seus técnicos – e ao contrário do que possa resultar da breve transcrição precedente –, consideremos neste âmbito a estrita necessidade da completa ausência de constrangimentos (por exemplo, uma tutela governamental respeitante ao recrutamento ou aos padrões salariais do *staff* do banco) e da maior amplitude dos poderes do banco, para conseguir a excelência do seu desempenho. Curiosamente, este aspecto não deixou de ser considerado já nos Estados Unidos, por um ex-presidente do *Fed*, como requisito ou tópico primacial, entre poucos, da autonomia.[41]

Como nota final, decerto não muito ligada ao aspecto da autonomia de que tratamos agora, antes abrangendo um pouco todas as mencionadas, é de referir que na revisão constitucional de 1996 foi proposta a inclusão, na reserva absoluta ou relativa (arts. 166º e art. 168º da CF), da competência legislativa da Assembléia da República, quer da "organização e funcionamento do Banco de Portugal", quer das "bases da organização" do mesmo Banco.[42] A merecerem aprovação, estes projetos redundarão em atribuir ao Parlamento a competência para aprovar a *lei orgânica do Banco Central*, ou pelo menos as bases gerais da mesma. Em alguns aspectos – genericamente aflorados na exposição precedente – haverá sempre que ter em conta as disposições de direito comunitário (concretamente, a regulação do SEBC); mas, se não for exaustivamente usada a competência parlamentar projetada, pode admitir-se pelo menos em abstrato, e será com certeza desejável, que ao próprio Banco de Portugal fique assegurada certa margem de liberdade ou autonomia – uma *auto-organização* a efetuar pela via normal do regulamento interno.

Refira-se ainda, a encerrar estas considerações genéricas sobre a autonomia, que *nenhum* dos projetos de revisão constitucional apresentados em 1996 tocou no art. 105º da Lei Fundamental, isto é, na definição das atribuições ou objetivos do Banco Central. Mas é certo que a atual disposição constitucional tem virtualidades para ser compatibilizada com o futuro regime comunitário da definição pelo SEBC da política monetária (art. 105º-2 do Tratado CE), já que, embora a Constituição atribua ao Banco a *participação* na definição e execução da política monetária, logo acrescenta a expressão "nos termos da lei"; e nada impede – antes, decerto, tudo impõe – que esta lei seja o direito comunitário – donde resultará a participação do Banco Central, então no âmbito já do SEBC, na definição da política monetária (integrada) da Comunidade. A conformidade com a Constituição de um tal entendimento seria reforçada, se necessário fosse, perante o disposto no art. 7º-6 da Lei Fundamental, como resultou da 3ª revisão constitucional (1992), que alude à possibilidade, em certas condições, do "exercício em comum dos poderes necessários à construção da União Européia".[43]

III – Responsabilização

A propósito dos vários prismas da autonomia, fomos verificando que não existe

41. Cf. "Vers un système européen...", cit., pp. 28 e 282 e ss.

42. Respectivamente, projetos de revisão 1/VII e 3/VII, mencionados nas anteriores notas 36 e 37.

43. Quanto ao regime atual (e até a efetiva integração do país na área da moeda única européia), cf. a nota 31, *supra*.

na vida real uma completa "independência" dos bancos centrais relativamente às autoridades e ao sistema político. Se, por um lado, há quem afirme que são os próprios políticos que adotam uma postura ambivalente – por exemplo, ao estabelecerem regimes estatutários atípicos para os bancos centrais dos seus países[44] –, por outro lado, não se concebe uma política econômica, de que, aliás, é um segmento também: seja a orçamental (cujos déficits podem comprometer irremediavelmente os fins da política monetária),[45] seja a cambial (hoje, aliás, cada vez mais difícil de estremar da monetária, mas que na generalidade dos países é definida pelos Governos, e não pelos bancos centrais), etc. Assim como não é pensável, à luz da própria experiência de vários países africanos e leste-europeus, uma autonomia efetiva, mesmo que legalmente consagrada, sem vontade e capacidade de estabilidade política interinstitucional; e, poderá acrescentar-se, sem alguma contenção de Governos e bancos centrais, já que a autonomia é gizada num quadro de *equilíbrio de poderes*, mais do que de separação ou oposição deles.

A autonomia de que tratamos é, portanto, não a autonomia absoluta ou "independência", cuja defesa relevasse da ideologia ou até do fundamentalismo, mas uma autonomia relativa e com limites específicos. De contrário, bem se poderia falar de déficit democrático ou, pelo menos, de isolamento tecnocrático que seria prejudicial à própria credibilidade procurada através da autonomia dos bancos centrais.

Figura-se traduzida lapidarmente esta idéia na asserção de que "il n'y a pas *d'autonomie* sans *responsabilité*, ni de responsabilité sans *légitimité*. Le principe vaut pour les pouvoirs et services publics en général et donc pour toutes les banques centrales".[46]

A exposição subseqüente procurará, nesta precisa base, aquilatar em primeiro lugar do correlato (ou contrapartida, se se quiser) da autonomia, que é a responsabilidade ou, talvez melhor, a "respondência"[47] (*accountability*, no jargão técnico) dos bancos centrais perante as entidades políticas (democráticas) que os controlam; em segundo lugar abordaremos a questão da legitimidade constitucional de uma regra como a da autonomia (ainda que não absoluta, repete-se).

Uma vez que o tema de fundo é a autonomia dos bancos centrais, compreender-se-á que só da mencionada *responsabilidade* nos ocupemos, sem qualquer detença na responsabilidade civil imputável aos mesmos bancos – seja por atos de gestão privada, seja por atos de gestão pública – ou na eventual imunidade de soberania de que se possam beneficiar – o que por vezes é

44. Tomás.-Ramón Fernández, ob. cit. na anterior nota 9, pp. 716 e ss.; cf. *supra*, n. II.

Já o próprio Napoleão, ao criar o Banco de França, terá afirmado: "Je veux que la banque soit assez dans la main du government et n'y soit pas trop ...".

45. A este particular respeito e no preciso momento em que são escritas estas linhas, a comunicação social dá conta de tensões entre as autoridades políticas e o Banco de França, porque este vem cumprindo com autonomia uma política monetária sustentavelmente não inflacionária (o que é um dos pré-requisitos de acesso ao estádio final da UEM), enquanto que as primeiras desejariam uma inflação algo menos baixa, para lhes ser possível alcançar um déficit orçamental abaixo dos 3% do PIB (o que é outro dos mencionados pré-requisitos...).

46. "Vers un système européen...", cit., p. 28 (grifos nossos).

47. "Respondência" – vocábulo que retomamos de um consagrado mestre português de Direito – traduz certamente melhor do que "responsabilidade" aquilo que hoje em dia, na linguagem técnica anglo-saxônia, se diz *accountability* e não, efetivamente, *responsability*. O termo em uso traduz a qualidade de quem é *accountable*, isto é, ainda em Inglês, *answerable* ou, como referem também os dicionários, *capable of being explained*. É mais a qualidade de "responder pelos próprios atos", *prestar contas*, do que responder por fatos com efeitos lesivos de terceiros. Por outras palavras, é responder no sentido político do termo, ou ser controlado, e não primacialmente responder no sentido jurídico. Daí que, no texto, usemos cumulativamente *respondência* e *controle*, às vezes *responsabilização* ou *prestação de contas*, e só esporadicamente *responsabilidade*.

discutido, maximamente nas relações internacionais – ou ainda no controle não político da gestão dos bancos centrais, designadamente o assegurado por órgãos (mesmo internos) de auditoria ou fiscalização.

Escusado será dizer, por último, que a análise subseqüente só tem sentido perante um regime de *autêntica* autonomia: se se partir de que no fundo a consagração legal da autonomia dos bancos centrais é simples formalidade,[48] só terão de considerar-se ociosas outras quaisquer preocupações.

1. Controle e respondência

Há desde logo, no pensamento econômico, uma linha de argumentação para fundamentar a responsabilização e a transparência dos bancos centrais. A pura e simples discricionariedade destes pode conduzi-los a prosseguir outras finalidades que lhes estejam assinaladas, sacrificando, por exemplo, o objetivo antiinflacionista a objetivos de aumento de produção ou crescimento do emprego, com sacrifício do valor da moeda no longo prazo; ocasionariam, assim, como mais facilmente pode acontecer às autoridades eleitas, o chamado enviesamento inflacionista (*inflation bias*).[49]

Aliás, também pode suceder que os bancos centrais exacerbem a defesa da sua esfera própria de autonomia (arbítrio) contra quaisquer outras autoridades ou políticas econômicas, acabando desse modo por enfraquecer a sua credibilidade, ponto fulcral (como se viu) da prossecução dos objetivos imputados à autonomia.

De resto, a estabilidade econômica pode (e deve) ser prosseguida também pelas restantes políticas econômicas e por meios diferentes dos da política monetária, até efetivamente em concorrência – e potencial conflito – com esta.[50] Pelo quê se impõe o estabelecimento formal de mecanismos de arbitragem entre os respectivos protagonistas.

Do ponto de vista jurídico-institucional, a necessidade (ou pelo menos utilidade) do controle dos bancos centrais impõe-se, na opinião de muitos, para obviar a um *déficit democrático* que de outro modo seria patente, já que se trata de instituições que exercem poderes de autoridade, não resultam do sufrágio popular e (é essa a questão essencial) são dotadas de autonomia.

O argumento é bem ponderoso, se bem que em rigor não inteiramente decisivo. É que, por um lado, em vários países democráticos os respectivos bancos centrais: ou têm escassos deveres de responder e mesmo de transparência, embora sejam autônomos, como já vimos suceder na Alemanha; ou, sendo também autônomos, obedecem a um regime muito específico de con-

48. Já assim, entre nós e publicamente, foi *expressis verbis* afirmado por um deputado com formação econômica: "a autonomia da política monetária e cambial é hoje, e cada vez mais, apenas aparente (...). A independência estatutária do Banco de Portugal (...) é por isso mera formalidade (...). Num regime como o atual (...) os mercados disciplinam o Governo e o banco central é por definição independente" (*Diário da Assembléia da República* 14, 1ª série, 9.12.95.

49. Marta Castello-Branco e Mark Swinburne, ob. cit. na precedente nota 10; cf. Clive Briault *et al.*, ob. cit. no mesmo local.

50. Ainda há pouco a França terá proposto – um tanto à semelhança do "pacto de estabilidade" anteriormente sugerido pela Alemanha – uma coordenação formal das políticas macroeconômicas (metas orçamentais, política cambial, análise dos ciclos econômicos), a nível similar ao Grupo dos Sete (G7), para garantir a estabilidade econômica, politicamente visível e credível, paralela à que é intentada pelo objetivo da estabilidade monetária do futuro Banco Central Europeu (*Financial Times* de 18.6.96). Relativamente ao "pacto de estabilidade" proposto pela Alemanha, para assegurar a prossecução, na 3ª fase da UEM, da disciplina financeira imposta para acesso à mesma fase conclusiva, constou que ele viria a integrar não talvez o direito originário (Tratado CE revisto), como pretenderia a Alemanha, mas o direito derivado comunitário (*Financial Times* de 2.7.96). O que realmente está prestes a acontecer, ao nível da decisão política comunitária, conquanto sob forma menos estrita do que a inicialmente sugerida.

trole, como é o caso da Nova Zelândia; ou ainda, não sendo efetivamente autônomos, progridem para formas de razoável transparência, como no Reino Unido. Por outro lado, é de ver que, nos casos em que os bancos centrais não respondem eles próprios perante órgãos políticos eleitos, sempre politicamente tem de responder pela sua atividade quem nomeia os respectivos gestores; já se nos depararam, ao longo desta exposição, casos em que o Governo tem de responder perante o Legislativo quando, mesmo a título excepcional, possa dirigir injunções ao banco central. Última consideração, por certo definitiva, é a de que o poder político nunca está impedido, em casos de autonomia virtualmente extrema (sem responsabilidade) e como *ultima ratio*, de revogar as disposições estatutárias que garantem a mesma autonomia.[51]

Será, agora, oportuno passar em revista alguns dos procedimentos e meios através dos quais é feito ou proposto o controle da atuação dos bancos centrais. Abordaremos especificamente a *prestação de contas* formal e mais ou menos detalhada aos órgãos políticos (democráticos); mas, antes, convém talvez aludir muito brevemente a outro aspecto da respondência – porventura menos formal – dos bancos centrais, que não deixa de prender-se com imperativos de democraticidade, como hoje é sentida. Referimo-nos à *transparência* da atividade dos mesmos bancos em face do público em geral, isto é, os cidadãos, nos quais reside a soberania de cada comunidade política.

Já ficou referido acima que tanto os bancos genuinamente autônomos, como o alemão, quanto bancos menos autônomos, como o inglês, adotaram nos últimos tempos práticas diversas no sentido de informar o público acerca das suas opiniões (caso inglês) ou das suas metas (caso alemão) em matéria de política monetária.[52] Igualmente nos Estados Unidos está a ser objeto de acesa discussão que passem a ser publicadas as atas do FOMC (*Federal Open Market Commitee*).

Uma prestação mínima de contas pode também submeter-se ao escrutínio do público, com regularidade, inclusivamente como prescrição *legal*. Assim acontece no direito português: o relatório, balanço e contas do Banco de Portugal são publicados na folha oficial (art. 64º-3 da sua lei orgânica) e vem-no sendo também na imprensa; e na folha oficial deve ainda ser publicada uma sinopse resumida do ativo e passivo do Banco Central com referência quadrissemanal (art. 65º da mesma lei). Também o Banco Central Europeu deverá publicar: semanalmente, uma informação atinente à situação financeira consolidada, e trimestralmente, um relatório sobre as atividades do SEBC; essas informações e relatórios, assim como o relatório e contas anuais, serão postos gratuitamente à disposição do público: art. 15º dos Estatutos do SEBC.

A *respondência formal* dos bancos centrais autônomos pode operar, consoante os vários regimes jurídicos, em face de diferentes órgãos do poder: desde o Executivo, como é, por exemplo, o caso da Nova Zelândia e o da Alemanha (onde o *Bundesbank* deve fornecer ao Governo Federal as informações que este solicitar) até o Le-

51. O modelo ou doutrina burocrática do banco central aponta à autonomia uma certa precariedade justamente com base nesta possibilidade, no limite, de ser revogada a consagração legal da mesma autonomia – e põe em relevo que, tendo consciência disso, os gestores do banco central podem ser induzidos a uma sistemática atitude acomodatícia em face das pressões recebidas do poder político, transformando a autonomia no seu contrário (cf. Marta Castello-Branco e Mark Swinburne, ob. cit.).

52. V. a anterior nota 23. Vai ainda no sentido da mera transparência a proposta agora feita, à aproximação de eleições, pelo Partido Trabalhista inglês, para que as recomendações de política monetária do Banco de Inglaterra não procedam simplesmente do governador mas dos membros de uma comissão de política monetária, nomeados por sete anos (cf. os comentários de Samuel Brittan no *Financial Times* de 18.7.96).

gislativo, como tipicamente sucede nos Estados Unidos.

Seria talvez lógico que o controle pertencesse à entidade (órgão político) competente para a nomeação dos gestores do banco central, ou pelo menos do seu governador. Simplesmente, tal não sucede, por exemplo, nem nos Estados Unidos (onde a nomeação é presidencial, embora com audição parlamentar[53]), nem na Europa da UEM como foi desenhada pelo Tratado de Maastricht, onde a prestação de contas virá a ser feita ao órgão de representação popular direta (Tratado CE, art. 109º-B, n. 3).

No regime comunitário, é certo, o dever de relatar anualmente ao Parlamento vale também quanto ao Conselho da UE (efetivamente a sede do poder legislativo); mas é só o Parlamento Europeu que pode exigir um debate "de caráter geral" sobre o relatório e bem assim a audição (que pode também ser da iniciativa própria do BCE) da comissão executiva do Banco.[54] No regime americano, os *Humphrey-Hawkins reporting procedures* obrigam o órgão de gestão do *Fed* a enviar ao Congresso, até 20 de fevereiro e 20 de julho, relatórios escritos sobre a evolução econômica e os objetivos da política monetária, organizando-se também *hearings* ao nível das comissões. Regime similar de audições parlamentares foi proposto há pouco, como vimos acima, no próprio Reino Unido.

Quando a nomeação cabe ao chefe de Estado – e mesmo que ele não seja ao mesmo tempo chefe do Executivo (como o é nos Estados Unidos) e a iniciativa parta do Governo (caso, por exemplo, da Alemanha) – o alcance político e eventualmente técnico do controle exige, na verdade, que este seja cometido ao órgão de representação popular.

Em Portugal o governador do Banco Central passou, em 1996, a dever *informar anualmente* a Assembléia da República, através da Comissão Parlamentar de Economia, Finanças e Plano, sobre a "situação e orientações relativas à política monetária e cambial" – isto, ainda segundo o novo texto legal, "na seqüência da representação (ao Governo) do relatório do Banco de Portugal, balanço e contas anuais de gerência" (n. 4 do art. 64º da lei orgânica, aditado pela Lei n. 3, de 5.2.96).

A lei é omissa quanto à *audição parlamentar* do governador (e eventualmente de outros gestores do Banco Central), audição certamente pensável desde logo quanto à informação escrita transmitida à Comissão. Tem-se por óbvio que a lei orgânica não a impede; mas a verdade é que a sede normativa própria para responder à dúvida não é esta. A resposta só pode encontrar-se no próprio Regimento da Assembléia da República; este, porém, revela-se ainda hoje de interpretação igualmente difícil e, portanto, carecido de alguma eventual reformulação.

Na verdade, prevê-se no seu art. 110º a participação de membros do Governo – o que não é o caso – nos trabalhos das comissões parlamentares, seja a pedido destas, seja por iniciativa daqueles (cf. o art. 180º-3 da CF). Por sua vez, o art. 111º do Regimento prevê a participação de "outras entidades", dispondo o n. 1 que "as comissões podem solicitar o depoimento de quaisquer *cidadãos* e requisitar a presença de quaisquer *funcionários* ou agentes da Administração Pública, bem como dirigentes ou empregados do *setor empresarial* do Estado". Ora, pondo de lado o depoimen-

53. Controle parlamentar *ex ante*, que no caso americano é expresso na referência da lei à nomeação do Presidente "by and with the advice and consent of the Senate".

54. No editorial da *Common Market Law Review* 33, n. 4, agosto/96, sob o título "Executive agencies within the EC: the European Central Bank – a model?", considera-se que o SEBC será mais centralizado e federalizado do que o próprio sistema da Comunidade e que a autonomia do BCE, oferecendo dúvidas quanto à normal legitimidade democrática, tem por contrapartida a simples "transparência" (política), que não uma "respondência" completa, exceção feita do controle judicial da legalidade.

to, como cidadão, de alguém que é governador, há que saber se *nesta qualidade* ele pode ser ouvido. E para tanto, segundo a letra do Regimento, depara-se-nos a *requisição* – ao ministro da tutela, subentende-se – dos funcionários e agentes administrativos (o que o governador e os gestores do Banco formalmente não são), assim como dos gestores e empregados do setor empresarial do Estado; mas, se se puder dizer que o Banco de Portugal, como empresa pública, se integra materialmente no setor empresarial do Estado, a verdade é que, em relação às suas atribuições administrativas (gestão pública), é pelo menos duvidoso que tenha de ser aplicável a mencionada disposição do Regimento. De qualquer modo, seria contrário ao princípio mesmo da autonomia requisitar (como prevê o Regimento) a competência do governador ao ministro da tutela... quando esta tutela, aliás, nem existe.[55]

Outro veículo de atuação parlamentar é o das perguntas (escritas e orais) e o dos requerimentos ao Governo e outras entidades públicas, feitos pelos deputados. Trata-se de um direito destes, que gera o correspondente *dever de responder e de informar*. Também aqui é óbvio que o dever especial de informação consignado no referido art. 64º-4 da lei orgânica do Banco de Portugal não obsta à vigência de outras obrigações similares;[56] ponto é saber em que medida estas são estabelecidas na competente sede normativa.

Tanto a Constituição (art. 159º, *c* e *d*) como o Regimento da Assembléia da República (art. 5º-1, *h* e *l*) reconhecem aos deputados o direito de "fazer perguntas ao Governo sobre quaisquer atos deste ou da Administração Pública" e também "requerer e obter do Governo ou dos órgãos de *qualquer entidade pública* os elementos e as informações que considerem úteis para o exercício do seu mandato, assim como publicações oficiais que obedeçam ao referido critério".

Isto posto, convém anotar que o controle político exercido sobre a atividade dos bancos centrais não deixa de ter, ele também, algumas limitações tanto de ordem prática como de natureza jurídica.

Sintomaticamente, como ficou visto, o relatório do futuro Banco Central Europeu ao Parlamento pode ser objeto de um debate *de caráter geral*, segundo o Tratado CE. Nos Estados Unidos, por sua vez, os congressistas não costumam enredar-se em discussões técnicas (em que o *Fed*, por dever de ofício aliás, está muito melhor preparado) quando das audições a que também já se fez referência; costumam, pelo contrário, centrar a atenção nas implicações a longo prazo das medidas tomadas pelo *Fed* (no curto prazo).

No tocante às limitações propriamente jurídicas, poderemos referir em especial que poderá haver *razões de sigilo* oponíveis aos parlamentares, quer nas audições em comissão, quer perante informações solicitadas. Assim, desde logo (mas porventura só hipoteticamente), no respeitante a matérias cobertas por segredo de Estado (cf. o próprio art. 159º, *c*, da CF). No domínio específico em que nos situamos,

55. Na prática política nacional houve já um precedente de "requisição" (porventura sem este nome explícito) para audição do então governador Vítor Constâncio, em subcomissão, no âmbito da discussão do orçamento do Estado, e não, pois, em domínio especificamente monetário; mas o pedido não foi atendido pelo Ministério das Finanças (semanários *O Jornal* e *Expresso*, respectivamente de 14 e 15.3.86).

Posteriormente, o governador Tavares Moreira foi ouvido em comissão, na Assembléia da República, acerca do chamado *caso Drexel*, respeitante à gestão das reservas de ouro. Assim aconteceu por solicitação (ou "pedido") proveniente da Assembléia da República e endereçada ao Governo, segundo se deduz da imprensa da época (por exemplo, *O Dia* de 21.3.90, *A Capital* de 22 do referido mês, *Diário Popular* de 23 e *Diário de Lisboa* de 28 – dia da audição – também daquele mês).

56. O receio de que assim não fosse motivou uma declaração de voto aquando da aprovação da já mencionada Lei 3, de 5.2.96.

pode certamente, e deve, ser recusada informação que eventualmente contenda com o sigilo bancário a que o banco central se encontre vinculado (cf., no direito português, o art. 70º da lei orgânica do Banco de Portugal e o art. 80º do regime aprovado pelo Decreto-lei 298, de 31.12.92).

Há que ponderar estas limitações especialmente quando esteja em causa a atividade de supervisão do banco central (se, como sucede entre nós e na maioria dos países, for ele a exercê-la).[57] Certamente não deverão, em regra, ser reveladas investigações concretas em curso (segredo de justiça), quiçá medidas sancionatórias individualmente aplicadas, elementos de informação (por exemplo, estatística) também individualizados etc.

Passando do estrito controle político ao *controle financeiro* dos bancos centrais – em contraponto à sua autonomia orçamental –, será interessante referir que, na Alemanha, o Tribunal de Contas relata ao ministro das finanças acerca das contas anuais do *Bundesbank*; todavia não exerce senão limitadamente um poder de supervisão nesta matéria, já que só havendo proveitos a distribuir ao Governo Federal o Tribunal fiscaliza a medida em que foram devidamente acautelados os interesses do Governo – e, isto, em conseqüência justamente da autonomia do banco central.[58]

Em Portugal compete ao ministro das finanças aprovar o relatório, o balanço e as contas anuais de gerência do Banco de Portugal, podendo a aprovação ser tácita (art. 64º, ns. 1 e 2, da lei orgânica do mesmo Banco). Por sua vez, as operações e atividade do Banco Central – que só eram fiscalizadas pelo Tribunal de Contas quando o Tesouro fosse a contraparte (art. 30º, ora revogado, da mesma lei orgânica e art. 17º-1-*l* da Lei 86, de 8.9.89) – parecem ter passado, como as de qualquer empresa pública, a ser controladas pelo Tribunal de Contas (Lei 14, de 20.4.96).

Na UE e uma vez iniciada a fase conclusiva da UEM, será também o Tribunal de Contas comunitário que auditará – conquanto somente no tocante à "eficácia operacional da gestão" – as contas do BCE (art. 27º-2 dos Estatutos do SEBC). Além disso, tanto as contas do BCE como as dos próprios *bancos centrais nacionais* serão fiscalizadas por auditores externos independentes, nomeados, sob recomendação do BCE, pelo Conselho da UE (cit. art. 27º-1).

2. *Legitimidade*

Vimos assistindo ao progressivo abandono do intervencionismo do Estado, seja na atuação como agente econômico (privatizações), seja como simples regulador da iniciativa privada. Simultaneamente, têm surgido entidades e mesmo autoridades administrativas *independentes* de variado tipo: desde simples entidades, singulares ou coletivas, de caráter consultivo, "mediadores" e defensores, em face do Estado, de direitos subjetivos e até fundamentais dos cidadãos – direito à vida (bioética), privacidade (dados pessoais), desburocratização etc. – até verdadeiras e próprias instituições participantes do poder administrativo, enquanto regulam *ex ante*, fiscalizam ou sancionam, em vez do Estado e seus órgãos tradicionais, diversas atividades econômicas mais sensíveis (mercado financeiro e de capitais, em especial).

Considera-se[59] que essas autoridades dotadas de *independência* em relação ao poder político participam globalmente do movimento de liberalização da economia que tem vindo a registrar-se. Há até quem

57. É no âmbito da atividade supervisora do *Fed* (máxime no tocante às crises bancárias) e não especificamente no da política monetária que o Congresso americano mais à vontade exerce o seu controle ("Vers un système européen...", cit., p. 279).

58. Ob. cit., p. 170.

59. Jean-Philippe Colson, ob. cit. na anterior nota 25, p. 199.

opine que, materialmente, de um ponto de vista jurídico, tais autoridades são as que exercem um poder de regulação e de controle original, situado a meio caminho entre a gestão estatal e o mercado. Não, evidentemente, sem ambigüidades – como a de se abandonar o poder regulador do Estado ("desregulamentação") para meramente se abraçar um novo tipo ou até uma simples nova fonte de regulação. E também sem a certeza de não estarmos perante um fenômeno cíclico, inclusivamente uma simples moda, no arco das atitudes que, sobre a intervenção econômica do Estado e, concretamente, sobre a importância e o papel dos bancos centrais, logo no início deste estudo observamos terem sido variadas ao longo deste século XX.

Porém, não é a mera voga de autoridades independentes que dispensa de nos interrogarmos acerca da sua legitimidade, máxime quando nas respectivas atribuições se compreenda a definição e/ou execução de aspectos essenciais da política econômica – como justamente sucede com os bancos centrais.

Mas, segundo acabamos de ver no anterior n. 1, a realidade político-jurídica ou, mesmo, constitucional apresenta-nos uma autonomia dos bancos centrais não absoluta (independência), mas antes sujeita a respondência ou prestação de contas perante outros órgãos do Estado. O poder político – é, por outro lado, evidente – haverá de ter sempre a última palavra, ao menos em casos extremos nos quais se justifique, em seu entender, cercear de algum modo a autonomia por ele "outorgada" – por exemplo, através de injunções diretas ao banco central – ou até retirar essa mesma autonomia, quanto mais não seja temporariamente, se necessário revogando a legislação vigente.

Como igualmente ficou já assinalado, a política monetária é uma parte somente da política econômica – a qual em todos os países compete constitucionalmente ao Governo – e, por isso, o que se nos oferece na prática é o diálogo necessário, a cooperação (interdependência) entre os bancos centrais e o poder especificamente político. Política monetária e em especial política financeira estão em efetiva dependência recíproca, não podendo qualquer delas ser formulada e conduzida indiferentemente do modo como a outra o for. E se, normalmente, a política monetária deve ter por objetivo fundamental (único ou principal) servir de âncora nominal à estabilidade econômica, não pode ter-se por absolutamente excluído que em determinadas conjunturas lhe seja exigida uma intervenção – ainda que só urgente e temporária – para acudir como remédio à própria economia dita real, abandonando portanto a postura de total imunização das áleas da conjuntura político-econômica.

De modo que, após o entusiasmo inicial, quase ou mesmo ideológico, pela "independência" dos bancos centrais, parece haver hoje a consciência, entre os próprios defensores da autonomia, de que esta é uma "questão a relativizar".[60] Do ponto de vista político-constitucional, acentua-se também que "autonomia não é soberania", muito menos (como já foi chamada) "quarto poder", antes se analisa num poder funcional e limitado, inserindo-se em qualquer sociedade democrática (baseada na separação de poderes), no *equilíbrio de poderes* concorrentes, desde logo num plano horizontal mas também no plano vertical.[61]

Nestes termos, parece difícil invocar pura e simplesmente a autonomia dos bancos centrais e o caráter não eletivo destes – *déficit democrático* – para contestar a sua legitimidade no plano constitucional.

A realidade demonstra, no entanto – repete-se – que eles são controlados direta ou indiretamente por órgãos (políticos) ema-

60. M. Bassoni e A. Cartapanis, ob. cit. na anterior nota 7, p. 415.

61. Tomás-Ramón Fernández, ob. cit. na precedente nota 9, pp. 715 e ss.

nados da escolha popular. Nem seria decerto pensável, em regime político democrático, uma autonomia absoluta e ainda menos irreversível que subtraísse a atuação dos bancos centrais a qualquer prestação de contas àqueles órgãos.

Acresce que por vezes – como já vimos que sucede em Portugal, na Suíça e na Alemanha – é o próprio texto constitucional que prevê a existência de um banco central (conquanto não se refira explicitamente à sua autonomia). Isto logo impede que se duvide aprioristicamente da legitimidade jurídico-constitucional da sua autonomia. Dessa referência constitucional deriva que estamos perante um *órgão constitucional*, embora em sentido restrito não político.[62] E o mesmo há de ser entendido até nos países cuja Lei Fundamental não aluda ao banco central, já que a função deste vem a inserir-se na chamada *constituição econômica*,[63] tornando-o, portanto, um órgão materialmente (ainda que não formalmente) constitucional.

Ora, existem outros órgãos constitucionais, ou estatais, também politicamente neutros; é, desde logo, o caso dos tribunais. E há mesmo quem aproxime o perfil ou pelo menos a importância dos bancos centrais da dos tribunais constitucionais.[64] Os órgãos jurisdicionais, apesar de não eleitos, são política e funcionalmente independentes e irresponsáveis, no sentido de que não prestam contas a outros quaisquer órgãos do Estado. Daí não se segue, e ninguém defende, que se trate de órgãos não democráticos ou afetados de qualquer déficit dessa natureza... De resto, sem um poder judicial assim (separado dos restantes poderes do Estado) nega-se a própria democraticidade do sistema político.

Claro que há uma diferença de tomo: os tribunais são *órgãos de soberania* e, por isso, independentes e não apenas autônomos, ao passo que os bancos centrais não são órgãos de soberania e, como tais, devem gozar de independência relativa ou controlada (pelos órgãos políticos), de simples autonomia.

Pode questionar-se, porém, a *legitimidade desta própria autonomia* a partir de uma dupla ordem de razões. Por um lado, a Constituição não prevê expressamente essa autonomia, mesmo quando alude explicitamente ao órgão banco central (casos, já referidos, de Portugal, Suíça e Alemanha). Por outro lado, dir-se-á que consagrar a autonomia é admitir um "quarto poder", ao lado do Executivo mas ao contrário deste não eleito (direta ou indiretamente) e

62. J. J. Gomes Canotilho e Vital Moreira, *Constituição da República Portuguesa, Anotada*, 3ª ed. revista, Coimbra, 1993, p. 455.

Uhlenbruck, na doutrina alemã, também utilizou em relação ao *Bundesbank* a qualificação de órgão constitucional; mas esta terá perdido o favor da opinião (Tomás-Ramón Fernández, ob. cit., p. 725).

Na legislação ordinária portuguesa há pelo menos uma referência a órgãos constitucionais: art. 4º-1-*l* da Lei 4, de 2.4.83, segundo a alteração da Lei 25, de 18.8.95 (controle da riqueza dos titulares de cargos políticos).

63. Assim decidiu, em 1982, o Tribunal Constitucional espanhol (Tomás-Ramón Fernández, ob. cit., p. 730).

O conceito de constituição econômica surgiu na própria doutrina jurídica alemã após a I Grande Guerra e foi também acolhido em Portugal: permitimo-nos remeter para o nosso *Curso de Direito Econômico*, polic., 2ª ed., Lisboa, 1981/1982, pp. 149 e ss.; cf. p. 762, no tocante à relevância constitucional do ordenamento financeiro. Quanto a este, v., ainda, além dos aí citados, por exemplo: M.-R. Baquer, "Aspectos constitucionales del crédito", na obra coletiva *Ordenación Jurídica del Crédito*, Madri, 1978, e Fabio Merusi, "La posizione costituzionale della Banca Centrale in Italia", *Rivista Trimestrale di Diritto Pubblico* 4/1.083, 1981.

No próprio Reino Unido (que não tem Constituição escrita) o governador do Banco de Inglaterra se referia há pouco (embora de passagem) à "posição constitucional" de qualquer banco central ("The Bank of England: how the pieces fit together", *Bank of England Quarterly Bulletin* 36, n. 1, fevereiro/96, p. 91).

64. Cf. autor e ob. cits., p. 725, e S. Solomon, ob. cit. na anterior nota 8, o qual menciona as palavras do Presidente W. Wilson, ao escolher em 1913 os primeiros governadores do *Fed*: "I feel that is almost like constituting a whole Supreme Court. It's almost equal in importance".

que invadirá uma parte da sua esfera própria de competência, como órgão de soberania, para definir e gerir a política econômica (*lato sensu*).

Reconheça-se que estes são argumentos efetivamente ponderosos e, de qualquer modo, é realmente delicada esta matéria da inter-relação dos bancos centrais com os restantes poderes constitucionais, designadamente os de natureza exclusivamente política e democraticamente representativos. Mas vejamos.

Quanto à circunstância de a autonomia do banco central não estar direta ou expressamente prevista na Constituição, é possível retorquir que só por isso não resulta *imediatamente* que a Lei Fundamental impede a consagração, na lei ordinária, da mesma autonomia.

Por um lado, com efeito, bem pode tratar-se de uma posição de neutralidade assumida pelo legislador constituinte. Pois, dado o já antes exposto, até será talvez preferível que a Constituição não tome partido a favor ou contra a autonomia do banco central, a fim de não impedir que o legislador ordinário – isto é, o poder eleito – eventualmente cerceie ou afaste mesmo essa autonomia, em determinadas circunstâncias pontuais. Sucede até, como também vimos, que nem é aconselhável que a Lei Fundamental refira expressamente qual a atribuição específica do banco central, pela mesma razão: impedir uma futura opção, por exemplo resultante de sufrágio ou até referendo popular. Isto, sim, perversa e paradoxalmente, seria menos democrático.[65]

Por outro lado, quando a Constituição preveja meramente a existência de um banco central, ainda que sem aludir à sua autonomia, é legítimo e talvez necessário indagar por quê e *com que sentido* o faz, procurando discernir, num esforço de interpretação, se a autonomia é compatível com a intenção constitucional (porventura, até, imposta por ela) ou se, pelo contrário, lhe repugna.

A este propósito é de referir o sistema jurídico alemão. Aí, a Lei Fundamental apenas estabelece (art. 88º) que o Estado institui como banco federal (*Bundesbank*) "um banco para a moeda (*Währungsbank*) e a emissão de notas (*Notenbank*)". Ora, na doutrina jurídica e também na jurisprudência[66] não falta quem veja na referência constitucional ao *Währungsbank* – que não a um simples banco central ou de reserva –, aliás em paralelo com a menção de banco emissor, a consagração da faculdade constitucional de o banco utilizar os tradicionais instrumentos de política monetária e, mais ainda, de o fazer de maneira "independente" do Governo, pois de outra forma não poderia ser responsabilizado, como também se entende resultar do mencionado art. 88º, pela manutenção do valor da moeda. Segundo outra corrente, porém, a autonomia do *Bundesbank*, embora não consagrada no mesmo art. 88º, constitui um princípio geral (não escrito) de direito constitucional. Enfim, numa terceira perspectiva, defende-se que a Lei Fundamental não acolhe diretamente nem impõe ao legislador ordinário a consagração da autonomia do banco central; mas também *não a proíbe*.

65. A hipótese ora ventilada obteve no entanto consagração no texto "constitucional" da UE, o Tratado de Maastricht. A propósito, L. Gormley e J. de Haan, ob. cit. *supra*, nota 12, observam que o Banco Central Europeu, porque o seu mandato está consagrado no Tratado CE e este só por unanimidade pode ser alterado, não terá de contar a longo prazo com uma eventual alteração provinda do poder legislativo, ao invés do *Bundesbank*, que, por não ter a mesma segurança (já que as suas atribuições resultam dos estatutos, não da Constituição), tenderá a adequar a sua atuação aos desejos dos titulares do poder democraticamente eleitos; notam ainda que as "regras do jogo" – ou seja, os objetivos da política monetária – deveriam ser ditadas pelos normais processos democráticos e que o "jogo" – isto é, a política monetária – é que devia ser delegado no BCE.

66. V. autor e loc. cits. na anterior nota 9 e Dimitris Triantafyllou, "L'indépendance de la *Deutsche Bundesbank*", *Revue Française de Finances Publiques*, 1989, p. 127.

É certo que o Direito e a realidade da Alemanha apresentam as suas peculiaridades. As primeiras correntes mencionadas apelam explicitamente, aliás, quer à opinião pública muito aferrada à idéia de um banco central "independente", quer à experiência histórica dos anos 20 e do imediato pós-guerra, a partir da qual se formou essa opinião que na doutrina e na jurisprudência é mesmo apelidada "imagem pré-constitucional". Mas, como ficou dito, se se discute a pertinência do regime de autonomia do banco central à Constituição formal, não é discutido que ele faz parte integrante da Constituição material. Por outra parte, não parece merecer reparo na Alemanha a circunstância de o legislador colocar o *Bundesbank* ao mesmo nível do Governo, explicitando igualmente que os órgãos do banco central têm dignidade (*Stellung*) idêntica à das autoridades federais supremas (Presidente, Chanceler, Ministros federais, Tribunais supremos e Tribunal de Contas) (§ 29º dos Estatutos do *Deutsche Bundesbank*).

Não será porventura de ir tão longe em sistemas jurídicos como o português, por exemplo, próprios de sociedades sem a vivência histórica alemã, ou sem a necessidade de a exorcizar. Convém, todavia, não perder de vista que os bancos centrais, hoje em dia, não podem limitar-se à função de meros executores da política monetária, sendo antes instituídos como *responsáveis* pela estabilidade monetária – se não, mesmo, *participantes* na definição da política monetária –, missão que, *naturalmente*, só podem desempenhar de maneira cabal se lhes for assegurada autonomia (que não preclude, antes supõe, a sua atuação nem quadro de interdependência, como ficou assinalado). Retomaremos este ponto, seguidamente, no contexto do direito constitucional português.

A segunda objeção aventada mais acima respeita à invasão da esfera *soberana* de competência do Governo se se reconhecer a um órgão (que não é de soberania) partilhar dessa competência, sem no entanto depender do mesmo Governo. Figura-se mais prático analisar o argumento à luz do direito constitucional positivo, já que nele encontramos elementos bastantes para uma tomada de posição.

Não sofre qualquer dúvida que, nos termos da Constituição, o Governo é o "órgão de condução da política geral" do país (art. 185º), competindo ao Conselho de Ministros "definir as linhas gerais da política governamental, bem como as da sua execução" (art. 203º-1-*a*). O princípio é, pois, o da exclusiva competência do Governo para dirigir[67] a política econômica (parte da política geral) e, dentro dela, a política monetária.

Simplesmente, a própria Lei Fundamental admite que os órgãos de soberania *deleguem os seus poderes* noutros órgãos (não de soberania, há de entender-se) (art. 114º-2). Só excepcionalmente, no entanto, o admite, como não poderia deixar de ser, uma vez que cinge a delegação aos "casos expressamente previstos na Constituição e na lei".

Exatamente, é isso o que sucede com o nosso Banco Central. Com efeito, o art. 105º da CF aponta claramente como primeira função desse órgão *colaborar na definição* e execução das políticas monetária e financeira – o que logo evidencia um grau de co-responsabilidade do Governo (nos sobreditos termos gerais) e do Banco de Portugal (na sua qualidade de "banco central nacional") respeitante à política monetária.

Em segundo lugar, é de notar que o texto constitucional não esclarece como é que o Banco Central colabora na definição da política monetária, e muito menos indica a sua atribuição principal, a estabilidade dos

67. Não dizemos *definir* – já que outros órgãos de soberania (Presidente da República e Parlamento) participam na definição da política geral –, mas *dirigir*, neste caso como sinônimo de *conduzir* (cf. *supra*, nota 31).

preços ou outra qualquer. Ao invés, a Constituição incumbe explicitamente o legislador ordinário dessa tarefa, pois refere que as funções do Banco de Portugal de colaborar na definição das referidas políticas e emitir moeda serão exercidas "nos termos da lei".

De modo que é o próprio art. 105º que, em perfeita conformidade com o já citado art. 114º-2, não somente *delega* no Banco Central certos poderes do órgão de soberania Governo, mas também remete para lei ordinária a definição dos *termos em que* a delegação de poderes haverá de ser entendida. Ao legislador ordinário compete legitimamente, portanto, a definição das atribuições do Banco Central, por um lado, e do modo (autônomo ou não) do seu exercício, por outro lado.

6 de agosto de 1996

DOUTRINA

O PRESSUPOSTO LÓGICO DO ATO ADMINISTRATIVO

JOSÉ ROBERTO PIMENTA OLIVEIRA
Pós-Graduando da Pontifícia Universidade Católica de São Paulo

1. Introdução. 2. Ato administrativo. 3. Elementos e pressupostos do ato. 4. O estudo da causa do ato administrativo: 4.1 Inadequação das teorias causalistas fundadas em construções jusprivatistas – 4.2 Teorias causalistas elaboradas na seara juspublicista: 4.2.1 A causa vista como pressuposto objetivo – 4.2.2 A causa enquanto pressuposto lógico – 4.2.3 A causa definida como requisito finalístico – 4.2.4 A causa relacionada ao móvel do agente. 5. O pressuposto lógico do ato administrativo: 5.1 Crítica à ambigüidade da expressão "causa" na linguagem jurídico-administrativa – 5.2 Uma definição para o requisito lógico do ato administrativo – 5.3 O requisito lógico e a noção de competência material – 5.4 A formalização do requisito lógico a partir da motivação do ato – 5.5 Vinculação e discricionariedade quanto ao requisito lógico do ato administrativo – 5.6 A causalidade como corolário do mecanismo racional do Estado de Direito. 6. Conclusões. Bibliografia.

1. Introdução

O ato administrativo é uma criação do Estado de Direito, nasce com a idéia de superioridade da lei e da divisão das funções estatais, representando, sem dúvida, o principal veículo jurídico do exercício concreto da função cuja titularidade cabe à Administração Pública. Para adscrevê-lo a seus exatos contornos jurídicos, na busca de novas formas de contenção dessa manifestação do poder de império estatal, o seu tratamento teórico é incessantemente renovado.

Percebendo a utilidade de decompor esta categoria jurídica – o ato administrativo – em seus elementos estruturais e seus diversos pressupostos, no tratamento dos vícios que podem macular sua idoneidade jurídica, a doutrina administrativa, estrangeira e nacional, tem elaborado os mais diversos modelos de análise para tratar dessa realidade jurídica, adotando conceitos com delimitações diferenciadas e dissecando-lhes a intimidade por meio de uma terminologia pouco uniforme.

No seio dessa produção científica singular, merece destaque a controvérsia doutrinária acerca da chamada "causa do ato administrativo", debate cuja origem remonta, sobretudo, à elaboração jurisprudencial francesa da década de 20. A sua identificação e o seu tratamento teórico, como "pressuposto lógico" do ato – assim denominado pelo mestre Celso Antônio Bandeira de Mello[1] –, serão o objeto de cogitação deste ensaio.

1. *Curso de Direito Administrativo*, p. 233.

Tentar-se-á visualizar a causa no conjunto dos demais pressupostos e elementos do ato, mediante a incorporação crítica das principais contribuições já expendidas sobre o tema, de modo a encarecer, como se verá ao longo do trabalho, o relevante potencial jurídico de que desfruta como instrumento de garantia da cidadania, a ponto de já ter sido considerada um dos grandes progressos da ciência do direito administrativo.

2. O ato administrativo

No exercício da função administrativa, o Estado desenvolve uma atividade bastante heterogênea, necessária para o atendimento das múltiplas finalidades que lhe são outorgadas pelo ordenamento jurídico. Desincumbindo-se de seus deveres, a atuação administrativa engendra a produção não só de atos jurídicos, mas também de fatos jurídicos. Os primeiros, prescrições jurídicas, ou seja, dicções, normas, comandos prescritivos; os últimos, eventos, ocorrências empíricas, acontecimentos fáticos, regulados pelo Direito, que lhes dita os respectivos efeitos.

Dessa totalidade de atuações que implicam alterações no mundo do Direito importa separar aquilo que constituirá a parcela sobre a qual versará o presente discurso, qual seja, a categoria "ato administrativo". Sem esta delimitação do objeto de pensamento não há possibilidade de se tentar estruturar um discurso científico.

O conceito jurídico é um ponto de aglutinação de efeitos jurídicos, isto é, resulta da eleição de certas notas do objeto a definir, tendo em conta os dados oferecidos no direito positivo. O critério de eleição das propriedades que, agrupando-se, formam a definição varia segundo a finalidade desejada por quem a propõe. Esse processo seletivo não representa senão uma classificação da realidade em exame: todo conceito resulta, pois, de uma classificação.

Ao nosso parecer, na busca da definição do conceito de ato administrativo deve-se voltar a atenção para a principal espécie de ato jurídico utilizado no cumprimento da função administrativa, considerando o regime jurídico-administrativo.

Consoante preleciona o eminente Renato Alessi,[2] o provimento administrativo, em face da heterogeneidade da atividade administrativa, deve sinalizar o mais significativo conjunto de atos praticados pela Administração, refletindo, pois, aquele que responde fundamentalmente, de um lado, à sua posição normal (posição jurídica soberana, donde o emprego do poder de império do Estado) e, por outro, à sua função de satisfazer interesses públicos concretos confiados à sua guarda. A razão – salienta Alessi – é destacar uma categoria homogênea de atos a que se pode aplicar o maior número possível de princípios, em torno da qual será sedimentada a teoria central dos atos administrativos.

Com tais considerações, ato administrativo pode ser definido como *a declaração jurídica unilateral, produzida pelo Estado, ou por quem lhe faça as vezes, em cumprimento de lei, em virtude da qual se cria uma relação jurídica em que se atua, no exercício de poder público, com parcialidade na busca da satisfação de interesse público concreto, produtora – ou passível de produção – de efeitos diretos e imediatos na esfera jurídica dos administrados, sujeita a controle jurisdicional.*

O ato é uma declaração jurídica, logo produtora de efeitos no mundo do Direito, englobando não apenas a criação, modificação, extinção, mas também a simples certificação, comprovação ou verificação de situações jurídicas. Como adverte Agustín Gordillo, a palavra "declaração" é adequada, no sentido "de exteriorização do pensamento, de extrinsecação de um processo intelectual, compreendendo tanto o caso de volição (vontade dirigida a um

2. *Principi di Diritto Amministrativo*, p. 274.

fim), como o de cognição e opinião ou juízo".[3] Assim, o ato administrativo apresenta-se na forma de enunciados cuja significação, para o Direito, assume a qualidade de prescrição concreta, podendo ter caráter individual ou geral.

A unilateralidade é característica do ato administrativo. A Administração está investida do "poder extroverso", pois, no exercício do poder soberano do Estado, a cargo dos órgãos administrativos, através do ato pode-se produzir, de forma unilateral, modificações na esfera jurídica de terceiros.

A declaração é produzida no exercício de poder público, atuando o Estado, ou quem lhe faça as vezes, com prerrogativas próprias, fundadas na sua supremacia geral atribuída pelo ordenamento, tendo em vista a superioridade do interesse público em face dos interesses particulares. O ato sujeita-se à disciplina do direito público, como as demais manifestações estatais no cumprimento de seus misteres. A diferença está em que se encarta no exercício de uma específica função: a função administrativa, submissa a regime juspublicístico próprio.

A declaração jurídica deve encontrar seu fundamento de validade em lei. Sem lei que a autorize, não se cogita da produção de ato administrativo. Consoante a lição magistral de Stassinopoulos, "nos quadros do Estado de Direito, a Administração não só está impossibilitada de agir *contra legem* ou *praeter legem*, mas só pode atuar *secundam legem*".[4] O ato administrativo deve a mais completa obediência ao cânone da legalidade.

A declaração emana da Administração enquanto parte da relação a que o ato se refere, na consecução de interesses públicos concretos. O ato se insere no quadro de uma relação jurídica em que a Administração ocupa um dos pólos, em posição de superioridade, necessária ao cumprimento da função pública que exercita em prol dos interesses da coletividade. Disso resulta ser a concreção, e não a abstração, outra qualidade ínsita da voz "ato administrativo".

A nota característica do ato administrativo é a produção de efeitos jurídicos em relação aos administrados, ou, pelo menos, a possibilidade jurídica de produzi-los. Se se pretende identificar a principal categoria dos atos da Administração, em vista de examinar-lhe a compostura interna, de modo a robustecer o instrumental serviente à garantia dos direitos dos cidadãos, o qualificativo ora em comento atribui ao conceito uma adequada operatividade. Gordillo, por conta da pragmaticidade de sua teoria, enfatizou este aspecto – produção de efeitos jurídicos diretos e imediatos – como traço típico do ato.[5]

A declaração jurídica submete-se à apreciação do controle jurisdicional, no tocante à sua legitimidade. O ato administrativo pode ser revisto, a qualquer momento, pelo órgão competente para emitir decisões definitivas perante o Direito. Em nosso sistema, nos termos do art. 5º, XXXV, da CF, se nem a lei pode excluir da apreciação do Poder Judiciário lesão ou ameaça de direito, tampouco goza dessa força jurídica o ato administrativo, sendo plenamente contrastável pelos órgãos jurisdicionais.

A definição proposta revela um conceito restrito de ato administrativo, operacional para a análise a ser desenvolvida, mormente por permitir a exclusão do seu campo semântico de vários atos da Administração que cumpre não qualificar de atos administrativos, por apresentarem regimes jurídicos específicos, o que justifica, ao nosso entender, seu tratamento em separado.

Por conseguinte, os regulamentos administrativos, os atos políticos, os atos internos e os atos regidos pelo direito priva-

3. *Tratado de Derecho Administrativo*, t. III, "El Acto Administrativo", Cap. III, p. III-17.

4. *Traité des Actes Administratifs*, p. 69.

5. Ob. cit., p. II-24.

do não são considerados, para os fins propostos, como atos administrativos.

No direito positivo brasileiro os regulamentos só encontram justificativa para o cumprimento fiel das leis, constituindo atos privativos do chefe do Poder Executivo (art. 84, IV, da CF/88). Não pode o ato regulamentar criar direito ou obrigação que não estejam já predeterminados em comandos legais. A natureza normativa do ato regulamentar – constitui ato geral e abstrato – imprime-lhe especificidades jurídicas, que o destoam da categoria do ato administrativo concreto.

André Gonçalves Pereira bem observou a mediatividade do regulamento em oposição à imediatividade do ato administrativo: "o que constitui direitos para o administrado é o acto administrativo e não o regulamento. Este pode ser condição necessária, mas não é condição suficiente".[6]

Ao editar um regulamento, embora a Administração atue de modo unilateral, não há criação de uma relação jurídica concreta, mas produção de normas a disciplinarem certas relações, atuando, portanto, a autoridade administrativa não como parte, mas acima e à margem das mesmas, intervindo, mediatamente, na situação jurídica do administrado.

Afastam-se, também, do conceito proposto os chamados atos políticos ou de governo praticados pela Administração, pois estão submetidos diretamente às normas constitucionais, ao passo que o ato administrativo, como foi assinalado, tem natureza infralegal, podendo recolher seu fundamento de validade da Constituição apenas nos casos de competência vinculada, diferentemente dos atos políticos, que são exercício de faculdades amplamente discricionárias, atribuídas pela Magna Carta.

Os chamados "atos internos" da Administração, por não constituírem exercício de poder externo, direto e imediato, em relação aos particulares, não devem ser catalogados como atos administrativos. Tais atos exaurem sua força jurídica na intimidade da Administração, integrando os procedimentos administrativos necessários à emanação de atos cuja repercussão atingirá a esfera jurídica dos particulares.

Da mesma forma, não serão rotulados atos administrativos os atos da Administração regulados pelo direito privado, muito embora as condições de emanação, de sua válida produção, sejam determinadas pelo direito administrativo. Ocorre que o conteúdo e os efeitos dos referidos atos (*v.g.*, doação, locação) obedecem às normas jusprivatistas.

3. *Elementos e pressupostos do ato*

Com efeito, antes da análise de qualquer tema jurídico, é imprescindível esclarecer a terminologia a ser utilizada. Esse dever torna-se mais importante quando se investiga a estrutura do ato administrativo, porquanto é infinita a diversidade de nomenclatura adotada pelos administrativistas. Ao dissecá-la, os autores, não raro, utilizam palavras diferentes para individualizar conceitualmente a mesma realidade. Não há consenso nem mesmo quanto à enumeração, havendo aqueles que elegem modelos mais sintéticos, e outros que adotam posturas mais analíticas. Isso prejudica o discurso científico, que deve tender à univocidade.

Ao nosso parecer, se a finalidade prática do estudo dos elementos e pressupostos do ato administrativo é abordar, ao máximo, os aspectos relevantes para a sua válida produção, e, por conseguinte, identificar os possíveis vícios que lhe afetem a legitimidade perante a ordem jurídica, deve-se partir de uma postura metodológica analítica, pois favorece o seu estudo, sem perder a consciência de que se analisam partes inter-relacionadas na realidade, as quais são separadas, mediante o processo de

6. *Erro e Ilegalidade do Ato Administrativo*, p. 82.

abstração, tão-somente para fins de investigação científica.

Para compreender a estrutura do ato administrativo, seus elementos e pressupostos, nos valeremos da lição de Celso Antônio Bandeira de Mello.[7] Consoante o ilustre administrativista pátrio, são elementos do ato apenas o conteúdo e a forma. Como requisitos de existência elenca o objeto e a pertinência à função administrativa. Como requisitos de validade descortina cinco classes de pressupostos: subjetivo (sujeito); objetivo (motivo e requisitos procedimentais); teleológico (finalidade); formalístico (formalização); e lógico (causa).

Ao se falar em "elementos" do ato faz-se referência às partes constituintes do seu ser; logo, intrinsecamente existentes na própria declaração jurídica que representa o ato. De fato, enquanto prescrição jurídica, o ato é composto de conteúdo e forma. O ato introduz no mundo jurídico um comando individualizado, visualizável por meio de um determinado instrumento. O comando – ou aquilo que o ato pronuncia – é o conteúdo, enquanto o veículo que o expressa, o canal que lhe dá conhecimento exterior, é a forma. O conteúdo precisa exteriorizar-se para que o Direito, enquanto regulação de condutas intersubjetivas, possa incidir. Sem conteúdo, sem forma, dissipa-se a existência do ato, enquanto espécie mesma de ato jurídico.

Cumpre, desde logo, afastar qualquer sinonímia entre o conteúdo e o objeto do ato. Este pronuncia um comando sobre algo. De um lado, enunciação jurídica (conteúdo); de outro lado, realidade sobre a qual incide a prescrição (objeto). O objeto é aquilo sobre que o ato dispõe. Logo, o objeto não integra o conteúdo, não sendo elemento do ato administrativo.

Todavia, pode ocorrer que materialmente haja uma declaração jurídica do Estado, logo com conteúdo e forma, mas desconsiderada, perante o Direito, como ato administrativo. Eis a razão de ser dos pressupostos de existência do ato. Por um lado, objeto material e juridicamente possível. Ato cuja prescrição projeta-se sobre objeto diverso inexiste para o Direito. Por outro, adscrição à função administrativa, da qual o ato é realização concreta.

Além de requisitos que afetam a sua existência, a ordem jurídica estipula outros pressupostos necessários à sua validade. Descumpridas as condições legais, pode haver ato administrativo, mas inválido, porque não mantém com o direito positivo a relação de pertinencialidade, de conformidade, estabelecida para sua produção.

O pressuposto subjetivo diz respeito ao sujeito do qual emana a declaração. Afeta, por conseguinte, a capacidade da pessoa jurídica, as atribuições do órgão, a competência do agente e existência ou não de impedimentos para o seu exercício no caso concreto.

Os pressupostos objetivos relacionam-se com o motivo e os requisitos procedimentais estabelecidos para a emanação do ato. Motivo designa as circunstâncias do mundo real que desencadeiam a prescrição administrativa, podendo estar previstas ou não, de forma específica, na lei. Por um lado, motivo não se identifica com o móvel: o primeiro, situação objetiva e externa ao agente; o segundo, determinação subjetiva e interna ao agente (intenção). Por outro lado, difere também da motivação, que constitui a enunciação dos motivos, a indicação da regra incidente no caso, bem como a explicitação do vínculo lógico de pertinência entre os motivos e o conteúdo do ato praticado. Outro pressuposto objetivo são os requisitos procedimentais, previstos legalmente para emanação do ato administrativo.

Falar em móvel do agente é tratar da vontade e o seu papel no ato administrativo. A vontade é uma realidade psíquica que ganha relevo nos casos dos atos prati-

7. Ob. cit., p. 220.

cados no exercício de competência discricionária, pois demandam apreciação subjetiva do agente administrativo. Nos atos vinculados, como não há espaço para subjetivismo, a vontade carece de importância.

O pressuposto teleológico do ato reside na sua finalidade, estabelecida pela lei que confere a competência para sua emanação, em razão da qual o ato administrativo adquire tipicidade. Todo ato administrativo tem uma identidade categorial, consistente em sua subordinação ao fim consagrado para o mesmo no ordenamento positivo. A competência, enquanto dever de atuação administrativa em face de determinados pressupostos de fato, só se justifica quando cumpre esse imperativo teleológico. O ato só pode buscar a finalidade que a lei lhe atribui. É a inobservância desse dever, quer voluntária, quer involuntária, quer por alegação de satisfação do interesse público, quer por razões de favorecimento pessoal do agente, que dará origem ao desvio de poder, vício que macula a finalidade do ato descompassado, objetivamente, com a finalidade legal.

O pressuposto formalístico consiste na exteriorização específica exigida por lei para a produção do ato. Em regra, a lei impõe um forma escrita, mas há prescrições emitidas por via oral e, mesmo, por meio de sinais.

Por fim, cumpre esclarecer o requisito lógico do ato administrativo, que, de acordo com Celso Antônio Bandeira de Mello, consiste na relação de pertinência lógica entre o motivo do ato e o seu conteúdo, em vista da finalidade tipológica do ato. Apenas quando entre a situação fática existente como fundamento do ato e a sua prescrição jurídica existir uma conexão racional, tendo por critério a finalidade da competência, o ato adquire validade perante o Direito.

Antes de aprofundar o estudo da "causa" do ato administrativo, sob o ponto de vista lógico – ao nosso parecer, o norte mais adequado para a intelecção da realidade que ela procura explicar –, vamos, a passos largos, verificar como a matéria tem sido tratada pela doutrina administrativa.

4. O estudo da causa no ato administrativo

Na análise da causa encontramos a doutrina administrativista bastante dividida. Há adeptos da noção difundida no direito privado e aqueles que retiram seu instrumental conceitual do direito público. Nesta última corrente ainda se vislumbram os que adotam a tese subjetivista (causa como móvel do agente) e os defensores da tese objetivista, a predominante nesse panorama (causa como pressuposto objetivo, teleológico e lógico).

4.1 Inadequação das teorias causalistas fundadas em construções jusprivatistas

É comum no âmbito do direito privado a distinção entre a "causa jurídica" (ou causa-função) e "causa natural" (ou motivos) na teoria do negócio jurídico. A primeira leva em conta que o particular obriga-se em vista de um fim que espera obter com o ato ou negócio celebrado, constituindo aquele a causa jurídica da obrigação. Já a causa natural, ocasional, impulsiva ou motivo constitui o propósito pessoal, variável, que conduz cada particular a obrigar-se. Referida distinção é o ponto de partida de vários administrativistas para explicar a causa do ato administrativo, dentre os quais incluem-se Zanobini, Ranelletti, Forti e Fragola.[8]

Guido Zanobini[9] define a causa como "o motivo prático da vontade, o escopo a que esta se propõe dando vida ao ato jurídico". Diferencia o autor causa jurídica ou imediata, o escopo para o qual se volta o

8. *Apud* Pereira, ob. cit., p. 114.
9. *Corso di Diritto Amministrativo*, p. 250.

ato de uma determinada categoria, ao passo que a causa remota ou motivo se vincula ao fim particular que o agente se propõe ao emanar um determinado provimento, tendo caráter subjetivo, variando em atos da mesma categoria.

A causa jurídica no ato de concessão reside – segundo Zanobini – no efeito de produzir um direito novo para o concessionário; já o motivo, como é variável, pode consistir na dificuldade de prestar diretamente o serviço, ou no desenvolvimento de técnicas mais adequadas à prestação, por parte dos particulares.

Entretanto, percebe o mestre italiano que, em relação à teoria do direito privado, a causa remota ou motivo não recebe o mesmo tratamento, pois no direito público os motivos ganham relevância, já que devem corresponder ao interesse geral e a certo fim público específico, a que cada provimento administrativo deve acudir.

Forti, distinguindo os motivos últimos (causa jurídica ou imediata) e os motivos remotos (causa natural ou mediata), insere-se nesta corrente, a definir a causa como "o motivo último, quer dizer, aquele que imediatamente precede o ato volitivo e lhe dá a qualificação jurídica", sendo "o fim do negócio".[10] À diferença de Zanobini, Forti só concebe a causa nos atos administrativos negociais.

Não é possível explicar a realidade submetida ao direito público a partir de construções cujos alicerces repousem em elementos de direito privado. São campos, não raramente, antitéticos. A causa no direito civil gira em torno da autonomia da vontade, só tem utilidade na medida em que instrumentaliza o exercício do direito de liberdade dos indivíduos dentro do campo da licitude material. A teoria da causa no direito administrativo verte-se sobre realidade distinta, a relação de administração em que o cumprimento de uma finalidade pública cogente, atribuída por lei como dever dos agentes públicos, é o dado fundamental que norteia qualquer manifestação estatal.

Na seara privada a teoria foi elaborada em vista dos negócios jurídicos bilaterais (os contratos em geral), para apontar a intenção dirigida no sentido de realizar a conseqüência jurídica do negócio, denotando a causa um fim garantido pelo Direito. Não há como cumprir a mesma função em relação ao ato administrativo, caracteristicamente unilateral, produtor de efeitos jurídicos independentes da vontade do agente público, em que se exercitam prerrogativas estatais no cumprimento do dever de satisfazer finalidades de interesse da coletividade.

4.2 Teorias causalistas elaboradas na seara juspublicista

4.2.1 A causa vista como pressuposto objetivo

Eis o significado que historicamente persegue a doutrina francesa, na sua tentativa de explicar a noção introduzida pelo Conselho de Estado francês, em três decisões prolatadas na década de 20: os casos *Trépont* (1922), *Blanchard* (1923) e *Lefranc* (1926).

Tratava-se de examinar a legitimidade de atos administrativos emanados sem observância do pressuposto fático que condicionava a sua válida produção.[11] Para apreciar e obstar ao exercício arbitrário da atuação administrativa, o Tribunal, através da nova noção, passa a considerar o erro

10. *Apud* Fernando Garrido Falla, *Tratado de Derecho Administraivo*, v. I, p. 431.

11. A anulação teve por objeto: ato de exoneração voluntária expedido sem o devido pedido do funcionário (*arrêt Trépont*); ato de transferência de funções determinado sem o competente requerimento do agente administrativo (*arrêt Blanchard*); ato de licença por supressão de emprego, comprovada posterior investidura de outro funcionário no cargo (*arrêt Lebranc*) (*apud* Garrido Falla, ob. cit., p. 432).

de fato como erro de direito, incorporando aquele no quadro da ilegalidade. Não era de conveniência e oportunidade a constatação da realidade: ocorrem ou não ocorrem as circunstancias fáticas que servem de fundamento ao agir administrativo. Desse modo, comprovada a "causa jurídica inexistente", exercia-se sobre o ato administrativo uma nova forma de controle.

Como de costume, a doutrina francesa propõe-se a explicitar a base teórica da técnica jurisprudencial, e Hauriou[12] oferece a primeira sistematização. Cumpre recordar que o mestre francês distingue o campo da legalidade do campo da moralidade administrativa. Neste tomava corpo o princípio do excesso de poder, que funcionava como "polícia da Magistratura e da Administração", ao passo que o princípio da legalidade era visto como a "polícia do sistema jurídico".

A princípio Hauriou observa no vício de erro de fato uma nova abertura que legitima o recurso de excesso de poder (ao lado da incompetência *ratione materiae* e do desvio de poder), pois o uso do poder administrativo supõe um mínimo de consciência e de diligência profissional, cuja inobservância afeta o conjunto de máximas profissionais ou diretivas destacadas no seio da instituição administrativa. Todavia, observando evolução jurisprudencial, Hauriou admite que o erro de fato possa constituir uma violação do princípio da legalidade, explicada através da teoria da causa categórica: a lei pode ser violada indiretamente, quando inexistente o fato previsto como causa jurídica necessária para sua a aplicação.

Consoante seu magistério, a causa jurídica de um ato administrativo é o fato determinante que classifica este ato numa categoria legal. Por um lado, a causa é constituída por um fato; por outro lado, tem como conseqüência vincular o ato a urna categoria jurídica (*v.g.*, na categoria da licença por supressão de emprego, a supressão é a causa jurídica da licença). Por ser fato, tem natureza objetiva, e não subjetiva, já que não se atrela ao móvel do agente. Com caráter determinante, impõe para atos de uma mesma categoria a constatação de uma mesma causa.

Inspirado no pensamento objetivista de Hauriou, Georges Vedel definirá a causa como "a situação objetiva de fato ou de direito que está na base desse ato. Quando é prevista e definida pela lei, o costume ou a jurisprudência, tem por efeito determinar quer o ato na sua totalidade, quer a categoria jurídica desse ato".[13]

Para compreender as duas definições precisa-se verificar qual o papel assinalado às categorias jurídicas, o seu significado. Segundo Vedel, representam um processo de unificação e de previsão no mundo jurídico, através do qual se reúnem sob um vocábulo fenômenos jurídicos que recebem tratamento comum. Nesse sentido – preleciona Vedel –, os poderes administrativos são categorizados, quer em relação aos seus titulares, quer em relação aos fins que devem perseguir, fins pelos quais o interesse público aparece particularizado e concretizado. Fica claro, com esses caracteres, que a categoria resulta de um processo de classificação, de enquadramento da ação administrativa, em respeito aos fins assinalados à sua guarda e implementação pelo sistema jurídico.

Vedel resume o quadro de relações entre as categorias e a causa da seguinte maneira: (i) há casos em que as situações fáticas determinam os atos em sua totalidade, e não somente a sua categoria; (ii) em geral, a existência de uma situação objetiva como causa de um ato determina a categoria deste ato, mas esta pode ser mais ou menos vasta, mais ou menos precisa; (iii)

12. *Apud* Georges Vedel, *Essai sur la Notion de Cause en Droit Administratif Français*, p. 346.

13. Ob. cit., p. 361.

há casos em que o Direito não predetermina a situação de fato que servirá de causa dos atos. Isso não retira a necessidade de uma causa real, apenas remete a escolha ao agente, dificultando seu controle. Em tais hipóteses, a técnica do desvio de poder é mais indicada para o controle da atuação administrativa. Se houver indicação do motivo por parte do agente, a técnica da causa retoma sua relevância.[14]

Percebe-se que o requisito causal revela, sobretudo, o motivo do ato administrativo, ao passo que a categoria jurídica denota a previsão legal de sua finalidade, imprimindo-lhe a tipicidade.

Notou Vedel que se faz necessário tratar diferentemente as hipóteses na medida em que haja maior ou menor grau de liberdade de apreciação da Administração em face das realidades que ensejam sua ação. Sendo a atividade plenamente vinculada, o motivo sinaliza à Administração não só a direção que deve seguir, mas o melhor caminho para atingi-la, pois ambos estão preestabelecidos de antemão pelo ordenamento jurídico.

Todavia, a existência da discricionariedade impõe outras situações: mesmo estipulado o norte (a categoria do ato), pode ocorrer que haja liberdade de eleição quanto ao conteúdo, quanto à via a ser tomada. Como também pode ocorrer que a lei não preestabeleça, de modo específico, o motivo em face do qual a Administração deva mobilizar suas prerrogativas, quando a observância da identidade categorial do ato dependerá do motivo eleito pelo administrador.

Hauriou e Vedel notaram a intrínseca relação entre o pressuposto objetivo e o pressuposto teleológico que, dentre outras, o ato administrativo aloja em sua compostura. Com efeito, no Estado de Direito, a persecução, por parte dos órgãos administrativos, de certa finalidade pública – e conseqüente manuseio de suas prerrogativas próprias – somente é justificável se e na medida em que no mundo empírico se configure a condição necessária à intervenção administrativa concreta, prevista abstratamente em lei como legítima para validar a tipologia do provimento adotado.

Vários administrativistas seguiram o ensinamento da doutrina francesa clássica, entendendo a causa em função do motivo do ato. Assim, na Argentina, José Roberto Dromi[15] e Juan Carlos Cassagne, sendo que este a define como "as circunstâncias e antecedentes de fato e de direito que justificam a prescrição do ato administrativo".[16] Na Espanha, Fernando Garrido Falla a considera "a circunstância que justifica em cada caso a expedição do ato administrativo".[17] No Brasil segue em idêntica direção Lafayette Pondé, para quem a causa do ato "é a situação de fato, ou de direito, em razão da qual pode o órgão administrativo agir legalmente".[18]

4.2.2 A causa enquanto pressuposto lógico

O sentido objetivista das construções de Hauriou e Vedel continuou predominante na escola francesa, mas o tratamento teórico dado ao requisito causal vai evoluindo, adquirindo na obra de De Soto um novo significado: "a causa é a ligação que une o ato administrativo à situação objetiva de fato ou de direito que está na sua base".[19] Com efeito, aperfeiçoa-se a noção objetiva de causa, "mas sempre ela relaciona com a validade do ato administrativo uma situação do mundo real externa ao próprio acto".[20]

14. Ob. cit., pp. 359 e 360.

15. *Derecho Administrativo*, t. I, p. 186.

16. *Derecho Administrativo*, t. II, p. 125.

17. Ob. cit., v. I, p. 433.

18. "A vontade privada na formação ou na eficácia do ato administrativo", *RDA* 63/22.

19. *Contribution à la Théorie des Nullités des Actes Administratifs Unilatéraux*, Paris, 1941, p. 180, *apud* Pereira, ob. cit., p. 118.

20. Pereira, ob. cit., p. 118.

Esse novo significado será adotado por André Gonçalves Pereira, eminente administrativista português, para quem a causa é uma relação de adequação entre os pressupostos do ato e o seu objeto,[21] um dos elementos essenciais do ato administrativo, ao lado da competência, forma e objeto.

Segundo o autor, não há atuação administrativa desvinculada de situação de fato ou de direito que está necessariamente em sua base. Da apreciação desses pressupostos decorre o conteúdo (objeto mediato) do ato. Ambos, pressupostos e conteúdo, podem ser previstos em lei (vinculação) ou deixados à escolha do agente (discrição).

A utilidade da causa revela-se na anulação do ato por erro de fato quando há discricionariedade na eleição dos pressupostos. Nesse caso, não se poderia alegar violação da lei, dada a inexistência de pressuposto legal. Mesmo ciente de que, para a decretação de vício, a relevância da causa depende da constatação ou não dos pressupostos, o autor utiliza a causa por razões lógicas e terminológicas.

Logicamente, o pressuposto é exterior ao ato. Elemento do ato não é o pressuposto em si, mas – segundo o autor português – a sua relação com o objeto, ou seja, a causa. Anula-se o ato por falta de adequação do objeto à realidade exterior, e não simplesmente por não verificação do pressuposto. Terminologicamente, o termo "causa" responde ao porquê da prática do ato administrativo.

Para Pereira a causa é típica no ato vinculado, pois a adequação já está normativamente instituída, e atípica nos discricionários, pois a norma sempre exige a causa, mas nem sempre determina o seu conteúdo concreto, que pode ser precisado pelo agente.

Desde logo, cumpre atentar a que a relação entre o motivo e o conteúdo do ato, entrevista por Pereira, não é elemento do ato, mas pressuposto de sua válida produção, ou seja, permanece exterior à intimidade do ser "ato administrativo", constituída estruturalmente somente pela forma e conteúdo. Além disso, falar em adequação pressupõe um critério de avaliação, não identificado pelo autor. Como se trata de um conceito jurídico, somente no direito positivo podemos colher tal critério.

Celso Antônio Bandeira de Mello, seguindo a doutrina de Pereira, define a causa como a correlação lógica entre o pressuposto (motivo) e o conteúdo do ato em função da finalidade tipológica do ato.[22] Com efeito, para se avaliar o nexo de pertinência lógica estabelecido entre as duas realidades indicadas torna-se imperativo ater-se à finalidade da competência utilizada em concreto.

Dever de atendimento do fim legal por meio de um conteúdo que, em intenção e extensão, seja racionalmente adequado ao correspondente pressuposto fático, eis o mecanismo que legitima o ato administrativo, mormente quando se observa uma margem de discricionariedade em um desses aspectos da competência (finalidade – conteúdo – motivo).

Considerada pelo insigne administrativista pátrio como pressuposto lógico do ato administrativo, a causa, em seu modelo, passa a ser instrumento de aferição da razoabilidade e da proporcionalidade no ato administrativo, através do qual se permite atestar sua conformidade com os princípios gerais do Direito, como, por exemplo, os princípios da lealdade, da boa-fé e da igualdade.[23]

Sem dúvida, assiste razão em considerar a causa como requisito lógico da atuação administrativa concreta, exigindo-lhe na desenvoltura uma racionalidade que é própria do Estado de Direito, mormente no qual vigora plenamente o princípio da le-

21. Ob. cit., pp. 122-124.

22. Ob. cit., p. 233.

23. *Discricionariedade e Controle Jurisdicional*, p. 96.

galidade. No exercício da competência vinculada esse padrão está assegurado pela própria lei, ao não deixar qualquer subjetivismo no ato de aplicação jurídica. Através da noção de causa resta inconteste que a lei não abdicou desse intento também nos atos de competência discricionária, mas apenas que nessas hipóteses transferiu ao administrador – impondo-lhe como dever jurídico – o encargo de sopesar os motivos nos casos concretos para agir, de modo racional, no desempenho de seus misteres.

Aos poucos essa corrente de pensamento vai criando raízes mais profundas no seio de nossa doutrina administrativa. Adotam-na, dentre outros, Lucia Valle Figueiredo,[24] Régis Fernandes de Oliveira[25] e Luciano Ferreira Leite.[26]

Bartolomé A. Fiorini[27] desenvolve uma doutrina cujas conclusões revestem-se de grande importância pela similitude de significado atribuído à causa do ato administrativo. Para o mestre argentino, a causa, do ponto de vista lógico-jurídico, se manifesta como antecedentes que podem ser fatos, condutas ou disposições normativas, dos quais se deduzirá, a seu turno, o conseqüente jurídico.

Mas salienta que a causa jurídica é teleológica, pois tem estabelecido um fim, um objetivo previamente determinado: a causa "responde ao 'por quê', e o segundo (o fim) ao 'para quê' do ato. O 'por quê', no direito administrativo, tem sempre necessária vinculação com o 'para quê' finalista. No direito administrativo não se concebe a existência da causa sem um fim".[28]

Segundo o autor argentino não há somente uma causa, mas várias, pois o exercício da função administrativa é urna integração complexa e concorrente de antecedentes para ser justa na aplicação das normas, eficaz e conveniente em vista dos interesses públicos que deve satisfazer o ato conseqüente. Todos são elementos jurídicos que se resolvem em ato justo e eficaz. É da essência da função de um bom administrador saber valorá-los, captá-los e adequá-los com o conseqüente ato administrativo.

Bartolomé A. Fiorini também preleciona que o estudo da causa adquire importância no uso de faculdades discricionárias por parte da Administração. Aponta, então, como corolários dos princípios gerais da legalidade administrativa, quatro princípios dogmáticos que regem a causa:

(i) princípio da normatividade, segundo o qual a causa normativa de qualquer ato administrativo deverá apoiar-se, basicamente, na norma fundamental criadora da juridicidade e em seus princípios essenciais;

(ii) princípio da verdade objetiva dos fatos determinantes, de acordo com o qual a causa do ato deve responder à verdade objetiva, isto é, ao fato material, pelo quê exclui a arbitrariedade;

(iii) princípio da qualificação jurídica, pelo qual não basta a verificação da existência dos fatos, mas sua correta qualificação legal dentro do que sustenta a norma, pelo quê se exclui o erro, o dolo e, novamente, a arbitrariedade;

(iv) princípio da apreciação razoável, pelo qual a apreciação de todos os elementos adquire valor se se aplicam as conseqüências lógicas da razão, de forma proporcional, e em função dos elementos determinantes que devem conter o objeto e o fim de todo ato.

Nesse modelo conceitual, a causa aparece como elemento intrínseco do ato administrativo, ao lado do seu conteúdo, fim particular e instrumentalização (forma exterior), ao passo que são elementos extrínsecos o sujeito, a vontade, a motivação e o fim público.

24. *Curso de Direito Administrativo*, p. 115.
25. *Ato Administrativo*, p. 74.
26. *Discricionariedade Administrativa e Controle Judicial*, p. 30.
27. *Derecho Administrativo*, t. I, pp. 411-414.
28. Fiorini, ob. cit., t. I, p. 412.

Fiorini teve a percepção das distintas realidades com que se depara o cientista no estudo da causa do ato administrativo, demonstrando uma intelecção analítica dos vários aspectos que estão inter-relacionados. Todavia, não atentou tanto para a necessidade de precisão do objeto tratado por meio de uma linguagem rigorosa, o que engendrou certas incorreções em sua abordagem.

Em primeiro lugar, a expressão "elemento intrínseco" é equivoca, pois o adjetivo ostenta redundância. Se é elemento (parte componente de um todo), já está implícito. Em segundo lugar, não há confundir a relação entre os antecedentes do ato e seu conseqüente com os termos relacionais em si, muito menos com as normas que, incidindo sobre a realidade fática, estabelecem o nexo de causalidade jurídica que vincula a ocorrência empírica com a prescrição administrativa, sob a égide do norte sistêmico indissociável dessa concretização, residente na finalidade legal cujo atendimento assinala a pertinência dessa conexão. A causalidade não é norma, não é fato, está na relação juridicizada.

Dos princípios catalogados por Fiorini apenas o da normatividade e o da apreciação razoável dizem respeito à relação causal, de forma direta. O princípio da verdade objetiva dos fatos determinantes e sua qualificação jurídica exerce papel relevante na conformação dos motivos do ato administrativo.

4.2.3 A causa definida como requisito finalístico

Esse significado foi historicamente perseguido pela doutrina italiana, para a qual a causa está relacionada com a finalidade da atuação administrativa. Defendem essa corrente de pensamento, dentre outros, Vitta,[29] Cammeo,[30] Bodda[31] e Miele.[32]

Vitta ensina que "cada categoria de atos administrativos tem sua causa em certo aspecto particular da utilidade pública que o legislador determinou. Assim, o desligamento do funcionário do serviço público pode se dar por razões do serviço, ou por falta disciplinar. No primeiro caso, a causa é a razão do serviço; no segundo, a repressão da falta. Foi Cammeo que formulou o princípio de que todos os atos administrativos, nesse sentido, são categorizados e devem corresponder, por conseguinte, a uma categoria determinada de utilidade pública".[33]

Para analisar a causa, Bodda identifica três elementos essenciais no ato de direito público: o fim para o qual tende a Administração Pública, a sua manifestação voluntária e a intervenção da ordem jurídica assegurando a eficácia jurídica do ato. Nesse contexto, a causa se identifica com o fim concreto que perseguem os órgãos administrativos no exercício de sua atividade. Donde – afirma Bodda – "a causa é o interesse público em vista do qual foi conferido o poder".[34]

Na Itália, Renato Alessi[35] insurgiu-se contra a doutrina da causa-interesse público. Considerando que aquela só diz respeito ao negócio jurídico de direito privado (causa como relação social justificadora da conseqüente transferência patrimonial), afirma que a relação entre o provimento administrativo e o interesse público deve ser explicada pela imposição do requisito substancial consistente na existência, em concreto, do grau de interesse público necessário para o exercício da potestade ad-

29. *Diritto Amministrativo*, v. I, p. 85, *apud* Vedel, ob. cit., p. 236.

30. *Apud* Afonso Rodrigues Queiró, "A teoria do desvio de poder em direito administrativo", *RDA* 7/65.

31. "Oppinioni sulla causa dell'atto amministrativo", in *Scritti Juridici in Onore di Santi-Romano*, v. II, 1940, *apud* Pereira, ob. cit., p. 119.

32. *Principi di Diritto Amministrativo*, v. I, 1953, *apud* Pereira, ob. cit., p. 119.

33. *Apud* Vedel, ob. cit., p. 236.

34. *Apud* Pereira, ob. cit., p. 119.

35. Ob. cit., p. 280.

ministrativa, exigência desconhecida pelo direito privado, que regula apenas formalmente as atividades dos particulares.

Eduardo García de Enterría e Tomás-Ramón Fernández[36] parecem seguir substancialmente o pensamento italiano majoritário, embora, ao tratarem dos elementos objetivos do ato, diferenciem o fim da causa. O primeiro refere-se ao "fim que a norma criadora da potestade assinala a esta como objetivo a perseguir". Com efeito, "ao configurar a potestade, a norma, de maneira explícita ou implícita, lhe atribui um fim específico, que é sempre um fim público".

Sendo imperativo que o ato deve servir a esse fim típico, "à efetividade desse serviço ao fim normativo concreto, por parte do ato administrativo, deve reservar-se o conceito de causa em sentido técnico". Em razão de sua tipicidade, o ato administrativo "se limita a atualizar previsões legais específicas e típicas, as quais trazem em si sua própria causa, cuja efetividade e realidade, por isso, é o que resulta exigivel".[37]

Desse modo, exemplificam os preclaros administrativistas que a finalidade do poder de polícia reside na defesa da ordem pública, enquanto que a causa de um ato policial concreto será sua funcionalidade específica ao atendimento desse fim nas circunstâncias particulares do caso concreto.

É na motivação do ato que aparecem – na lição dos autores espanhóis –, "por um lado, a realidade do pressuposto normativo de fato a que o ato se aplica, e, por ouro, o serviço ao interesse público específico que constitui o fim próprio da potestade administrativa que se exercita, serviço cuja efetividade vem a constituir a causa própria do ato". Por meio da motivação verifica-se, por conseguinte, se existe adequação do ato para o atendimento efetivo do fim público específico que justifica a regra de competência, forma de controle que requer, segundo os renomados autores, o emprego de "um juízo de efetividade, de congruência, de coerência, de proporcionalidade, enfim, de desvio de poder em cada caso".[38]

Enterría e Fernández perceberam, com maestria, a necessidade de haver uma adequação ou congruência efetiva da atuação administrativa em face dos fins próprios do poder que se exercita através do ato administrativo. É o real cumprimento pelo ato concreto da finalidade normativa abstrata que tais autores designam como causa. Com esta visão, percebem nitidamente, muito embora adotando outras canais explicativos, que só da noção de satisfação de interesses públicos já é possível entrever o mecanismo racional pelo qual deve ser exercida a função administrativa, corolário do seu condicionamento jurídico em um verdadeiro Estado de Direito.

No Brasil aceitam a corrente finalista, dentre outros, Themístocles Brandão Cavalcanti, para quem "a causa é a própria finalidade do ato, tomando-se como ponto de referência a *causa* mais remota que é o interesse público".[39] Na Argentina encontramos Rafael Bielsa[40] e Manuel María Diez. Para este último "o agente está especializado para o cumprimento de um fim, que está precisado e definido em sua competência"; a causa é "o fim que persegue o órgão administrativo ao produzir o ato, e que consiste na satisfação do interesse geral no caso particular que o legislador tenha previsto e tutelado".[41]

4.2.4 A causa relacionada ao móvel do agente

Dentre os administrativistas ainda há urna linha de pensamento que, influencia-

36. *Curso de Derecho Aninistrativo*, v. I, pp. 528-533.

37. Ob. cit., v. I, p. 530.

38. Ob. cit., v. I, p. 533.

39. *Teoria dos Atos Administrativos*, p. 73.

40. *Derecho Administrativo*, t. II, pp. 41-47.

41. *Derecho Administrativo*, t. II, pp. 257 e 258.

da na distinção privatística entre causa-função e causa-motivo, preleciona que a causa deve ser inquirida no móvel que impulsionou o agente a produzir o ato administrativo, revelada, por conseguinte, não em realidades externas ao exercente da competência, mas em campo interno, psicológico, na subjetividade do administrador (corrente subjetivista). Tem poucos adeptos, dentre os quais Mortati e Ehrhardt Soares.[42]

Para o mestre italiano "a causa é um elemento relevante não só no ato administrativo, mas também na lei. No ato administrativo, a causa seria a apreciação subjetiva feita pelo titular do poder discricionário da real correspondência entre o próprio ato e o fim a que se destina".

Para o mestre português a causa é "o motivo último, a razão definitiva que leva o agente à prática do ato". Logo, "a problemática da causa deve esgotar-se na descoberta da real intenção do agente e na indagação do apoio que ele quer prestar à realização dum interesse público típico".

Se o ato administrativo é uma declaração cuja intelecção é objetivamente perquirida em face dos elementos e requisitos estabelecidos em lei, pois a produção de seus efeitos não se assenta na vontade do agente, mas na conformidade objetiva mantida com o ordenamento jurídico, resta inconciliável adotar uma postura causalista subjetivista.

Indubitavelmente, o móvel do agente vai ter relevo na causa do ato, mormente se separarmos os praticados no exercício de competência discricionária, que pressupõem uma apreciação subjetiva do titular na concretização da conexão racional que deve existir entre os motivos, conteúdo e fim na edição do ato. Todavia, esse vínculo terá seu valor jurídico aferido na objetiva concordância com o ordenamento jurídico.

5. O pressuposto lógico do ato administrativo

5.1 Critica à ambigüidade da expressão "causa" na linguagem jurídico-administrativa

Como adverte Hospers, as "palavras não são mais que rótulos que sobrepomos às coisas. Qualquer rótulo é conveniente, na medida em que nos colocamos de acordo com o mesmo e o utilizemos de forma conseqüente".[43] Conforme visto no tópico antecedente, a doutrina administrativa não é unânime em conceder à palavra "causa" urn significado inequívoco, mas, ao contrário, acabou por imprimir-lhe uma grande ambigüidade na linguagem científica.

Não há mais razão terminológica em continuar a denominar de "causa" a relação existente entre o pressuposto objetivo do ato (motivo) e o seu conteúdo. Com efeito, mesmo no sentido vulgar, o termo designa "aquilo que faz que uma coisa exista, que determina um acontecimento, princípio, origem, motivo".[44] Com caráter relacional, na linguagem cotidiana encontramos "causalidade" (relação de causa e efeito).

O vínculo que interliga a realidade objetiva ao ato jurídico-administrativo não é senão reflexo de um tipo de causalidade, especificada pela imputação normativa. Não é uma conexão que uma causalidade física (ligada ao mundo do ser) explique, mas uma relação posta por um dever-ser, como "cópula que na proposição jurídica liga pressuposto e conseqüência", nos dizeres de Hans Kelsen.[45]

Dadas certas circunstancias fáticas (pressuposto objetivo), imputa-se o dever de agir administrativo, concretizado na pro-

42. Mortati, *La Volontà e la Causa nell'Atto Amministrativo e nella Legge*, 1935, pp. 90 e ss., e Ehrhardt Soares, *Interesse Público, Legalidade e Mérito*, p. 156, *apud* Pereira, ob. cit., p. 115.

43. *Apud* Gordillo, ob. cit., p. I-5.

44. Aurélio Buarque de Holanda Ferreira, *Novo Dicionário da Língua Portuguesa*, 2ª ed., Rio de Janeiro, Nova Fronteira, 1986, p. 373.

45. *Teoria Pura do Direito*, p. 86.

núncia veiculada na norma concreta (conteúdo do ato), de forma serviçal aos valores encampados pelo ordenamento (finalidade) por meio da regra de competência. A "cópula" é necessariamente teleológica, tratando-se da concreção de normas de direito público que atribuem o exercício de funções estatais.

O pressuposto lógico do ato administrativo merece, pois, ser designado por "causalidade", pois, através de sua compostura, observa-se, em última análise, se há razão prestante para juridicizá-lo como norma concreta, apta à produção dos efeitos jurídicos que o direito positivo estabelecer. Em outros termos, se há nexo de causalidade jurídica que sustente a legitimidade do ato administrativo.

5.2 Uma definição para o requisito lógico do ato administrativo

Esclarecida a razão da nova terminologia, podemos definir a causalidade como o pressuposto de válida produção do ato administrativo, consistente na efetiva *relação de pertinência lógica entre os motivos do ato e o seu conteúdo, em função dos princípios jurídicos que, como garantia dos administrados, alicerçam o exercício concreto da função administrativa.*

Ao nosso parecer, a juridicidade do nexo que o conteúdo do ato mantém com os pressupostos de fato ou de direito que estão em sua base não é definida apenas em atenção à finalidade do ato. Isso significa apenas o cumprimento de um dos vetores jurídicos inarredáveis do agir administrativo, como pondera Enterría: "os poderes administrativos não são abstratos, utilizáveis para qualquer finalidade; são poderes funcionais, outorgados pelo ordenamento em vista de um fim específico, com o qual afastar-se do mesmo obstrui a fonte de sua legitimidade".[46]

46. Ob. cit., v. I, p. 442.

A finalidade serve de primeiro e imediato parâmetro para qualificar a congruência entre o antecedente (realidade fática ensejadora da produção) e o conseqüente no ato administrativo (a prescrição jurídica produzida), porquanto diretamente recolhida na regra de competência. Em relação ao conjunto de pressupostos legais (subjetivo, objetivo, teleológico, formalístico e procedimental), somente o finalístico está apto para exercer, imediatamente, esse critério de adequabilidade.

Admitindo que o respeito à finalidade passa obrigatoriamente pela observância da razoabilidade e, por conseguinte, da proporcionalidade – em cumprimento à legalidade administrativa –, Celso Antônio Bandeira de Mello ainda assinala, dentre os princípios gerais do Direito, a lealdade, a boa-fé e a igualdade como critérios de avaliação da "causa" do ato.[47] As duas primeiras inserem-se no campo da moralidade administrativa, ao passo que a igualdade se vincula à impessoalidade da ação estatal. Todos esses parâmetros são verdadeiros pilares principiológicos que sustentam o nosso Estado Democrático de Direito (art. 1º da CF/88).

Evidencia-se, pois, que a validade da relação estabelecida concretamente no processo de produção do ato administrativo não se encerra no nível legal (entendido como o das normas), mas deve ser investigada em patamar superior, ao nível dos "princípios que compõem o equilíbrio do sistema e determinam a unidade e racionalidade interna do regime jurídico-administrativo".[48]

O critério para tornar racional e jurídico, por conseguinte, o significado atribuído, originariamente, pelo preclaro André Gonçalves Pereira a "causa" merece ser ampliado, para acolher todo e qualquer princípio jurídico a que se submete a Ad-

47. *Discricionariedade...*, p. 96.
48. Bandeira de Mello, *Curso...*, p. 46.

ministração Pública, no específico exercício de suas prerrogativas em face dos particulares, do qual resulta concretamente o ato administrativo.

A identificação dos princípios informadores fica a depender da natureza da competência administrativa exercida *in concreto*. *A priori* somente se pode elencar o rol de possíveis nortes a demarcar a racionalidade, o nexo de causalidade jurídica predeterminado abstratamente no sistema, os requisitos abstratos da legitimidade do exercício da competência.

É no exercício de competência discricionária que essas considerações teóricas assumem grande importância. Consideremos uma situação em que haja discricionariedade quanto ao motivo e/ou quanto ao conteúdo do ato. Nesta hipótese, a liberdade de apreciação subjetiva encontrará no fim a referência direta para o seu exercício regular. Todavia, o atendimento do fim legal é condição necessária mas não suficiente para aferir, enquanto imposição normativa vinculante, a correta pertinência da solução eleita pelo administrador.

Exemplificadamente, pode a Administração, por "razões de interesse público", determinar a rescisão unilateral de determinado contrato (art. 78, XII, c/c art. 79, da Lei 8.666/93). Eis uma hipótese de discricionariedade nos motivos do ato de rescisão, dado o uso de conceito jurídico indeterminado para indicar a situação da realidade justificadora do provimento administrativo, e de vinculação quanto ao conteúdo. Pelo dever jurídico que lhe é assinalado, é na existência *in concreto* do pressuposto fático que surgirá a prerrogativa encartada na regra de competência. A relação que existirá entre o conteúdo e o motivo do ato manter-se-á validamente perante o Direito, uma vez respeitados, dentre outros, os princípios da finalidade, da razoabilidade, da moralidade, da impessoalidade e, mesmo, o princípio da economicidade.

Imagine-se a hipótese também discricionária ensejadora do ato administrativo de intervenção (conteúdo vinculado) em determinada concessão de serviço público, a fim de assegurar a adequada prestação do serviço (art. 32 da Lei 8.987/95). O conteúdo do ato só manteria relação lógica com os seus pressupostos, observados, além dos princípios gerais do regime jurídico administrativo, outros aplicáveis especificamente à situação, como os da regularidade, eficiência, segurança, generalidade da prestação do serviço, bem como o da modicidade das tarifas cobradas pela sua fruição.

Poder-se-ia afirmar que tudo se resume a uma questão de "razoabilidade"[49] da prescrição administrativa, e, por conseguinte, no atendimento da verdadeira finalidade legal, já que só se estará em sua presença quando da ausência de desrespeito da ordem jurídica em sua totalidade. É juridicamente impossível cumprir o fim de certa norma em desrespeito aos mandamentos nucleares (princípios) que sustentam o direito positivo.

Todavia, para a proteção dos cidadãos (no caso, o contratado afetado pela rescisão/intervenção) é imperativo tentar visualizar todos os aspectos que possam comprometer a juridicidade do ato administrativo, mormente quando restritivo de direitos, no exercício de competência discricionária, com o quê se consegue flexibilizar, ao máximo, o controle da pertinência lógica que deve existir entre a realidade e o ato administrativo, em face do ordenamento jurídico.

É que, consoante a lição do insigne Enterría relacionada com a aplicação dos princípios gerais do Direito no controle da

49. Weida Zancaner assim preleciona quanto à essência da razoabilidade "O que o princípio da razoabilidade reclama não é nada de esotérico ou ininteligível. Ele exige, simplesmente, que a Administração Pública no exercício de atuação discricionária seja racional, equilibrada, sensata e atue de modo compatível com o bem jurídico que ela pretende curar" ("Razoabilidade e moralidade na Constituição de 1988", *RTDP* 2/209).

discricionariedade, "a lei que outorgou à Administração tal poder de agir não derrogou para ela a totalidade da ordem jurídica". Mister buscar técnicas cuja riqueza seja tal "que permita, inclusive, a desqualificação de qualquer tipo de decisão, se os seus resultados são manifestamente inócuos",[50] sem que isso resulte uma negação da discricionariedade.

Ampliar os critérios a que o administrador deverá obedecer para que sua apreciação no caso concreto (relação entre a eleição dos motivos e conseqüente determinação do conteúdo) seja considerada respaldada pelo Direito insere-se, indeclinavelmente, na lógica perseguida pelo Estado de Direito.

Nesse alargamento, inquestionavelmente, cada vez mais ganham espaço os princípios gerais do Direito, que "ao serem parte do ordenamento jurídico integram o chamado bloco de legalidade que funda e orienta mas, sobretudo, limita e vincula o agir da Administração Pública".[51]

5.3 *O requisito lógico e a noção de competência material*

A tentativa de atribuir ao requisito lógico do ato – parafraseando Hauriou – o papel de "polícia da relação de imputação normativa" que esteia a legítima atuação concreta da Administração somente se explica ante uma visão material, não formalista, da competência administrativa.

"A competência é um poder e um dever de realizar certas esferas ou círculos de atividades, de interesses públicos". "Esta soma de funções, de fins, que a lei atribui a cada órgão marca as situações de fato em que esses órgãos devem agir." Assim, "o agir da Administração está sempre ligado à verificação de determinados fatos ou situações a que a norma administrativa alude".[52]

De fato, a competência do agente administrativo só existe quando na realidade empírica se verificam todos os pressupostos que abstratamente estão delineados pelo ordenamento jurídico, isto é, quando constatados os fatos ou situações que exigem o seu desempenho. Além disso, seus contornos jurídicos também estão adscritos à medida necessária para, em face das circunstâncias concretas, cumprir a razão legal de sua existência, assinalada pelo ordenamento.

Como alerta Celso Antônio Bandeira de Mello, "não há competência – em última instância – senão quando concorrem todos os requisitos legais que lhe delineiam a concreta compostura".[53] Nesta objetiva conformação, a competência, sob o aspecto material, só é legitimamente exercida se e na medida em que é racionalmente exercida em face das exigências jurídicas, porquanto a "causalidade" na produção do ato também é uma de suas facetas: o plexo de poder para atuar no caso concreto só irrompe na medida em que sua juridicização é completa; em outros termos, na proporção em que, ao estabelecer a relação entre os motivos de sua ação e a provimento jurídico que adotar, o agente der satisfação plena, no que disser respeito ao caso, aos princípios jurídicos incidentes sobre a sua específica atuação, realizando, na conformidade do Direito, a finalidade tipológica do ato.

Uma compreensão tão ampla da competência administrativa é necessária para desvendar o verdadeiro alcance da possibilidade do exercício das prerrogativas estatais, que, enquanto abstratamente postas na lei, parecem ter fronteiras demasiadamente alargadas para justificar qualquer

50. Ob. cit., v. I, p. 413.

51. Juan Carlos Cassagne, *Los Principios Generales del Derecho en el Derecho Administrativo*, p. 94.

52. Afonso Rodrigues Queiró, "A teoria do 'desvio de poder' em direito administrativo", *RDA* 6/71.

53. *Discricionariedade...*, p. 62.

uso – não raro, abusivo – que delas se faça nas situações concretas.

5.4 A formalização do requisito lógico a partir da motivação do ato

Como nos ensina Carlos Ari Sundfeld, "a motivação é o ato da Administração que, como requisito procedimental necessário à validade de qualquer ato administrativo, serve à revelação dos pressupostos de fato ou de direito que autorizaram ou exigiram a atuação administrativa, bem assim de sua finalidade e *causa*"[54] (grifo nosso). A exigência de motivação permite aferir o cumprimento do princípio da legalidade administrativa, viabilizando o exercício do controle jurisdicional dos atos administrativos.

Por meio da motivação justifica-se a utilização concreta da competência administrativa, o seu exercício racional, isto é, comprova-se a idoneidade de seu uso perante a ordem jurídica. Por conseguinte, ela deverá explicitar o nexo lógico existente entre motivo e conteúdo, em função dos princípios jurídicos que, como garantia dos administrados, alicerçam o exercício concreto da função administrativa.

A motivação é, pois, responsável pela formalização da causalidade. Tanto esta quanto aquela devem adquirir existência formal no momento da expedição do provimento administrativo, sob pena de enfraquecimento das garantias dos cidadãos no Estado Democrático de Direito. Muito embora a primeira sirva de veículo formal da última, não se deve confundi-las. A regra é exarar uma fundamentação suficiente, congruente e exata. Pode, no entanto, ocorrer motivação insuficiente para esclarecer a pertinência lógica exigida pela causalidade. Daí por que se afirmar que a relação se perfaz entre o motivo – ao invés da *motivação* – e o conteúdo do ato.

54. "Motivação do ato administrativo como garantia dos administrados", RDP 75/118.

Com essa missão, mormente na hipótese de discrição, a motivação deverá evidenciar não apenas a regra de competência com a respectiva interpretação e os fatos desencadeadores do seu exercício, mas também os princípios que avalizam, juridicamente, a relação estabelecida entre os motivos e a conduta administrativa. Não se trata de mera indicação nominal, pois cumpre expor o desenvolvimento detalhado do conteúdo atribuído concretamente aos princípios para aferir o requisito lógico do ato.

5.5 Vinculação e discricionariedade quanto ao requisito lógico do ato administrativo

A importância da identificação do requisito lógico, tal como delineado anteriormente, deve ser destacada em face da natureza da competência de que resulta a produção do ato administrativo.

Quando se exercita competência vinculada, a norma abstrata já estabelece, antecipadamente, a pertinência lógica que deverá resultar da constatação empírica do motivo legal e sua conseqüência jurídica, mesmo nos casos em que a hipótese normativa descreva fatos de grande complexidade, como licença para loteamentos, que exige a análise técnica de projetos sofisticados.

Havendo determinação legal precisa do motivo e do conteúdo, não resta senão uma apreciação objetiva da situação fática, que, uma vez subsumida na hipótese legal, permite a concreção da prescrição jurídica prevista, que, por definição, mantém a necessária "relação de adequação lógica" perante o ordenamento positivo.

Mas essa relação supõe a plena observância dos valores encampados por este, a começar pela correspondente finalidade que preside a razão de ser da determinação legal, pois "é a finalidade e só a finalidade o que dá significação às realizações humanas. O Direito, as leis, são realizações humanas. Não compreendidas suas finalidades, não haverá compreensão alguma do Direito ou de uma dada lei".[55] É na constatação de que a Administração não raro respalda seus atos administrativos "na lei" e perde do horizonte "o Direito" que o pressuposto causal de seus atos, mesmo vinculados, merece ser investigado, para ratificar, no caso concreto, a pertinência eletivamente prevista e requerida pelo ordenamento.

Se assim se passa na atividade vinculada, em que o exercício da competência requer uma apreciação objetiva, com maior razão o pressuposto lógico deve merecer profunda averiguação na atividade discricionária, que reclama uma apreciação subjetiva, por parte da Administração, da melhor maneira de atender à finalidade cogente que justifica a outorga legal da competência. Juntamente com o exame dos motivos (materialidade e qualificação jurídica) e da finalidade (ausência de desvio de poder), a averiguação da relação de causalidade, de compatibilidade lógico-jurídica entre as circunstâncias que deflagraram a produção do ato e o seu conteúdo (provimento jurídico), em face do critério ora defendido, constitui uma das limitações da discrição administrativa.

Mister não olvidar as hipóteses em que a discrição no nível da norma não se sustenta em face das circunstâncias concretas do agir administrativo, isto é, naquelas situações em que, indubitavelmente, apenas um comportamento era idôneo juridicamente para dar satisfação ótima ao cumprimento da função. É que a discricionariedade só se legitima para, em face de uma realidade específica, o administrador adotar a melhor solução que satisfaça o interesse público categorizado na lei aplicanda. Nesses casos, a análise acerca do requisito lógico do ato administrativo imprimirá a certeza da natureza da competência a ser exercida, confirmando a vinculação da ação estatal na realidade empírica.

Assiste, pois, razão a André Gonçalves Pereira, que considera a causa típica, nos atos vinculados, "por estar sempre descrita na lei", e atípica, nos atos discricionários, pois "o que a lei exige sempre é que haja causa, mas o seu conteúdo concreto pode ser deixado à escolha do agente administrativo".[56] Cumpre observar que tipicidade, neste contexto, é tomada como sinônimo de dicção jurídica completa da conformação do pressuposto exigido para legitimar o ato administrativo, sob o ponto de vista lógico.

5.6 *A causalidade como corolário do mecanismo racional do Estado de Direito*

O Estado de Direito impõe que o cumprimento das funções estatais se perfaça na forma prevista pelo direito positivo, como forma de assegurar a cidadania do uso arbitrário das prerrogativas estatais. Autoriza-se o Estado a agir tão-somente nos caminhos e para a direção que o direito positivo assinalar. Assim, é da lógica do Estado de Direito impor limitações ao uso das prerrogativas públicas, que são mero reflexo instrumental dos deveres jurídicos impostos para o alcance de finalidades de interesse da coletividade, cuja inobservância acarreta a desvirtuação jurídica do cumprimento da função.

Quer na atividade estatal produtora (legislativa), quer na atividade executora de normas (administrativa e judicial), não há como se apartar desse imperativo: o direito positivo, como objeto cultural elaborado pelo homem, só pode ser compreendido a partir de seu sentido teleológico, axiológico, pois ele encampa a proteção jurídica assegurada à realização de determinados bens jurídicos, considerados relevantes em certo momento e espaço.

55. *Discricionariedade...*, p. 47.

56. Ob. cit., pp. 126 e 127.

Disso resulta que a regulação do exercício da função administrativa, e, consequentemente, de sua principal manifestação concreta, a produção de atos administrativos, está, de antemão, axiologicamente preestabelecida em face das circunstâncias com que se depara a Administração Pública na realidade concreta. Não lhe é dado dispor sobre os fins, mas tão-somente reverenciar, mediante os provimentos adequados, os fins positivados.

Os fins positivados integram o regime jurídico-administrativo, disseminados em normas e princípios, delineando a harmonia, a congruência, enfim, a racionalidade de sua estrutura jurídica, tornando-se, pois, os critérios últimos para afirmar o exercício racional da competência.

Não há, pois, exercício regular da competência administrativa, no Estado de Direito, desatrelado da racionalidade do seu sistema. Constitui esta o fundamento jurídico último para se exigir o requisito lógico para a válida produção do ato administrativo.

6. *Conclusões*

6.1 No quadro do Estado de Direito o Estado exerce a função administrativa na forma do Direito. Dando cumprimento à sua função, a Administração Pública desempenha uma atividade bastante heterogênea, por meio de atos e fatos jurídicos.

6.2 Constituindo a principal modalidade do exercício concreto daquela função, o ato administrativo pode ser definido como a declaração jurídica unilateral, produzida pelo Estado, ou por quem lhe faça as vezes, em cumprimento de lei, em virtude da qual se cria uma relação jurídica em que se atua, no exercício de poder público, com parcialidade na busca da satisfação de interesse público concreto, produtora – ou passível de produção – de efeitos diretos e imediatos na esfera jurídica dos administrados, sujeita a controle jurisdicional.

6.3 Para compreender a estrutura do ato administrativo, seus elementos e pressupostos, nos valemos da lição de Celso Antônio Bandeira de Mello, diferenciando elementos do ato (apenas o conteúdo e a forma). Como requisitos de existência, o objeto e a pertinência à função administrativa. Como requisitos de validade, cinco classes de pressupostos: subjetivo (sujeito); objetivo (motivo e requisitos procedimentais); teleológico (finalidade); formalístico (formalizacão); e lógico (causa).

6.4 Na análise da causa encontramos a doutrina administrativista bastante dividida. Há defensores da noção difundida no direito privado e aqueles que retiram seu instrumental conceitual do direito público. Nesta última corrente ainda se vislumbram os que adotam a tese subjetivista (causa como móvel do agente) e os defensores da tese objetivista, a predominante nesse panorama (causa como pressuposto objetivo, teleológico e lógico).

6.5 Em razão da grande ambigüidade do termo na linguagem jurídico-administrativa, ao nosso parecer, deve-se abandonar a palavra "causa" e adotar-se "causalidade" para indicar o vínculo que interliga a realidade objetiva ao ato jurídico-administrativo, porquanto não é senão reflexo de um tipo de causalidade, especificada pela imputação normativa

6.6 A causalidade é o pressuposto de válida produção do ato administrativo, consistente na efetiva *relação de pertinência lógica entre os motivos do ato e o seu conteúdo, em função dos princípios jurídicos que, como garantia dos administrados, alicerçam o exercício concreto da função administrativa*.

6.7 A validade da relação estabelecida concretamente no processo de produção do ato administrativo não se encerra no nível legal (entendido como o das normas), mas deve ser investigada em patamar superior, ao nível dos princípios que definem o equilíbrio do sistema e sustentam a unidade e racionalidade interna do regime jurídico-administrativo.

6.8 O alargamento do critério em nada prejudica a exigência da razoabilidade, e, por conseguinte, do atendimento da verdadeira finalidade legal, já que só é objetivamente cumprida quando da ausência de desrespeito da ordem jurídica em sua totalidade. É juridicamente impossível cumprir o fim de certa norma em desrespeito aos mandamentos nucleares (princípios) que sustentam o direito positivo.

6.9 Para a proteção da cidadania é imperativo tentar visualizar todos os aspectos que possam comprometer a juridicidade do ato administrativo, flexibilizando, ao máximo, o controle da relação de pertinência entre a realidade e o provimento administrativo.

6.10 A "causalidade" na produção do ato também é uma das facetas da competência (ponto de vista material): o plexo de poder para atuar no caso concreto só irrompe na medida em que há juridicização completa da relação entre os motivos determinantes do ato e o provimento jurídico que veicular, em vista da satisfação plena, no caso concreto, dos princípios jurídicos incidentes sobre a sua específica atuação, realizando, na conformidade do Direito, a finalidade tipológica do ato.

6.11 Através da motivação formaliza-se a causalidade exigida pelo sistema de direito positivo. Muito embora a primeira sirva de veículo formal da última, não se deve, pois, confundi-las.

6.12 A verificação da causalidade é uma das formas de controle do exercício de competências discricionárias. Na atividade vinculada o pressuposto lógico está apenas idealmente vislumbrado na lei, não sendo deixado à apreciação subjetiva do agente administrativo, ao passo que na discrição seu conteúdo é ditado pelo agente. Todavia, somente perante o caso concreto, independente do tipo de atuação, é que se deve afirmar o seu cumprimento.

6.13 Não há, pois, exercício regular da função administrativa, no Estado de Direito, desatrelado da racionalidade do seu sistema. Constitui esta o fundamento jurídico último para se exigir o requisito lógico para a válida produção do ato administrativo.

Bibliografia

ALESSI, Renato. *Principi di Diritto Amministrativo.* Milão, Dott. A. Giuffrè, 1966.

BANDEIRA DE MELLO, Celso Antônio. *Ato Administrativo e Direitos dos Administrados.* São Paulo, Ed. RT, 1981.

_______. *Curso de Direito Administrativo.* 8ª ed. São Paulo, Malheiros Editores, 1996.

_______. *Discricionariedade e Controle Jurisdicional.* 2ª ed. São Paulo, Malheiros Editores, 1993.

BANDEIRA DE MELLO, Oswaldo Aranha. *Princípios Gerais de Direito Administrativo.* 2ª ed. Rio de Janeiro, Forense, 1979.

BIELSA, Rafael. *Derecho Administrativo.* 6ª ed., t. II. Buenos Aires, La Ley, 1964.

CAETANO, Marcello. *Manual de Direito Administrativo.* 10ª ed., t. I. Coimbra, Almedina, 1984.

CASSAGNE, Juan Carlos. *Derecho Administrativo.* 3ª ed., t. II. Buenos Aires, Abeledo-Perrot, 1992 (p. 125).

_______. *Los Principios Generales del Derecho en el Derecha Administrativo.* Buenos Aires, Abeledo-Perrot, 1992.

CAVALCANTI, Themístocles Brandão. *Teoria dos Atos Administrativos.* São Paulo, Ed. RT, 1973.

DI PIETRO, Maria Sylvia Zanella. *Discricionariedade Administrativa na Constituição de 1988.* São Paulo, Atlas, 1991.

DIEZ, Manuel María. *Derecho Administrativo.* t. II. Buenos Aires, Bibliográfica Omeba, 1978.

DROMI, José Roberto. *Derecho Administrativo.* t. I. Buenos Aires, Editorial Astrea, 1992.

FIGUEIREDO, Lucia Valle. *Curso de Direito Administrativo.* 2ª ed. São Paulo, Malheiros Editores, 1995.

FIORINI, Bartolomé A. *Derecho Administrativo.* t. I. Buenos Aires, Abeledo-Perrot, 1995.

FONSECA, Tito Prates da. "A causa em direito administrativo". In: *Direito: Doutrina, Legislação e Jurisprudência.* v. XIV. Rio de Janeiro, ano III, março-abril/42 (pp. 31-51).

GARCÍA DE ENTERRÍA, Eduardo, e FERNÁNDEZ, Tomás-Ramón. *Curso de Derecho Administrativo.* v. I. Madri, Editorial Civitas, 1995.

GARRIDO FALLA, Fernando. *Tratado de Derecho Administrativo*. 11ª ed., v. I. Madri, Tecnos, 1982.

GORDILLO, Agustín. A. *Tratado de Derecho Administrativo*. t. III, "El Acto Administrativo". Buenos Aires, Ediciones Macchi, 1995.

KELSEN, Hans. *Teoria Pura do Direito*. 3ª ed. São Paulo, Martins Fontes, 1991.

LEITE, Luciano Ferreira. *Discricionariedade Administrativa e Controle Judicial*. São Paulo, Ed. RT, 1981.

OLIVEIRA, Régis Fernandes de. *Ato Administrativo*. 3ª ed. São Paulo, Ed. RT, 1992.

PEREIRA, André Gonçalves. *Erro e Ilegalidade do Ato Administrativo*. Lisboa, Ática, 1962.

PONDÉ, Lafayette. "A vontade privada na formação ou na eficácia do ato administrativo". *RDA* 63/22. Rio de Janeiro, janeiro/març/61.

QUEIRÓ, Afonso Rodrigues. "A teoria do 'desvio de poder' em direito administrativo". *RDA* 6/41-78 e 7/52-80. Rio de janeiro.

STASSINOPOULOS, Michel. *Traité des Actes Administratifs*. Paris, LGDJ, 1973.

SUNDFELD, Carlos Ari. "Motivação do ato administrativo como garantia dos administrados". *RDP* 75/118-127. São Paulo, julho-setembro/85.

VEDEL, Georges. *Essai sur la Notion de Cause en Droit Administratif Français*. Paris, Sirey, 1934.

ZANCANER, Weida. "Razoabilidade e moralidade na Constituição de 1988". *RTDP* 2/205-210. São Paulo, 1993.

ZANOBINI, Guido. *Corso di Diritto Amministrativo*. 7ª ed. Milão, Dott. A Giuffirè, 1954.

PARECERES

CONTRATO DE ASSOCIAÇÃO – DESCUMPRIMENTO DO PRINCÍPIO CONSTITUCIONAL DA IMPESSOALIDADE DA ADMINISTRAÇÃO PÚBLICA

FÁBIO KONDER COMPARATO
Professor Titular da Faculdade de Direito da Universidade de São Paulo
– Doutor em Direito da Universidade de Paris

Consulta

O ilustre advogado Jorge Hilário Gouvêa Vieira, do foro do Rio de Janeiro, pede-me o exame, à luz das disposições constitucionais e legais pertinentes:

1) do chamado "contrato de associação" concluído, por instrumento particular de 12 de setembro de 1997, por Petróleo Brasileiro S/A – PETROBRÁS, de um lado, e OPP Petroquímica S/A;

2) do "contrato de associação em projeto de polipropileno", celebrado pelas mesmas partes e com a mesma data;

3) da constituição, também em 12 de setembro de 1997, da CPP – Cia. Petroquímica Paulista, na cidade de São Paulo (SP).

Faço-o no parecer anexo.

Parecer

1. O exame dos instrumentos contratuais referidos na consulta demonstra, desde logo, evidente descumprimento do princípio constitucional da impessoalidade (art. 37, *caput*), que rege o funcionamento de todos os órgãos da Administração Pública, direta e indireta, em todas as esferas da organização federal.

Importa, pois, antes de tudo, explicar o sentido e o alcance desse princípio constitucional do direito administrativo, a fim de que se possa entender a gravidade das infrações cometidas por Petróleo Brasileiro S/A – PETROBRÁS e, reflexamente, pela autoridade administrativa de tutela, o Ministério das Minas e Energia, em todo esse episódio negocial – infrações, essas, que serão expostas e comentadas neste parecer.

O princípio constitucional da impessoalidade da Administração Pública

2. Foi só recentemente que a doutrina jurídica logrou construir a teoria dos princípios jurídicos fundamentais, distinguindo-os dos chamados "princípios gerais de Direito", mencionados na norma do art. 4º da Lei de Introdução ao Código Civil.[1] Enquanto estes, com efeito, são mera fonte suplementar do direito positivo, para indicar soluções em caso de lacuna legislativa, os princípios fundamentais do sistema jurídico são uma fonte primária, a qual se sobrepõe a todas as demais regras jurídicas, até mesmo legais. Daí por que a força normativa desses princípios é sempre constitucional.

No tocante à sua função, ela é duplamente integradora.

De um lado, são esses princípios que dão unidade ao sistema como um todo, direcionando a interpretação e aplicação de todas as normas que o compõem, inclusive constitucionais. Assim, por exemplo, para ficarmos no campo onde se situam as questões jurídicas suscitadas na consulta, todas as normas funcionais da Administração Pública, expressas nos diferentes incisos do art. 37 da CF, têm seus sentido e alcance iluminados e determinados pelos quatro princípios enunciados no *caput*, a saber: a legalidade, a impessoalidade, a moralidade e a publicidade – princípios, esses, de resto, que não são os únicos a reger a matéria, como reconhece unanimemente a doutrina.[2]

Por outro lado, a força jurídica dos princípios fundamentais consiste, também, em gerar novas normas complementares, destinadas a explicitá-los, e que podem ser expressas pelo legislador, ou proclamadas pelo próprio Judiciário, por meio do mandado de injunção (CF, art. 5º, LXXI).

Ademais, outra característica própria dos princípios jurídicos fundamentais reside no fato de que eles sempre coexistem, sem revogação, em caso de conflito. A colisão entre regras de Direito de mesmo nível provoca necessariamente a perda de validade de uma delas, de acordo com o critério *lex posterior derogat priori* (LICC, art. 2º). Não é o que ocorre quando se está diante de um conflito entre princípios fundamentais. Como eles não são introduzidos no ordenamento jurídico pelo legislador, mas, bem ao contrário, a este se impõem em qualquer circunstância, não se pode, para solucionar um conflito entre princípios, seguir o critério temporal. Ao verificar a existência de uma colisão normativa entre dois ou mais princípios, o intérprete ou decididor deve aplicar ao caso aquele que considera mais pertinente, segundo o critério dito do sopesamento (*Abwägung, balancing*).[3]

Assim, por exemplo, se se está, num caso envolvendo sociedade de economia mista, diante de um conflito entre o princípio da livre iniciativa empresarial (CF, art. 170) e os princípios fundamentais da Administração Pública enunciados no art. 37, são estes últimos que devem prevalecer, pois eles têm mais pertinência e vinculação ao caso concreto. Se toda sociedade de economia mista é uma empresa, mas nem toda empresa é sociedade de economia mista, é óbvio que, nos casos que envolvam sociedades desta última espécie, os princípios fundamentais que regem especificamente a sua atividade afastam a aplicação de norma mais geral que rege toda a atividade empresarial.

3. Os princípios constitucionais da Administração Pública, como foi lembrado, regem a estruturação e a atividade de todos os órgãos que a compõem, e não apenas aqueles ligados à Administração dire-

1. Entre nós, a autoridade que mais desenvolveu o tema foi o professor Paulo Bonavides, em seu *Curso de Direito Constitucional*, 7ª ed., São Paulo, Malheiros Editores, 1997, Capítulo 8.

2. Cf., para ilustração apenas: Celso Antônio Bandeira de Mello, *Curso de Direito Administrativo*, 5ª ed., São Paulo, Malheiros Editores, 1994, Capítulo II; Cármen Lúcia Antunes Rocha, *Princípios Constitucionais da Administração Pública*, Belo Horizonte, Del Rey, 1994, p. 66.

3. Cf. Robert Alexy, *Theorie der Grundrechte*, Frankfurt am Maim, Suhrkamp, 1986, pp. 79 e ss.

ta. Prova disto é o fato de que nos incisos XIX e XX do art. 37 da CF vêm dispostas normas exclusivamente aplicáveis às entidades da Administração Pública indireta.

Por aí se percebe – convém frisá-lo – a fundamental diferença de natureza entre uma sociedade de economia mista e uma companhia privada, malgrado a falsa impressão em contrário que possa resultar de uma leitura superficial do art. 173, § 1º, da CF. O "regime jurídico próprio das empresas privadas", aí referido, aplica-se às empresas estatais *apenas naquilo em que não for incompatível com os princípios constitucionais que regem Administração Pública*. Sem o quê – escusa lembrá-lo – já não haveria diferença alguma de natureza entre empresas estatais e empresas privadas.

4. Ora, dentre esses princípios constitucionais da Administração convém salientar, para o entendimento da questão suscitada na consulta, o da impessoalidade, muito embora deva ser salientado que tais princípios não são excludentes, uns dos outros, mas ao contrário se recobrem e se completam. Assim, a corrupção administrativa, além de obviamente atentatória à moralidade, constitui uma ilegalidade, punida até mesmo criminalmente. Da mesma sorte, o comportamento parcial, privilegiador ou discriminatório da autoridade administrativa, em benefício próprio ou alheio, ademais de atentar contra o princípio da impessoalidade, adentra também o terreno da imoralidade.

A Lei 8.429, de 2.6.92, dispõe que "os agentes públicos de qualquer nível ou hierarquia são obrigados a velar pela estrita observância dos princípios da legalidade, impessoalidade, moralidade e publicidade no trato dos assuntos que lhes são afetos" (art. 4º), reputando-se agente público, para os efeitos dessa lei, "todo aquele que exerce, ainda que transitoriamente ou sem remuneração, por eleição, nomeação, designação, contratação ou qualquer outra forma de investidura ou vínculo, mandato, cargo, emprego ou função nas entidades mencionadas no artigo anterior" (art. 2º) – entidades, essas, entre as quais se encontram os órgãos da Administração indireta (art. 1º).

De qualquer modo, para que bem se entenda o parâmetro constitucional da impessoalidade, convém lembrar que ela representa, em si mesma, uma aplicação de dois outros princípios constitucionais de alcance mais geral: o da igualdade e o do prevalecimento do bem comum sobre o interesse particular.

A supremacia do bem comum constitui, na verdade, a própria essência do regime republicano, levando-se em conta que o adjetivo *publicus*, na terminologia jurídica romana, qualificava o que pertencia ao povo e nunca ao Estado, pela boa razão de que esta noção ainda não se precisara no pensamento da Antigüidade clássica.[4] A *res publica* nada mais é, pois, do que o bem comum de todo o povo. Ora, no regime democrático, em que a soberania pertence ao povo (CF, art. 1º, parágrafo único), o princípio republicano da supremacia do bem comum vê-se singularmente reforçado. O Estado em qualquer de suas expressões, a Administração propriamente dita *Pública* por qualquer de seus órgãos, não podem agir senão para o bem do povo, e nunca no interesse particular de seus próprios órgãos, ou de um administrado.

Esta exigência constitucional, note-se bem, aplica-se até mesmo às atividades das empresas estatais, uma vez que a justificação de sua existência, segundo o mandamento constitucional, diz respeito aos im-

4. Segundo a definição concisa de Cícero, "res publica, res populi" (*De re publica*, Livro I, XXV, 39). Cf., também, as seguintes sentenças do *Digesto*: "bona civi atis abusive 'publica' dicta sunt: sola enim ea publica sunt, quae populi Romani sunt" (50, 16, 15 Ulpiano); e "eum qui vectigal populi Romani conductum habet, 'publicum' appellamus, nam 'publica' appellatio in compluribus causis ad populum Romanum respicit: civitates enim privatorum loco habetur" (50, 16, 16 Gaio).

perativos da segurança nacional ou do relevante interesse coletivo (art. 173). Que uma sociedade de economia mista oriente suas atividades, exclusiva ou predominantemente, no sentido do interesse lucrativo próprio ou, o que é muito pior, no interesse de outra empresa privada, em prejuízo da coletividade, constitui flagrante desvio de função.

Mas a impessoalidade da Administração Pública também decorre do princípio geral da igualdade; no caso, da isonomia ou igualdade jurídica formal. Exatamente porque os órgãos administrativos, mesmo da Administração indireta, não podem sobrepor o interesse particular ao bem comum, têm eles o dever constitucional de não estabelecer privilégios ou discriminações no seu relacionamento externo. Da mesma forma que a lei deve ser igual para todos – e a lei, em regime democrático, é, essencialmente, a norma geral emanada do povo, ou de seus representantes legítimos, e dirigida ao povo –, assim também o serviço público ou a política administrativa não podem tratar de forma parcial e discriminatória os administrados, clientes ou consunidores.[5]

Geralmente, a exigência de impessoalidade na gestão da coisa pública é analisada no plano da Administração direta e em função do interesse pessoal do administrador. É preciso, porém, entender que, no tocante à atividade das empresas estatais, o princípio constitucional da impessoalidade diz respeito, sobretudo, àqueles com quem elas estabelecem suas relações de negócio. Se o Estado cria essas empresas e subscreve a totalidade ou a maior parte de seu capital votante, é inadmissível que esse patrimônio, cujos recursos ativos têm origem no povo, seja gerido para beneficiar discriminatoriamente alguns, ou para prejudicar outros.

O princípio da impessoalidade administrativa significa, portanto, a objetividade, neutralidade ou imparcialidade[6] na gestão de serviços, bens ou empresas, que foram organizados ou constituídos em benefício do público. Por isso mesmo, "quando a finalidade não visa ao interesse público, mas ao benefício pessoal ou ao prejuízo particular, por razões subjetivas e, portanto, parciais, há invalidade do comportamento do administrador que não atua como agente público, mas privado, nele introduzindo pecado sem perdão no Direito".[7]

Inconstitucionalidade da autorização legislativa

5. Na interpretação da norma constante do art. 37, XX, da CF, autores e tribunais não têm sabido distinguir a dupla razão jurídica das determinações aí constantes, como se se tratasse de hipóteses normativas equivalentes.

Quando a Constituição exige autorização legislativa para a criação de subsidiárias de entidades paraestatais, ela nada mais faz do que completar ou reforçar a exigência, imposta no inciso imediatamente anterior, de criação dessas entidades por

5. Como escreveu a professora Cármen Lúcia Antunes Rocha (ob. cit., p. 147), "à generalidade da lei corresponde a impessoalidade da administração, e é isto que garante a resistência contra usos e abusos do Poder do Estado por pessoas ou grupos".

6. A Constituição italiana, ao invés de impessoalidade, emprega o termo "imparcialidade" (art. 97). "Il principio di imparzialità" – escreveu Aldo M. Sandulli (*Diritto Amministrativo*, 14ª ed., v. 1, Nápoles, Jovene Editore, pp. 567 e 568) – importa prima di tutto che dei servizi gestiti dagli enti pubblici e dei benefici che questi possono concedere siano ammessi a fruire di regola e nei limiti del possibile tutti i soggetti che ne abbiano titolo. Esso importa inoltre l'illegittimità di tutti quegli atti dell'Amministrazione i quali.siano posti in essere senza una adeguata ponderazione dei diversi interessi pubblici impliciati e senza fare il debito conto degli interessi privati correlati (...) e la debita compa-razione delle posizioni soggettive e degli interessi privati tra loro concorrenti e configgenti". Pois foi exatamente essa prudência ou ponderação que deixou de ser observada no caso ora examinado.

7. Cármen Lúcia Antunes Rocha, ob. cit., p. 157.

lei específica. Seria, com efeito, muito fácil eludir a imposição constitucional se a empresa pública ou a sociedade de economia mista pudesse, *sponte propria*, criar sociedades subsidiárias ou controladas, de modo a exercer, por meio delas, atividades não previstas em sua lei de criação.

Já no que tange à disposição final da norma, a *ratio iuris* é diversa. Trata-se, aqui, desenganadamente, de evitar que a atividade desses órgãos paraestatais possa desenvolver-se longe do critério fundamental da impessoalidade. Se uma empresa do Estado tivesse legitimidade para escolher, sem o devido controle legislativo, a empresa privada na qual faria um investimento de capital com recursos públicos, de forma a submeter-se ao poder de controle de empresários privados, é óbvio que o risco de privilégios ou abusivas preferências – vale dizer, de parcialidade –, nessa escolha, seria inevitável.

Observe-se, no entanto, em ambas as hipóteses previstas no art. 37, XX, da CF, que a autorização legislativa tem de ser dada "em cada caso". Ela não pode ser vaga e genérica, sob pena de o necessário controle do Congresso Nacional, como representante legítimo do povo soberano, tornar-se uma formalidade vazia de sentido. Na hipótese de participação de entidade estatal em empresa privada essa exigência é facilmente compreensível: atribuir-se ao órgão da Administração Pública indireta a faculdade potestativa de escolher a empresa privada beneficiária de um investimento de capital seria abandonar por completo a exigência de impessoalidade no exercício de suas funções.

6. Ora, por incrível que pareça, foi exatamente isto que ocorreu ao se editar a Lei 9.478, de 6.8.97. Pelo disposto em seu art. 64, a PETROBRÁS, "para o estrito cumprimento de atividades de seu objeto social que integrem a indústria do petróleo", estaria autorizada "a constituir subsidiárias, as quais poderão associar-se, majoritária ou minoritariamente, a outras empresas".

O legislador cometeu, aí, a proeza de incorrer, num só dispositivo, em duas inconstitucionalidades. De um lado, autorizou a PETROBRÁS, de antemão e genericamente – e não para um caso específico, como exige a Constituição –, a constituir subsidiárias. De outro lado, deu, não à PETROBRÁS diretamente, como está disposto na norma constitucional, mas a "subsidiárias" (*sic*) dela, sem especificação, a liberdade de participar do capital (a lei emprega, eufemisticamente, o verbo "associar-se") de empresas privadas, igualmente sem especificação. E isto sob a forma de sócia majoritária (o que significa criar disfarçadamente uma subsidiária) ou minoritária.

É, realmente, uma proeza legislativa criar, em tão curto dispositivo legal, tão dilatada inconstitucionalidade.

Lamentavelmente, como se não bastassem as indevidas facilidades criadas por essa grosseira violação à norma constitucional, a PETROBRÁS e a sua autoridade administrativa de tutela, o Ministério das Minas e Energia, ainda encontraram um meio de descumprir o próprio dispositivo legal violador da Constituição. Com efeito, este autoriza, como se viu, "subsidiárias" da companhia a se associarem a "outras empresas". Mas o chamado "contrato de associação", de 12 de setembro de 1977, foi concluído não por uma subsidiária da PETROBRÁS, e sim por ela própria, e o capital da CPP – Cia. Petroquímica Paulista, igualmente, foi por ela subscrito, no montante de 30% (trinta por cento).

O descontrole administrativo é completo.

Infração à ordem econômica

7. O "contrato de associação", firmado por PETROBRÁS e OPP – Petroquímica S/A, divide o chamado Complexo Petroquímico do Planalto Paulista em três segmentos, destinados respectivamente à produção e distribuição de matérias-primas, à produção de produtos petroquímicos e à produção de energia.

Em cada um desses segmentos prevê-se a constituição de uma empresa comum, com participação de capital variável das duas partes. Na empresa de produção de matérias-primas PETROBRÁS deteria 70% do capital e OPP 30% (cláusula terceira). Na empresa produtora de produtos petroquímicos – a já constituída Cia. Petroquímica Paulista – essas percentagens de participação no capital são invertidas: OPP fica com 70% e PETROBRÁS com 30% (cláusula segunda). Finalmente, na empresa ou empresas produtoras de energia para aquele complexo petroquímico as partes "participarão nas porcentagens que vierem a ajustar" (cláusula quarta).

Pois bem, na cláusula sexta desse "contrato de associação" estipularam-se alguns direitos de opção, pelas partes denominados "preferências", e definidos de modo tortuoso.

Com efeito, aí foi pactuado que "os empreendimentos de produtos petroquímicos" teriam "preferência" para adquirir as matérias-primas necessárias à sua fabricação. Importa ter em mente, nesse particular, que a nafta, derivado do petróleo, do qual se extraem, por sua vez, todas as matérias-primas da indústria petroquímica – o eteno, o propeno, o benzeno, o tolueno e o butadieno –, é produzida e distribuída apenas pela PETROBRÁS no território nacional. Ela goza, nesse particular, daquilo que a revogada Lei 4.137, de 1962 (arts. 2º, II, e 5º), denominava "monopólio natural ou de fato".

Reversamente, estipulou-se no "contrato de associação" que os produtores de matérias-primas "somente poderão fornecê-las a outros consumidores, quando os empreendimentos organizados nos termos deste contrato não tiverem capacidade para assegurar a utilização econômica das suas instalações ou condições de competitividade dos produtos finais".

Ainda na mesma cláusula sexta convencionou-se que "os empreendimentos de produção de matérias-primas e de produtos petroquímicos terão preferência para utilizar a capacidade de produção dos projetos de energia e somente poderão adquirir energia de outras fontes quando os empreendimentos organizados nos termos deste contrato não tiverem capacidade para supri-los em condições que assegurem a competitividade dos produtos finais".

Duas incongruências saltam, desde logo, aos olhos do leitor minimamente advertido dos conceitos e princípios jurídicos.

Em primeiro lugar, não existe juridicamente preferência no cumprimento de obrigações, mas apenas, obviamente, no exercício de direitos. Dizer-se que o devedor "tem preferência" no pagamento de sua dívida é, no mínimo, abusar do vernáculo.

Em segundo lugar, as condições estipuladas nessa cláusula, em função das quais seriam exercidas as "preferências", são puramente potestativas. Com efeito, quem decide se há ou não "capacidade para assegurar a utilização econômica das suas instalações ou condições de competitividade dos produtos finais" é sempre o titular do direito de aquisição das matérias-primas, ou da energia, ou seja, os tais "empreendimentos de produção de produtos petroquimicos", nos quais a OPP – Petroquímica S/A exerce, direta ou indiretamente, o controle.

Bem se vê, portanto, que não se está, aí, diante de verdadeiros direitos de preferência, mas sim perante *opções, reforçadas por direitos de prioridade*.

O direito de preferência pressupõe, necessariamente, o concurso de ofertas em igualdade de condições. É esta a sua *conditio iuris*. Quando uma parte tem o direito de concluir o negócio jurídico unicamente pela sua declaração unilateral de vontade –

portanto, sem concorrência de ofertas e sem acordo da outra parte – o que existe não é preferência, é opção. Finalmente, quando uma parte tem o direito de receber a oferta de contratar em primeiro lugar, antes de qualquer outro oblato, estamos diante de um direito de prioridade (o *Vorhand* dos alemães).[8]

É óbvio que o direito do titular da opção é muito mais robusto que o do titular da preferência. Aqui, para concluir o negócio, o sujeito ativo não pode dispensar a manifestação de vontade da outra parte, e vê-se compelido, quando esta descumpre a sua obrigação, a exercer judicialmente a pretensão de preferencia. Lá, diversamente, o sujeito ativo tem um verdadeiro direito potestativo ou formador, pelo qual fica dispensada a declaração de vontade da parte contrária, na conclusão do negócio. Por isso mesmo, como salientou um autor italiano, na relação de opção existe uma "forte disparidade entre os contratantes",[9] pois enquanto um detém um poder jurídico ou direito potestativo a outra parte encontra-se em estado de *sujeição*: ela nada declara, e sujeita-se, e n sua esfera jurídica, aos efeitos da declaração de vontade do sujeito ativo.[10]

Pois é esta sujeição que a PETROBRÁS consentiu surpreendentemente em assumir, submetendo-se de modo passivo ao poder da outra parte, no "contrato de associação".

8. Sobre toda essa distinção conceitual, cf.: Pontes de Miranda, *Tratado de Direito Privado*, t. XXXVIII, § 4.263, 1, e t. XXXIX, § 4.311, 3 e 4; Karl Larenz, *Lehrbuch des Schuldrechts*, 13ª ed., t. II, primeira parte, Munique, Beck, 1986, pp. 156 e 157.

9. Francesco Messineo, *Il Contratto in Genere*, v. 1, Milão, Giuffrè, 1973, p. 481.

10. *Soggezione*, na doutrina italiana (cf. Francesco Carnelutti, *Teoria Generale del Diritto*, 3ª ed., Roma, Foro Italiano, n. 70); *Gebundenheit*, na doutrina alemã (cf. Karl Larenz, *Allgemeiner Teil des deutschen bürgerlichen Rechts*, Munique, Beck, 1967, pp. 222 e 223).

8. Na cláusula oitava desse mesmo contrato estipularam as partes, aí sim, um direito de preferência recíproco para a participação em "novos investimentos ou negócios que sejam conflitantes com os empreendimentos petroquímicos organizados nos termos deste contrato".

Note-se, porém, a amplitude quanto ao objeto da estipulação. Não se trata, apenas, de participações de capital em outras sociedades de produção de matéria-prima, de produtos petroquímicos ou de energia, as quais poderiam ser consideradas como incluídas no termo "investimentos". Só isto já seria uma formidável restrição às atividades da empresa estatal, em prejuízo de sua natural expansão. A preferência compreende, ademais, qualquer negócio (*sic*), considerado conflitante com "os empreendimentos petroquímicos" organizados nos termos do contrato.

A abrangência da estipulação é ilimitada, não só quanto ao tipo de investimento ou negócio como, ainda, em relação à localidade geográfica em que ele venha a se realizar. A rigor, se a PETROBRÁS tiver interesse em participar como sócia, ainda que minoritária, de alguma empresa produtora de matéria-prima para a indústria petroquímica, no Brasil ou no estrangeiro, estará obrigada a reconhecer a preferência da OPP. Se ela quiser adquirir direito de utilização de patente ou *know-how* de produção de derivados da nafta, ou de produtos petroquímicos, deverá oferecer o negócio à outra parte. Da mesma forma, se tencionar estabelecer uma relação de pesquisa tecnológica no setor, no que tange ao produto ou ao processo de fabricação.

Ora, tudo isso configura, desenganadamente, como se passa a demonstrar, não só uma grave restrição ao desenvolvimento da concorrência no mercado relevante dos produtos petroquímicos como, ainda – fato, sem dúvida, inédito na acidentada história do direito antitruste –, um abuso de posição dominante *em proveito de terceiro*.

9. A Lei 8.884, de 11.6.94, em seu art. 20, classifica as infrações à ordem econômica concorrencial em quatro espécies, a saber: l) limitação, falseamento ou prejuízo à livre concorrência ou à livre iniciativa; 2) dominação de mercado relevante de bens ou serviços; 3) aumento arbitrário dos lucros; e 4) exercício abusivo de posição dominante.

As duas primeiras espécies – eliminação parcial ou total da concorrência – constituem, em si mesmas, uma violação da ordem econômica, independentemente de ocorrer aumento nos lucros das empresas violadoras. Elas partiram de uma situação de livre concorrência para atingir a sua eliminação, no todo ou em parte, o que representa um fato potencialmente danoso, ainda que não acompanhado, momentaneamente, do aproveitamento abusivo.

Quanto às duas últimas espécies de infração concorrencial – o aumento arbitrário dos lucros e o abuso de posição dominante –, elas nada mais são, em última análise, do que as duas faces da mesma moeda. Se uma empresa, ou grupo de empresas, detém no mercado uma posição dominante, não criada artificialmente por alguma manobra ou *conspiracy*, como se diz na terminologia norte-americana, o risco de abuso desse monopólio natural ou de fato é grande, e pode levar ao aumento arbitrário dos lucros. Essa empresa ou grupo de empresas – de natureza estatal ou privada, pouco importa – precisa ser fiscalizada de perto pelas autoridades administrativas, pois é permanente a tentação de estender essa posição dominante de um mercado relevante para outro ou outros correlatos.

É o que se está a ver, lamentavelmente, com o "contrato de associação" objeto da consulta. O monopólio da PETROBRÁS no mercado de produção de petróleo e nafta, antes de direito e agora de fato, corre o severo risco de se estender a todo o relevante mercado de produtos petroquímicos no território nacional. E isto porque aquela empresa estatal, numa decisão anticomercial (porque limitadora de sua expansão lucrativa futura) e antiadministrativa (porque violadora de sua autonomia de gestão e do princípio da impessoalidade), decidiu emprestar o peso de sua posição dominante no mercado de petróleo a outra empresa privada, para que esta passe a controlar o mercado de produtos petroquímicos.

O meio delitivo empregado foi a associação de empresas, combinada com cláusulas de exclusividade ou ilimitada preferência. Como a jurisprudência brasileira é sabidamente pobre nessa matéria, é importante relembrar a experiência estrangeira de repressão a esses delitos concorrenciais.

10. No direito inglês, desde o célebre caso *Mitchel vs. Reynolds*, de 1711, estabeleceu-se uma clara distinção entre *general* e *particular restraints of trade*, conforme as restrições à concorrência fossem ou não estipuladas sem limitação de prazo ou de área geográfica. Os acordos ilimitados de não-concorrência, entre as próprias partes ou com terceiros, sempre foram considerados inválidos.

Nos Estados Unidos o critério tradicionalmente relevante para se determinar a licitude de um acordo concorrencial é o de se saber se as partes tencionaram proteger um valor patrimonial já criado – como o *goodwill*, por exemplo – ou ampliar o poder empresarial no mercado.[11]

É contra esse pano de fundo que se desenvolveram a teoria e a jurisprudência norte-americanas a respeito das *vertical restraints*, isto é, as restrições à concorrência, sob a forma de vínculos negociais de preferência ou exclusividade, ao longo da cadeia de produção.

No precedente *Standard Oil Co. of Calif. vs. United States* (1949), onde se cuidou de contratos de exclusividade entre uma

11. Cf. Ernest Gellhorn, *Antitrust Law and Economics*, St. Paul, West Publishing, 1976, p. 9.

empresa produtora de combustível e postos de revenda, a Suprema Corte dos Estados Unidos entendeu que o fechamento de uma parte substancial de um mercado, já naturalmente concentrado e de concorrência, portanto, limitada, constitui uma violação da legislação antitruste.[12]

Esse entendimento jurisprudencial, como se percebe, aplica-se, indubitavelmente, à situação ora examinada. O mercado de produtos petroquímicos, no Brasil como na generalidade dos demais países, tem sempre uma configuração relativamente concentrada, com um reduzido número de empresas instaladas em condição de concorrência efetiva. A obtenção de uma exclusividade de aprovisionamento de matéria-prima representa, portanto, nessa situação, um sério golpe à livre competição, com evidentes reflexos no mercado consumidor.

Acresça-se a isto o fato capital de que, entre nós, a produtora da matéria-prima essencial à obtenção do produto goza, como se lembrou, de uma situação de monopólio, ainda que não de direito. Em tais condições, como se reconhece sem discrepância no direito norte-americano desde há muito, qualquer acordo de exclusividade de compra, celebrado com a empresa monopolista, constitui uma ilegalidade *per se*, dispensando a prova do prejuízo ou da efetiva repercussão no mercado.[13]

11. Ao mesmo resultado se chega, analisando-se a situação criada pelo "contrato de associação", a partir dos critérios estabelecidos pelo direito concorrencial europeu.

O art. 85 do Tratado de Roma, como sabido, declarou "incompatíveis com o mercado comum e proibidos todos os acordos entre empresas, todas as decisões de associação de empresas e todas as práticas convencionadas, suscetíveis de prejudicar o comércio entre os Estados, e que tenham por objeto ou por efeito impedir, restringir ou falsear o jogo da concorrência no interior do mercado comum".

A Corte de Justiça da União Européia teve ocasião de interpretar essse dispositivo em relação aos acordos verticais entre empresas, os quais vinculam agentes localizados em diferentes setores da cadeia produtiva. Ela o fez, ao julgar o caso *Gründig*, enfrentando a questão de saber se os acordos proibidos pelo Tratado de Roma são apenas os que ligam dois ou mais concorrentes entre si, ou se a proibição estender-se-ia também às associações de empresas que, embora não concorrentes entre si (como é o caso do produtor de matérias-primas e o fabricante de produtos acabados), afetam terceiros, concorrentes de qualquer das partes.

A decisão judicial é inequívoca: "A concorrência visada pelo art. 85, § 1º, não é apenas a que poderia estabelecer-se entre as partes no acordo, mas também a que poderia exercer-se entre uma delas e terceiros. Assim deve ser sobretudo porque, por um acordo desse tipo, as partes seriam capazes de tentar instituir ou garantir em seu próprio proveito, ao impedir ou limitar a concorrência dos terceiros sobre o produto, uma vantagem injustificada em detrimento do consumidor ou do usuário, contrariamente aos objetivos gerais do art. 85".[14]

É exatamente a situação resultante do "contrato de associação" ora analisado.

Quanto aos contratos de exclusividade, a jurisprudência da Comissão da União Européia é substancialmente igual à da jurisprudência norte-americana, acima lembra-

12. O acórdão é longamente discutido por Lawrence Anthony Sullivan, in *Handbook of the Law of Antitrust*, St. Paul, West Publishing, 1977, pp. 472 e ss.

13. Austin T. Stickells, *Federal Control of Business – Antitrust Laws*, Nova York e São Francisco, 1972, § 5.

14. Cf. Berthold Goldman, Antoine Lyon-Caen e Louis Vogel, *Droit Commercial Européen*, 5ª ed., Paris, Dalloz, pp. 371 e 372.

da. Ela considera ilegais todos os contratos desse gênero, seja de opção, seja de preferência reforçada pelo direito de prioridade, quando o acesso de outros produtores ao mercado é substancialmente entravado. As exceções admissíveis, analogamente ao que ocorre no mundo anglo-saxônio, dizem respeito aos contratos de exclusividade limitados quanto ao objeto e à duração (eles devem se aplicar a um só produto, ou gama de produtos, e não se prolongar além de cinco anos), os quais não sejam suscetíveis de afetar substancialmente o mercado.[15]

12. Mais não é preciso dizer para deixar patente que o "contrato de associação" objeto da consulta constitui, em si mesmo, uma grave infração à ordem econômica, tal como definida na Lei 8.884, de 1994. Ele restringe radicalmente a livre concorrência no mercado de produtos petroquímicos, ao estipular cláusulas de acesso preferencial, se não exclusivo, de um produtor à fonte de matéria-prima. Ele atribui a um só dos concorrentes posição dominante em mercado da maior relevância para a economia nacional, pela transferência a uma empresa privada do monopólio de fato de que goza a PETROBRÁS na produção da matéria-prima.

Nem se ouse dizer que o "contrato de associação" poderia ser justificado à luz dos critérios estabelecidos no § 1º do art. 54 do citado diploma legal.

Na verdade, as políticas empresariais dos órgãos da Administração Pública indireta podem e devem ser avaliadas, em sua juridicidade, pela qualidade das razões ou motivos. Qual seria a possível justificativa para essa absurda transferência de uma posição de monopólio, da empresa estatal para uma empresa privada?

É ridículo falar-se em "eficiência e desenvolvimento tecnológico" do setor de petroquímica, quando se sabe que a empresa privada, privilegiada por essa associação, não dispõe de capacitação tecnológica superior à da PETROBRÁS.

Menos ainda pode-se alegar que essa propalada "sinergia" empresarial aumente o poder de capitalização dos novos empreendimentos. No "contrato de associação em projeto de polipropileno", assinado por PETROBRÁS e OPP na mesma data do "contrato de associação", estipula-se, literalmente, que "a OPP procurará obter financiamento de todo o investimento necessário para a execução do empreendimento com base na capacidade de pagamento do projeto e *no crédito dos seus sócios*, ou reduzir ao mínimo necessário a contribuição de capital próprio dos sócios" (cláusula quinta).

Ou seja, enquanto a PETROBRÁS entra com a sua tecnologia e o seu crédito no mercado financeiro, a outra parte entra com o *animus lucrandi*.

As responsabilidades

13. Como se pôde verificar, pelos desenvolvimentos feitos até aqui, a PETROBRÁS, detentora de um monopólio natural ou de fato na produção da nafta, derivado do petróleo de onde se extraem todas as matérias-primas da indústria petroquímica, transferiu os benefícios dessa situação de dominação exclusiva no mercado para uma empresa privada. E transferiu-os gratuitamente, sem a mais mínima contrapartida patrimonial.

Como a teoria empresarial tem fartamente demonstrado, a posição dominante no mercado, tradicionalmente denominada *goodwill*, corresponde a uma *renda de situação*, um valor intangível que não consta, obviamente, da contabilidade da empresa. Nessas condições, a melhor maneira de avaliá-lo consiste em determinar a capacidade lucrativa futura, fazendo-se uma atualização da renda de situação durante um

15. Berthold Goldman *et alii*, ob. cit., pp. 438 e 439.

certo período, correspondente à sua existência presumida.[16]

A associação feita com OPP representou, como se viu, a transferência gratuita dessa renda de situação para uma empresa privada, com evidente lesão ao patrimônio da empresa estatal. Se, por exemplo, a PETROBRÁS vier a ser futuramente privatizada, a União Federal deixará de perceber, na alienação de suas ações de controle, o expressivo valor correspondente a esse *goodwill*.

Essa gravíssima irregularidade na gestão de um patrimônio empresarial, controlado pela União, não poderá, pois, deixar de ser devidamente apurada pelo Tribunal de Contas da União, no exercício de sua competência constitucional (art. 71, II). Ademais, demonstrada a lesão ao patrimônio público, qualquer do povo é parte legítima para pleitear em juízo, por meio de ação popular, a nulidade de toda a operação, com a condenação em perdas e danos dos administradores daquela empresa estatal e também, em virtude da relação de tutela administrativa, do Sr. Ministro das Minas e Energia.

Não se pode, tampouco, afastar a aplicação ao caso das normas constantes da Lei 8.429, de 2.6.92, que dispõe sobre as sanções aplicáveis aos agentes públicos nos casos de enriquecimento ilícito no exercício de mandato, cargo, emprego ou função na Administração Pública direta, indireta ou fundacional. Dentre os atos de improbidade administrativa que causam prejuízo ao erário, capitulados nesse diploma legal, encontram-se aqueles definidos em seu art. 10, I, III e IV, a saber:

"I – facilitar ou concorrer por qualquer forma para a incorporação ao patrimônio particular, de pessoa física ou jurídica, de bens, rendas, verbas ou valores integrantes do acervo patrimonial das entidades mencionadas no art. 1º desta Lei;

16. Cf. Eugène Sage, *Comment Évaluer une Entreprise*, Paris, Sirey, 1979, pp. 76 e ss.

"(...)

"III – doar a pessoa física ou jurídica, bem como a ente despersonalizado, ainda que de fins educativos ou assistenciais, bens, rendas, verbas ou valores do patrimônio de qualquer das entidades mencionadas no art. 1º desta Lei, sem observância das formalidades legais e regulamentares aplicáveis à espécie;

"IV – permitir ou facilitar a alienação, permuta ou locação de bem integrante do patrimônio de qualquer das entidades referidas no art. 1º desta Lei, ou ainda a prestação de serviço por parte delas, por preço inferior ao de mercado."

Convém lembrar, de resto, que as disposições da Lei 8.429 "são aplicáveis, no que couber, àquele que, mesmo não sendo agente público, induza ou concorra para a prática do ato de improbidade ou dele se beneficie sob qualquer forma direta ou indireta" (art. 3º).

Por outro lado, a ilícita e inconstitucional associação de PETROBRÁS com OPP, como se viu, representa inegável infração à ordem econômica, como tal capitulada no art. 20 da Lei 8.884, de 1994. Têm aplicação, pois, à espécie as penas previstas nos arts. 23 e ss. desse diploma legal.

Tudo isso, escusa dizê-lo, sem prejuízo das sanções criminais que ao caso couberem.

Conclusões

14. Pelos argumentos que acabam de ser expostos, sinto-me logicamente autorizado a assentar as seguintes conclusões.

14.1 Ao firmar o "contrato de associação" e os demais instrumentos contratuais e societários referidos na consulta, a PETROBRÁS infringiu frontalmente o princípio constitucional da impessoalidade, o qual rege indistintamente o funcionamento dos órgãos da Administração Pública direta e indireta. Nenhuma empresa estatal, sobretudo quando goza de um monopólio de fato na produção de determinado bem, pode legitimamente escolher uma empresa privada como sua parceira privilegiada e exclusiva no mercado. Menos ainda pode transferir gratuitamente a essa empresa privada a posição dominante que detém no mercado, a modo de autêntica privatização indireta, sem licitação.

14.2 A norma constante do art. 64 da Lei 9.478, de 6.8.97, é duplamente inconstitucional. Em primeiro lugar por atribuir à PETROBRÁS uma autorização genérica, e não específica, como exige a Constituição (art. 37, XX: "em cada caso"), para a constituição de subsidiárias. Em segundo lugar por autorizar, da mesma forma genérica e ilimitadamente, a participação de subsidiárias da PETROBRÁS em outras empresas.

14.3 O "contrato de associação" referido na consulta representa grave infração à ordem econômica, conforme o disposto na Lei 8.884, de 1994. Ele restringe substancialmente a concorrência no mercado de produtos petroquímicos, em benefício de uma só empresa concorrente. Ele cria, ademais, sempre em benefício desta mesma empresa, uma posição dominante em mercado de relevância para a economia nacional.

14.4 Tenho, em conseqüência, o mencionado "contrato de associação" bem como as demais relações contratuais e societárias dele decorrentes como nulos e insuscetíveis de correção ou convalidação.

14.5 As sanções eventualmente aplicáveis, no caso, como assinalado no item 13 deste parecer, são de ordem civil e administrativa, sem prejuízo de um possível enquadramento dos responsáveis, conforme as circunstâncias, na lei penal.

São Paulo, 4 de outubro de 1997

PARECERES

ASPECTOS DO PROCESSO DE "IMPEACHMENT" – RENÚNCIA E EXONERAÇÃO DE AGENTE POLÍTICO – TIPICIDADE CONSTITUCIONAL DOS CRIMES DE RESPONSABILIDADE

LUÍS ROBERTO BARROSO

Professor Titular de Direito Constitucional da Universidade do Estado do Rio de Janeiro – *Master of Laws* pela *Yale Law School* – Procurador do Estado do Rio de Janeiro

Parecer

Consulta-me o ilustre advogado brasiliense Dr. Antônio Carlos de Almeida Castro acerca de aspectos relativos ao processo por crime de responsabilidade instaurado contra cliente seu, ex-Secretário de Estado da Fazenda do Estado de ... . A hipótese encontra-se narrada a seguir.

O consulente impetrou, em favor de seu cliente, mandado de segurança contra o ato do Presidente da Assembléia Legislativa do Estado de ... consistente na submissão ao Plenário daquela Casa do projeto de decreto legislativo de instauração de processo por crime de responsabilidade conexo com o imputado ao Governador do Estado. Fundou-se o *mandamus* em que, quando da prática do ato impugnado, o impetrante não mais ocupava o cargo de Secretário de Estado, por lhe haver sido concedida exoneração a pedido, não estando sujeito, por via de conseqüência, ao processo de *impeachment*.

O Exmo. Sr. Des. Relator do mandado de segurança, ao apreciar o pedido de liminar, entendeu por bem denegá-lo, por supor ausente o *periculum in mora* e fundando-se, ademais, em que:

a) a instauração do processo contra o impetrante dera-se em momento anterior, com o acolhimento, pela Assembléia Legislativa, do parecer da Comissão Especial designada para apreciar a denúncia oferecida;

b) na hipótese de exoneração, diferentemente do que se passa com a renúncia, não se subtrai o servidor às penas da lei, consoante dispõem a Lei do Regime Jurídico Único dos Servidores Públicos da União e o Estatuto dos Funcionários Públicos do Estado.

O presente estudo, após algumas considerações sumárias sobre a natureza, partes, fundamentos e objeto do processo de *impeachment*, pretende demonstrar que:

I – Não é possível a instauração de processo por crime de responsabilidade contra agente político que já não ocupe mais o cargo que o sujeitava a tal procedimento.

II – Em face da legislação aplicável, o ato de instauração do processo de *impea-*

chment é a aprovação pela Assembléia Legislativa, mediante *quorum* constitucional de dois terços dos seus membros, do projeto de decreto legislativo previsto regimentalmente, e não a mera aprovação do parecer da Comissão Parlamentar Especial.

III – O requisito para instauração do processo por crime de responsabilidade é que o agente político não tenha deixado o cargo. É indiferente, para os fins da legislação, se a hipótese foi de renúncia ou de exoneração.

IV – Os crimes de responsabilidade a serem definidos em lei especial, como prevê o parágrafo único do art. 85 da CF, só podem ser os que correspondam às figuras típicas constantes do corpo do dispositivo. Trata-se de reserva constitucional, insuscetível de extensão discricionária por parte do legislador.

A seguir, a análise de cada um dos argumentos.

I – Crimes de responsabilidade e processo de "impeachment": análise sumária dos aspectos essenciais[1]

Crimes de responsabilidade são aqueles suscetíveis de serem praticados por determinados agentes políticos, em razão dos cargos públicos que ocupam. A Constituição da República faz uma capitulação genérica dos delitos dessa natureza nos incisos II a VII do art. 85, prevendo, ainda, no parágrafo único do dispositivo: "Esses crimes serão definidos em lei especial, que estabelecerá as normas de processo e julgamento".

Embora não seja empregado no texto constitucional ou na legislação, o termo inglês *impeachment* é utilizado, de forma ampla, para identificar o processo mediante o qual se promovem a apuração e o julgamento dos crimes de responsabilidade. Não obstante remeta a matéria à legislação ordinária, como visto acima, a Constituição Federal institui, ela própria, algumas regras procedimentais a serem seguidas (v. arts. 51, I, 52, I e II, e 86). A Lei 1.079, de 10.4.50, define os crimes de responsabilidade e regula o processo respectivo.

Não é de proveito, nas circunstâncias, qualquer esforço de erudição na busca das raízes históricas do instituto e sua evolução. Basta o registro de que surgiu na Grã-Bretanha, com conteúdo político e penal, sendo abandonado naquele país, ao longo dos anos, substituído por mecanismos próprios do sistema parlamentar. O constitucionalismo norte-americano o importou, em 1787, como instrumento próprio de responsabilização dos governantes e outros agentes políticos no sistema presidencial, com índole estritamente política.

No Brasil os mecanismos substantivos e processuais de responsabilização do Presidente da República e outros agentes políticos foram introduzidos com a Constituição de 1891, havendo constado de todas as Cartas subseqüentes. Em plano infracons-

1. V., a respeito do tema: Paulo Brossard, *O "Impeachment"*; Humberto Ribeiro Soares, *"Impeachment" – Crimes de Responsabilidade do Presidente da República*; Denise Freitas Fabião Guasque, "O *impeachment* do Presidente da República" (*RT* 684/400); Ives Gandra da Silva Martins, "Aspectos procedimentais do instituto jurídico do *impeachment* e conformação da figura da improbidade administrativa" (*RT* 685/286); Antônio Cláudio de Lima Vieira, "Sobre o *impeachment* na Câmara dos Deputados" (*RT* 685/403); Roberto Delmanto e Roberto Delmanto Júnior, "A ilegitimidade processual dos autores do pedido de *impeachment*" (*RT* 690/410); Carlos Eduardo Thompson Flores Lenz, "A intervenção do Judiciário no processo de *impeachment*" (*RT* 695/262); Paulo Lopo Saraiva, "A função judicante do Poder Legislativo no Brasil" (*RILSF* 127/43); Sérgio Sérvulo da Cunha, "Responsabilidade política e *impeachment*" (*RTDP* 5/225); Fernando Whitaker da Cunha, "O Poder Legislativo e o *impeachment*" (*RILSF* 116/31); Barbosa Lima Sobrinho, "As sanções do *impeachment*" (*RPGE-RJ* 46/1). V., também, *Impeachment*, publicação do STF com as principais decisões sobre crimes de responsabilidade do Presidente da República.

titucional, três diplomas trataram do tema: a Lei 27, de 7.1.1892; a Lei 30, de 8.1.1892; e a Lei 1.079, de 10.4.50, ainda em vigor em sua maior parte, consoante reiterado por decisão do STF.[2]

O processo dos crimes de responsabilidade mereceu tratamento peculiar na Constituição em vigor, sendo que o tema, por força das vicissitudes da história recente do país, foi amplamente debatido na doutrina e na jurisprudência do STF. Parece bem, assim, em desfecho destas notas conceituais, abordar, sempre com a brevidade conveniente, aspectos referentes à natureza, às partes, aos fundamentos e ao objeto do processo de *impeachment*.[3]

Influenciada pela sistemática norte-americana, parte da doutrina militou na crença, hoje vencida, de que o processo por crime de responsabilidade teria *natureza* integralmente política. Como conseqüência de tal ponto de vista, sustentou-se faltar jurisdição ao Poder Judiciário para conhecer de quaisquer questões afetas ao tema.[4] É negável que o processo de *impeachment* tem uma dimensão política, tanto pela natureza dos interesses em jogo e das pessoas envolvidas como, notadamente, por duas circunstâncias: a) não podem os órgãos do Poder Judiciário rever o mérito da decisão proferida pela Casa Legislativa; b) a decisão não deve reverência aos rigores de objetividade e motivação que se impõem aos pronunciamentos judiciais (CF, art. 93, IX).

Nada obstante, a despeito de posições minoritárias dissonantes, afirmou-se, com a chancela da jurisprudência reiterada do STF,[5] a tese de cabimento de controle judicial dos atos praticados no processo por crime de responsabilidade perante órgão legislativo. Por evidente, como assinalado, não caberá a revisão de mérito, mas, sim, se a competência constitucional foi exercida nos seus legítimos limites e se não ocorreu violação a direitos subjetivos.

No que diz respeito às *partes* é de se assinalar, de plano, não ser cabível uma analogia rigorosa com o processo judicial típico, notadamente no que diz respeito ao pólo ativo. No pólo passivo estão sujeitos ao processo por crime de responsabilidade o Presidente da República, os Ministros de Estado, os Ministros do STF, o Procurador-Geral da República, os Governadores e Secretários de Estado.[6] Veja-se que no caso do Presidente e seus Ministros, assim como do Governador e seus Secretários (Lei 1.079/50, arts. 14 e 75), o *denunciante* apresenta mera *notitia criminis*, não se tornando parte ativa, nem integrando o processo.

Os fundamentos do pedido de *impeachment* são os fatos tipificados em lei como crime de responsabilidade, em desenvolvimento do delineamento constitucional inscrito no art. 85, *in verbis*:

"Art. 85. São crimes de responsabilidade os atos do Presidente da República que atentem contra a Constituição Federal e, especialmente, contra:

"I – a existência da União;

"II – o livre exercício do Poder Legislativo, do Poder Judiciário, do Ministério Público e dos Poderes constitucionais das unidades da Federação;

2. Em seu voto condutor no MS 21.689-DF, consignou o Min. Carlos Mário Velloso: "A Lei n. 1.079, de 1950, editada sob o pálio da CF/46, que foi recepcionada em sua grande parte pela CF/88, é a lei referida no parágrafo único do art. 85".

3. Não é própria a tradução literal por *impeachment*, termo que, na verdade, identifica outra situação: a impossibilidade temporária para o exercício do cargo por circunstâncias como viagem ou doença.

4. O principal divulgador deste entendimento foi o ex-Senador e ex-Ministro do STF Paulo Brossard, em sua obra *O "Impeachment"* e em votos sucessivos no STF. No julgamento do MS 20.941-DF aderiram a tal ponto de vista os Mins. Sepúlveda Pertence e Célio Borja.

5. V., *e.g.*, acórdãos nos MS 20.941, 21.564 e 21.689.

6. Estes os agentes políticos constantes da Lei 1.079/50. O Decreto-lei 201, de 27.2.67, cuida da responsabilização de Prefeitos e Vereadores.

"III – o exercício dos direitos políticos, individuais e sociais;

"IV – a segurança interna do País;

"V – a probidade na administração;

"VI – a lei orçamentária;

"VII – o cumprimento das leis e das decisões judiciais.

"Parágrafo único. Esses crimes serão definidos em lei especial, que estabelecerá as normas de processo e julgamento."

Assinale-se, por ora, para desenvolvimento posterior, a circunstância relevante de que a Constituição em vigor, tal como a de 1967/69, mas em contraste com a de 1946, não incluiu no elenco de crimes de responsabilidade "a guarda e o legal emprego dos dinheiros públicos", que aquela Carta contemplava no inciso VII do art. 89 e a Lei 1.059/50 desenvolveu no art. 11.[7]

A prévia autorização do órgão legislativo para a instauração de processo contra o Chefe do Executivo é exigida tanto nos casos de crime comum como nos de crime de responsabilidade. Concedida autorização, o julgamento realizar-se-á perante o Poder Judiciário, na primeira hipótese, ou perante o próprio Poder Legislativo, na segunda. Consoante o modelo federal inscrito no parágrafo único do art. 52, transplantado para os Estados-membros,[8] são duas as penas estabelecidas para os crimes de responsabilidade: a) perda do cargo; b) inabilitação, por oito anos, para o exercício de função pública. Cf. a dicção constitucional, *in verbis*:

"Art. 52. (...)

"Parágrafo único. Nos casos previstos nos incisos I e II, funcionará como Presidente o do Supremo Tribunal Federal, limitando-se a condenação, que somente será proferida por dois terços dos votos do Senado Federal, à perda do cargo, com inabilitação, por oito anos, para o exercício de função pública, sem prejuízo das demais sanções judiciais cabíveis."

O tema foi amplamente discutido no STF quando do julgamento do MS 21.689-DF, restando consignado na ementa do acórdão: "A existência, no *impeachment* brasileiro, segundo a Constituição e o direito comum (CF/1988, art. 52, parágrafo único; Lei n. 1.079, de 1950, arts. 2º, 33 e 34), de duas penas: a) perda do cargo; b) inabilitação, por oito anos, para o exercício de função pública".

Repassados, assim, os conceitos fundamentais sobre o tema, tal como desenvolvidos pela doutrina e abrigados pela mais alta Corte, passa-se, a seguir, à sua aplicação à hipótese concreta em exame.

II – Não é possível a instauração de processo por crime de responsabilidade quando o acusado não mais ocupe o cargo do qual era passível de destituição

Consoante informa, documentadamente, o consulente, o impetrante teve sua exo-

7. O art. 89 da CF/46 tinha a seguinte redação:

"Art. 89. São crimes de responsabilidade os atos do Presidente da República que atentarem contra a Constituição Federal e, especialmente, contra:

"I – a existência da União;

"II – o livre exercício do Poder Legislativo, do Poder Judiciário e dos poderes constitucionais dos Estados;

"III – o exercício dos direitos políticos, individuais e sociais;

"IV – a segurança interna do País;

"V – a probidade na administração;

"VI – a lei orçamentária;

"VII – a guarda e o legal emprego dos dinheiros públicos;

"VIII – o cumprimento das decisões judiciárias.

"Parágrafo único. Esses crimes serão definidos em lei especial, que estabelecerá as normas de processo e julgamento."

8. A Constituição do Estado de Santa Catarina dispõe em seu art. 40, parágrafo único: "Nos casos previstos nos incisos XX e XXI, funcionará como presidente o do Tribunal de Justiça, limitando-se a condenação, que somente será proferida por dois terços dos votos de seus membros, à perda do cargo, com inabilitação por oito anos para o exercício de função pública, sem prejuízo das demais sanções judiciais cabíveis".

neração concedida em 30 de junho de 1997, por ato do Governador do Estado publicado no *Diário Oficial* do mesmo dia, e que circulou no dia 1º de julho seguinte. Somente no dia *2 de julho* o Presidente da Assembléia Legislativa submeteu à votação o Projeto de Decreto Legislativo 057/97, cujo objeto era, precisamente, "instaurar processo por crime de responsabilidade contra o Sr. NN, Secretário de Estado da Fazenda".

Naquela altura, todavia, já não era mais possível a instauração do processo. A tese é singela e incontroversa.

A Lei 1.079, de 10.4.50, que, como se deixou assentado, foi recepcionada em sua maior porção pela Constituição de 1988, fornece o roteiro para equacionamento e solução da questão posta. Confiram-se, a propósito, os arts. 15, 76, parágrafo único, e 79, parágrafo único, do indigitado diploma legal:

"Do Presidente da República e Ministros de Estado

"Art. 15. A denúncia só poderá ser recebida enquanto o denunciado não tiver, por qualquer motivo, deixado definitivamente o cargo."

"Dos Governadores e Secretários dos Estados

"Art. 76. (...)

"Parágrafo único. Não será recebida a denúncia depois que o Governador, por qualquer motivo, houver deixado definitivamente o cargo."

"Art. 79. (...)

"Parágrafo único. Os secretários de Estado, nos crimes conexos com os dos Governadores, serão sujeitos ao mesmo processo e julgamento."

As normas em questão estabelecem, de modo uniforme para os agentes políticos federais – Presidente da República e Ministros de Estado – e estaduais – Governadores e Secretários de Estado –, uma condição de procedibilidade para a instauração do processo de *impeachment*. Com efeito, não admite a lei seja a denúncia por crime dessa natureza recebida caso o agente político tenha, por qualquer motivo, deixado definitivamente o cargo.

Esta é a posição da doutrina especializada, como se vê, *e.g.*:

"O art. 15 da Lei n. 1.079/50 estabelece uma condição objetiva de procedibilidade para a aceitação da denúncia, eis que vincula o recebimento da peça acusatória ao fato de o Presidente estar no exercício do cargo.

"(...). Portanto, trata-se de uma condição de procedibilidade e também de punibilidade."[9]

A matéria foi longamente analisada pelo STF quando do julgamento do MS 21.564-DF, impetrado pelo ex-Presidente Collor de Mello. A hipótese então em discussão estremava-se da que é objeto do presente parecer pelo fato de que o ex-Presidente renunciou ao cargo durante a sessão de julgamento pelo Senado Federal, muito tempo depois de ter sido tecnicamente recebida a denúncia e instaurado o processo por crime de responsabilidade. Na hipótese aqui versada, o impetrante deixou o cargo de Secretário de Estado *em data anterior à instauração do processo*.

A posição do STF é inequívoca, e materializou-se na própria ementa do acórdão, cujo item III tem a seguinte dicção: "III – Alteração do direito positivo brasileiro: a Lei n. 27, de 1892, art. 3º, estabelecia: a) o processo de *impeachment* somente poderia ser intentado durante o período presidencial; b) intentado, cessaria quando o Presidente, por qualquer motivo, deixasse definitivamente o exercício do cargo. A Lei n. 1.079, de 1950, estabelece, apenas, no seu art. 15, que a denúncia só poderá ser recebida enquanto o denunciado não tiver,

9. Denise Freitas Fabião Guasque, "O *impeachment* do Presidente da República", *RT* 684/400 (p. 403).

por qualquer motivo, deixado definitivamente o cargo".

A ênfase do acórdão, nessa parte, recaiu na modificação legislativa que repercutiu sobre os efeitos da saída do agente político do cargo. Presentemente, inexiste norma prevendo a extinção do processo quando, após sua instauração, venha a operar-se a vacância do cargo. Manteve-se, todavia, regra expressa vedando a instauração do processo quando o acusado, por qualquer motivo, houver deixado definitivamente o cargo. É o que se colhe, didaticamente, do voto do Min. Sepúlveda Pertence a seguir transcrito, *verbis*: "Donde, coerentemente, no art. 15 da Lei n. 1.079/50, a redução a uma só das duas conseqüências que a lei velha, também coerentemente, imputava ao mesmo fato – ter o denunciado, por qualquer motivo, deixado definitivamente o cargo: antes, a vedação de intentar-se o processo ou a extinção do processo já instaurado; *hoje, apenas a impossibilidade de receber-se a denúncia, após a vacância do cargo*" (grifos acrescentados).

Cabe fazer uma observação final relevante acerca desse julgado do STF. O acórdão, por maioria apertada obtida com a convocação de Ministros do STJ, concluiu que a renúncia quando já iniciado o julgamento – isto é, com o processo em curso e já em sua fase final – não paralisa o processo. Os quatro votos vencidos – dos Mins. Ilmar Galvão, Celso de Mello, Moreira Alves e Octávio Gallotti – entenderam que a saída do agente político do cargo tornava sem objeto o processo de *impeachment* já instaurado. É natural a inferência de que, mantida a composição, a posição unânime do STF é no sentido do descabimento de processo de *impeachment* se o acusado já não estiver no cargo no momento de oferecimento da denúncia, como prevê de forma expressa a Lei 1.079/50.

A aplicabilidade dos princípios, regras e conceitos acima enunciados aos Secretários de Estado é fora de dúvida. Em primeiro lugar por previsão expressa da Lei 1.079/50, que dedica sua "Parte Quarta" aos Governadores e Secretários de Estado, e onde se colhem os dispositivos transcritos ao início deste capítulo (parágrafos únicos dos arts. 76 e 79). Em segundo lugar porque não há na legislação estadual de qualquer nível norma provendo em sentido diverso. E, ainda quando houvesse, não resistiria ao contraste constitucional.

III – Em face da legislação aplicável, o ato de instauração do processo de "impeachment" é a aprovação pela Assembléia Legislativa, por "quorum" constitucional de dois terços dos seus membros, do projeto de decreto legislativo previsto regimentalmente, e não a mera aprovação do parecer da Comissão Parlamentar Especial

Dispõe a Lei 1.079/50, em seu art. 79: "Art. 79. No processo e julgamento dos Governadores serão subsidiários desta Lei, naquilo em que lhe forem aplicáveis, assim o *regimento interno da Assembléia Legislativa* e do Tribunal de Justiça, como o Código de Processo Penal".

Em harmonia com o regramento federal, a Constituição do Estado de Santa Catarina estabelece, em seu art. 73, que o Governador será submetido a processo e julgamento perante a Assembléia Legislativa, por crimes de responsabilidade, depois de declarada, pelo voto de dois terços de seus membros, a procedência da acusação. O art. 75 submete os Secretários de Estado ao mesmo processo e julgamento do Governador, nos crimes conexos.

Por sua vez, o Regimento Interno da Assembléia Legislativa, promulgado como Resolução DP-47, de 4.12.89, dedica seus arts. 243 a 245 ao "processo nos crimes de responsabilidade do Governador e dos Secretários de Estado". O § 1º do art. 243

prevê a apreciação preliminar da acusação (denominada no Regimento de *representação*) por uma "Comissão Especial, constituída de um quinto dos membros da Assembléia com observância da proporcionalidade partidária, para emitir parecer sobre a representação e as informações, no prazo máximo de 15 (quinze) dias a contar de sua instalação". O § 2º do mesmo artigo prevê hipóteses de prorrogação do prazo para 30 ou 60 dias. Em dispositivo especialmente relevante para os fins aqui visados, determina o § 3º do art. 243, *in verbis*: "§ 3º. O parecer da Comissão Especial concluirá, em projeto de decreto legislativo, pelo recebimento ou não da representação".

O Regimento Interno, portanto, em regra de meridiana clareza, sem margem a interpretações complexas ou ambíguas, estabelece que o parecer concluirá apresentando um projeto de decreto legislativo. Em seguida, o § 4º do art. 243, também em linguagem cristalina, preceitua: "§ 4º. *Caso seja aprovado o projeto, por dois terços dos membros da Assembléia concluindo pelo recebimento da representação, para os efeitos de direito, o Presidente promulgará o decreto legislativo*, do qual fará chegar uma via ao substituto constitucional do Governador para que assuma o poder, no dia em que entre em vigor a decisão da Assembléia".

Cabe observar que o STF, na apreciação da Medida Cautelar impetrada na ADIn 1.628-SC, suspendeu a eficácia do trecho não grifado, o que é, todavia, inteiramente irrelevante para a discussão aqui desenvolvida. Pois bem: como resulta superlativamente evidente do preceptivo transcrito, é a aprovação do projeto de decreto legislativo que importa o recebimento da representação (*rectius*: da denúncia), e não qualquer outro ato. Aliás, é por esta razão que a ementa do Projeto de Decreto Legislativo 57/97, resultante de projeto apresentado pela Comissão Especial, dispõe: "Autoriza a instauração de processo por crime de responsabilidade". Confira-se a íntegra do referido ato legislativo, aprovado como Decreto Legislativo 17.810, de 2.7.97:

"Autoriza a instauração de processo por crime de responsabilidade.

"O Presidente da Assembléia Legislativa do Estado de Santa Catarina, faz saber a todos os habitantes deste Estado que ela aprovou e ele promulga o seguinte Decreto Legislativo:

"Art. 1º. Fica autorizada, a Assembléia Legislativa do Estado de Santa Catarina, nos termos do art. 40, incisos XVI e XX, da Constituição Estadual, a instaurar processo por crime de responsabilidade contra o Sr. NN, Secretário de Estado da Fazenda.

"Art. 2º. Este Decreto Legislativo entra em vigor na data de sua publicação.

"Art. 3º. Revogam-se as disposições em contrário."

À vista do que acima se expôs e transcreveu, não é relevante, nas circunstâncias, o fato de que o Plenário da Assembléia Legislativa tenha aprovado com qualquer *quorum* o parecer da Comissão Especial. É que somente com a aprovação e a promulgação do decreto legislativo deve-se considerar recebida a denúncia, "para os efeitos de direito", como explicita o próprio dispositivo. Assim, a aprovação do parecer da Comissão Especial no Plenário da Casa Legislativa não supre, por evidente, a necessidade de discussão e votação do projeto de decreto legislativo.

E assim é não apenas por força da literalidade e do espírito da regra, como por outras razões que se cumulam. Em primeiro lugar porque o procedimento legislativo não é facultativo, *nem fungível*. Bem ao revés, tem ele caráter vinculado e sujeito à reserva legal absoluta. Logo, onde a norma de regência exige *decreto legislativo* não se pode suprir com *parecer de comissão*.

Segundo porque da aprovação do parecer da Comissão Especial no Plenário não se extrai como conseqüência, *a fortiori*, a aprovação do projeto de decreto legislativo que oferece. De fato, nada garante que as forças políticas não se aglutinarão de uma outra forma, provocando uma alteração na votação, ou que aquilo que obteve aprovação em bloco (parecer) não tenha o mesmo êxito em separado (projetos de decretos legislativos).

Em conclusão: a instauração do processo por crime de responsabilidade, por força da legislação aplicável – Lei 1.079/50, Constituição do Estado de Santa Catarina e Regimento Interno da Assembléia Legislativa –, somente se dá mediante aprovação, por dois terços, do projeto de decreto legislativo apresentado pela Comissão Especial e submetido a Plenário. Ora bem: este decreto legislativo, é incontroverso, somente foi votado em 2 de julho de 1997, quando o impetrante da segurança não mais ocupava o cargo de Secretário de Estado desde o dia 30 de junho anterior.

IV – O requisito para instauração do processo por crime de responsabilidade é que o agente político não tenha deixado o cargo. É indiferente, para os fins da legislação, se a hipótese foi de renúncia ou de exoneração

Os institutos jurídicos da renúncia e da exoneração, naturalmente, abrigam conteúdos diversos. A renúncia configura ato unilateral do agente público, mediante o qual expressa a vontade de deixar o cargo que ocupa.[10] A exoneração é a cessação da relação jurídico-funcional do servidor, sem caráter de sanção. Pode ela se dar a pedido ou *ex officio*, neste último caso quando se tratar de cargo em comissão ou, no caso de cargo efetivo, quando não satisfeitas as exigências do estágio probatório ou quando, tendo tomado posse, o servidor não entrar em exercício no prazo estabelecido. Há consenso em que a exoneração não tem caráter de penalidade.[11]

É bem de ver, no entanto, que a distinção entre as duas figuras, que pode ter grande relevância em outras circunstâncias, é totalmente inócua na hipótese sob exame. Igualam-se uma e outra no efeito que aqui interessa, que é a vacância do cargo. De fato, os arts. 15 e 76 da Lei 1.079/50 estabelecem que a denúncia por crime de responsabilidade só poderá ser recebida enquanto o agente político denunciado, por qualquer motivo, "não houver deixado definitivamente o cargo". A expressão utilizada pelo legislador é propositadamente ampla, servindo para designar toda e qualquer hipótese de saída do cargo em caráter definitivo. Em nenhum momento a palavra *renúncia* é utilizada.

Portanto, configurada a vacância do cargo, seja por renúncia – para os agentes políticos que detêm mandato popular –, seja por exoneração ou por qualquer outra forma para os demais, incide a vedação legal genérica para instauração de processo de *impeachment*. Não pode o intérprete fazer uma distinção arbitrária, que não tem fundamento legítimo no relato da norma.

Não se afigura pertinente, de outra parte, a invocação da legislação genérica de regência do regime jurídico funcional dos servidores públicos. Em primeiro lugar, a toda evidência, pela existência de lei específica. Em segundo lugar porque tanto a lei federal do regime jurídico único – Lei 8.112, de 11.12.90, art. 172[12] – como o Estatuto dos Funcionários Públicos de Santa Catarina, no art. 163,[13] restringem a facul-

10. V., por todos, Benjamin Villegas Basavilbaso, *Tratado*, v. I, 1955, p. 355.

11. V., por todos, Maria Sylvia Zanella Di Pietro, *Direito Administrativo Brasileiro*, 1997, p. 384.

12. O dispositivo tem o seguinte teor: "Art. 172. O servidor que responder a processo disciplinar só poderá ser exonerado a pedido, ou aposentado voluntariamente, após a conclusão do processo e o cumprimento da penalidade, acaso aplicada".

13. O dispositivo tem o seguinte teor: "Art. 163. O funcionário que estiver respondendo a processo

dade de requerer exoneração "ao servidor que estiver respondendo a *processo disciplinar*". Nem a mais arrebatada das interpretações livres haveria de considerar o *impeachment* um processo disciplinar. De fato, o processo por crime de responsabilidade tem por finalidade, como visto no capítulo introdutório, a destituição do agente político do cargo e sua inabilitação para o exercício de função pública por um determinado período. Tais penalidades, intuitivamente, não se confundem com as que resultam do processo administrativo de responsabilização interna do servidor.

Reitere-se a evidência: não há como confundir o processo de *impeachment*, que versa sobre a prática de crimes de responsabilidade e tem o objeto acima referido, com o processo administrativo disciplinar, que tem por fim a aplicação de sanções administrativas – como a advertência, a suspensão e a demissão – ao servidor que tenha violado seus deveres funcionais. Ademais, enquanto o primeiro é levado a efeito pelo Poder Legislativo, o segundo é conduzido no âmbito interno do Poder a que pertence o servidor acusado.

Pois bem: nenhum processo administrativo disciplinar fora instaurado contra o impetrante. A denúncia oferecida perante o Presidente da Assembléia Legislativa lhe imputava a suposta prática de crime de responsabilidade, previsto na Lei 1.079/50. Assim, não tem aplicabilidade ao caso o art. 163 do Estatuto dos Servidores Públicos do Estado. Ainda que assim não fosse, isto é, ainda que o consulente estivesse respondendo a processo administrativo disciplinar, o aludido dispositivo não teria o condão de impedir os efeitos de sua exoneração para os fins do processo de *impeachment*.

De fato, o que pretendeu o Estatuto foi tornar a exoneração inoponível à Administração Pública, de modo a evitar que o servidor se subtraísse à aplicação da sanção administrativa por meio deste procedimento. O dispositivo estatutário, portanto, tem sua aplicabilidade limitada ao âmbito do processo disciplinar, com vistas a assegurar a aplicação da pena administrativa, não se estendendo a processos de outra natureza.

V – Os crimes de responsabilidade a serem definidos em lei especial, como prevê o parágrafo único do art. 85 da CF, só podem ser os que correspondam às figuras típicas constantes do corpo do dispositivo. Trata-se de matéria de reserva constitucional, insuscetível de extensão discricionária por parte do legislador

Todas as Constituições republicanas brasileiras, a partir de 1891, capitularam, em caráter esquemático, as figuras típicas referentes aos crimes de responsabilidade, prevendo sua definição em lei ordinária especial. A Constituição em vigor explicita, nos sete incisos do art. 85, já reproduzidos no Capítulo I deste parecer, os bens jurídicos a serem tutelados mediante a imputação de crimes de responsabilidade. O parágrafo único do artigo prevê expressamente: "Esses crimes serão definidos em lei especial, que estabelecerá as normas de processo e julgamento".

A Constituição, como se constata singelamente, atribuiu ao legislador infraconstitucional a disciplina substantiva e processual da matéria, salvo naquilo que reservou para si própria. Assim, por exemplo, não poderá a lei ordinária, ao cuidar do processo, dispor acerca das competências da Câmara e do Senado de modo diverso do já feito pelo constituinte. Da mesma forma, ao tratar das definições dos crimes não poderá incluir categoria diversa das que se

disciplinar não poderá, antes de seu término, ser exonerado a pedido, nem se afastar do serviço, a não ser em virtude de licença por doença, suspensão preventiva, prisão administrativa ou prisão em flagrante".

encontram no elenco do art. 85. É intuitivo que seja assim, como captou a pena sempre arguta de José Afonso da Silva, *in verbis*: "Todos esses crimes serão definidos em lei especial, que estabelecerá as normas de processo e julgamento (art. 85, parágrafo único, já existindo a propósito a Lei n. 1.079/50), *respeitados naturalmente as figuras típicas e os objetos materiais circunscritos nos incisos do art. 85*"[14] (grifos acrescentados).

É possível afirmar, por via de conseqüência, que os crimes de responsabilidade se submetem, no direito brasileiro, a um regime de *tipologia constitucional estrita*, cabendo ao legislador ordinário tão-somente explicitar e minudenciar práticas que se subsumam aos tipos constitucionais.

A Lei 1.079/50, que, como já assinalado por mais de uma vez, é reconhecida como *a lei* de que trata o parágrafo único do art. 85 da CF, reserva os oito capítulos de seu Título I à definição dos crimes de responsabilidade, seguindo o roteiro da previsão constitucional. Assim, as diversas figuras típicas e objetos jurídicos elencados nos incisos do art. 85 são, um a um, regulamentados nos arts. 5º a 12 da lei.

Nada obstante, em um dispositivo específico a Lei 1.079/50 perde a sintonia com a Lei Maior: o art. 11, inserto no Capítulo VII, tipifica como crimes de responsabilidade condutas que não têm correspondência na matriz constitucional. Com efeito, tal preceptivo versa sobre "crimes de responsabilidade contra a guarda e o legal emprego dos dinheiros públicos", figura típica que não consta do elenco do art. 85 da CF.

A existência do art. 11 da Lei 1.079/50, no entanto, é facilmente explicável. É que a Constituição de 1946, sob cuja égide a Lei 1.079 foi editada, estabelecia, no inciso VII de seu art. 89, precisamente, a figura típica do crime de responsabilidade contra "a guarda e o legal emprego dos dinheiros públicos", como haviam feito todas as Constituições até então.[15] Desse modo, era natural que a lei infraconstitucional destinasse um de seus capítulos à definição de condutas que configurariam tal tipo penal. Todavia, esta figura típica foi suprimida dos textos da Constituição de 1967 e da EC 1/69, não havendo sido reproduzida na Constituição de 1988.

A supressão de um dos tipos do elenco constitucional de crimes de responsabilidade produz, em última análise, os efeitos de uma *abolitio criminis*. Com efeito, todos os fatos anteriormente criminalizados tornam-se, *ipso facto*, atípicos, não mais ensejando qualquer conseqüência na esfera da responsabilidade política. Coerente com a premissa de que todas as figuras típicas dos crimes de responsabilidade encontram-se sujeitas a regime de *reserva constitucional estrita*, é inarredável a conclusão de que o art. 11 da Lei 1.079/50 não foi recepcionado pela ordem constitucional vigente.

Segundo relato do ilustre consulente, instruído com os documentos do processo, a única imputação que pesa contra seu cliente é a de "ordenar despesas não autorizadas por lei ou sem observância das prescrições legais relativas às mesmas", conduta prevista, precisamente, no art. 11, n. 1, da Lei 1.079/50, que trata dos crimes de responsabilidade contra a guarda e o legal emprego dos dinheiros públicos.

Não resta dúvida, portanto, de que a acusação atribui ao impetrante a prática de fato *manifestamente atípico* (ao menos do ponto de vista dos crimes de responsabilidade), uma vez que a norma legal incriminadora que lhe dava suporte foi revogada ainda em 1967, pela Constituição Federal editada naquele ano.[16] Embora irrelevante

14. *Curso de Direito Constitucional Positivo*, 1997, p. 519.

15. CF/88, art. 54, § 7º; CF/1934, art. 57, "g"; CF/1937, art. 85, "d".

16. A jurisprudência do STF no sentido de que a nova Constituição revoga as leis anteriores, quando com ela incompatíveis, é antiga, havendo sido recen-

para a hipótese aqui examinada, ainda que a revogação se tivesse operado após a prática do fato, o efeito seria idêntico, por força da *abolitio criminis*.

É fora de dúvida, por outro lado, que o Poder Judiciário está autorizado a exercer o controle da legalidade sobre o processo de *impeachment*, salvaguardando eventual direito subjetivo violado, conforme o já mencionado entendimento consolidado na jurisprudência do STF. A hipótese em questão enseja, de modo claro e inequívoco, o *judicial review*. Confira-se, a propósito, significativo trecho do voto do Min. Sepúlveda Pertence no julgamento do MS 21.546-DF, *in verbis*: "*Desse modo, Sr. Presidente, não excluo, por exemplo, que caiba ao Poder Judiciário a verificação da existência, em tese, da imputação de um crime de responsabilidade, dada a exigência constitucional, que é peculiar ao nosso sistema, de sua tipificação em lei*, ainda que não exclua a ampla discricionariedade e a exclusividade do juízo do Senado na concretização dos conceitos indeterminados da definição legal típica dos crimes de responsabilidade" (grifos acrescentados).

Como se vê, admite o Min. Sepúlveda Pertence, como não poderia deixar de ser, que o Poder Judiciário exerça controle sobre a tipicidade dos fatos objeto de imputação em processo por crime de responsabilidade. A ressalva quanto à margem de discricionariedade das Casas Legislativas é correta, mas não interfere minimamente com o caso vertente. É que a verificação da atipicidade da imputação não depende, aqui, da análise de fatos ou provas, sendo pura questão de direito. Também não se está diante da concretização de conceitos legais indeterminados, que estariam a cargo exclusivo do Poder Legislativo.

A análise da atipicidade, na hipótese, depende de raciocínio puramente jurídico. Cuida-se, apenas, de reconhecer que o fato imputado ao impetrante não enseja a instauração de processo por crime de responsabilidade, pois o dispositivo legal que continha tal previsão foi revogado. Estabelecida a premissa, a conclusão é inafastável: deve o Poder Judiciário determinar o trancamento do processo de *impeachment* instaurado contra o impetrante, eis que fundado em imputação de fato manifestamente atípico.

VI – Conclusão

Em face do que foi exposto, e ratificando as proposições enunciadas ao início do presente estudo, é possível compendiar as idéias aqui desenvolvidas nas seguintes conclusões:

1. Não é legítima a instauração de processo por crime de responsabilidade contra acusado que já tenha deixado o cargo público que ocupava.

2. À vista da legislação aplicável – Lei 1.079/50, Constituição do Estado de Santa Catarina e Regimento Interno da Assembléia Legislativa do Estado de Santa Catarina –, a instauração do processo por crime de responsabilidade somente se dá pela aprovação do projeto de decreto legislativo apresentado pela Comissão Especial, cujo objeto específico é, precisamente, a autorização para deflagração do *impeachment*.

3. O que impede a instauração do processo por crime de responsabilidade é o fato de o agente político haver deixado o cargo, sendo irrelevante, para este fim, se a hipótese foi de renúncia ou exoneração.

4. A lei ordinária só pode definir como crimes de responsabilidade as figuras típicas constantes do elenco constitucional do art. 85. Suprimida, por Constituição superveniente, hipótese existente nas Cartas anteriores, perdem a vigência os dispositivos da Lei 1.079/50 que desenvolviam a figura típica abolida.

É como me parece.

temente ratificada, após ampla discussão, no julgamento da ADIn 2, da qual foi relator o então Ministro Paulo Brossard. Sobre o tema, v. nosso *Interpretação e Aplicação da Constituição*, São Paulo, Saraiva, 1996, pp. 64 e ss.

CORREÇÃO MONETÁRIA DE PARCELAS PAGAS COM ATRASO A SERVIDOR PÚBLICO[1]

MIRTÔ FRAGA
Mestre em Direito – Consultora da União

Processo n. 00400.000474/96-37 – Apenso: n. 10783.004569/95-81

Origem: Ministério da Fazenda

Assunto: Correção monetária de parcelas pagas com atraso a servidor publico

Parecer n. GQ-111

Adoto, para os fins do art. 41 da Lei Complementar n. 73, de 10 de fevereiro de 1993, o anexo Parecer n. AGU/MF-03/96, de 16 de maio de 1996, da lavra da eminente Consultora da União, Dra. Mirtô Fraga, e submeto-o ao Exmo. Sr. Presidente da República, para os efeitos do art. 40 da referida Lei Complementar.

Brasília 5 de junho de 1996 – *Geraldo Magela da Cruz Quintão*, Advogado-Geral da União.

Parecer n. AGU/MF-03/96 (Anexo ao Parecer GQ-111)

Processo n. 00400.000474/96-37 – Apenso: Proc. n. 10783.004569/95-81

1. A respeito deste parecer o Exmo. Sr. Presidente da República exarou o seguinte despacho: "Aprovo. Em 5.6.96". Publicado na íntegra no *DOU* 24.9.96, pp. 18.906-18.912.

Assunto: Correção monetária de parcelas pagas com atraso a servidor público

Ementa: Mesmo na inexistência de *expressa* previsão legal, é devida correção monetária de parcelas remuneratórias devidas aos servidores, pagas com atraso pela Administração. O pagamento tardio e sem atualização é pagamento incompleto e representa enriquecimento ilícito do devedor relapso. Correção monetária não constitui um *plus* a exigir expressa previsão legal. É, apenas, recomposição do crédito corroído pela inflação. O dever de pagar tudo o que se deve inclui o dever de pagar o valor atualizado. Se a letra fria da lei não cobre tudo o que no seu espírito se contém, a interpretação integrativa se impõe como medida de Justiça. Os princípios superiores do Direito brasileiro assim o determinam. A jurisprudência unânime dos Tribunais reconhece, nesses casos, o direito à atualização do valor reclamado. O Poder Judiciário não cria mas tão-somente aplica o Direito vigente. Se tem reconhecido esse direito é porque ele existe.

Sr. Advogado-Geral da União

I – Relatório

Vieram os autos a esta Instituição, atendendo a pedido formulado pelo Exmo. Sr.

Ministro de Estado da Fazenda, no Aviso n. 226/MF, de 1º de abril de 1996, dirigido ao Exmo. Sr. Ministro-Chefe da Casa Civil da Presidência da República.

2. Cuidam eles do pedido, feito pela pensionista E. M. V., viúva do ex-servidor J. A. V., de correção monetária de valores que lhe foram pagos, referentes a "diferenças de proventos de pensão, de acordo com o benefício que foi concedido pela Lei n. 6.782, de 19 de maio de 1980".

2.1 O pedido de pagamento das diferenças foi feito em 18 de outubro de 1993. Foi deferido, mas a peticionária, como diz, "se viu subtraída nos valores correspondentes à correção monetária a partir de 20 de maio de 1980, inicio do benefício", fato que, afirma, "provocou enorme prejuízo à já tão difícil situação econômica da pensionista. Particularmente pelo fato de ser a correção monetária muito mais valiosa que os valores recebidos".

2.2 Ao requerer o pagamento da correção monetária dos valores pagos em exercícios anteriores, referentes à pensão, a pensionista invoca (fls. 2) a Decisão n. 017/91-TCU, proferida no Processo n. TC-022.002/91-1, segundo a qual a Corte resolvera "adotar em conseqüência, com efeito normativo, a orientação preconizada nos lúcidos pareceres SCDA e ACI, no sentido de que 'todo pagamento feito a servidor ou a restituição à Fazenda Nacional, satisfeito com atraso, a partir de fevereiro do corrente ano (Lei n. 8.177/91), deve ser corrigido pela Taxa Referencial, a partir dos efeitos financeiros da Lei n. 8.112/90 e até o dia de sua efetivação'".

3. No Ministério da Fazenda, pronunciou-se a Coordenação-Geral de Recursos Humanos (fls. 33), esclarecendo que o pedido de correção havia sido indeferido com base no Parecer PGFN/CJ n. 021/95, cuja cópia anexou (fls. 23-27). O documento – exarado no Processo n. 10180.000248/90-47 –, da lavra do Sr. Procurador Patrimonial, aprovado pelo Exmo. Sr. Procurador-Geral em 12 de janeiro de 1995, está assim ementado:

"Correção monetária – Parcelas remuneratórias que teriam sido pagas com atraso – Pretensão do servidor público federal no sentido de perceber, agora, valores correspondentes à atualização monetária, a partir das datas em que se deveriam dar os pagamentos e as em que efetivamente se deram.

"Impossibilidade jurídica de atendimento do pleito, *administrativamente*, por *inexistir provisão legislativa que tal autorize*. Ao princípio da legalidade não poderá impunemente fugir o Agente Público" (destaques do original).

4. E, dessa forma, aquele Órgão propôs fosse o assunto encaminhado à Procuradoria-Geral da Fazenda Nacional (fls. 33), onde a matéria foi objeto de alentado estudo no Parecer PGFN/CGJ n. 0319/96, de 5 de março de 1996 (fls. 34-47), subscrito pelo Dr. João Rezende Almeida Oliveira, aprovado pelo Exmo. Sr. Procurador-Geral da Fazenda Nacional.

5. No parecer, ressaltando que a PGFN vinha sustentando, conforme o Parecer PGFN/CJ n. 021/95, não existir norma autorizativa para a concessão da correção monetária pretendida, seu autor concluiu por entender que:

"a) todo pagamento satisfeito com atraso a servidor a partir da vigência da Lei n. 8.112/90, e até a data de sua efetivação, deve ser corrigido monetariamente;

"b) o índice de correção a ser aplicado deverá ser o mesmo utilizado pela Administração na correção dos valores das indenizações efetuadas pelo servidor à União."

5.1 No parecer, o Procurador lembrou que o art. 46 da Lei n. 8.112, de 11 de dezembro de 1990 – que instituiu o Regime Jurídico Único –, impõe a obrigatoriedade de reposição corrigida por parte do servidor ao erário e concluiu que a recíproca também é verdadeira:

"9. (...) a Administração, também, deve atualizar os pagamentos efetivados a seus servidores no caso de serem concretizados com atraso do mesmo modo que estes repõem as parcelas recebidas a maior. Ademais, não atualizar os valores devidos aos servidores significaria a aceitação do enriquecimento indevido por parte da Administração e, conseqüentemente, estaria configurada a transgressão do princípio de que a ninguém é lícito enriquecer-se em razão de dano causado a terceiro.

"10. Da mesma forma, o § 6º do art. 37 da CF determina que 'as pessoas jurídicas de direito público responderão pelos danos que seus agentes, nessa qualidade, causarem a terceiros'. O erro no pagamento de vencimentos traz como conseqüência imediata o dano na esfera patrimonial do servidor e, assim, a Administração não pode se esquivar de reparar o dano na sua integralidade."

5.2 Ressaltou, também, o Procurador a recente aprovação presidencial do Parecer n. GQ-96 (*DOU* 17.1.96, seção II, p. 398; republicado na edição de 18.1.96, seção I, p. 787, por ter saído com incorreção do original e indevidamente na seção II) no sentido de ser devida a correção monetária na repetição de indébito tributário – posição que no processo respectivo havia sido defendida pelo Banco do Brasil e pela PGFN e endossada por esta Instituição (itens 4 e 5).

5.3 E lembrou, ainda, o parecerista que o princípio da legalidade não pode ser "lido e entendido de forma restritiva", devendo-se entendê-lo como a submissão da ação administrativa ao Direito: "Assim, a Administração não poderá se apegar a uma ultrapassada leitura do princípio jurídico da legalidade para, esquivando-se do Direito, evitar o cumprimento de uma obrigação devida".

5.4 Mas, "tendo em vista, no entanto, a relevância da matéria e a circunstância de que, no âmbito administrativo, ela ainda se encontra indefinida", sugeriu "a audiência do Sr. Advogado-Geral da União, por intermédio de consulta do Exmo. Sr. Presidente da República, nos termos do art. 39 da Lei Complementar n. 73, para o fim de uniformização de entendimento na Administração Pública Federal, nos termos do art. 4º, X e X1, da mesma Lei Complementar n. 73".

6. Em seu despacho, aprovando o parecer, o Exmo. Sr. Procurador-Geral da Fazenda Nacional assim se manifestou:

"As conclusões lançadas no parecer e a argumentação expendida no item 9 possuem plausibilidade suficiente para *admitir que a atuação estatal, que impuser correção monetária aos pagamentos feitos com atraso a servidor,* ***encontrará esteio no princípio da legalidade.***

"Conduta contraria, ao revés, poderia ser acoimada de afrontosa ao princípio da razoabilidade que rege a conduta do Estado.

"Por outro lado, dúvida não resta de que o tema merece tratamento uniforme no âmbito da Administração Publica, o que recomenda a oitiva da Advocacia-Geral da União.

"Ao Exmo. Sr. Ministro da Fazenda para, se o mesmo for o seu entendimento, alçar o assunto ao Exmo. Sr. Presidente da República, a quem cabe, privativamente, submeter o assunto ao Advogado-Geral da União" (destaquei).

7. Em seguida, a 14 de março de 1996, os autos foram encaminhados ao Exmo. Sr. Ministro da Fazenda, que, pelo Aviso n. 226/MF, de 1º de abril de 1996 (fls. 49), solicitou à Casa Civil da Presidência da República a audiência desta Instituição, para onde os autos vieram no dia 4 seguinte.

II – A Decisão TCU n. 17/91

8. A Decisão n. 17/91, do Tribunal de Contas da União, mencionada pela pensionista requerente, foi proferida em sessão administrativa de 11 de dezembro de 1991 (*Boletim Interno* 62, 30.12.91, pp. 1.966-1.979); cuida de caso concreto surgido naquela Corte de Contas (Processo n. TC-022.002/91-1): determina a correção de diárias recebidas mas não utilizadas por funcionários do Tribunal, e que deveriam ser restituídas ao erário. Não tem efeito normativo para a Administração.

III – A posição do Ministério da Fazenda

9. O Ministério da Fazenda, no Parecer PGFN/CGJ n. 319/96, entende: a) ser devida a correção monetária de parcelas devidas aos servidores, "a partir da urgência da Lei n. 8.112/90 e até a data de sua efetivação"; b) "o índice de correção a ser aplicado deverá ser o mesmo utilizado pela Administração na correção dos valores das indenizações efetuadas pelo servidor à União".

10. Embora já tenhamos salientado os fundamentos em que se baseou o referido parecer, não é demais sintetizá-los:

a) o art. 46 da Lei n. 8.112/90 impõe ao servidor a obrigação de reposição em valores atualizados. A recíproca deve ser verdadeira;

b) não atualizar implica enriquecimento ilícito do Estado;

c) o erro no pagamento impõe ao Estado o dever de reparar o dano, conforme determina o § 6º do art. 37 da Constituição Federal;

d) os fundamentos do Parecer n. GQ-96, publicado no *DOU* de 17.1.96, seção II, e republicado na edição de 18.1.96, seção I, se aplicam ao caso sob estudo.

11. Dos argumentos expendidos, deve ser afastado o relativo à indenização por danos causados pelo erro no pagamento. A questão, como se verá, não é de reparação de danos, mas de pagamento incompleto, se for efetuado sem a correção.

IV – A questão a ser examinada

12. Não há controvérsia a ser dirimida por esta Instituição, uma vez que houve apenas a manifestação do Ministério da Fazenda, que, na verdade, deu solução ao caso concreto que lhe foi submetido, embora tenha proposto a audiência da Advocacia-Geral da União, por entender que "o tema merece tratamento uniforme no âmbito da Administração Pública".

13. A Lei Complementar n. 73, de 10 de fevereiro de 1993, no inciso X do art. 4º, conferiu ao Advogado-Geral da União a competência "para fixar a interpretação da Constituição, das leis, dos tratados e demais atos normativos a ser uniformemente seguida pelos órgãos e entidades da Administração Federal". Cumpre-nos, então, averiguar somente se a tese final contida nestes autos – tese que, repetimos, foi implicitamente aprovada pelo Exmo. Sr. Ministro de Estado da Fazenda – está em consonância com o sistema jurídico brasileiro.

14. O Poder Executivo, na via administrativa, vem-se furtando ao reconhecimento da incidência da correção monetária sob dois argumentos: primeiro, o de que a Administração se rege pelo princípio da legalidade, em virtude do qual toda ação deve ter por base uma lei, não podendo o Administrador conceder ou reconhecer direito senão em virtude de lei: segundo, o de que não há, nesse caso, disposição legal que, expressamente, permita a correção de quantia paga com atraso aos servidores.

V – Correção monetária. Natureza

15. A correção monetária é "instrumento pelo qual – através do reajuste de unidades pecuniárias – se mantém o equilíbrio entre a dívida e o valor da prestação destinada à satisfação do credor", na feliz assertiva de Humberto Gomes de Barros, quando, como Procurador-Geral, analisou a questão no âmbito da Administração do

Distrito Federal. É a conseqüência da corrosão da moeda, isto é, o "descompasso, ao longo do tempo, entre a expressão nominal e a expressão real do dinheiro, assentando, por tal meio, a correspondência verdadeira entre duas nominações numéricas ao longo da dilação temporal" (Celso Antônio Bandeira de Mello, "Contrato de obra pública com sociedade de economia mista – Atraso no pagamento de faturas", in *RDP* 74/103-116, p. 114). É adequação do valor material da obrigação ao valor formal. Para Caio Tácito, "a correção monetária não altera a substância econômica; altera apenas a sua expressão nominal, em termos monetários, eliminando a instabilidade no valor real dos pagamentos e mantendo a equivalência legítima das obrigações bilaterais, quando não são simultâneas, mas sucessivas ou diferidas no tempo. É, em suma, o antídoto eficaz aos efeitos da inflação sobre as relações jurídicas entre o Estado e os particulares" (*Direito Administrativo*, São Paulo, Saraiva, 1975, p. 332). A "correção monetária não tem nenhuma semelhança com juros, que são um *plus*. Ela é a própria indenização primitiva quando retificada", como disse o Min. Xavier de Albuquerque (*RTJ* 79/735), ao apartear o Min. Djaci Falcão, no julgamento da Recl. n. 35-SP, em 4.4.74 (*RTJ* 79/726). É a atualização do débito, para que seja completa a satisfação do credor. Como disse, também, o Min. Célio Borja (RE n. 113.892-SP), "a correção monetária foi instituída para que se mantenha o poder de compra da moeda, tendo em vista sua crescente desvalorização. (...) tem por finalidade a atualização do crédito; não é penalidade por atraso, como são os juros contratados". Ou, ainda, como disse o Min. Cordeiro Guerra, já em 1975, "a correção monetária não remunera o capital, apenas assegura sua identidade no tempo" (RE n. 82.419-SP, *DJU* 10.12.75, p. 9.263).

16. Não é, portanto, uma pena e independe de culpa, como já reconheceram o Supremo Tribunal Federal e o Superior Tribunal de Justiça *Não é, também, um "plus", a exigir expressa previsão legal, mas simples atualização da dívida*, decorrência natural da retenção indevida. Sua incidência objetiva exclusivamente manter o valor da prestação. Não configura nenhum acréscimo e independe, pois, de expressa previsão legal. Como diz Maria da Graça Antunes Varela, a "despesa já foi autorizada por lei. Não pagar a correção monetária implica pagar menos do que a lei autorizou. Pagá-la implica gastar exatamente o permitido em lei. O princípio da legalidade não é, de forma alguma, desrespeitado" ("Correção monetária de valores quitados com atraso pela Administração Pública", in *Revista da Procuradoria-Geral do Estado da Bahia* 14/23-28, especificamente p. 25).

17. Em regime inflacionário anormal, o pagamento de débitos vencidos sem a atualização de seu valor nominal configura *pagamento incompleto*, insuscetível de saldar a obrigação. E, se o pagamento é incompleto, ganha o devedor por não ter que desembolsar a quantia devida; perde o credor, justamente aquele que, tendo tido seu direito violado, deveria merecer a proteção do Direito. Quem recebe com atraso e sem correção recebe valores menores do que aqueles a que teria direito. Não recebe a real satisfação do que lhe cabe por direito. "O risco da depreciação monetária, ou seja, da desvalorização do poder aquisitivo da moeda, corre por conta do devedor, que tem a disponibilidade do valor até o momento do efetivo pagamento", como diz Arnoldo Wald em artigo intitulado "Aspectos processuais da aplicação da teoria das dívidas de valor" (*Revista de Informação Legislativa* 69/229-260, janeiro-março/81, especialmente p. 239).

18. Não constitui, como supôs a PGFN, indenização por danos sofridos. Para fazer jus à indenização, o lesado deve comprovar o prejuízo e a indenização deve ser fixada, tendo em vista diversos fatores. Não é assim no caso de correção monetária, que é devida para que o pagamento seja integral, completo.

19. A correção monetária tem *conteúdo* essencialmente *moral*: visa a evitar o enriquecimento ilícito do devedor contra o correspondente empobrecimento do credor, titular do direito de crédito. Não houvesse a correção, o devedor seria tanto mais beneficiado quanto mais tempo demorasse para saldar o débito, para cumprir a obrigação a que estivesse sujeito. E, inversamente, o credor, titular do direito, seria tanto mais prejudicado quanto mais tempo demorasse a ver satisfeito o seu direito. Ganharia o faltoso, perderia o titular do direito. Premiar-se-ia o inadimplente e punir-se-ia, sem qualquer razão plausível, o credor, pois, em época inflacionária, pagamento feito com atraso e sem correção monetária é pagamento a menor, pagamento incompleto. Tal situação repugna a qualquer sistema jurídico, e, mais ainda, ao sistema vigente num Estado Democrático de Direito.

20. Mas há normas que determinam a correção monetária em determinados casos e há casos em que não há expressa previsão legal. A tarefa de quem deve aplicar o Direito não é fácil. A exegese da norma se impõe para que se saiba qual é, na verdade, a sua inteligência, o seu alcance.

21. Além de outras regras de interpretação, a norma jurídica deve ser pesquisada teleologicamente, isto é, segundo a finalidade que ela (e não o seu autor) busca alcançar, método que adquire aspecto axiológico, eis que, com ele, se deve encontrar o valor cujo respeito se almeja com essa norma.

22. Por isso, muitas vezes, mesmo ante a clareza do texto, a norma exige interpretação, "quando se percebe que a letra da lei não está em consonância com o seu espírito" (Maria S. Zanella Di Pietro, *Discricionariedade Administrativa na Constituição de 1988*, p. 114) e com os valores que informam o sistema jurídico vigente. Encontrado o valor que se deseja preservar, se a letra da lei não alberga todas as situações em que este valor é posto em jogo, dá-se, então, pela interpretação, a integração, que é o processo pelo qual se preenchem as lacunas da lei com a extensão da norma a todos os casos análogos. Miguel Reale diz que, pela analogia, "estendemos a um caso não previsto aquilo que o legislador previu para outro semelhante, em igualdade de razões. Se o sistema de Direito é um todo que obedece a certas finalidades fundamentais, é de se pressupor que, havendo identidade de razão, haja identidade de disposição em casos análogos, segundo um antigo e sempre novo ensinamento: *ubi eadem ratio, ibi eadem juris dispositio*' (*onde há a mesma razão deve haver a mesma disposição de Direito*)" (*Lições Preliminares de Direito*, São Paulo, Saraiva, 1977, p. 292).

23. O Poder Público determina a correção de seus créditos em diversas leis. Em pouquíssimas admite a regra inversa: pagar com correção, quando paga com atraso. E, na esfera administrativa, se furta à correção, invocando a ausência de lei expressa que a *permita*. Mas, repetindo, o valor que a norma visa a proteger é o não enriquecimento ilícito do devedor relapso. Não pode a lei privilegiar *determinado credor* (o Estado). A inteligência que se extrai da norma é: quem deve pagar e paga com arraso, deve pagar com correção, para que pague integralmente aquilo que deve. O *valor* que se quer ver respeitado é o não enriquecimento ilícito do devedor em detrimento do credor já espoliado em seu direito. A lei, no Estado Democrático de Direito, deve ser geral, deve obrigar a todos que se encontram na mesma situação. Procedimento inverso fere o princípio da generalidade da norma; viola, de uma só vez, o princípio democrático, o princípio da isonomia, o princípio da juridicidade e o princípio da moralidade. O Estado, hoje, deixou de ser o Estado da legalidade (vinculação à lei, no sentido estrito), para ser o Estado da juridicidade, o Estado cujos atos (de todos os

Poderes) devem estar conformes ao *sistema jurídico* adotado, com suas normas e com os princípios que as inspiram, princípios baseados em valores que a sociedade política deseja preservar.

VI – O art. 46 da Lei n. 8.112/90

24. A Lei n. 8.112, de 11 de dezembro de 1 990, que *dispõe sobre o regime jurídico dos servidores públicos civis da União, das autarquias e das fundações públicas federais*, estabelece: "Art. 46. As reposições e as indenizações ao erário serão descontadas em parcelas mensais não excedentes à decima parte da remuneração ou provento, em *valores atualizados*".

25. O dispositivo transcrito, na parte em destaque, na verdade, não contém norma nova: apenas explicita o que já fazia parte do Direito brasileiro. Se a reposição se fizesse pelo valor nominal recebido, não seria integral, não seria completa, e o funcionário continuaria a dever, a ter de repor... Estaria se locupletando às custas do tesouro... Como vimos, a atualização ou correção monetária não é um *plus* e visa tão-somente a manter *o equilíbrio entre a dívida* (no caso, a reposição) *e o valor da prestação destinada à satisfação do credor* (Gomes de Barros), objetiva, apenas, manter o *valor* da prestação.

26. Ora, se não é norma nova, se já fazia parte do Direito (veremos, adiante, que os Tribunais assim o reconheceram), nada acrescentou, nada adicionou. A regra do Direito é: quem deve, tem de pagar *completamente*, *totalmente*, aquilo que deve. Pagamento sem correção é pagamento incompleto. Logo, para que o pagamento seja completo é necessário que seja atualizado, que seja corrigido. E a regra vale para todos: Estado e indivíduos.

27. Como o artigo em questão não criou direito novo, não se há de falar em inexistência de lei a impedir a aplicação da mesma regra (pagamento completo) quando o Estado se coloca na posição de devedor e o funcionário na de credor. Em qualquer caso, é mais do que evidente, o pagamento deve ser completo... Deve ser integral... Deve cobrir toda a dívida e não deve ser causa de enriquecimento ilícito para o devedor relapso.

28. Como muitas outras disposições, o art. 46 de Lei n. 8.112/90 apenas *repetiu, frisou, deixou explícito*, aquilo que já era norma. Quem em sã consciência ousaria dizer que a regra do art. 116, I, só passou a constituir dever do servidor no momento em que foi prevista em lei? É princípio de Direito que quem ocupa cargo ou função, seja público ou privado, deve exercer com zelo e dedicação as suas atribuições...

29. Além disso, o núcleo, *a idéia central, do art. 46 não é a da reposição integral* (que esta de qualquer forma deve ser completa, sem o quê não extinguirá a obrigação), *mas o da proibição de que as parcelas mensais de reposição ou indenização excedam a décima parte da remuneração ou proventos*. Aliás, o Capítulo I do Título III, no qual esta inserido o art. 46, cuida "Do Vencimento e da Remuneração"...

VII – Interesse público e dívida de valor

30. Todo ato administrativo deve, é mais do que evidente, visar ao interesse público. Celso Antônio Bandeira de Mello ("Contrato de obra pública com sociedade de economia mista – Atraso no pagamento de faturas", in *RDP* 74/ 103-116, p. III-112) alerta para a necessária distinção entre o interesse público propriamente dito (ou interesse primário) e o interesse dito secundário, que pode "encarnar-se no Estado (...) tal como se encarnaria em qualquer pessoa jurídica" (ob. e loc. cits., p. 229). Distinção que, em outro trabalho, invocando os ensinamentos de Renato Alessi (*Sistema Istituzionale del Diritto Amministrativo Italiano*, Milano, Giuffrè, 1960, p. 197), assim resume: "(...) o interesse coletivo primário ou simplesmente interesse público é o complexo de interesses coletivos prevalentes na sociedade ao passo que o interesse secundário é composto pelos interesses que a Administração poderia ter como qualquer sujeito de direito, interesses subjetivos, patrimoniais, em sentido lato, na medida em que integram o patrimônio do sujeito. Cita, como exemplo de interesse *secundário* da Administração, o de pagar o mínimo possível a seus servidores e de aumentar ao máximo os impostos, ao passo que o interesse *primário* exige, respectivamente, que os servidores sejam pagos de modo suficiente a colocá-los em melhores condições e tornar-lhes a ação mais eficaz e a não gravar os cidadãos de impostos além de certa medida" (*Elementos de Direito Administrativo,* São Paulo, Ed. RT, 1991, p. 229 – dcstaques do original).[2]

31. Se a Administração atrasa o pagamento de parcelas devidas aos servidores e, ao saldar o débito, não o corrige, está adotando, sem dúvida alguma, situação que lhe é mais vantajosa, mas que repugna ao Direito, na medida em que viola direito alheio. E, por repugnar ao Direito e à consciência geral, tal procedimento viola a moralidade administrativa.

32. Além de deixar ressaltado que, na sua relação com outros sujeitos de direito – dentre eles, o servidor publico –, o Estado deve visar ao interesse público primário, agindo com absoluta imparcialidade, é necessário registrar que a jurisprudência tem considerado que parcelas remuneratórias constituem dívida de valor.

33. A teoria da dívida de valor surgiu em contraposição à da *dívida de dinheiro.* Esta última consiste em uma quantia certa de dinheiro, enquanto aquela representa o valor das utilidades de que a prestação, de forma ideal, se compõe, representa um *quid* de valor definível somente quando se converte em dinheiro. Arnoldo Wald, em artigo intitulado "Aspectos processuais da aplicação da teoria das dívidas de valor" (*Revista de Informação Legislativa* 69/229-260, janeiro-março/81), faz excelente síntese histórica sobre a distinção, iniciando com o direito romano, citando diversos autores estrangeiros e passando pelos consagrados nacionais Clóvis Beviláqua, Pontes de Miranda, Amílcar Falcão, Orozimbo Nonato, Campos Maia, Cirne Lima, San Tiago Dantas e tantos outros. Em determinado trecho do trabalho (item n. 11, p. 234) cita Lacerda de Almeida, que, no final do século XIX, deduziu a principal conseqüência da teoria da dívida de valor, quando escreveu: "Nas dívidas provenientes de indenização por fato ilícito, deve-se, no caso de variar de valor a moeda, decidir de modo que o lesado não sofra com a baixa ou com a alta da moeda" (*Obrigações*, Porto Alegre, 1897, § 23, p. 122).

34. Nos Tribunais, a partir da década de 50, já encontrarmos as primeiras decisões ordenando a aplicação da correção monetária, primeiramente nos casos de responsabilidade civil. Durante bastante tempo houve divergência na Corte Suprema, com decisões às vezes admitindo, outras vezes negando a correção monetária, naqueles casos. É de justiça ressaltar que, mesmo sendo vencido, o Min. Aliomar Baleeiro admitia, desde longa data, a atualização. Entretanto, em 1975 a jurisprudência se tomou mansa e pacífica com o julgamento, pelo Supremo Tribunal Federal, do RE n. 79.663-SP, que teve como relator para o acórdão o Min. Rodrigues de Alckmin. Acórdão assim ementado:

"Responsabilidade civil – Danos materiais – Dívida de valor – Correção monetária.

"Decisão que determina a atualização da importância de danos, no pagamento, pela aplicação de índices de correção monetária, por ser de valor a dívida.

2. *N. da R.*: v. *Curso de Direito Administrativo*, 10ª ed., São Paulo, Malheiros Editores, 1998.

"Para que haja completa reparação do dano, a indenização, como dívida de valor, deve ser atualizada com relação à data de pagamento. Entre os possíveis critérios a serem adotados para essa atualização, o de aplicar-se índices de correção monetária à estimativa já constante dos autos não ofende o direito federal e pode ser utilizado.

"Recurso extraordinário conhecido e não provido" (decisão em 18.9.75, *RTJ* 79/515).

35. Do brilhante voto vencedor do Min. Rodrigues de Alckmin, que, ainda como Desembargador no Tribunal de Justiça de São Paulo, determinava a atualização do valor do dano causado contra o patrimônio de outrem, cumpre destacar alguns trechos:

"(...). O primeiro é o de que há uma frase freqüentemente invocada como impeditiva de serem atualizadas para o momento da solução as reparações de dano: ***não há correção monetária sem lei que a institua***. A regra é exata. Mas é preciso que se atenda ao âmbito da sua aplicação. Ela se prende ao princípio nominalista: a moeda conserva sempre o seu valor liberatório. Conseqüentemente, para que a dívida 'x' seja saldada, apesar das variações do poder aquisitivo da moeda, bastará a entrega da moeda de valor nominal 'x'. E somente lei, reservada ao âmbito da União, poderá alterar esse princípio.

"Mas outra é a questão referente à impropriamente chamada correção monetária das indenizações por ato ilícito.

"Nos casos de ato ilícito, *impõe a lei ao responsável a obrigação de indenizar. De reparar o dano* (CC, art. 129). *De recompor (portanto, sem demasias mas sem insuficiências) o patrimônio do prejudicado*.

"Como se há de medir essa reparação, que constitui *dívida de valor*? Como se há de medir o dano?

"(...)

"No caso dos autos. o dano ocorreu em novembro de 1970 e foi estimado, em início de 1971, em certa quantia. Mandar que, em 1974, se reponha no patrimônio do prejudicado quantia estimada em 1971 não é, à evidência, conceder completa indenização. É beneficiar o autor do ato ilícito que resistiu a indenizar. E beneficiá-lo tanto mais, quanto mais prolongada for a resistência em satisfazer o direito do prejudicado.

"Ora, *a regra de Direito manda reparar, e reparar é dar integral satisfação ao lesado*. É recompor-lhe, com o pagamento da indenização, o desfalque patrimonial que sofreu. *Reparação total*. Recordo que, antes da regra do art. 64 do CPC/39, em sua primitiva redução, que estabeleceu a responsabilidade por honorários de advogados nas demandas procedentes, fundadas em dolo ou culpa, a jurisprudência do Supremo Tribunal Federal mandava pagar tal verba sem cuidar da existência, ou não, de específico texto de lei relativo a tal sucumbência: *bastava-lhe a consideração de que a indenização deve ser completa, e que não o seria se o prejudicado tivesse o dispêndio dessa verba*.

"*Então, se, por circunstâncias próprias dos tempos presentes, os valores de bens e serviços rapidamente acrescem, entender que* o reparo somente é completo se se repuser, no patrimônio do lesado, o valor do momento da satisfação *em nada desatende a qualquer regra jurídica. Antes, a elas se amolda. É de lei, em casos análogos (CC, arts. 1.541 e 1.543), o mandamento de reembolso de valor* ***equivalente***. *É da lei que* ***nas indenizações por fato ilícito prevalecerá o valor mais favorável ao lesado***. *Não encontro, pois, vulneração de texto legal algum com a consideração de que a indenização dos danos materiais tenha em conta o* ***valor*** *deles quando do pagamento*.

"(...)

"Volto à referência feita inicialmente. pelo eminente Min. Baleeiro, ao texto de Gendrel, em que declara, invocando a Castan, que, na colisão entre o princípio de seguridade da lei e o de moralidade do Direito, não lhe desagrada que o primeiro seja sacrificado no altar do segundo.

"Relembro a lição de Chiovenda, em que o grande mestre peninsular, além da referência ao princípio romano e à doutrina de romanistas germânicos (Savigny, Windscheid) e dos civilistas franceses (Demolombe, Aubry e Rau, Laurent), frisava que ***a necessidade do processo para obter razão não deve reverter em dano de quem tem razão****. (...).*

"Há meio século, bastou a juízes alemães a regra legal de que os contratos se executam de boa-fé para que nesse texto firmassem a concessão de revalorização de dívidas, forçando o legislador à disciplina do tema.

"Creio que em questão que em nada desatende ao princípio da reserva de lei a nós nos hasta o mandamento legal de que o responsável deve reparar o dano, integralmente, *para que se mande que seja pago o valor à data da reparação, servindo os índices de correção monetária como* ***um****, entre outros possíveis critérios para a atualização do valor"* (pp. 520-522, negritos do original; grifos meus).

36. A esse julgamento seguiram-se diversos outros com a mesma orientação. tendo finalmente o Supremo Tribunal Federal eliminado a controvérsia, com a edição da Súmula n. 562.

37. Uniformizou-se, então, a jurisprudência pátria em admitir a incidência de correção monetária nas dívidas de valor.

VIII – Parcelas devidas aos servidores

38. É pacífica a jurisprudência das Cortes Superiores no sentido de que parcelas devidas pela União a seus servidores constituem dívida de valor e, como tal, devem ser corrigidas desde quando devidas até a data do efetivo pagamento.

39. Salários são dívida do empregador a seus empregados. Vencimentos, gratificações, remuneração, diferenças salariais, soldos, proventos, são dívidas do Estado para com seus servidores. E dívida de valor, de natureza alimentar. Se pagas com atraso, devem ter seu valor corrigido. Foi o que decidiu o Supremo Tribunal Federal, por exemplo, no RE n. 95.017-MG (rel. Min. Cunha Peixoto, *DJU* 6.11.81), determinando a atualização de proventos, pagos em atraso em virtude de obstáculos opostos pelo órgão pagador, tanto na esfera administrativa como na judicial. Já em 17.5.76, no julgamento do RE n. 84.950-SP (rel. Min. Xavier de Albuquerque), o Tribunal considerou válida a atualização de adicional de insalubridade admitida pela decisão recorrida e determinou que a nova correção se fizesse a partir daquela atualização (*RTJ* 78/320). Na AR n. 948-RJ, em que o tema era proventos de reforma, o relator, Min. Xavier de Albuquerque, deixou expresso em seu voto que "nossa jurisprudência tem admitido que se conceda a correção monetária, quando cabível, independentemente de pedido expresso, na petição inicial" (*RTJ* 99/539). Também no RE n. 97.639-SP (rel. Min. Oscar Corrêa, *DJU* 30.9.83) questionou-se a respeito da atualização de diferenças de vencimentos pagas em atraso, tendo o Tribunal se decidido pela correção. Outras decisões, no mesmo sentido da correção de parcelas pagas em atraso, podem ser citadas: Ag. n. 86.710-SP (rel. Min. Néri da Silveira, *DJU* 4.3.82); Ag. n. 87.067-SE (rel. Min. Firmino Paz, *DJU* 8.3.82); Ag. n. 90.804-SP (rel. Min. Aldir Passarinho, *DJU* 25.3.83); Ag. n. 93.291-SP (rel. Min. Moreira Alves, *DJU* 6.9.83); Ag. n. 93.830-SP (rel. Min. Francisco Rezek, *DJU* 19.9.83); Ag. n. 95.463-SP (rel. Min. Francisco Rezek, *DJU* 21.2.84); RE n. 100.719-SP (rel. Min. Djaci Falcão, dec. em 2.3.84, *RTJ* 109/796); RE n. 97.149-SP (rel. Min. Francisco Rezek, dec. em 30.3.84, *RTJ* 110/709); RE n. 107.974-SPP (rel. Min. Octávio Gallotti, dec. em 22.4.86, *RTJ* 117/1335); RE n. 108.835-SP (rel. Min. Oscar Corrêa, dec. em 29.4.87, *RTJ* 121/1.164); RE n. 134.230-SP (rel. Min. Carlos Velloso, dec. em 11.6.91, *RTJ* 136/1.351); Ag. n. 138.028-DF (rel. Min. Marco Aurélio, dec. em 1.7.91, *RTJ* 139/1.009); Ag. n. 135.517-DF (rel. Min. Sepúlveda Pertence, dec. em 29.8.91, *RTJ* 139/364); RE n. 135.313-SP (rel. Min. Octávio Gallotti, dec. em 26.11.91); Ag. n. 137.780-SP (rel. Min. Marco Aurélio, dec. em 18.2.92, *RTJ* 141/319); RE n. 135.101-SP (rel. Min. Ilmar Galvão, dec. em 26.5.92, *RTJ* 142/942); RE n. 134.566-SP (rel. Min. Carlos Velloso, *DJU* 1.12.95).

40. É interessante transcrever a ementa de pelo menos um acórdão, em que o Supremo Tribunal Federal reconheceu não só que vencimentos, proventos, diferenças salariais etc. constituem dívida de valor mas, também, que a correção monetária nesses casos se aplica não em razão da Lei n. 6.899/81, mas em virtude do caráter alimentar de que se revestem tais dívidas de valor (RE n. 107.974-SP): "Proventos de aposentadoria – Correção monetária incidente em período anterior ao da vigência da Lei n. 6.899/81, mas justificada pela configuração de dívida de valor, de natureza alimentar – Precedentes o Supremo Tribunal Federal" (rel. Min. Octávio Gallotti, dec. em 22.4.86, *RTJ* 117/1.335).

41. E mais recentemente vem o Plenário do Supremo Tribunal Federal indeferindo medidas cautelares requeridas para suspender a execução de dispositivos das Constituições dos Estados que impõem correção monetária dos vencimentos ou parcelas pagos após a data-limite prevista: ADIn n. 144-RN (sessão de 22.11.89, *RTJ* 146/8 e *DJU* 26.3.93, p. 5.001, ou *Ement. STF* n. 1.697-1, p. 148); ADIn n. 175-PR (rel. Min. Octávio Gallotti, sessão de 9.2.90, *RTJ* 132/1.026 e *DJU* 8.8.90, p. 7.234, ou *Ement. STF* n. 1.588-1, p. 1); ADIn n. 176-MT (rel. Min. Marco Aurélio, sessão de 21.2.90, *RTJ* 132/59, e decisão definitiva, cf. *DJU* 9.10.92, p. 17.481, ou *Ement. STF* n. 1.679-1, p. 1).

42. No Superior Tribunal de Justiça, Corte Superior à qual a Constituição Federal de 1988 confiou a unificação do Direito federal, incontáveis são as decisões determinando a correção monetária de salários, vencimentos, gratificações, remuneração, restituições e diferenças salariais que deixaram de ser pagos no momento devido. Vejam-se, por exemplo, as seguintes:

REsp n. 3.566-CE:

"Liquidação de sentença – Precatório suplementar – Dívida de caráter alimentar.

"Tratando-se de ação movida por servidores visando promoção *e diferenças de vencimentos, a dívida tem caráter alimentar* e, enquanto não for paga integralmente, não se pode falar em extinção da execução.

"Comprovada a demora entre as datas de expedição e pagamento do precatório, legítima se torna a expedição de precatório suplementar.

"Recurso conhecido e provido" (rel. Min. Garcia Vieira, *DJU* 20.8.90, grifei).

REsp n. 18.688-SP:

"Administrativo – Servidor público – Diferenças de vencimentos em atraso – Correção monetária – Marco inicial – IPC de janeiro de 1989 (70,28%) – Precedentes.

"*Os vencimentos e vantagens devidos a servidor público constituem dívida de valor com nítida natureza alimentar e estão sujeitos a correção monetária*, incidindo o índice de 70,28% referente à inflação de janeiro de 1989, a partir da data em que são devidos, segundo pacífica jurisprudência da 1ª Seção desta Corte.

"Recurso não conhecido" (rel. Min. Peçanha Martins, *DJU* 26.10.92, grifei).

REsp n. 28.046-SP:

"Administrativo – Processo civil – Precatório – Correção monetária.

"A correção monetária é adequação do valor material da obrigação ao valor formal. Deve ser calculada a fim de impedir o enriquecimento ilícito do devedor, notadamente, *nas dívidas de caráter alimentar*" (rel. Min. José Cândido, dec. em 27.10.92, grifei).

REsp n. 28.698-SP:

"Administrativo – Remuneração de servidores públicos – Pagamento na área administrativa – Correção monetária – Incidência.

"1. *A correção monetária não é uma pena. Independe de culpa*. É simples fator de atualização do dinheiro a ser pago ao credor. Constitui *providência para evitar o enriquecimento ilícito do devedor*.

"2. A *remuneração dos servidores públicos* ou a diferença de vencimentos ou de vantagens, se pagos administrativamente, *devem ser corrigidos desde que originada a obrigação*.

"3. Cabível a *atualização a partir do momento em que devidas as diferenças de remuneração*" (rel. Min. Fláquer Scartezzini, dec. em 4.11.92, grifei).

REsp n. 29.765-SP:

"Correção monetária – Diferença salarial.

"I – A jurisprudência desta Corte é no sentido de que *as diferenças salariais pagas com atraso, por serem dívidas de valor, devem ser pagas com correção monetária a partir da época em que eram devidas administrativamente*.

"II – Recurso especial não conhecido" (rel. Min. Vicente Cernicchiaro, dec. em 24.11.92, grifei).

REsp n. 25.125-SP:

"Administrativo – Servidor público – Liquidação de sentença – Correção monetária – Inflação do período – Recurso especial.

"1. O Poder Público no Brasil padece dessa deplorável cultura do recurso pelo recurso, agindo como em linha de montagem, recorrendo automaticamente, mesmo sabendo que não tem direito, contra todas as decisões judiciais favoráveis aos cidadãos. E assim, procrastinando, vai retardando a eficácia da prestação da justiça, primeiro dever do Estado para com os seus cidadãos.

"2. A *dívida* de que tratam estes autos *é*, inquestionavelmente, de *natureza alimentar, decorrente de complementação de vencimentos da autora*, hipótese em que, pacíficas, a doutrina e a jurisprudência determinam a incidência da correção monetária.

"3. Recurso não conhecido" (rel. Min. Édson Vidigal, *DJU* 15.3.93, grifei).

REsp n. 14.976-SP:

"Administrativo – Remuneração de servidor público – Pagamento feito com atraso sem interferência do Poder Judiciário – Correção monetária.

"*A remuneração dos servidores públicos, quando paga com atraso, deve sofrer correção monetária*. Nada importa que o pagamento serôdio tenha ocorrido independentemente de decisão judicial. Em tempo de inflação desenfreada, qualquer *pagamento tardio, feito com moeda desvalorizada, traduz enriquecimento ilícito do devedor em mora*. O locupletamento sem causa deve repugnar ao Estado" (rel. Min. Humberto Gomes de Barros, *DJU* 15.3.93, grifei).

AgREsp n. 46.946-SP:

"Processual civil – Liquidação de sentença – Vantagens de servidor público – Correção monetária (...) – Precedentes.

"I – Os vencimentos e vantagens devidos a servidor público constituem dívida de valor, com nítida natureza alimentar, e estão sujeitos a correção monetária, incidindo o IPC (...) a partir da data em que são devidos.

"II – Entendimento pacífico da 1ª Seção desta Corte.

"III – Agravo regimental improvido" (rel. Min. Pedro Acioli, *DJU* 13.6.94).

REsp n. 40.659-SP:

"Administrativo – Servidor público – Adicional de insalubridade – Atraso no pagamento – Correção monetária.

"O *atraso* no pagamento de *adicional de insalubridade* devido a servidor publico enseja a aplicação da *correção monetária*, uma vez que se trata de *dívida de valor*, de *natureza alimentar.*

"Recurso não conhecido" (rel. Min. Vicente Leal, *DJU* 20.2.95, grifei).

REsp n. 42.841-SP:

"Administrativo – Servidores públicos – Vencimentos – Pagamento na área administrativa – Correção monetária.

"1. Caracterizada a natureza alimentar da dívida, paga administrativamente, é devida a correção monetária a partir do momento em que as diferenças deveriam ter sido pagas.

"2. Recurso não provido" (rel. Min. Édson Vidigal, *DJU* 15.5.95).

43. Na esteira do entendimento esposado nas decisões citadas no item anterior, pode-se enumerar outras, dentre as quais: REsp n. 9.261-RS, *DJU* 10.6.91; REsp n. 16.534-SP, *DJU* 5.10.92; REsp n. 27.027-SP, *DJU* 19.10.92; REsp n. 16.253-SP, *DJU* 26.10.92; REsp n. 16.533-SP, *DJU* 26.10.92; REsp n. 10.116-SP, *DJU* 26.10.92; REsp n. 12.405-SP, *DJU* 26.10.92; REsp n. 12.532-SP, *DJU* 26.10.92; REsp n. 13.442-DF, *DJU* 26.10.92; REsp n. 24.041-SP, *DJU* 26.10.92; REsp n. 25.676-SP, *DJU* 26.10192; REsp n. 12.660-SP, *DJU* 16.11.92; REsp n. 17.774-SP, *DJU* 16.11.92; REsp n. 21.160-SP, *DJU* 16.11.92; REsp n. 21.203-SP, *DJU* 16.11.92; REsp n. 21.555-SP, *DJU* 16.11.92; REsp n. 27.588-SP, *DJU* 23.11.92; REsp n. 28.643-SP, *DJU* 1.2.93; REsp n. 29.332-SP, *DJU* 1.2.93; REsp n. 31.514-SP, *DJU* 15.3.93; REsp n. 31.631-SP, *DJU* 15.3.93; REsp n. 32.373-RJ, *DJU* 19.4.93; REsp n. 33.968-SP, *DJU* 24.5.93; REsp n. 34.359-SP, *DJU* 31.05.93; REsp n. 35.185-SP, *DJU* 2.8.93; REsp n. 35.746-SP, *DJU* 20.9.93; REsp n. 36.164-SP, *DJU* 20.9.93; REsp n. 33.819-SP, *DJU* 30.5.94; AgREsp n. 46.946-SP, *DJU* 13.6.94; REsp n. 45.747-SP, *DJU* 5.9.94; REsp n. 52.273-SP, *DJU* 12.9.94; REsp n. 40.578-SP, *DJU* 31.10.94; REsp n. 52.980-SP, *DJU* 12.12.94; REsp n. 42.841-SP, *DJU* 15.5.95; etc.

44. Mesmo com o advento da Lei n. 6.899, de 8 de abril de 1981, que determinou a correção monetária de débitos oriundos de decisão judicial, o Superior Tribunal de Justiça manteve a mesma orientação no sentido de incidência da correção monetária de pagamentos devidos aos servidores públicos, porque esse diploma legal não veio para restringir, mas para ampliar a incidência da correção monetária a hipóteses em que, antes, não era admitida:

REsp n. 31.389-SP:

"Administrativo – Remuneração de servidores públicos – Correção monetária – Incidência.

"1. A *correção monetária* não é uma pena. Independe de culpa. É simples *fator de atualização do dinheiro* a ser pago ao credor. Constitui *providência para evitar o enriquecimento indevido do devedor*.

"2. *A Lei n. 6.899/81 trata, apenas, da aplicação da correção monetária aos débitos resultantes de decisão judicial*, o que não é o caso, pois se trata de dívida de natureza alimentar, fazendo-se indispensável a atualização monetária mesmo que em data anterior" (rel. Min. Jesus Costa Lima, *DJU* 8.3.93, grifei).

45. Com o mesmo conteúdo do acórdão cuja ementa transcrevemos acima podemos, ainda, citar: REsp n. 34.462-SP, *DJU* 31.5.93; REsp n. 34.404-SP, *DJU* 31.5.93; REsp n. 35.347-SP, *DJU* 16.8.93; REsp n. 36.922-SP, *DJU* 4.10.93; REsp n. 36.776-SP, *DJU* 4.10.93; REsp n. 36.563-SP, *DJU* 11.10.93; REsp n. 38.308-SP, *DJU* 25.10.93; REsp n. 46.403-SP, *DJU* 9.5.94; REsp n. 47.694-SP, *DJU* 1.8.94; REsp n. 33.733-SP, *DJU* 3.4.95.

46. Como se vê, é pacífica a jurisprudência no sentido de que *parcelas devidas pelo Estado a seus servidores devem, se pagas com atraso, ser corrigidas*. Tal entendimento se funda não só no caráter alimentar da remuneração, mas tem conteúdo nitidamente de caráter moral, pois *evita o enriquecimento ilícito do Estado, devedor, e o conseqüente empobrecimento injusto do credor, o servidor público*. É conveniente registrar que nas decisões supramencionadas não se fez referência ao art. 46 da Lei n. 8.112/90. E não se faz porque, na verdade, como dissemos, ele *nada* acrescentou, apenas explicitando, em parte, norma existente no Direito brasileiro. E, ainda que fosse norma nova, nossa conclusão permaneceria inalterada: se as reposições e as indenizações ao erário devem ser atualizadas só a partir daí, também a partir daí, em respeito à eqüidade e ao princípio da moralidade, a correção monetária deve incidir sobre os débitos do Estado para com os servidores.

47. Na esfera administrativa, na hipótese de parcelas devidas aos servidores e pagas com atraso, as controvérsias têm surgido sob o pretexto de que não há lei que determine a correção ou atualização, ficando, em conseqüência, impedida a autoridade administrativa de concedê-la, inobstante a pacífica jurisprudência dos Tribunais Superiores.

48. Não bastassem, para a mudança de orientação, os argumentos até agora expendidos acerca dos princípios constitucionais e, logicamente, da existência implícita da norma que permite a correção, uma vez que ao intérprete não compete, apenas, aplicar a letra fria da lei, mas, sobretudo, extrair de seu enunciado a sua verdadeira inteligência, podemos citar diversas *decisões administrativas, inclusive de Tribunais, determinando a atualização de quantias devidas a seus servidores e pagas com atraso*.

49. Nesse sentido, foi esclarecedor o voto da Dra. Lucia Figueiredo, Juíza do Tribunal Regional Federal da 3ª Região, no Processo Administrativo n. 68, voto sintetizado pelo ilustre Dr. Moacir Antônio Machado da Silva, então Vice-Procurador-Geral da República, no, também, Processo Administrativo PGR n. 8100.002096/90-54:

"(...) O princípio da legalidade, conquista do Estado de Direito, para conter os abusos da Administração, tem alcance mais amplo do que sugere a expressão, importando em *sujeição da autoridade administrativa ao Direito*, ao ordenamento jurídico, às normas e princípios constitucionais.

"Invoca, dentre outros eminentes autores, a lição de Giannini, segundo a qual a concepção doutrinária do princípio do século passado foi alterada, admitindo-se hoje que a Administração possa fazer o que é autorizada de modo implícito, passando-se de mera interpretação de sentido negativo para uma de sentido positivo. A expressão 'legalidade' – nota Celso Antônio Bandeira de Mello – *deve ser entendida como conformidade ao Direito*, adquirindo, então, um sentido mais extenso" (grifei).

50. E, examinando a questão da incidência da correção monetária sobre parcelas devidas aos servidores no âmbito da Procuradoria-Geral da República, continuava o ilustre então Vice-Procurador-Geral da República:

"Ora, o pressuposto da *invocação da tutela jurisdicional é a existência ou ameaça de lesão a direito* (CF/88, art. 5º, XXXV).

"Se a correção monetária pode ser pleiteada e obtida através de pleitos judiciais é porque, em realidade, constitui um direito do titular das diferenças de vencimentos e um correspectivo dever da Administração, que, por isso mesmo, não deve subtrair-se ao seu cumprimento, subordinando-o à provocação judicial" (destaquei).

51. Na Procuradoria-Geral da República já não se discute se a correção monetária incide sobre parcelas pagas com atraso pela Procuradoria a seus servidores. No supracitado Processo Administrativo n. 8100.002096/90-54, o Sr. Procurador-Geral da República aprovou o parecer do Dr. Moacir Antônio Machado da Silva, que concluiu pela correção sobre diferenças salariais recebidas com atraso.

52. No Tribunal de Contas da União é comum conceder correção monetária sobre parcelas, quaisquer que sejam elas, percebidas com atraso pelos integrantes e servidores da Corte. Na Decisão n. 17/91, por exemplo, o TCU determinou que "todo pagamento feito a servidor, ou a restituição à Fazenda Nacional, satisfeito com atraso, a partir de fevereiro do corrente ano (Lei n. 8.177/91), deve ser corrigido pela Taxa Referencial, a partir da vigência dos efeitos financeiros da Lei n. 8.112/90 e até o dia de sua efetivação". Igual providência foi objeto da Decisão n. 18/93, de 19 de maio de 1993, e publicada no *Boletim* 27, de 7.6.93. Ali se decidiu a favor da correção nos casos concretos constantes de quase urna centena de processos apensos e se determinou a extensão da decisão aos demais servidores da Corte, ativos, inativos e aos pensionistas.

53. No Superior Tribunal de Justiça a orientação que vem sendo observada foi fixada no Processo Administrativo n. 596/91, decidido em 9.8.91, relator o Min. Antônio de Pádua Ribeiro, cujo voto vencedor concluiu: "Em face do exposto, tendo sido espancada pelo Judiciário, na via jurisprudencial, toda e qualquer dúvida sobre aplicação da correção monetária nos débitos relativos a vencimentos pagos com atraso, a partir das datas em que os respectivos pagamentos deveriam ser efetivados, voto no sentido de que se determine aos órgãos administrativos da Corte a observância da referida orientação".

54. Recentemente o Supremo Tribunal Federal, na ADIn n. 790, julgou inconstitucional a cobrança da contribuição previdenciária efetuada nos termos da Lei n. 8.162, de 8 de janeiro de 1991 (alíquotas de 9 a 12%). Como conseqüência, o próprio Supremo Tribunal Federal, em sessão administrativa, determinou a restituição aos seus membros e servidores das quantias que foram indevidamente descontadas de seus vencimentos. E mais: determinou que tal restituição se fizesse com correção dos valores pela UFIR.

55. A propósito da restituição, com correção, da contribuição previdenciária cobrada indevidamente de seus Ministros e servidores, determinada administrativamente pelo Supremo Tribunal Federal, cumpre registrar que igual procedimento se adotou em outros Tribunais, no Senado Federal, na Câmara dos Deputados, no Tribunal de Contas da União.

56. A conclusão que se impõe é a de que a jurisprudência, quer do Supremo Tribunal Federal, quer do Superior Tribunal de Justiça, é, hoje, unânime no sentido de que quaisquer parcelas devidas pela Administração a seus servidores devem, se pagas com atraso, ser corrigidas, não só porque constituem dívida de valor de natureza alimentar mas, também, para evitar o enriquecimento ilícito do Estado.

57. Apenas para reforçar o argumento de que parcelas remuneratórias devidas aos servidores devem, se pagas com atraso, ser corrigidas, registre-se que, pelo Decreto-lei n. 75, de 21 de novembro de 1966 (mais tarde revogado, expressamente, pela Lei n. 8.177, de 1º de março de 1991), o Governo sujeitou à correção monetária os débitos das empresas privadas para com seus empregados; determinou, ainda, que nas decisões da Justiça do Trabalho a condenação incluísse sempre a correção. E o fez invocando diversos *consideranda*, nos quais realçava os "abusos de direito (...) na retenção ou retardamento indevidos", os sucessivos recursos judiciais meramente "protelatórios", a circunstância de que tais fatos eram geradores de "tensões sociais" ... A norma deveria valer para todo patrão... Mas, *do as you are told; not as I do...*

IX – Conclusão

58. De tudo o que foi dito, pode-se concluir que a jurisprudência brasileira é unânime em reconhecer que cabe a atualização de parcelas devidas pelo Estado aos servidores, desde a data em que deveriam ser pagas até a data em que o pagamento realmente se efetivar.

59. Na verdade, a correção monetária não constitui um *plus* a exigir expressa previsão legal. É, antes, atualização da dívida, decorrência natural da retenção indevida; constitui expressão atualizada do quantitativo devido.

60. A aplicação do princípio da legalidade, no sentido estrito, parece impedir que o Poder Público conceda, administrativamente, a correção monetária. Todavia, no seu conceito amplo, o mesmo princípio a recomenda. E, com ele, outro princípio: o da moralidade, que impede a todos, inclusive ao Estado, o enriquecimento sem causa e que determina ao "beneficiário" de uma norma o reconhecimento do mesmo dever na situação inversa.

61. As decisões administrativas mencionadas e o grande número de decisões judiciárias apontam no mesmo caminho. A jurisprudência uniforme dos Tribunais e da Justiça de primeira instância permitem antever a manutenção do mesmo entendimento.

62. É importante ressaltar que o Poder Judiciário *não cria o Direito, não legisla, apenas aplica o Direito existente*. É que, como já deixamos expresso, muitas vezes a literalidade da lei não diz tudo o que no seu espírito se contém. O que importa é a *mens legis*, e, mesmo diante da clareza do texto, a interpretação se impõe "quando se percebe que a letra da lei não está em consonância com o seu espirito" (Di Pietro, ob. cit., p. 114) e com os valores que *informam o sistema jurídico vigente*. Repetindo o que expressamos no início deste trabalho, encontrado o valor que se deseja preservar, se a letra da lei não alberga todas as situações em que este valor é posto em jogo, dá-se, então, pela interpretação, a integração, que é um dos processos pelos quais se preenchem as lacunas da lei, com a extensão da norma aos casos análogos.

63. Ora, se o Poder Judiciário não cria o Direito e se, como vimos, na hipótese sob exame, a jurisprudência é uniforme em reconhecer o direito à correção monetária, é porque esse Direito existe. Aliás, como ressaltou o Dr. Moacir Antônio Machado da Silva no parecer exarado no Processo PGR n. 8100.002096/90-54, "o pressuposto da invocação da tutela jurisdicional é a existência ou ameaça de lesão a direito (CF/88, art. 5º, XXXV). Se a correção monetária pode ser pleiteada e obtida através de pleitos judiciais é porque, em realidade, constitui um direito do titular" da pretensão e "um correspectivo dever da Administração, que, por isso m são, não deve subtrair-se ao seu cumprimento, subordinando-o à provocação judicial".

64. É verdade que as inúmeras decisões citadas neste parecer só valem entre as partes. Há manifestações – todas aprovadas pelo Exmo. Sr. Presidente da República – da Consultoria-Geral da República, atual Advocacia-Geral da União, sobre a extensão de decisões judiciais reiteradas. E são várias, como, por exemplo: Parecer CGR n. 261-T. de 29.4.53, do Dr. Carlos Medeiros Silva, *DOU* de 5.5.53, p. 8.674; Parecer n. CGR-H-76, de 17.9.64, do Dr. Adroaldo Mesquita da Costa, *DOU* de 3.11.64, p. 9.884: Parecer n. CGR-H-209, de 2.6.65, do Dr. Adroaldo Mesquita da Costa, *DOU* de 9.7.65, p. 6.460; Parecer n. CGR-H-302, de 27.1.66, do Dr. Adroaldo Mesquita da Costa, *DOU* de 7.2.66, p. 1.448; Parecer n. CGR-SR 04, de 17.4.86, do Dr. Saulo Ramos, *DOU* de 23.4.86, p. 5.813.

65. O Decreto n. 73.529, de 21 de janeiro de 1974, veda a "extensão administrativa dos efeitos das decisões judiciais contrárias à orientação estabelecida para a Administração direta e autárquica em atos de caráter normativo ou ordinário" e determina que tais decisões judiciais produzam efeitos "apenas em relação às partes que integrarem o processo judicial e com estrita observância do conteúdo dos julgados" (arts. 1º e 2º). Permite, entretanto, que a "orientação administrativa firmada ou autorizada pelo Presidente da República" seja revista "mediante proposta de Ministro de Estado ou de dirigente de órgãos integrantes da Presidência da República" (art. 3º). Além disso, pelo decreto, o então Consultor-Geral da República, atual Advogado-Geral da União, tinha, também, igual competência.

66. Mais tarde, diploma legal de hierarquia superior, a Lei Complementar n. 73, de 10 de fevereiro de 1993, no art. 4º, confere ao Advogado-Geral da União a competência para: "X – fixar a interpretação da Constituição, das leis, dos tratados e demais atos normativos a ser uniformemente seguida pelos órgãos e entidades da Administração Federal".

67. Nos termos dos arts. 40, § 1º, e 41 da mesma Lei Complementar n. 73/93, o parecer do Advogado-Geral, ou aquele por ele adotado, aprovado pelo Presidente da República e publicado com o despacho presidencial, vincula a Administração Federal, cujos órgãos e entidades ficam obrigados a lhe dar fiel cumprimento.

68. Ao criar, na Lei Maior, a Advocacia-Geral da União, não no capítulo destinado ao Poder Executivo, mas no capitulo intitulado "Das Funções Essenciais à Justiça", após o disciplinamento dos três Poderes do Estado, e ao determinar que lei complementar dispusesse sobre sua organização e funcionamento, o constituinte de 1987/88 deu-lhe, sem dúvida alguma, *status* especial.

68.1 É instituição à qual cabem, além de outras funções, atividades de consultoria e assessoramento jurídico do Poder Executivo. Nessa função, vela pelo interesse público, que, em resumo, é o bem público, finalidade e razão de ser da sociedade política. E a Advocacia-Geral da União nasceu como instituição forte, essencial à Justiça, aqui entendida na sua acepção ampla Sua atuação nas atividades de consultoria e assessoramento do Poder Executivo, sobretudo pelo seu mais alto Órgão, o Advogado-Geral, visa a possibilitar a juridicidade plena do Poder Executivo na observância da legalidade, da legitimidade e da licitude, ou seja, da conformidade dos atos da Administração com o sistema jurídico vigente, obedecendo, pois, ao anseio geral, que deseja, sem dúvida alguma, seja a atividade administrativa pautada pelo Direito e pelos princípios morais.

68.2 Ao *decidir* questões surgidas nas suas relações com o particular (no caso, servidor publico), a Administração não deve agir com parcialidade, não deve ter em vista o *seu interesse* (aquele interesse secundário a que nos referimos no inicio deste parecer), mas deve visar ao interesse público primário, que se confunde com o bem público e que, em resumo, exige seja respeitado o direito de cada um. À Advocacia-Geral da União cabe fixar a exata interpretação das normas jurídicas, para que seja alcançado o ideal de justiça almejado por todos.

69. Podemos concluir este parecer invocando os princípios constitucionais informadores e conformadores do sistema jurídico brasileiro; podemos concluí-lo pela existência implícita, nas leis vigentes, da regra que determina a incidência da correção monetária sempre que procedimento inverso beneficiar o agente violador da norma (não pagar integralmente a dívida); podemos dizer, como o Min. Leitão de Abreu (voto nos ERE n. 77.698-SP, *RTJ* 75/810), que a alegada "lacuna não constitui, assim, lacuna verdadeira, porém lacuna meramente aparente, integrável ou suprível mediante interpretação"; podemos afirmar que a atualização do débito se compreende no dever de pagar, para que o pagamento seja completo; podemos acrescentar, ainda, que, não constituindo um *plus*, a correção integra o principal; podemos deixar claro que o débito, no momento em que for saldado, compreende o valor devido na data em que deveria ser pago, com a atualização, que lhe preserva o valor aquisitivo, o poder de compra; podemos deixar ressaltado o valor moral a ser preservado (o não enriquecimento ilícito do devedor inadimplente). Fixaremos, dessa forma, a interpretação das leis, na forma do inciso X do art. 4º da Lei Complementar n. 73/93.

69.1 No caso sob exame, vimos que a jurisprudência há muito tempo se pacificou. Nos últimos anos não há um só julgado que, em hipótese como a tratada nestes autos, tenha deixado de reconhecer a incidência da correção monetária.

69.2 Com a unanimidade absoluta dos Tribunais e Juízes decidindo no mesmo sentido, persistir a Administração em orientação diversa, sabendo que, se levada aos Tribunais, terá de reconhecer, porque existente, o direito invocado, é agir contra o interesse público; é desrespeitar o direito alheio, é valer-se de sua autoridade para, em benefício próprio, procrastinar a satisfação de direito de terceiros; é, enfim, agir com má-fé, procedimento incompatível com o bem público para cuja realização foi criada a sociedade estatal e da qual a Administração, como o próprio nome o diz, é a gestora.

69.3 A Administração não deve, desnecessária e abusivamente, permitir que, com sua ação ou omissão, seja o Poder Judiciário assoberbado com causas cujo desfecho todos já conhecem. O acúmulo de ações dispensáveis ocasiona o emperramento da máquina judiciária, prejudica e retarda a prestação jurisdicional, provoca, enfim, pela demora no reconhecimento do direito, injustiças, pois, como, na célebre *Oração aos Moços*, disse Rui Barbosa, "justiça atrasada não é justiça, senão injustiça qualificada e manifesta" (ed. da Casa de Rui Barbosa, Rio, 1956, p. 63). E para isso o Poder Público não deve e não pode contribuir.

70. Em conseqüência, tendo em vista o sistema jurídico brasileiro, a doutrina e a jurisprudência dos Tribunais Superiores, outra conclusão não nos resta, senão proclamar que: "Parcelas remuneratórias devidas pela Administração a seus servidores, se pagas com atraso, devem ser atualizadas desde a data em que eram devidas até a data do efetivo pagamento".

71. Algumas observações finais se impõem.

72. Em primeiro lugar, inobstante se contenha no dever de pagar o que é devido, para que o pagamento seja integral, embora não constitua um *plus* a exigir expressa previsão legal, o pagamento de correção devida em exercícios anteriores deve, evidentemente, observar certas cautelas.

72.1 A Lei Maior (art. 167, II e V) e a Lei n. 4.320, de 17 de marco de 1964, com as alterações posteriores, estabelecem regras para a realização de despesas. Se não houver dotação orçamentária suficiente, pode-se solicitar créditos adicionais: *suplementares*, para reforço de dotação; *especiais*, se não houver dotação orçamentária específica (arts. 40 e 41 da Lei n. 4.320/64).

72.2 A Constituição, no § 8º do art. 165, permite que a lei orçamentária contenha autorização para abertura de crédito suplementar, nos termos da lei. As leis orçamentárias anuais têm, até o momento, contido essa autorização (e é provável que se mantenha a prática), fixando-lhe limites. Se as despesas se contiverem nesses limites, a abertura de crédito poderá ser feita por decreto; se os ultrapassarem, haverá necessidade de lei (CF, art. 167, V).

72.3 Além disso, é necessário, ainda, atentar para o disposto na Lei Complementar n. 82, de 27 de março de 1995, que, regulando o art. 169 da Constituição, fixou, para a União, em 60% da respectiva receita corrente líquida, em cada exercício, o limite para as despesas totais com pessoal ativo e inativo da Administração direta, indireta, inclusive fundações, empresas públicas e sociedades de economia mista, pagas com receitas correntes da União.

73. Em segundo lagar, poderia ser conveniente o estabelecimento de algumas regras para a execução deste parecer se, afinal, vier ele a ser adotado por V. Exa. e aprovado pelo Exmo. Sr. Presidente da República. Dessa forma, a fim de possibilitar seja o mais plenamente possível alcançada a Justiça, poderia o Órgão executor distinguir as várias espécies de crédito e fixar princípios a serem observados na satisfação do direito pleiteado. A título de sugestão, permito-me traçar possível esboço:

a) Qualquer pagamento aos servidores efetuado com atraso, a partir da data de publicação deste parecer, deve ser atualizado.

b) Créditos ou simples atualizações decorrentes de exercícios anteriores, observado o prazo de prescrição, quando for o caso, devem ter tratamento diferenciado, conforme sua situação:

1) os decorrentes de decisão judicial já incluídos nos precatórios. Esses devem ter seu seguimento normal e não se enquadram nas hipóteses deste parecer;

2) os que são objeto de ação ainda em curso. A permanecerem *sub judice*, também não se enquadram nas referidas hipóteses;

3) os que ainda não foram objeto de questionamento judicial. Para esses apliquem-se as conclusões que submetemos à consideração superior.

São as observações e conclusões – seja uma vez mais ressaltado, baseadas em orientação já consagrada pela jurisprudência do Supremo Tribunal Federal e do Superior Tribunal de Justiça e preconizadas pelo Ministério da Fazenda – que submeto à consideração superior.

Brasília, 16 de maio de 1996

INCINERAÇÃO DE DOCUMENTOS ARQUIVADOS NO ARQUIVO GERAL DA PREFEITURA MUNICIPAL

HÉLCIO DE ABREU DALLARI JÚNIOR
Advogado

Consulta

Devido ao grande volume de documentos arquivados nas dependências do Arquivo Geral da Prefeitura e dada a dificuldade de ampliação de suas instalações, a Assessoria de Governo da Prefeitura estuda a possibilidade de incineração de alguns documentos, após seleção e microfilmagem.

Uma vez consultada, a Diretoria de Assuntos Jurídicos emitiu um parecer sobre o assunto, recomendando cautela com o procedimento de seleção dos documentos, que deverá ser efetuado por uma comissão especial nomeada pelo Prefeito, através de uma portaria, que reconheça seus serviços como de utilidade pública, não remunerados. Afirmou, ainda, que esta comissão deverá ser composta por pessoas notáveis do Município, que conheçam a cultura e a história locais. Ademais, menciona as fases do procedimento a ser adotado.

Ante os fatos expostos e o parecer supracitado, fomos consultados a respeito da incineração dos documentos.

Parecer

Inicialmente, devemos salientar os mandamentos constitucionais a serem observados no presente caso.

A CF de 1988 trata especificamente da proteção de documentos de valor histórico, artístico e cultural, em seu art. 23, III, ao dizer:

"Art. 23. *É competência comum da União, dos Estados, do Distrito Federal e dos Municípios*:

"(...)

"III – *proteger os documentos*, as obras e outros bens *de valor histórico, artístico e cultural*, os monumentos, as paisagens naturais notáveis e os sítios arqueológicos" (grifo nosso).

Através deste artigo, verificamos tratar-se de competência de natureza administrativa pertencente a todas as entidades federadas – quais sejam, União, Estados, Distrito Federal e Municípios – a proteção de documentos de valor histórico, artístico e cultural.

Além disso, ressalte-se o que está contido na Constituição Federal sobre a autonomia municipal. Está preceituado no *caput* do art. 18: "Art. 18. A organização político-admimstrativa da República Federativa do Brasil compreende a União, os Estados, o Distrito Federal e os Municípios, *todos autônomos*, nos termos desta Constituição" (grifo nosso).

Podemos extrair do referido artigo que a autonomia é um privilégio político concedido aos Estados e Municípios pela Constituição Federal, nos limites que ela mesma estabelece, para que estes possam compor e organizar seus respectivos governos.

No tocante a estes limites constitucionais cabem algumas considerações.

No *caput* do art. 29 da CF está determinado que o Município reger-se-á através de Lei Orgânica votada, aprovada e promulgada pela Câmara Municipal local, respeitando os princípios assentados na própria Constituição Federal, na Constituição do Estado-membro do qual faça parte, bem como os preceitos contidos nos incisos deste artigo.

Ademais, também aborda a competência municipal, e nem poderia ser diferente, pois a forma federativa de Estado traz em si a idéia de um sistema constitucional de repartição de competências, acatada a autonomia entre os entes federados. Cite-se o que mais importa à nossa análise:

"Art. 30. Compete aos Municípios:

"I – legislar sobre assuntos de interesse local;

"II – suplementar a legislação federal e a estadual no que couber;

"(...)

"IX – promover a proteção do patrimônio histórico-cultural local, observada a legislação e a ação fiscalizadora federal e estadual."

Seja feita uma observação sobre ponto importante acerca do inciso I, supracitado. O *interesse local*, nele mencionado, "se caracteriza pela predominância (e não pela exclusividade) do interesse para o Município, em relação ao do Estado e da União. Isso porque não há assunto municipal que não seja reflexamente de interesse estadual e nacional. A diferença é apenas de grau, e não de substância" (Hely Lopes Meirelles, *Direito Municipal Brasileiro*, São Paulo, Malheiros Editores, 1990. pp. 120 e 121). Portanto, conclui-se que cabe ao Município legislar sobre assuntos predominantemente de interesse municipal.

Após estas primeiras colocações de ordem constitucional, podemos passar a analisar a consulta que nos foi dirigida.

No presente caso, o Arquivo Geral da Prefeitura, órgão competente para a guarda de documentos públicos da Administração Municipal, afirma possuir um volume de documentos superior à sua capacidade de arquivamento, não havendo condições de ampliação de suas atuais instalações.

Assim sendo, em um primeiro momento, devemos observar a legislação local.

Na esfera municipal, a Lei Orgânica do Município contém dois artigos relevantes. São eles o art. 5º, III, e o art. 202, III, transcritos a seguir:

"Art. 5º. *Ao Município de Cotia compete*, em comum com a União, com os Estados e com o Distrito Federal, observadas as normas fixadas em lei complementar

"(...)

"III – *proteger os documentos*, as obras e outros bens *de valor histórico, artístico e cultural*, os monumentos e as paisagens naturais notáveis, e os sítios arqueológicos" (grifo nosso).

"Art. 202. *Constituem patrimônio cultural municipal* os bens materiais e imateriais, tomados individualmente ou em conjunto, portadores de referências à identidade, à ação e à memória dos diferentes grupos formadores da sociedade, nos quais se incluem:

"(...)

"III – as obras, objetos, *documentos*, edificações e demais espaços *destinados as manifestações artístico-culturais*" (grifo nosso).

Mencione-se, ainda, que não existe legislação municipal específica sobre o arquivamento e a eliminação de documentos pertencentes ao patrimônio municipal.

Desta forma, apresentam-se duas opções de atuação: ou o Município elabora sua própria legislação sobre o assunto, ou utiliza analogicamente a legislação federal existente.

Seja lá qual for a opção adotada, cabe expormos alguns pontos importantes expressos na legislação federal – até porque ela poderá nortear a elaboração de lei especifica local –, juntamente com alguns comentários pertinentes ao caso concreto.

A Lei federal 5.433, de 8.5.68, que regula a microfilmagem de documentos oficiais, estabelece alguns pontos importantes.

Em seu art. 1º, § 2º, está preceituado que os documentos microfilmados poderão ser eliminados por incineração, destruição mecânica ou através de outro processo adequado que assegure sua desintegração, ficando a critério da autoridade competente.

Neste mesmo artigo, em seu § 3º, prossegue estabelecendo que, na hipótese de incineração ou transferência dos documentos microfilmados para um outro local, será feita por intermédio de lavratura de termo em livro próprio pela autoridade competente. Em seqüência, o § 5º do art. 1º determina, de igual maneira, acerca da eliminação – seja ela qual for – ou transferência dos documentos microfilmados.

Um detalhe muito importante contido nesta lei é que os documentos originais que já tiverem sido microfilmados, mas que ainda estiverem em trânsito, não poderão ser eliminados antes de seu arquivamento (art. 1º, § 6º).

Cabe destacarmos, ainda, o art. 2º desta lei, que estabelece que "os documentos de valor histórico não deverão ser eliminados podendo ser arquivados em local diverso da repartição detentora dos mesmos".

Por sua vez, o Decreto federal 1.799, de 30.1.96, veio regulamentar a Lei 5.433/68. Para nossa análise sobre a eliminação de documentos bastará o exame, neste momento, de três artigos deste decreto – o que não significa que o Poder Público não precise estar atendo aos demais artigos.

O art. 11 deste decreto determina que os documentos que ainda estejam em tramitação ou em estudo poderão ser microfilmados, a critério da autoridade competente, não sendo permitida a sua eliminação até a definição de sua destinação final.

Em seguida, o art. 12 estabelece que a eliminação de documentos, após sua microfilmagem, será realizada através de meios que garantam sua inutilização, sendo a mesma precedida de lavratura de termo próprio e posteriormente após a revisão e extração de filme cópia. O parágrafo único deste mesmo artigo impõe que a eliminação de documentos oficiais ou públicos somente deverá ser efetuada se prevista na tabela de temporalidade do órgão, aprovada pela autoridade competente na esfera de sua atuação e respeitado o disposto no art. 9º da Lei 8.159, de 8.1.91 (artigo, este, que merecerá melhor apreciação posteriormente). Neste ponto da legislação, verificamos que cada órgão possui a faculdade de estabelecer uma tabela de temporalidade, que, por sua vez, deverá ser aprovada pela autoridade competente para tanto.

Assim sendo, vimos por bem recomendar pelo menos a elaboração de uma lei municipal que estabeleça uma tabela de temporalidade a ser aplicada pelos órgãos da Administração Municipal, discriminando quais os prazos para que cada tipo de documento possa ser eliminado.

Por fim, necessário lembrarmos o art. 13, ordenando que os documentos oficiais ou públicos que possuam valor de guarda permanente (documentos de valor histórico, artístico e cultural, de caráter probatório e informativo, que devem ser definitivamente preservados) não poderão ser eliminados após sua microfilmagem, devendo ser recolhidos ao arquivo público de sua esfera de competência ou preservados pelo próprio órgão detentor.

Dando continuidade à nossa análise da legislação federal, resta elencarmos e extrairmos da Lei 8.159, de 8.1.91, o que mais vem servir ao caso que nos foi apresentado.

Seu art. 3º conceitua gestão de documentos como sendo o conjunto de procedimentos e operações técnicas referentes à sua produção, tramitação, uso, avaliação e arquivamento em fase corrente e intermediária, objetivando sua eliminação ou recolhimento para guarda permanente.

Por sua vez, o art. 8º e seus parágrafos vêm classificar os documentos públicos em três categorias: correntes (aqueles que estiverem em curso ou que sejam objeto de consultas freqüentes); intermediários (todos os que não são de uso corrente, e que, por motivos de interesse administrativo, estiverem aguardando sua eliminação ou recolhimento para guarda permanente); e permanentes (todos os documentos de valor histórico, probatório e informativo que devem ser mantidos e preservados definitivamente). Vale, ainda, expressarmos nosso entendimento quanto à necessidade de inclusão dos documentos artísticos e culturais na categoria de documentos públicos permanentes, dada a proteção constitucional que estes receberam.

De acordo com esta classificação, a Administração Municipal não poderá eliminar documentos correntes e documentos permanentes. Quanto aos documentos intermediários, caberá um exame dos mesmos, para verificar se estes devem ser eliminados ou arquivados permanentemente.

Agora, faz-se mister realçarmos o art. 9º desta lei, que preceitua a necessidade de autorização da instituição arquivística pública competente para que documentos produzidos por instituições públicas e de caráter público possam ser eliminados.

Em síntese, uma instituição arquivística pública do Município ou órgão correspondente deverá selecionar os documentos intermediários, verificando se estes documentos possuem valor histórico, artístico ou cultural, o que justificaria sua preservação. Para formar uma comissão especial que comporá tal instituição arquivística ou um órgão com tais funções, a Administração Pública realmente deverá selecionar pessoas notáveis da cidade, mas pessoas notáveis pelos conhecimentos que possuam sobre a historia, a arte e a cultura do Município.

Uma vez selecionados os documentos que deverão ser eliminados – ao que tudo indica, através de incineração –, deverão ser observadas as exigências legais quanto ao procedimento de microfilmagem, contidas ou na legislação local que poderá vir a ser elaborada ou na legislação federal utilizada analogicamente. Caso seja utilizada a legislação federal, a eliminação dos documentos originais microfilmados poderá ocorrer somente após o devido arquivamento do microfilme.

É o parecer.

São Paulo, 14 de maio de 1997

PARECERES

REESTRUTURAÇÃO DO SETOR POSTAL BRASILEIRO

FLORIANO PEIXOTO DE AZEVEDO MARQUES NETO

Advogado – Professor da Faculdade de Direito da PUC/SP e da Universidade São Judas

Parecer

1. Gira o presente em torno da interpretação do inciso X do art. 21 da CF. Tem como ensejo os estudos desenvolvidos no âmbito do Ministério das Comunicações para reestruturação do setor postal brasileiro. No curso destes estudos emergiram dúvidas acerca da necessidade ou não de se alterar o texto constitucional, em particular no tocante ao dispositivo em apreço, de forma a permitia a reestruturação alvitrada.

2. Duas são as questões que suscitam a presente reflexão jurídica.

2.1 A primeira refere-se à existência ou não de um "monopólio" natural da União no setor postal. A questão é relevante para se aferir os reflexos constitucionais de uma eventual introdução de competição no setor, com a autorização legal de novos prestadores dos serviços postais. Esta indagação primeira cuidaria, em suma, de saber se a atual redação do art. 21, X, admite que outros entes, estes de direito privado, prestem os serviços em apreço ou se, ao contrário, a dicção do texto constitucional importa automática vedação da concorrência no setor, explorado que deveria ser, exclusivamente, pela União.

2.2 A segunda dúvida, quiçá a mais relevante, refere-se à forma de prestação do serviço postal. Prende-se à existência ou não de interdição, pelo texto constitucional, de ser o serviço postal prestado indiretamente pela União, através da outorga de concessão ou permissão. Cinge-se, pois, a indagação a saber se o dispositivo em tela imporia a indelegabilidade da prestação dos serviços, vedando sua exploração por pessoa jurídica de direito privado não controlada pela União.

3. A resposta às dúvidas suscitadas parece-nos bastante singela. Portanto, não seguiremos a tradição dos trabalhos jurídicos em que a posição do opinante vem sempre ao final, como corolário dos argumentos desenvolvidos. Fixamos, desde já, nosso entendimento – que procuraremos adiante desenvolver e sustentar – no sentido de que a Constituição não respalda a tese de prestação direta e exclusiva do serviço postal pela União. Vai daí que, sob estes específicos pontos, pode-se caminhar firmemente rumo à reforma do setor sem alterar o texto da Carta Maior.

4. Em resumo, esforçamo-nos em demonstrar nossa interpretação do dispositivo constitucional em referência, no sentido de que dele não deflui nem um *monopólio natural* (para usarmos a expressão legal, que tecnicamente nem é a mais correta), nem uma vedação da prestação indireta dos serviços.

Aliás, como restará patente do raciocínio adiante desenvolvido, não se justificam as alusões contrárias, volta e meia encontradas na doutrina juspublicista. Mesmo os autores que alegam ou a existência de uma exclusividade automática, ou a imperatividade da prestação direta, ou mesmo – o que é mais comum – uma fusão conceitual, até certo ponto compreensível, dos dois aspectos, fazem-no desacompanhado da devida fundamentação. Raros são os defensores da tese da exclusividade da União que apresentam argumentos em seu favor. Com estes procuraremos estabelecer interlocução no desenrolar do presente.

5. Para facilitar tanto o desenvolvimento quanto a conclusão do presente trabalho, sumularemos as idéias aqui expostas através da resposta aos seguintes quesitos:

1. Qual a exata dimensão do disposto no art. 21, X, da CF?

2. O citado dispositivo impõe um "*monopólio* automático" da União no que toca o serviço postal?

3. Tal norma constitucional implica a impossibilidade de a União outorgar a terceiros, através de concessão ou permissão a prestação dos serviços postais em regime público?

4. Seria possível, sem alterar o texto constitucional, prever legalmente a competição entre prestadores em regime público (empresa estatal ou concessionária) e empresas privadas, estabelecendo critérios para este convívio comercial e regras de proteção para o serviço universal e contínuo a ser mantido pela União?

Posto isso, passamos a enfrentar as questões jurídicas que nos parecem envolvidas, iniciando pela exposição de algumas notas sobre a interpretação do texto constitucional.

I – Algumas notas sobre a interpretação do Direito

"Es difícil o impossible superar totalmente la dificuldad antedicha, pues el lenguaje natural tiene como característica lo que se ha denominado 'textura abierta', a resultas de la qual no puede lograrse una precisión absoluta en las definiciones, en las palabras o en los símbolos, a menos que construyamos un lenguaje nuevo y totalmente artificial. Eso es lo que han hecho las ciencias exactas y eso es lo que hasta ahora no puede hacer el derecho: en consecuencia, no puede lograr la precisión que caracteriza a las llamadas ciencias exactas" (Augustín Gordillo, *Tratado de Derecho Administrativo*, t. 1, Parte Geral, Buenos Aires, Ed. Macchi, pp. I-3).

1. Interpretar algo constitui, para o conhecimento humano, tarefa tão essencial quanto complexa. A cognição não prescinde da interpretação. Tampouco dispensa-a a comunicação. Como ensina Hans-Georg Gadamer "la comprensión del discurso no es la comprensión literal de lo dicho, consumando paso a paso los significados de las palabras, sino que realiza el sentido unitario de lo dicho, y éste se halla siempre por encima, más allá de lo que lo dicho declara. Lo que dice puede ser difícil de entender cuando se trata de lengua extraña o antigua: más difícil aun es dejarse decir algo, aun cuando se entienda lo dicho sin más. Ambas cosas son tarea de la hermenéutica".[1]

2. A tarefa de interpretar o Direito sempre foi – desde o momento em que os indivíduos passaram a orientar sua conduta por regras, normas ou disposições minimamente vinculantes, dotadas de alguma coercibilidade ou coatividade[2] – matéria central no debate jusfilosófico e na operacionalização do Direito.

Mesmo antes do advento do Direito moderno, sob a égide do Direito canônico, podemos perceber o tema da interpretação – seu âmbito e a legitimidade do intérprete

1. *Estética y Hermenéutica,* Madri, Tecnos, 1996, p. 60.

2. A respeito das noções de coação e de coerção, cf. Eugen Ehrlich, *Fundamentos da Sociologia do Direito*, Brasília, Ed. UnB, 1986, pp. 53-68.

– no âmago das reformas protestantes e das discussões (e guerras) que sucederam o cisma luterano.[3]

Com o desenvolvimento do processo de positivação subjacente ao advento e à consolidação do Direito moderno[4] – e a correspondente prevalência do critério de legitimidade legal-racional sobre a legitimidade carismática e/ou tradicional, para usarmos a célebre tipologia weberiana[5] – a interpretação das normas jurídicas passou a ser imprescindível para a operacionalização do sistema jurídico diante, por um lado, do quadro de exigências de universalidade e impessoalidade do Direito e, de outro, do modelo de tripartição[6] e divisão dos poderes e das funções do estado subjacentes à modernidade.[7]

3. A imprescindibilidade da interpretação para a aplicação do Direito decorre, em especial, do fato de, a partir da positivação (com a predominância, se não exclusividade, do Direito escrito, positivado, codificado) termo-nos tornado dependentes da imprecisão, imperfeição e ambigüidade da linguagem.[8]

Mais ainda, criou-se a necessidade de desenvolvimento de uma linguagem específica com a qual se tornasse possível uma comunicação diferenciada dentro do discurso jurídico. Como ensina Vernengo,[9] boa parte da aprendizagem de um estudante de Direito tem por finalidade adestrá-lo à linguagem técnica que, por certo, se distingue da linguagem não científica do leigo.[10]

4. Exsurge disso, como imperativo da aplicação da ordem jurídica a necessidade de interpretação – ou hermenêutica[11] – do Direito. Em perfeita síntese, consigna Karl Larenz que "o texto da norma torna-se problemático para quem aplica atendendo à

3. Ver neste sentido, o brilhante e erudito artigo de Airton C. Leite Seelander, "O direito de ser informado – Base do paradigma moderno do direito de informação", in *RDP* 99/147-159.

4. Com relação às origens e à afirmação da hermenêutica em termos da filosofia ocidental, vale freqüentar Adolfo Plachy, *La Teoria della Interpretazione. Genesi e Storia della Ermeneutica Moderna,* Milão, Giuffrè, 1974, Cap. I, e Arthur Kaufmann, "Dal giusnaturalismo e dal positivismo giuridico all'ermeneutica", in *Rivista Internazionale di Filosofia del Diritto* 4, ano 50, out.-dez./73.

5. Max Weber, *Economia y Sociedad,* Ed. Fondo de Cultura Económica, 1992, pp. 170-203; Reinhard Bendix, *Max Weber: um Perfil Intelectual,* Brasília, Ed. UnB, 1986, pp. 237-349. Como síntese bastante acurada, ver Antônio Carlos Wolkmer, "Uma nova conceituação da legitimidade", in *Cadernos de Direito Constitucional e Ciência Política* 5, Ed. RT, pp. 25 e ss.

6. Embora sendo o Direito administrativo parte do arcabouço do que estamos aqui a designar por Direito moderno, Otto Mayer assevera que para existir este Direito é essencial que haja pluralidade de poderes estatais e, via de conseqüência, uma certa divisão de atribuições entre estes poderes. Cf. *Derecho Administrativo Alemán,* t. I, pp. 92 e ss.

7. Cf. Enrique E. Mari, "La interpretación de la ley. Análisis histórico de la escuela exegética y su nexo con el proceso codificatório de la modernidad", in Enrique E. Mari *et alii, Materiales para una Teoría Critica del Derecho,* Buenos Aires, Abeledo-Perrot, 1991, pp. 233-294.

8. Neste sentido, consultar Eros Roberto Grau, "Notas sobre os conceitos jurídicos", *RDP* 74/217-221. Ver ainda, neste sentido, entre tantos e tão bons estudos sobre o tema, Tércio Sampaio Ferraz Jr., *Teoria da Norma Jurídica,* 2ª ed., Rio de Janeiro, Forense, 1986, em especial pp. 5 a 33.

9. *Curso de Teoría General del Derecho,* Buenos Aires, Ed. Depalma, p. 39. Diz ainda, com grande razão, o insigne jusfilósofo que basta abrir-se um manual de Direito civil ou penal para verificar que boa parte dos seus desenvolvimentos estão dedicados à apresentação de uma terminologia especial cujo conhecimento é necessário não só para a compreensão do material normativo recebido do legislador, como para a própria elaboração sistemática de tal material e – acresceríamos nós –, por conseqüência, para a própria definição daquele ramo do conhecimento. A tradução, simplificada, é nossa. O aprofundamento do tema encontra-se na própria obra, às pp. 34 a 49.

10. Ver para uma análise mais aprofundada, José Eduardo Faria, *Retórica Política e Ideologia Democrática: a Legitimação do Discurso Jurídico Liberal,* 1982, mimeo., Depto. de Filosofia e Teoria Geral do Direito da USP, em especial Cap. VI, pp. 357-403.

11. Acerca da distinção entre interpretação e hermenêutica, ver o portentoso trabalho de Nelson Saldanha, *Ordem e Hermenêutica,* Rio de Janeiro, Renovar, 1992, em especial as pp. 245 e 246. Não obstante, no presente trabalho usaremos indistintamente os dois termos.

aplicabilidade da norma precisamente a uma situação de facto dessa espécie. Que o significado preciso de um texto legal seja constantemente problemático depende, em primeira linha, do facto da linguagem corrente, de que a lei se serve, em grande medida, não utilizar, ao contrário de uma lógica axiomatizada e da linguagem das ciências, conceitos cujo âmbito esteja rigorosamente fixado, nos termos mais ou menos flexíveis, cujo significado possível oscila dentro de uma larga faixa e que pode ser diferente segundo as circunstâncias, a relação objectiva e o contexto do discurso, a colocação da frase e a entoação da palavra".[12]

E prossegue afirmando que "mesmo quando se trata de conceitos de alguma medida fixos, estes contêm freqüentemente notas distintivas que, por seu lado, carecem de uma delimitação rigorosa".[13]

5. O Direito, importa frisar, só pode se realizar pela interpretação, pois que é só através dos processos interpretativos que o enunciado adquire sentido. Ou seja, somente através da interpretação se outorga ao conjunto de conceitos que compõe as sentenças normativas força suficiente para orientar as condutas humanas, verdadeiro sentido de qualquer norma jurídica.

É só através da interpretação que se pode operacionalizar, aplicar, o Direito. E, válida que é a volta, torna-se impossível a aplicação, a concretização da norma, sem que haja algum grau de interpretação (ou construção interpretativa) por parte do aplicador.

Mais uma vez cumpre recorrer à síntese dos doutos, sem a qual este intróito seria mais longo do que permite a paciência do leitor. Eros Grau vem em nosso socorro.

Diz o mestre: "A interpretação do Direito é atividade voltada ao discernimento de enunciados semânticos veiculados por preceitos (disposições, textos) – o intérprete desvencilha a norma do seu invólucro (o texto); neste sentido, o intérprete 'produz a norma'. Atividade que se presta a transformar disposições (textos, enunciados) em normas, a interpretação é meio de expressão dos conteúdos normativos das disposições, meio através do qual o juiz desvenda as normas contidas nas disposições".

Por isso, as normas resultam da interpretação e, podemos dizer que elas, enquanto disposições, não dizem nada: elas dizem o que os intérpretes querem que elas digam. "A interpretação é um processo intelectivo através do qual, partindo-se de fórmulas lingüísticas contidas nos atos normativos (os textos, enunciados, preceitos, disposições) alcançamos a determinação do seu conteúdo normativo".[14]

No mesmo sentido, aliás, vem o escólio de outro mestre, Karl Larenz, que consigna ser a interpretação "o desentranhamento, difusão e exposição do sentido disposto no texto, mas de certo modo ainda oculto. Mediante a interpretação faz-se falar este sentido" tornando-o comunicável.[15]

6. Vale dizer ainda que, restando pacífica a incontornabilidade da interpretação na operacionalização do Direito, há que se reconhecer que, ao longo do tempo, foram e vão se transformando os métodos e as formas de interpretação. O tema permitiria mais uma longuíssima discussão, exorbitante das lindes do presente trabalho.[16] Po-

12. In *Metodologia da Ciência do Direito*, 2ª ed., Lisboa, Fundação Calouste Gulbenkian, pp. 375 e 376. A grafia é, por óbvio, de Portugal.

13. Idem, ibid.

14. *Licitação e Contrato Administrativo. Estudos sobre Interpretação da Lei*, São Paulo, Malheiros Editores, 1995, pp. 5 e 6. Para um melhor aprofundamento sobre as idéias do autor, ver *A Ordem Econômica na Constituição de 1988*, São Paulo, Malheiros Editores, 1990, Cap. 6. Em especial quanto a este ponto, ver pp. 181 e 182

15. Ob. cit., p. 377.

16. Acerca dos métodos de interpretação, imbatível síntese é apresentada por Roberto Vernengo no seu *Curso*..., cit., pp. 411 a 417.

rém, é de se consignar que os métodos hermenêuticos tradicionais não se põem consentâneos com as necessidades contemporâneas de aplicação do Direito.[17]

José Eduardo Faria, em parecer ainda inédito, leciona com propriedade inigualável que, "em face das especificações de nosso atual sistema jurídico, os métodos hermenêuticos mais adequados exigem uma efetiva compreensão da realidade, a fim de esgotar a plenitude de um Direito plasmado por normas gerais de *textura aberta*, consentâneas com uma sociedade em transformação, cujos problemas exigem critérios de resolução baseados nos princípios gerais de eqüidade, do bem comum, do equilíbrio, da proporcionalidade e do reconhecimento tanto das regras quanto dos procedimentos constituídos *ex post facto*. Ao contrário do que enfatiza a *concepção estritamente formalista* do Direito, na *concepção operativa* a certeza jurídica jamais é sinônimo de imutabilidade formal de cada norma. O é, isto sim, o 'sentido global' do sistema, ou seja, de seus pressupostos, suas diretrizes e seus objetivos valorativos".[18]

Ou seja, *coloca-se hodiernamente na atividade do intérprete do Direito a necessidade de desenvolver uma interpretação menos voltada ao aspecto literal da norma e mais dirigida à integração desta com o sistema jurídico* – entendido não só como sistema de normas e valores, mas também como plexo de finalidades e princípios subjacentes à ordem jurídica.

7. De outro lado, só através da hermenêutica pode o Direito se revelar como um ente dinâmico, como que calibrando a estabilidade trazida pelo Direito posto com a mutabilidade das relações sociais. Tal fenômeno foi percebido por diversos teóricos. Nenhum, talvez, soube tão bem expressar a questão quanto Jerzy Wróblewski que divide a interpretação jurídica em dois tipos principais, que chama de ideologias.[19]

A primeira, estática, privilegia a estabilidade e a previsibilidade inerentes à imutabilidade das normas.

A segunda, ideologia dinâmica, leva a interpretação a cumprir a função de adaptação do Direito às sempre cambiantes necessidades presentes e futuras da vida social. Neste segundo tipo, seria a interpretação a atividade de amoldamento do Direito às necessidades da vida social.

Necessário gizar que aqui, como de resto em outros trabalhos anteriores, fixamos nossa hermenêutica no quadro da interpretação dinâmica. Isto porque concordamos com Baracho[20] quando, lastreado em Nestor Pedro Sagües, afirma que é "a interpretação mutativa das normas" que permite "até alterar o conteúdo dessas prescrições constitucionais, substituindo a mensagem do legislador constituinte por outra diretriz normativa, mesmo que o texto da cláusula constitucional permaneça aparentemente intacto", sem descurar, é claro, da sua adequação aos limites emanados pela legalidade.

8. Em Direito, a interpretação se coloca a um só tempo como pressuposto e como método. O enunciado normativo, diz Jézi Wrobléwski, só adquire o *status* de norma quando interpretado pelo destinatá-

17. Giuseppe Zaccaria (*L'Arte dell'Interpretazione*, Padova, CEDAM, 1990) afirma com clareza tal ponto: "La crisi attuale del positivismo giuridico coincide essenzialmente, anche se non in modo esclusivo, con la crisi di uno di suoi motivi originari e fondanti, il metodo logico-formale dell'interpretazione del diritto", pp. 207-208.

18. Parecer exarado nos autos de ação popular que tramitou pela 6ª Vara da Fazenda Pública do Estado de São Paulo. Os grifos não correspondem ao original. Acerca da referência às normas de tecitura aberta e ao sistema jurídico dotado de maior flexibilidade, cf. H. L. A. Hart, *El Concepto de Derecho*, 1992, Buenos Aires, Abeledo-Perrot, trad. de Genaro Carrió.

19. *Constitución y Teoría General de la Interpretación Jurídica,* trad. de Arantxa Azurza, Madri, Civitas, 1985, pp. 72 e ss.

20. José Alfredo de Oliveira Baracho, ob. cit., p. 12.

rio, seja ele intérprete autêntico ou não. Mais do que compreender um texto normativo (o que em si já constitui uma dimensão interpretativa), a hermenêutica jurídica importa o esforço de situar a norma dentro do ordenamento jurídico, cotejá-la com os demais preceitos dele integrantes e sopesá-la à luz dos princípios estruturantes do sistema.

Daí porque alguns autores afirmam que não se interpreta a norma, mas o Direito com relação ao sentido que se lhe atribui. "Uma norma jurídica isolada, destacada, desprendida do sistema jurídico não expressa significado normativo nenhum".[21]

9. Pois bem. Se a hermenêutica jurídica se coloca, em regra, tarefa ao mesmo tempo imprescindível e tortuosa para o jurista, tanto mais isso ocorre em sede do Direito constitucional. Ou seja, se a interpretação de uma norma já é uma tarefa árdua, a hermenêutica de um dispositivo da Constituição reveste-se de complexidade plena.

A interpretação de uma norma infraconstitucional implica enquadrá-la no sistema jurídico como um todo, buscando dar-lhe sentido que não colida com os pressupostos do sistema.

Já a interpretação de uma norma constitucional, demanda, além deste esforço, lobrigar no texto e no contexto da Carta Maior qual o sentido do dispositivo interpretado que melhor se amolda aos princípios estruturantes do sistema, como aliás assevera Canotilho.[22]

Daí, porque, interpretar a norma constitucional (e em decorrência, interpretar a própria Constituição no tocante a essa norma) importa interpretar todo um sistema jurídico.

10. O texto que adiante passaremos a interpretar padece de três ordens de indeterminantes.

10.1 Não prima pela precisão da linguagem, por um lado, o que é fruto da própria dinâmica constituinte.[23]

10.2 Por outro lado, a norma em apreço insere-se dentro de um contexto normativo complexo, sobretudo por relacionar-se diretamente com a parcela do texto constitucional referente à ordem econômica, sofrendo os efeitos das contradições e dificuldades intrínsecas ao que se convencionou chamar de constituição econômica,[24] o que nos põe, ainda, diante do problema (aparente ou real – não importa no momento) das antinomias jurídicas.[25]

21. Eros Grau, *A Interpretação...*, cit., pp. 181-182.

22. Para o constitucionalista português, "o facto de o texto constitucional ser o primeiro elemento do processo de interpretação-concretização constitucional (= processo metódico) ***não significa que o texto ou a letra da lei constitucional contenha já a decisão do problema a resolver mediante a aplicação das normas constitucionais.*** Diferentemente dos postulados da metodologia dedutivo-positivista, deve considerar-se que: 1) ***a letra da lei não dispensa a averiguação do seu conteúdo semântico***; 2) ***a norma constitucional não se identifica com o texto***; 3) a delimitação do âmbito normativo, feita através da atribuição de um significado à norma, deve ter em atenção elementos de concretização relacionados com o problema carecido de decisão ou denota através desses sinais" (*Direito Constitucional*, Coimbra, Almedina, 1993, p. 223).

23. Sobre a crítica à redação do dispositivo ver Ives Gandra e Celso Bastos, *Comentários à Constituição do Brasil,* v. I, São Paulo, Saraiva, p. 148.

24. Apenas para que se dimensione as proporções da complexidade sempre envolvida na interpretação da ordem econômica constitucional, vale trazer a ensinança de Sabino Cassese: "Riassumendo, la constituizione economica può essere studiata in tre modi diversi. Il primo, à quello tradizionale, dei giuristi che analizzano l'equilibrio stabilito dalla legge, in ordine a ciascun bene o utilità, tra autorità e libertà, tra potere pubblico e situazione giurudica soggetiva privata, tra intervento statale e proprietà o impresa (del privato). Il secondo approccio à quello delle politiche di settore, proprio degli studiosi che mirano a verificare le caratteristiche dell'azione statale settore per settore. Il terzo approccio è quello che considera il governo degli aggregati, ovvero le politiche generali" (*La Nuova Constituizione Economica,* Bari, Laterza, 1996, p. 5).

25. Sobre o problema das antinomias jurídicas e dos critérios para resolvê-las, cf. Norberto Bobbio, *Teoria dell'Ordinamento Giuridico*, Turim, G. Giappichelli Editore, 1960, pp. 82 a 124.

10.3 Por fim, há o inconveniente da interpretação de um dispositivo que permaneceu incólume a cinco textos constitucionais (se considerarmos a Emenda de 1969 como uma nova Constituição, vista a abrangência das alterações que ensejou). Cuida-se de norma constitucional cuja finalidade, âmbito e sentido foram, inelutavelmente, alterados quer pela evolução histórica, quer pelas transformações perpetradas no sistema constitucional. A ambos os fatores faremos referência no devir de nossa argumentação.

11. Por tudo o que acima aduzimos, e em especial pelas dificuldades específicas aludidas no tópico anterior, dentre os diversos métodos interpretativos, o que mais distante fica da adequada hermenêutica constitucional é a interpretação literal ou gramatical.

Nos dizeres de Vernengo, a interpretação "não pode ficar limitada ao problema do significado léxico dos vocábulos utilizados", mas deve se pautar pelo que "os juristas consideram como interpretação lógico-sistemática das normas jurídicas".[26]

Segue daí que a interpretação gramatical subtrai do esforço hermenêutico o que ele tem de mais relevante: o enquadramento da norma interpretada dentro do sistema jurídico. Juarez Freitas afirma que "o processo hermenêutico, por essência, do Direito, de tal maneira que se pode asseverar que ou se compreende o enunciado jurídico no plexo de suas relações com o conjunto dos demais enunciados, ou não se pode compreendê-lo adequadamente. Neste sentido, é de se afirmar com os devidos temperamentos, que a interpretação jurídica ou é sistemática ou não é interpretação".[27]

Não afirmamos com isso que o intérprete deve descartar a interpretação gramatical no seu mister. O que se diz é que não se pode pretender restringir a atividade do hermeneuta à simples perseguição do sentido léxico do texto interpretado. Fazê-lo constitui não só um equívoco. Significa reduzir o Direito a um mosaico fragmentado de normas, desconhecendo que ele é um plexo articulado e complexo de princípios e disposições normativas, ou seja, um sistema.[28]

12. Do mesmo modo, também não é adequada a interpretação que toma predominantemente em conta a topografia da norma interpretada dentro do diploma normativo em que se insere. Constitui inescusável reducionismo da atividade hermenêutica procurar debuchar o sentido de uma norma cotejando-a apenas com os dispositivos que lhe são avizinhados e com isso, desprezando todo o sistema complexo em que ela se insere. Como preleciona Carlos Maximiliano, "a verdade inteira resulta do contexto, e não de uma parte truncada, quiçá defeituosa, mal redigida; examine-se a norma na íntegra, e mais ainda: o Direito como um todo, referente ao assunto. Além de comparar o dispositivo com outros afins, que formam o mesmo instituto jurídico, e com os referentes a institutos análogos; força é, também, afinal, pôr tudo em relação com os princípios gerais, o conjunto do sistema em vigor".[29]

13. Todo o dito aqui não se presta a definir um método hermenêutico amoldado a respaldar a interpretação que damos ao dispositivo em tela. Isto porque, mesmo que tomada a partir de uma interpretação lite-

26. *La Interpretación Literal de la Ley*, 2ª ed. ampliada, Buenos Aires, Abeledo-Perrot, p.113.

27. *A Interpretação Sistemática do Direito*, São Paulo, Malheiros Editores, 1995, p. 49.

28. "Intendiamo per 'sistema' una totalità ordinata, cioè un insieme di enti, tra i quali esiste un certo ordine. Perchè si possa parlare di ordine, bisogna che gli enti constitutuvi non siano soltano in rapporto col tutto, ma siano anche in rapporto di coerenza tra di loro", Norberto Bobbio, *Teoria dell'Ordinamento Giuridico,* Turim, G. Giappichelli, 1960, p. 69. Sobre o tema, v. tb., Carlos Ari Sundfeld, *Fundamentos de Direito Público*, cit., pp. 118 e ss.

29. *Hermenêutica e Aplicação do Direito*, 11ª ed., Rio de Janeiro, Forense, 1991, pp. 129-130.

ral ou topográfica (e delas também lançaremos mão), a norma em apreço não constitui óbice qualquer à reformulação do setor postal que se desenrole nas linhas acima divisadas (introdução da competição e prestação dos serviço através da outorga de concessão ou permissão).

O que se pretendeu nestas observações iniciais foi justamente ressaltar que um esforço efetivamente pertinente não se restringe à análise do dispositivo isolado (o qual, repita-se, no nosso entender, não impõe nem "monopólio" nem a exploração direta) mas da análise da reforma do setor à luz do texto constitucional como um todo. E aí vamos encontrar, antes de vedações e restrições, disposições que na verdade tornam imperativa a reformulação pretendida.

Em suma, não desenrolamos as notas acima para justificar um ponto de vista, mas para, explicitando nossos pressupostos hermenêuticos, demonstrar que a adequada interpretação do texto constitucional aponta para a total e cabal desnecessidade de alteração (emenda) do texto da Carta Maior. Afinal, imaginamos ter demonstrado, a hermenêutica se presta justamente para conferir ao Direito a dinamicidade que lhe assegura a permanência.

II – A interpretação do art. 21, X, da CF: exata abrangência do preceito

O art. 21, X, prescreve: "Art. 21. Compete à União: (...). X – manter o serviço postal e o correio aéreo nacional".

14. O dispositivo em apreço tem sido repetido nas Constituições brasileiras da há muito tempo. A primeira Carta Republicana (1891) trazia no seu art. 34, 15, disposição no sentido de que caberia ao Congresso Nacional "legislar sobre serviço de correios e telégrafo", como igualmente já o fizera o art. 33, 16, do Decreto Constitucional n. 51, de 22.6.1890, que promulgava a Constituição Provisória da República. Antes, no Império, a referência constitucional à atividade postal resumia-se à garantia do sigilo de correspondência e à responsabilidade da administração dos correios por qualquer violação deste (art. 179, 27). Na Constituição de 1934 introduziu-se a referência ao dever da União de "manter o serviços de correios", o que se manteve ininterruptamente até o texto da atual Carta de 1988.

15. Destaca-se, em primeiro lugar, que o dispositivo em tela está inserido em artigo onde vêm estipuladas pelo constituinte *as competências da União*. Ou seja, dentro do pacto federativo, determinou a Constituição quais seriam explicitamente as atribuições a cargo da União, deixando para os Estados, Distrito Federal e Municípios as competências residuais. Trata-se, portanto, no art. 21, de definir quais as atividades materiais (já que as competências legislativas vêm previstas no art. 22) que constituem encargos da União.

Para perceber isto basta verificar que o art. 21 situa-se dentro do Título II, I que trata da organização do Estado e estabelece os marcos da divisão federativa da República. Neste Título vamos encontrar um Capítulo dedicado à União (Cap. II), assim como um aos Estados (Cap. III) e outro aos Municípios (Cap. IV). Justamente dentro do Capítulo destinado à prescrever os confins dos poderes atribuídos à União é que vamos encontrar o art. 21, antecedido pelo rol de bens da União e sucedido pelo artigo destinado às suas competências legislativas.

Neste sentido vem a lição do Min. Carlos Velloso.[30]

Temos, portanto, desde logo, duas conseqüências do art. 21: a) a impossibilidade

30. Cf. "Estado Federal e Estados Federados na Constituição brasileira de 1988: do equilíbrio federativo", *Boletim de Direito Administrativo*, mai./93, Ed. NDJ, p. 297.

das demais esferas federativas se imiscuirem nas atribuições definidas como de competência da União – poder; b) a impossibilidade, sob pena de quebra do pacto federativo, da União se esquivar dos encargos enumerados no rol de suas competências – dever. Estabelecida está uma competência da União, em uma dupla acepção: exclusividade frente aos demais entes federativos e obrigação irrenunciável frente aos cidadãos.

16. Bem é verdade que no art. 21, em vários dos seus incisos, foi o constituinte mais longe do que a mera enumeração de competências, prescrevendo algumas regras específicas para algumas das atividades cometidas à União (como ocorria no inciso XI antes da Emenda Constitucional 8, e como ainda ocorre com o inciso XII). A isso faremos referência mais adiante.

Ocorre que, no tocante ao serviço postal e ao correio aéreo nacional, limitou-se a Constituição a prescrever o dever de manutenção do serviço. *Nada esclareceu sobre a forma de sua prestação.*

17. Esta referência torna incontroverso que o serviço postal e o serviço de correio aéreo foram eleitos pelo constituinte como serviços públicos da alçada e competência da União. Neste sentido, é expresso o ensino de Celso Antônio Bandeira de Mello para quem "a Carta Magna do País já indica, expressamente, alguns serviços antecipadamente propostos como da alçada do Poder Público federal. É o que se passa com o serviço postal e o Correio Aéreo Nacional (art. 21, X, da CF)".[31]

18. Inobstante, não nos parece que a inclusão de um dado serviço dentre o rol de competências de um ente federativo permita concluir qualquer coisa a mais acerca da forma de exercício desta competência. Ao incluir o serviço postal dentre as atividades atinentes à esfera federal dentro da repartição de competências, pretendeu o constituinte precisar que este encargo – que deverá ser assegurado à coletividade – constitui ônus da União. Portanto, situado dentro do sistema constitucional como uma competência, deve o serviço postal ser encarado não como uma prerrogativa do poder central, mas como um encargo indeclinável deste.

19. Em conclusão a este capítulo, podemos desde logo estabelecer que *o art. 21, inciso X estabelece que o serviço postal será oferecido à coletividade pela União*, a quem cabem os *ônus (inclusive financeiros) necessários à manutenção de tal serviço.*

Obviamente, a dicção constitucional pressupõe que tal serviço não caracterizará atividade econômica em sentido estrito. Portanto, deflui do texto a pressuposição do constituinte de que tal serviço dificilmente seria rentável ou mesmo auto-suficiente. De tal modo que a União deverá prover os meios necessários para que sempre exista, disponível ao uso dos cidadãos, um serviço postal.

20. Como deverá fazê-lo, não diz a CF no art. 21, o que ademais não seria de boa técnica. Afinal, o modo de prestação e, eventualmente, de exploração cuidaria de matéria não atinente ao pacto federativo, mas já concernente à ordem econômica. E, na topografia da CF de 88, há todo um Título dedicado ao assunto (Título VII). É lá que deve o intérprete ir perquirir as balizas dentro das quais deverá ser prestado o serviço postal pela União. É lá – prioritariamente, pois como dissemos interpretar a norma constitucional pressupõe interpretar a Carta como um todo – que encontraremos, à farta, argumentos para suportar nosso entendimento.

III – A inexistência de "monopólio" constitucional para o serviço postal

21. Como é sabido, o *monopólio* de uma dada atividade econômica é caracteri-

31. *Curso de Direito Administrativo*, 8ª ed., São Paulo, Malheiros Editores, p. 413.

zado pela concentração desta atividade nas mãos de um, e somente um, agente econômico. Nos dizeres de Francesco Galgano "é il fenomeno per il quale l'intera offerta di un dato prodotto o servizio è nelle mani di un solo soggetto, che può, pertanto, liberamente stabilire l'andamento del mercato o il corrispecttivo del bene o del servizio oggetto di monopolio. Il può essere imposto dalla legge (legale) o determinarsi secondo le forze di mercato (naturale). Nel primo caso, la legge attribuisce allo Stato il monopolio di determinati servizi o della rivendita di determinati prodotti facendo divieto ai privati di esercitare attività concorrenziali, solitamente constituenti reato".[32]

O monopólio é, para a atividade econômica em sentido estrito, o que a exclusividade ou privatividade é para os serviços públicos. Daí porque parte substancial da doutrina considera equivocada a utilização do termo "monopólio" para designar a vedação de que outro ente que não o Poder Público de uma dada esfera da federação preste uma atividade tida como serviço público.[33] Tecemos esta consideração pois, ainda que reconhecendo a incorreção técnico-jurídica do termo "monopólio" para cuidar do serviço postal (serviço público), utilizaremos do conceito pois ele é vastamente utilizado na lei postal, na doutrina e na jurisprudência.

22. Podemos divisar duas hipóteses de "monopólio" estatal de uma determinada atividade. Por uma, teremos o "monopólio" de atividades afetas diretamente à soberania e que, portanto, pela sua própria natureza, têm de ser monopolizadas pelo Estado. De outro, discernimos algumas atividades que, a partir do advento do intervencionismo estatal, são tidas como essenciais para a preservação da ordem econômica e, portanto, devem estar concentradas na mão do poder público.

22.1 No primeiro caso (onde se situa, por exemplo, a declaração de guerra ou a defesa nacional), pode-se sustentar que se trata de atividades monopolizadas por sua própria essência, não carecendo de referência legal ou constitucional expressa para constituírem monopólio. Um Estado que não reúne condições, ao menos potenciais, de repelir violações às suas fronteiras ou que permite a coexistência de estruturas militares paralelas dentro do seu território, tem questionada a essência de sua soberania, corroendo-se suas bases de sustentação e, destarte, colocando em questão sua própria existência enquanto Estado.

22.2 Já no segundo caso, relativo às atividades econômicas em sentido amplo, e que não fazem parte do âmago de atividades constituintes do núcleo do poder soberano, temos que, para existir um monopólio público, será imprescindível a expressa previsão legal ou constitucional.

23. Embora o art. 21 mescle atividades e atribuições inerentes à soberania com outras incumbências de mero oferecimento de comodidades fruíveis pelos cidadãos, parece-nos inegável que inexiste uma relação direta entre estas e aquelas e, portanto, o serviço postal e a soberania nacional.

Não se nega que a atividade postal seja de enorme relevância para a integração do país e para a preservação da identidade nacional. Mas isto remete muito mais à necessidade de existir um serviço postal universal (dever de manutenção do mesmo) do que à contingência de ser ele monopolizado pelo Estado.

Daí a afirmar que um país perde sua soberania pelo fato de não ter o governo exclusividade na prestação do serviço postal, vai um intervalo abissal. Dizê-lo implicaria em declarar desvestidas de soberania diversas potências que permitem a atuação da iniciativa privada no setor, com ou sem restrições.

32. *Dicionario Enciclopedico del Diritto,* v. II, a cura de F. Galgano, Padova, CEDAM, 1996, p. 981.

33. Ver, neste sentido, Maria Sylvia Zanella Di Pietro, *Direito Administrativo*, 8ª ed., pp. 80 e ss.

A atividade postal não guarda relação direta com os atributos da soberania. Porém, ainda que admitíssemos, por hipótese e amor ao debate, que o serviço postal é essencial para a soberania por força de sua função na integração e na transmissão do fluxo de informações entre um povo num dado território, tal argumento não mereceria mais guarida nos dias de hoje.

Se, quando da primeira referência constitucional ao serviço postal, no século passado, a comunicação postal era relevante para a integração nacional, o mesmo não pode ser dito hoje. Afinal, embora o serviço postal continue a ter enorme relevância econômica e social, aquelas suas iniciais funções foram de há muito superadas pelas tecnologias de telecomunicações e telemática.

Podemos, com toda a tranqüilidade, concluir que o serviço postal não integra o núcleo de atividades básicas inerentes ao Estado soberano. Por conseqüência, da sua natureza não decorre a imprescindibilidade da exclusividade ("monopólio").

24. Resta, portanto, saber se tal serviço reveste-se de "monopólio" por força de disposição constitucional (já que o "monopólio" legal foge do escopo do presente, uma vez que a reforma no setor será implementada por via de lei, o que torna irrelevante aqui a existência de disposição legal neste sentido).

25. Neste ponto, há que se consignar, desde logo, que a CF é absolutamente arredia aos monopólios (aqui tomado o termo em sentido lato, o que compreende também a exclusividade). Diversamente do que ocorria na Carta anterior – gestada em regime de exceção, e como tal, afeita a conceder poderes e exclusividades às autoridades de plantão.

José Afonso da Silva[34] bem observa que "a Constituição Federal de 1988 não é favorável aos monopólios. Certamente que o monopólio privado, assim como os oligopólios e outras formas de concentração da atividade econômica privada, é proibido, pois está previsto que a lei reprimirá o abuso do poder econômico (...) O monopólio público também ficou bastante limitado, pois já não se declara, como antes, a possibilidade de monopolizar determinada indústria ou atividade".

Neste passo, é relevante notar que a Carta de 88 alterou, significativamente, o sistema de preservação da ordem econômica e de restrição ao estabelecimento de "monopólios" pelo Poder Público. "A Constituição de 1967 previa a intervenção e a monopolização de determinada indústria ou atividade, por motivo de segurança nacional ou para organizar determinados setores, inferiorizados no regime de livre iniciativa. A Constituição vigente estabelece que o Estado exercerá as funções de fiscalização, incentivo e planejamento, e o fará como agente normativo e regulador da atividade econômica".[35]

Portanto, com o advento da CF 88, o regime constitucional anterior – que facultava à União (art. 157, § 8º), genericamente, o estabelecimento de monopólio em uma dada atividade ou indústria – foi substancialmente alterado. No regime vigente, a intervenção no domínio econômico deverá se dar nos limites da função fiscalizadora, fomentadora e planejadora, esta ainda relativa (art. 174).

Dizendo de outro modo, *o "monopólio" público que antes era possibilidade plena, passou a ser hipótese írrita à ordem econômica, admissível apenas nas hipóteses expressamente prescritas na Constituição.*

Como outra vez ensina José Afonso da Silva,[36] a Constituição declara "a possibi-

34. *Curso de Direito Constitucional Positivo*, 14ª ed., São Paulo, Malheiros Editores, p. 736.

35. Cf., neste sentido, o trabalho elaborado pela equipe da Price Waterhouse, "A Constituição do Brasil de 1988, comparada com a Constituição de 1967 e comentada", São Paulo, 1989.

36. Ob. cit., p. 736.

lidade de exploração direta de atividade econômica quando necessária aos imperativos da segurança nacional ou relevante interesse coletivo (art. 173). *Parece-nos que aí não entra o monopólio que é reservado só para as hipóteses estritamente indicadas no art. 177 e agora com a flexibilização introduzida pela EC 9/95*".

26. Lendo o texto da Constituição nota-se que em nenhum momento há nele referência expressa ao "monopólio" da União no setor postal.

26.1 Primeiro, porque a atividade não consta do rol do art. 177, que é composto exclusivamente: a) pelas atividades ligadas à exploração petrolífera (pesquisa, lavra, refino, importação e transporte de petróleo e derivados – incisos I a IV); e, b) pelas atividades ligadas a minérios e minerais nucleares (pesquisa, lavra, enriquecimento, retroprocessamento e industrialização). Portanto, o mesmo constituinte que teve a preocupação de – no Capítulo dos Princípios Gerais da Ordem Econômica – estabelecer as atividades monopolizadas pela União, não fez referência à atividade postal.

Tendo em vista a sistemática que perpassa a ordem econômica, conforme acima exposto, e mesmo os princípios básicos que a norteiam, pode-se desde logo concluir que inexiste no texto constitucional qualquer imposição de "monopólio" ou exclusividade para o setor postal.

26.2 Por outro lado, há que se registrar que mesmo atividades sabidamente essenciais ao Estado referidas no art. 21 foram reforçadas mais a frente no texto constitucional para assegurar-lhes o "monopólio" ou a exclusividade. Ou seja, o constituinte, sabedor que a relação do art. 21 se presta apenas a estatuir as competências da União, quando pretendeu estabelecer regra de "monopólio" ou exclusividade, fê-lo em outras paragens do texto constitucional.

É o que ocorre, por exemplo, no art. 164. Lá vemos estipulado que *a competência da União para emitir moeda* – objeto de referência no art. 21, inciso VII – *será exercida exclusivamente pelo Banco Central*. Ora, fosse a mera referência constante do art. 21 suficiente para introduzir um "monopólio" – e ninguém discute que a emissão de moeda dever ser exclusividade do governo central –, o art. 164 faria referência ao "*monopólio* da União a ser exercido pelo Banco Central". Mas não foi esta a opção do constituinte, que aludiu à *competência da União*, e à exclusividade da autarquia reguladora do setor financeiro.

26.3 Por fim, todos estes argumentos tornam-se secundários frente aos princípios estruturantes da ordem econômica (art. 170) e mesmo aqueles do art. 1º da Carta. A monopolização do exercício de qualquer atividade econômica, tomada em sentido amplo, é contrária desde logo ao princípio da livre iniciativa, duplamente referida no texto constitucional – art. 1º, IV e art. 170, *caput*. Mais ainda, a instituição de "monopólios", públicos ou privados, colide mais fortemente com o princípio da livre concorrência, novidade em relação à Constituição anterior, e que tem o seu assento no inciso IV do art. 170.[37]

Os princípios,[38] como ensina Carlos Ari Sundfeld, "são as idéias centrais de um sistema, ao qual dão sentido lógico, harmonioso, racional, permitindo a compreensão de seu modo de organizar-se".[39]

37. Como assevera Caio Tácito, "o texto constitucional vigente consagra o princípio geral do livre desempenho de qualquer atividade econômica e prestigia, em mais de um passo, a livre iniciativa e a livre concorrência. Este é o sentido do parágrafo único do art. 170 e das disposições do art. 1º, IV, do art. 170, em seu *caput* e no item IV deste preceito, apenas admitida a presença direta do Estado, quando necessária ao atendimento de imperativos de segurança nacional ou a relevante interesse coletivo, conforme definição em lei (art. 173)" (*RDA* 192/347, 1993).

38. Sobre a importância dos princípios para a estruturação e a interpretação do Direito, ver nosso artigo "O conflito de princípios constitucionais: breves pautas para sua solução", in *Cadernos de Direito Constitucional e Ciência Política* 10, 1995, pp.40 e ss.

39. *Fundamentos de Direito Público*, 2ª ed., São Paulo, Malheiros Editores, 1993, p. 137.

Ora, se a Constituição declara e repete que a República Federativa do Brasil e, conseqüentemente, a sua ordem econômica se erguem sobre os princípios da livre iniciativa e da livre concorrência não é possível a interpretação que pressuponha o "monopólio" postal da simples definição de competência presente no art. 21 da Carta.

Fazê-lo importaria, inarredavelmente, em interpretar o texto constitucional ao arrepio das pautas (ou nos dizeres de Baracho,[40] dos *guias de interpretação*) estabelecidas na própria Constituição, procedimento que, segundo Celso Antônio, representa *uma insurgência contra todo o sistema jurídico, subversão dos valores fundamentais*. Diz o mestre que ao ofender um princípio jurídico, "abatem-se as vigas que o sustêm e alui-se toda a estrutura nele esforçada".[41]

É incabível no regime constitucional vigente hoje do Brasil interpretar norma da Carta maior de modo a dela extrair "monopólio" público que não vem expressamente estatuído no seu texto. Dissemos e repetimos: não se interpreta a Constituição de modo a violar os mais caros princípios nela insculpidos.

27. Em reforço ao que aqui se afirma, vem até mesmo a interpretação literal do dispositivo objeto do presente. O art. 21, X da Carta refere-se à obrigação de manter o serviço postal. Eis que o verbo manter não predica, por si só, a exclusão da prestação de uma atividade a outrem que não a União.

É na própria Constituição que encontraremos parâmetros para o que afirmamos. O art. 30, inciso VI, por exemplo, prescreve a competência do Município para *manter programas de educação pré-escolar e de ensino fundamental*. Ora, seria rematada estultice afirmar que tal dispositivo torna defeso à iniciativa privada desenvolver e implementar tais programas. Assim, como o verbo manter no art. 30 não importa no "monopólio" municipal de creches ou de EMEIs, da mesma forma a expressão "manter", no art. 21, não traz um automático "monopólio" do setor postal.

Igualmente, no que toca ao "monopólio" público – que, como vimos, exclui a possibilidade do exercício de uma atividade por outrem que não o Poder Público – no próprio art. 21 vamos encontrar competências determinadas pelo verbo "manter" e que nem de longe podem ser tidas como excludentes do exercício da atividade por entidades privadas. É o caso da obrigação de manter serviços oficiais de estatística, geografia, geologia e cartografia de âmbito nacional (inciso XV). Ora, é irrefutável que à União corresponde o encargo de sustentar e prover a coletividade nacional de tais serviços. Porém, a ninguém socorreria defender que tal atividade seria "monopólio" da União, vedando às universidades, às organizações não-governamentais ou mesmo às entidades o exercício das atividades de levantamento estatístico, geográfico ou, o que é mais comum, a realização de serviços de pesquisa geológica ou cartográfica de âmbito nacional.

28. Não fosse por isto, há uma outra circunstância que aponta para a inexistên-

40. José Alfredo de Oliveira Baracho pondera que "os princípios são uma espécie de fronteira do Direito. Eles orientam e guiam os que realizam as tarefas da interpretação, pois permitem a compreensão das normas jurídicas. Não são apenas regras de Direito" ("O princípio da subsidiariedade: conceito e evolução", *Cadernos de Direito Constitucional e Ciência Política* 19, 1997, p. 24).

41. *Curso de Direito Administrativo*, 4ª ed., São Paulo, Malheiros Editores, p. 409. A transcrição do trecho integral é valiosa pela veemência com que é lavrado: "Violar um princípio é muito mais grave que transgredir uma norma qualquer. A desatenção ao princípio implica ofensa não apenas a um específico mandamento obrigatório mas a todo o sistema de comandos. É a mais grave forma de ilegalidade ou inconstitucionalidade, conforme o escalão do princípio atingido, porque representa insurgência contra todo o sistema, subversão de seus valores fundamentais, contumélia irremissível a seu arcabouço lógico e corrosão de sua estrutura mestra. Isto porque, com ofendê-lo, abatem-se as vigas que sustêm e alui-se toda a estrutura nelas esforçada".

cia de "monopólio" constitucional no setor postal. É que, embora o texto ora em foco se repita desde 1934, desde sempre foi o texto infraconstitucional que prescreveu o "monopólio" da União. Parece óbvio que se este fosse decorrência da Constituição, desnecessário seria a norma infraconstitucional prescrever o "monopólio".

O argumento se desdobra em razões mais veementes. O "monopólio" estatuído pela Lei n. 6.538/78 é amplo, mas não compreende a totalidade das atividades integrantes do serviço postal. É o que se percebe da leitura do art. 9º da lei, que descreve *quais as atividades postais são exploradas em regime de "monopólio" pela União.* Ora, se o "monopólio" tivesse força constitucional, não poderia a lei torná-lo parcial, excluindo dele algumas atividades.[42]

Monopólio, como estampa a definição acima colacionada, constitui conceito absoluto.[43] Ele existe num dado setor da economia quando apenas um agente, público ou privado, concentra, exclusivamente, a prerrogativa de exercer uma dada atividade. Se a constituição impusesse um "monopólio" da União no setor postal, repetimos, não poderia a lei vir a dizer que esta ou aquela atividade poderiam ser prestadas por terceiros.[44]

29. Se a lei já exclui algumas atividades caracterizáveis como postais do regime de "monopólio" que – a lei, e somente ela – institui, a jurisprudência ampliou, sobremodo, o âmbito de atividades extremes do regime monopolístico.

Colacionar todas as decisões dos Tribunais tornaria ainda mais exaustivo o presente. Citemos apenas o seguinte aresto:

"Monopólio postal – Prestação de pequenos serviços a empresas particulares – Distribuição de títulos de crédito, avisos, contas de luz, etc. – Serviço de malotes – Inocorrência de violação do monopólio estatal – Segurança concedida. Não violam o monopólio postal os serviços de coleta e distribuição de títulos de crédito, avisos de lançamentos de tributos e contas de luz, telefone, água etc. (...)" (TRF-1ª R., Ag. em Mandado de Segurança 68.327, j. 28.7.71).

30. Mais do que flexibilizar o "monopólio" – legal – do serviço postal, posição já antecipada pelos Pretórios no regime constitucional anterior, a atual posição da jurisprudência caminha a passos firmes no sentido de negar a existência de "monopólio" – mesmo legal – no setor, afirmando que, com o advento da Carta de 1988, não foi recepcionada a previsão monopolística da lei postal. São as decisões dos Tribunais:

"Com a vigência da Constituição Federal de 1988, deixou de existir o monopólio do serviço postal, posto que não enquadrado nas hipóteses do art. 177 da Lei Maior e a possibilidade de instituição de monopólio através de lei ordinária, não permaneceu no atual texto constitucional, resultando ab-rogados todos os que tenham sido instituídos mediante legislação infra" (TRF-4ª R., 2ª T., rel. Juiz Dória Furquim, j. 14.12.95, *DJ* 14.2.96).

42. Como ocorre, na lei, com aquelas hipóteses de transporte de cartas arroladas no § 2º do citado art. 9º.

43. "Monopólio di diritto, invece, è il privilegio assicurato e creato da una norma di legge, in forza delle quale, una determinata persona o ente puo produre o vendere determinate oggetti o rendere al pubblico determinati servizi ad esclusione di ogni altro individuo" (Antonio Perlini, *Principi di Diritto Tributario,* v. I, 1952, p. 361).

44. Como leciona Josaphat Marinho, "se na especificação do que constitui serviço postal, quer na configuração de 'correspondência', quer na de 'valores', não foram referidos, explícita ou implicitamente, os avisos de conta de luz, água, telefone, gás, ao passo que outros papéis foram arrolados, é racional inferir que o legislador não pretendeu abrangê-los na atividade estatizada. Quando o legislador, disciplinando competência, notadamente a de caráter excepcional, como a de intervenção e monopólio no Brasil, enumera situações e exclui outras, é porque apurou não poder regular as hipóteses sobre que silenciou" ("Sistema normativo e serviço postal no Brasil", *RDP* 74/74).

"(...)

"A Carta Magna atual (art. 21, X) dispõe apenas que competirá à União manter o serviço postal, mas não impõe que seja em regime de monopólio, do contrário teria empregado as expressões 'privativa' ou 'exclusivamente', ou então teria incluído o serviço postal entre as hipóteses previstas no art. 177. Desaparecendo a figura do monopólio estatal, atipifica-se a conduta capitulada no art. 42 da Lei 6.538/78.

"(...)

"A Constituição Federal não recepcionou a Lei 6.538/78, pois a atividade postal não constitui mais monopólio da União" (TRF-5ª R., 2ª T., Ap. MS 000550462, j. 19.12.95, *DJ* 1.3.96).

31. Diante de tão firmes e sólidos argumentos, ecoados nas mais altas Cortes do país, parece totalmente fora de dúvidas que a Constituição, ao estabelecer a competência da União na mantença do serviço postal não estabeleceu qualquer "monopólio" no setor, providência que seria incompatível com os próprios princípios da ordem econômica eleitos pelo constituinte. Concluamos este tópico com a cita de Ives Gandra que, além de bem fechar os argumentos supra, perfeitamente introduz os que se seguirão.

Diz o constitucionalista paulista que: "O serviço postal e o correio aéreo nacional são serviços públicos, que cabe à União preservar. A expressão utilizada 'manter' exterioriza o fato de tais serviços sempre terem estado na competência da União, à luz das Constituições passadas, inclusive o correio aéreo nacional, que, praticamente, tem sua origem com a exploração intensiva do avião como meio comercial de transporte, mais do que com os dirigíveis. (...) o Serviço Postal Nacional cabe à União manter. *Tal prestação de serviços não é exclusiva*".[45]

IV – A inexistência de vedação à exploração indireta do serviço

32. Vimos até agora que, pelo art. 21, X, da CF, o constituinte colocou nas competências da União o encargo de garantir a existência de um serviço postal, eleito como um serviço público; e que, cotejando tal dispositivo com o texto integral da Constituição não há porque concluir-se que tais serviços seriam privativos do Poder Público (ou, para retomar o termo utilizado pela lei, inexiste um "monopólio" do serviço em apreço).

Cabe agora analisar as regras constantes da CF acerca da forma pela qual pode o serviço ser prestado pela União.

33. Sendo serviço público, privativo ou não, pouco importa, a prestação do serviço postal calha dentro do regime de direito público. Ou seja, se submete às sujeições e condicionamentos típicos deste regime.[46] Porém daí não decorre qualquer vedação à transferência dos encargos pela sua prestação aos particulares, através dos institutos da concessão ou da permissão.[47]

Como ensina Hely Lopes Meirelles,[48] "pela concessão, o poder concedente não transfere propriedade alguma ao concessionário, nem se despoja de qualquer direito ou prerrogativa pública. Delega apenas a execução do serviço, nos limites e condi-

45. Ives Gandra e Celso Bastos, *Comentário...*, cit., p. 148.

46. Acerca do regime de direito público, ver Celso Antônio Bandeira de Mello, *Curso de Direito Administrativo*, cit., pp. 15 e ss.

47. Doravante, utilizaremos apenas o termo concessão, pois que nos parece muito mais cabível para transferência da execução do serviço público em apreço. A permissão, para a espécie, só caberia em situações extremas ou excepcionais. Como para o enfoque aqui pretendido, a concessão e a permissão mantém significativa proximidade, não nos parece necessário repetir ao longo de todo o texto os dois institutos. Sobre a distinção entre os dois institutos, ver Arnold Wald *et alii*, *O Direito de Parceria e a Nova Lei de Concessões*, São Paulo, Ed. RT, 1996, pp. 53 e ss.

48. *Direito Administrativo Brasileiro*, 21ª ed., São Paulo, Malheiros Editores, p. 340.

ções legais ou contratuais, sempre sujeita a regulamentação e fiscalização do concedente".

34. Ora, se a outorga de concessão não implica a transferência de propriedade, nem a renúncia pela União da titularidade de um dado serviço público, dessume-se que ela não violaria a obrigação da União para manter o serviço postal. Mesmo que cometendo a execução a terceiros, entes privados, prossegue o Poder Público a responder pelo serviço público, já que impõe regras ao prestador e – violadas as condições previamente estabelecidas ou esgotado o prazo da outorga – retoma o serviço para explorá-lo diretamente ou para outorgar nova concessão.

Se a determinação constitucional se refere ao dever (e à competência) da União em manter o serviço postal, temos que o desígnio do texto maior está cumprido se a União permanecer sendo titular do serviço e assegurar à coletividade, sempre, a existência de tal "comodidade fruível" de forma universal e contínua. Prestado por particulares através de concessão – portanto, com, no mínimo, um prestador oferecendo o serviço em regime público – está atendida a determinação constitucional: manter-se-á o serviço, sob a competência da União.

35. Neste passo, aproxima-se a questão da prestação direta (possibilidade de concessão) com a questão da privatividade (exclusividade) ou não da União em explorar o serviço. É que para uma como para outra das condicionantes é relevante perquirir se a atividade – *v.g.*, o serviço – possui, por sua própria natureza, características que impedem a sua prestação por particulares em regime privado (permitindo-se a competição) ou em regime público (fazendo-o por delegação da União, titular deste serviço público).

Talvez seja por isso que, como anunciamos na introdução deste trabalho, as duas questões aqui enfocadas ("monopólio" e prestação indireta) sejam, no mais das vezes, tratadas de forma indistinta pela doutrina.

O fato é que os mesmos fatores que afastam a livre competição num dado setor (fazendo emergir a exclusividade ou o "monopólio"), impedem a delegação da sua prestação a terceiros, pessoas de direito privado. O que define uma e outra conseqüência, é o fato do serviço ou atividade serem, por sua própria essência, fundamentais para a soberania do Estado. Com referência à prestação indireta de um serviço, diz Arnold Wald que "nem todos os serviços públicos são passíveis de delegação. Há determinados serviços que somente o Estado pode executar diretamente, porque inerentes à sua soberania e à sobrevivência da nação – são os que dizem respeito à defesa nacional, à segurança e à saúde públicas".[49]

Desnecessário repisar o já acima dito. O serviço postal já não era em 1934, e hoje o seria muito menos, uma atividade imprescindível à soberania nacional. Não é uma atividade de Estado. Tanto que, malgrado sua relevância, é (no estrangeiro e, parcialmente, também aqui) prestada por particulares sem que o respectivo Estado renuncie à sua soberania. Portanto, também quanto à delegação da sua prestação, podemos afirmar destemidamente que o serviço postal não possui, na sua essência, qualquer traço que remeta à imprescindibilidade de sua prestação por pessoa de Direito Público.

36. Aliás, fosse o serviço postal uma atividade indelegável, porquanto nuclear para a soberania do Estado, e sequer seria admissível sua prestação por empresa pública. Para chegar a esta conclusão, basta passar os olhos pela definição legal e doutrinária de empresa pública.

49. Ob. cit., p. 71.

O Decreto-lei 200/67 define-a assim: "Art. 5º. (...). II – Empresa pública – a entidade dotada de personalidade jurídica de direito privado com patrimônio próprio e capital exclusivo da União, criada por lei para exploração de atividade econômica que o Governo seja levado a exercer por força de contingência ou de conveniência administrativa, podendo revestir-se de qualquer das formas admitidas em Direito".

Da definição de empresa pública – e atualmente a prestação do serviço postal é prerrogativa exclusiva de uma empresa pública, a ECT – extraímos duas razões que espancam a tese de que o serviço postal constitua atividade essencial à soberania e, portanto, indelegável.

A primeira, que a definição vincula a empresa pública à exploração de atividade econômica. E esta não se confunde com serviço público.[50] Atividade econômica, como afirma Marçal Justen Filho,[51] "peculiariza-se pela possibilidade de exploração econômica lucrativa, segundo princípios norteadores da atividade empresarial. O núcleo do conceito de atividade econômica em sentido estrito é a racionalidade econômica visando à obtenção do lucro, segundo o princípio do utilitarismo". Ainda que considerássemos que a doutrina bem divisa um sentido amplo e um sentido estrito para o conceito de atividade econômica, não poderíamos atribuir a uma atividade essencial à soberania do Estado um conteúdo econômico, razão pela qual já seria estranho imputar à prestação do serviço público (tomado como espécie do gênero atividade econômica *lato sensu*) imprescindível à soberania nacional a um ente da administração indireta (no caso, empresa pública).[52]

Mas este primeiro argumento, defluente do Decreto-lei 200/67, é irrelevante perto do segundo. Como vemos na definição acima colacionada, a empresa pública volta-se a prestar a atividade (econômica) que o Governo *seja levado a exercer* em virtude de *contingência* ou *conveniência administrativa.*

Ora, uma atividade essencial à soberania de um Estado é por ele desempenhada não por uma contingência ou conveniência, mas como razão de sua existência (já que o Estado sem soberania pode ser tudo, menos Estado). Se o próprio texto legal – e não há porque desprezar a validade do Decreto-lei em apreço para este fim – estatuí que o objeto de uma empresa pública será a realização de um cometimento ao qual o Governo é levado, é porque pressupõe não ser esta atividade da essência deste Estado (ou Governo, se quisermos).

Cabendo a prestação do serviço postal, desde 1969, à ECT – empresa pública na própria definição do art. 1º do então Decreto-lei 509/69 – e não tendo sido até hoje questionada a legalidade dessa atribuição, devemos concluir que, no mínimo, não cuidam os serviços postais de atividade inerente à soberania e à sobrevivência da nação, para utilizar a feliz construção de Wald, há pouco citada.

37. Já dissemos que o dispositivo em referência não diz como a União deverá se desincumbir do encargo por ele estatuído. A trilha hermenêutica que dele se prenuncia aponta, como dissemos, para o dever da União assegurar a existência do serviço postal, provendo o necessário à sua existência, sustentando-o e fazendo-o funcionar. Daí porque, repisamos, temos o serviço postal como um serviço público que, como tal, deve estar continuamente disponível à fruição de todo e qualquer administrado.

50. Cf. Eros Grau, *A Ordem Econômica na Constituição de 1988,* cit., pp. 138 e ss.

51. *Concessões de Serviços Públicos,* São Paulo, Dialética, 1997, p. 56.

52. Note-se que as atividades inerentes à soberania nacional presentes no rol do art. 21 (declaração de guerra e estado de sítio, manutenção de relações com Estados estrangeiros, manutenção do Poder Judiciário, organização e manutenção das polícias etc.) são de trespasse incogitável para a entidades da administração indireta.

Omisso o inciso X do art. 21 em precisar como a União deverá fazer disponível o serviço de sua competência, a doutrina procurou estabelecer estes parâmetros. Neste esforço, alguns autores sustentam que a União só pode prestar o serviço postal diretamente. No máximo, através de entes da administração indireta.

Dentre estes, merece destaque a posição de Marçal Justen Filho, talvez um dos poucos que expõem uma argumentação refletida para sustentar seu ponto de vista. Sustenta o administrativista paranaense que quando o constituinte pretendeu admitir a delegação da prestação de serviço público a particular, o fez expressamente. Impressionado pela disposição contida no inciso XII do art. 21, alega que "na ausência de outras referências constitucionais sobre determinado tema, deve inferir que a omissão de expressa autorização para delegação exterioriza vontade de excluir tal possibilidade".[53]

Em que pese o respeito pelo autor e a razoabilidade do argumento, não nos convence a tese.

Da mesma forma como se tomou o inciso XII poder-se-ia ter em tela o inciso XI do mesmo art. 21, com a redação contida no texto original da CF de 88 (anterior à Emenda Constitucional 8, de 15.8.95). Prescrevia este dispositivo que competiria à União: "XI – *explorar, diretamente ou mediante concessão a empresas sobre o controle acionário estatal,* os serviços telefônicos, telegráficos, de transmissão de dados e demais serviços públicos de telecomunicações, assegurada a prestação de serviços de informações por entidades de direito privado através da rede pública de telecomunicações explorada a União".

Valeria, ao reverso, o mesmo raciocínio lançado por Marçal. Quando o constituinte de 88 entendeu por vedar a delegação de serviço público a particulares, fê-lo expressamente. Portanto, da omissão não adviria a exclusão da possibilidade de execução indireta, mas justamente o contrário.

Note-se, no cotejo entre os três incisos pré Emenda Constitucional 8, há muito maior proximidade entre as disposições dos incisos XI e XII do que deste com aquele que ora procuramos interpretar (inciso X). Isto porque enquanto naqueles a dicção constitucional se refere a *executar serviços*, neste de que ora nos ocupamos há a referência ao "manter". Daí porque não nos parece deveras aplicável o raciocínio utilizado pelo doutrinador em apreço. Mormente porque decorre de uma interpretação restrita e marcadamente gramatical.

38. Aqui se coloca forte a necessidade da tal interpretação sistemática inicialmente apresentada. O fato é que não pretendeu o constituinte de 88 esgotar os serviços públicos que podem ser prestados pela União através de concessão com o rol do inciso XII. Fosse assim, e o art. 175 não teria razão de existir ou referir-se-ia expressamente ao Poder Público municipal ou estadual. Diz o dispositivo: "Art. 175. Incumbe ao Poder Público, na forma da lei, diretamente ou sob o regime de concessão ou permissão, sempre através de licitação, a prestação de serviços públicos".

Ora, se o inciso X não fez – como ocorria com o inciso XI – restrição apenas à exploração direta ou à concessão à empresa estatal, vale a regra geral do art. 175. Ocorre que, no caso dos demais serviços públicos titularizados pela União e ausentes do rol do inciso XII, haverá necessidade de lei para concessão, conforme determinação do art. 175. Já nos serviços enumerados a que se refere Marçal, não se põe a necessidade da autorização legislativa, já que preexiste autorização constitucional.

Se compete a União manter o serviço postal – serviço público constitucionalmente definido – e se inexiste na Carta qualquer previsão de exclusividade ou de obrigatoriedade de prestação direta, deve-

53. *Concessões de Serviços Público,* cit., p. 63.

mos dar ao texto interpretação sistemática, ampla, a que longamente nos referimos no início do texto, para assim buscar no art. 175 a regra do modo de prestação do mesmo. Em conseqüência, se a lei autorizar, poderá este serviço ser objeto de concessão, lastreada que está esta possibilidade em expresso preceito constante da ordem econômica estatuída pela Carta maior.

39. A não inclusão de um serviço no rol do inciso XII do art. 21 não importa na vedação da delegação de sua prestação a particulares por meio de concessão. Reforça nossa tese a Lei 9.074/95. No seu art. 1º, vemos um rol de serviços e obras públicas *de competência da União*, que poderão ser objeto de concessão. E esse rol não corresponde expressamente àquele constante do art. 21, XII, da CF. Por exemplo, a lei alude aos serviços de guarda de mercadoria em armazéns alfandegados enquanto objeto de concessão pela União (art. 1º, VI). Portanto, não é a inclusão de um serviço público da União no rol de serviços exploráveis por concessão que define, de forma inderrogável, se o mesmo poderá ou não ser delegado a particulares.

40. Agregue-se a isso o fato de que parte substancial da doutrina, ainda que considerando o serviço postal como privativo da União – hipótese que esperamos já ter afastado no capítulo anterior – não afasta a possibilidade do trespasse de sua execução a terceiros por meio de concessão.

Celso Antônio Bandeira de Mello,[54] por exemplo, assegura que:

"A Carta Magna do país já indica, expressamente, alguns serviços antecipadamente propostos com o da alçada do Poder Público. Sirvam de exemplo: serviço postal e Correio Aéreo Nacional (art. 8º, XII – no regime da Constituição anterior). (...)

"Com efeito, cumpre distinguir serviços públicos privativos do Estado, *salvo concessão ou permissão* – que são os relacionados no art. 8º, bem como quaisquer outros cujo exercício suponha necessariamente a prática de atos de império (...)"

Na mesma linha vem Eros Grau:[55] "Cumpre, desde logo, distinguir os serviços públicos privativos dos serviços públicos não privativos. Entre os primeiros, aqueles cuja prestação é privativa do Estado (União, Estado-membro ou Município), ainda que admitida a possibilidade de entidades do setor privado desenvolvê-los, apenas e tão-somente, contudo, em regime de concessão ou permissão (art. 175 da CF de 88)".

Portanto, ainda que admitíssemos ser o serviço postal privativo da União (interditando-se a competição no setor) – o que afastamos pelos argumentos acima –, mesmo assim não seria vedada a delegação, autorizada em lei, da execução destes serviços por particulares, em regime de concessão ou permissão.

41. Diz a jurisprudência, e já o vimos que "resulta mais apropriado o entendimento de que o inciso X do art. 21, combinado com o art. 177, não comportam interpretação favorável à subsistência do monopólio postal da União. Antes de atribuir exclusivamente à União a exploração do serviço postal, a norma constitucional confere àquele ente a função de zelar pela manutenção da oferta do serviço a qual poderá ser feita por pessoa jurídica de direito público ou privado".[56]

Inexistindo exclusividade ("monopólio") da União na prestação do serviço em apreço, poderá a lei permitir que um particular qualquer preste o serviço em regime privado. Se isso tornou-se possível com a CF de 88, tanto mais poderá a lei permitir

54. *Prestação de Serviços Públicos e Administração Indireta*, 2ª ed., São Paulo, Ed. RT, 1987, pp. 21-22.

55. *A Ordem Econômica na Constituição de 1988*, cit., p. 149.

56. TRF-4ª R., 2ª T., rel. Juiz Dória Furquim, j. 14.12.95, *DJ* 14.2.96.

que um particular preste o serviço em regime de direito público. No mais cabe razão, pois, para a restrição à outorga de concessão.

Em suma, repita-se à farta: o que decorre do art. 21, X, é o dever da União de atuar no sentido de que algum ente (público ou privado) preste o serviço em regime público, ou seja, que a União faça disponível tal serviço de forma universal e ininterrupta, provendo os recursos para tanto necessários. Note-se em reforço à tese, que mesmo em outros incisos do art. 21 (por exemplo, manter *e executar* a inspeção do trabalho – inciso XXIV), o constituinte utilizou o termo "executar" após o manter, certamente por compreender que *a simples competência de manter um serviço não é suficiente para impor a execução direta.*

42. Em resumo, não faz sentido defender que a União deverá prestar diretamente o serviço postal. Sabemos todos que muito mais relevante que a prestação de um serviço diretamente por pessoa jurídica de direito público é a sua prestação em regime público. E isso é assegurado no regime de concessão ou de permissão.

43. Concluímos este tópico afirmando que nada há na CF que indique que o serviço postal deverá ser prestado diretamente pela União. Muito ao contrário, há fortes elementos que denotam que, sendo ele serviço público, poderá ser delegado a particulares na forma como predica o art. 175, válido para todo e qualquer serviço titularizado por um ente da federação.

V – Conclusão e respostas objetivas aos quesitos

44. Palmilhados todos os argumentos que nos parecem relevantes acerca da interpretação do art. 21, X, não há se não concluir que as dúvidas e posições encontradiças na doutrina decorrem, em grande parte, da adoção de uma interpretação literal ou restritiva do texto em apreço. Afinal, nem a tese da exclusividade ("monopólio") da União, nem a tese da obrigatoriedade de prestação direta resistem ao lampejo de uma interpretação que leve em conta a integralidade sistêmica do texto constitucional.

Se a interpretação do dispositivo ao lume da sua construção gramatical ou em cotejo com os demais dispositivos do art. 21 já não ajuda às teses ora refutadas, no quadro da ordem econômica emergente da CF, quedam estas posições absolutamente insustentáveis.

O intérprete compromissado com a uma ideologia dinâmica da interpretação constitucional – para utilizar o conceito de Wróblewski – não pode se deixar influenciar pela repetição impensada de construções doutrinárias, sob pena de ceifar aquilo que é mais caro no Direito: a renovação hermenêutica que torna o Direito contemporâneo e consentâneo com as necessidades sociais sem que ele tenha que ser permanentemente retalhado por alterações legislativas.

Neste quadro, para o qual se justificam as longas notas expostas no capítulo primeiro, é que nos parecem irrefutáveis as duas teses aqui esposadas.

Dito isto e, imaginamos, esgotada a tolerância do leitor, passamos a responder de forma objetiva e sumulada os quesitos propostos:

1. Qual a exata dimensão do disposto no art. 21, X, da CF?

O inciso X do art. 21 da CF prescreve três ordens de disposições: define o serviço postal como um serviço público, o qual, dentro do pacto federativo, é de titularidade da União (ou seja está no rol de suas competências materiais); e, por fim, estabelece a esta o ônus de prover o necessário à existência deste serviço, que deve ser contínua e universalmente posto à disposição dos administrados.

2. O citado dispositivo impõe um "monopólio" automático da União no que toca ao serviço postal ?

Não, de forma alguma. Inexiste na Constituição "monopólio" (ou como é tecnicamente mais correto, exclusividade) na prestação do serviço postal. Vários são os argumentos que respaldam esta conclusão. A CF fez uma opção clara pela livre competição, instituindo um sistema econômico em que a concentração monopolista de uma data atividade (e por tabela a exclusividade na prestação de um serviço) é exceção total. Os serviços em apreço não constam do rol de atividades cujo "monopólio" é instituído pela Carta Magna. De outro turno, não cuidam de atividade intrínseca ao plexo definidor da soberania de um Estado, porquanto ainda que relevantes não são essenciais à preservação do poder político incontrastável na ordem interna e externa. Destarte, não se pode imputar uma vedação *a priori* da prestação por particular. Fosse isso pouco, e corrobora com nossa posição o fato de que a lei postal se ocupou de definir o "monopólio" e o fez de forma parcial. Estivesse a exclusividade insculpida no texto maior, a lei ser-lhe-ia contrária, já que estipula uma exclusividade parcial. Desse modo, afirmamos, com toda a convicção, que não há exclusividade constitucional na prestação do serviço postal.

3. Tal norma constitucional implica a impossibilidade da União outorgar a terceiros, através de concessão ou permissão, a prestação dos serviços postais em regime público ?

Não. Esperamos ter deixado bem vincado que a Constituição só pode ser bem interpretada de forma sistemática. E, no sistema constitucional pátrio, a prestação de serviço público pode se dar diretamente ou indiretamente, nestes casos mediante concessão ou permissão. É o que expressamente estabelece o art. 175. Interpretar o inciso X, isoladamente ou mesmo no contexto do art. 21, significa fazer interpretação pela metade. E o Direito não se interpreta em tiras, aos pedaços. De modo que o dispositivo em apreço deve ser lido em cotejo com o Título Da Ordem Econômica e em especial com o art. 175. Ressalte-se que não há nenhuma referência expressa na Carta à obrigatoriedade da União prestar diretamente o serviço postal. Mesmo porque, assim o fosse, seria inconstitucional a delegação deste à ECT, empresa pública que é. Por fim, quando o constituinte pretendeu vedar a exploração indireta, fê-lo de forma explícita, como ocorria no inciso XI deste mesmo art. 21 antes da Emenda Constitucional 8.

4. Seria possível, sem alterar o texto constitucional, prever legalmente a competição entre prestadores em regime público (empresa estatal ou concessionária) e empresas privadas, estabelecendo critérios para este convívio comercial e regras de proteção para o serviço universal e contínuo a ser mantido pela União?

Sim. Sem sombra de dúvida. Fora dos serviços arrolados no inciso XII do art. 21, os demais serviços públicos de titularidade da União podem ser delegados mediante concessão desde que por lei. De outro lado, inexistindo na Constituição a previsão de exclusividade na prestação do serviço, a lei poderá estabelecer os contornos da competição no setor, atendendo, assim, aos mais elevados desígnios da ordem constitucional. A única hipótese que se descarta é a da União renunciar à titularidade do serviço postal, esquivando-se do ônus imposto pela Carta Magna, de assegurar a existência deste serviço e a sua disponibilidade, contínua e universal, para todo e qualquer administrado.

Dito tudo isto, damos por cumprido o nosso mister, esperando ter deixado claras e bem firmadas bases e conclusões da nossa interpretação do dispositivo constitucional posto em análise.

São Paulo, 16 de março de 1998

A ANEEL E A DESESTATIZAÇÃO DOS SERVIÇOS DE ENERGIA

MARCOS JURUENA VILLELA SOUTO
Procurador do Estado do Rio de Janeiro

1. Concessões na área de energia. 2. Poder concedente. 3. Concessionários. 4. Usuários. 5. O papel do Poder Público como acionista controlador. 6. Tarifas.

1. *Concessões na área de energia*

O instituto das concessões é utilizado para atribuição de direitos de *uso* de bem público, de *direitos reais* sobre bens públicos e de *prestação de serviços públicos*.

Em algumas hipóteses a utilização do instituto não é tão simples, como é o caso da *energia*. Nesse campo estão incluídos eletricidade, o petróleo (e o álcool), o gás, energia nuclear e a vegetal, segmentos de relevante interesse público, mas que não necessariamente caracterizam *serviço público*.

Muitas vezes o *uso* do bem público é condição para a produção do insumo utilizado na prestação de *serviço público* (como é o caso da concessão para aproveitamento de potencial de energia elétrica) como no exercício de *atividade econômica* (concessão de jazidas de petróleo). A concessão do *uso*, por sua vez, pode implicar a concessão da atividade inerente ao bem, como no caso da pesquisa, lavra e refinação do petróleo.

No plano constitucional a matéria pode ser analisada à luz do art. 175 da CF (serviço público) ou do art. 176 (recursos minerais); na área específica do petróleo, gás e minerais nucleares aplica-se o art. 177, agora revisto com a EC 9/95, que flexibilizou o monopólio (exceto quanto ao setor nuclear).

A legislação infraconstitucional envolve o Código de Águas (Decreto 24.643, de 10.7.1934), o Código de Mineração (Decreto-lei 227, de 28.2.67), a Lei 2.004, de 3.10.53, a Lei 4.118, de 27.9.62, sobre minérios atômicos, e, mais recentemente, a Lei 9.074, de 7.7.95, que cuidou da prorrogação das concessões de energia elétrica, o Decreto 2.003, de 10.9.96, que regulamenta a produção por autoprodutor e por produtor independente, e a Lei 9.247, de 26.12.96, que criou a ANEEL – Agência Nacional de Energia Elétrica.

Especificamente no campo da eletricidade e do petróleo, a estrutura administrativa destinada à sua disciplina foi a criação de órgãos reguladores (a exemplo do que foi previsto expressamente na EC 8/95 para as telecomunicações); foi escolhida a forma autárquica, tanto para a ANEEL como para a ANP – Agência Nacional do Petróleo, ambas com poder de fiscalização, concessão e regulação dos respectivos setores.

Os serviços de energia elétrica compreendem três etapas, a saber: a *geração*, a *transmissão* e a *distribuição*; somente a segunda e terceira etapas, que utilizam os *sistemas e redes públicas* e envolvem o *consumidor* (usuário), é que devem ser consideradas serviços públicos.[1]

A geração (produção) de energia pode ser feita tanto pelo *concessionário de serviço público* como pelo *produtor independente* e pelo *autoprodutor* de energia elétrica, os quais recebem uma *concessão de uso de bem público*, com fundamento no art. 20, VIII, c/c o art. 176, § 10, da CF, e não no art. 175 da CF.

O produtor independente tem na geração de energia a sua *mercadoria* de comércio (com todos os riscos inerentes à atividade comercial), cujo consumidor pode ser tanto o concessionário de serviço público como o usuário final, observados os dispositivos da Lei 9.074/95, arts. 11 a 16.

Já o autoprodutor, ao revés, tem na energia apenas um *insumo* para sua atividade; é *custo*, pois ele produz para seu próprio consumo (Lei 9.074/95, arts. 4º, III), deixando de consumir do sistema público, que ganha, então, uma folga. Por esta via amplia-se a oferta sem o emprego de recursos públicos.

Daí ter a Lei 9.074/95 reconhecido as três figuras, com características distintas (arts. 10 e 18), como forma de ampliar a oferta de energia e a competitividade entre os produtores.

A geração admitiu, ainda, a formação de consórcios, disciplinada pelo Decreto 915, de 6.9.93, que estabelecia a competência do DNAEE (agora substituído pela ANEEL) para os procedimentos de instrução dos respectivos pedidos bem como para dispor sobre a participação do concessionário de serviço público de energia elétrica em aproveitamento hidrelétrico de outro concessionário (Decreto 1.348, de 28.12.94).

Portanto, se a produção de energia é uma atividade econômica, por força do *princípio da livre iniciativa* e os seus conseqüentes princípios da subsidiariedade e da abstenção, o setor público deve fazê-lo, apenas, em caráter complementar da iniciativa privada (CF, art. 173) e sob a forma de empresa pública ou sociedade de economia mista (§ 1º do art. 173 da CF). Do contrário, com todas as prerrogativas em favor do setor público – como, por exemplo, o não pagamento de impostos e a não sujeição à falência –, ficaria sem incentivo à privatização (não fosse a evidente carência de recursos públicos).

A *transmissão* consiste no transporte da energia do sistema produtor para as unidades de distribuição ou na interligação de dois ou mais sistemas. Para tanto, há toda uma normatização técnica imposta para a geração de energia, de modo a torná-la compatível com o sistema de transmissão.

Nesse passo, assumiu relevância a figura do SINTREL – Sistema Nacional de Transmissão de Energia Elétrica, criado pelo Decreto 1.009, de 22.12.93, composto pelos sistemas de transmissão de empresas controladas pela ELETROBRÁS, a quem cabia sua administração (no modelo vigente até 1996).

À ANEEL caberá fixar os critérios para cálculo do preço de transporte, bem como arbitrá-lo nos casos de negociação frustrada entre os agentes envolvidos.

1. Esta também foi a conclusão do Dr. José Calasans Júnior, Consultor Jurídico do Ministério das Minas e Energia, em artigo denominado "Serviço público ou atividade econômica?", publicado na *Gazeta Mercantil* de 23.10.96.

Já a distribuição é a fase a final; vale trazer à colação a lição de Walter Tolentino Álvares,[2] um dos raros doutrinadores sobre *Direito da Energia*, que assim se posiciona, *verbis*: "*A distribuição de energia elétrica*, por representar o estágio da função elétrica de imediata prestação do serviço público, *é vulgarmente considerada como sendo o próprio serviço, quando na realidade representa somente uma fase de um processo complexo, e fase esta particularmente dependente das anteriores*. Com efeito, não se distribui energia elétrica se esta não é transportada das usinas, mas a eletricidade não fluirá pelas linhas de transmissão se a corrente não for transformada para atingir uma alta tensão, e, por sua vez, a corrente não é transformada se não é gerada. Por conseguinte, todos os estágios são substancialmente *dependentes* da geração, sendo a distribuição a fase de encerramento da função elétrica".

A Lei 8.031, de 12.4.90, que cria, a nível federal, o Programa Nacional de Desestatização – PND, em seu art. 4º, VI (com redação dada pela MP 1.391, de 11.4.96, e reedição), inclui a concessão de serviços públicos como forma operacional de desestatização, entendendo o colendo Tribunal de Contas da União[3] que as concessões de potenciais hidráulicos devem se submeter aos procedimentos previstos naquele diploma legal, inclusive apreciação de modelagem pelo Conselho de Desestatização.[4]

Na verdade, a norma geral de desestatização deveria incidir apenas nas hipóteses do art. 27 da Lei 9.074/95, ou seja, no caso de privatizacão de empresa *federal* simultaneamente com a concessão e do art. 7º da Lei 8.021/90, quando, então, os pronunciamentos preparatórios da privatização seriam justificáveis ante o disposto no art. 38, § 2º do Decreto 1.204, de 29.7.94 ("Consolida a regulamentação da Lei n. 8.031/90"), que exige que: "§2º. Na fixação do preço mínimo de alienação de participação societária em sociedade concessionária ou permissionária de serviços públicos ou de bens do seu ativo patrimonial, serão levados em conta os critérios de fixação e revisão tarifária e outras condições previstas nos atos de *concessão* na permissão existentes ou que vierem a ser expedidos".

No mais, dever-se-ia aplicar a legislação *específica* sobre *concessões* (Lei 8.987/95), sobre *prorrogação de concessões de energia elétrica* (Lei 9.074/95), o Código de Águas (Decreto 24.643, de 10.7.1934) e a lei que autorizou a criação da ELETROBRÁS (Lei 3.890-A, de 25.4.61), com função de executar empreendimentos na produção, transmissão e geração de energia elétrica.

2. *Poder concedente*

A competência para prestação dos serviços de energia elétrica é da União, consoante o disposto no art. 21, XII, "b", da CF, hoje exercida no âmbito do Ministério das Minas e Energia, nos termos do Decreto 24.643, de 10.7.1934 – Código de Águas (tal diploma estabelecia a atribuição ao Serviço de Águas do Departamento Nacional de Produção Mineral do Ministério da Agricultura – art. 144).

Na estrutura do Ministério, o órgão perante o qual se processava a concessão era o DNAEE – Departamento Nacional de Águas e Energia Elétrica.

Pelo Projeto de Lei 1.669/96 (Mensagem 234/96), o Poder Executivo propôs, nos termos do art. 37, XIX, c/c o art. 61, § 1º, II, "e", da CF, a criação de uma autarquia vinculada ao Ministério das Minas e Energia, encarregada da execução das atividades relativas aos serviços e instalações

2. *Curso de Direito da Energia*, Rio de Janeiro, Forense, 1978, p. 240.

3. TC-011.800/96-8, *DOU*-I 26.8.96, p. 16.418.

4. Nesse sentido foi editado o Decreto 1.818, de 13.2.96, incluindo aproveitamentos hidráulicos no PND, cujas licitações devem observar legislação específica.

de energia elétrica. A entidade, denominada Agência Nacional de Energia Elétrica – ANEEL, veio substituir o Departamento Nacional de Águas e Energia Elétrica, cuja estrutura técnica e administrativa era, sabidamente, insuficiente para atender às necessidades de acompanhar o setor. O Substitutivo da Comissão de Trabalho, de Administração e Serviço Público da Câmara dos Deputados, elaborado pelo relator deputado José Carlos Aleluia, estabeleceu que a autarquia terá regime *especial*, o que foi mantido na redação final, aprovada no Senado (Projeto de Lei da Câmara 50/96, que teve como relator o senador José Fogaça).

Embora a criação de nova entidade na Administração Pública possa parecer incoerente com o Programa Nacional de Desestatização, a autarquia busca, justamente, viabilizar o atendimento dos objetivos almejados. Com o advento da Lei 8.987/95, que deu nova roupagem aos institutos da concessão e permissão de serviços públicos, há necessidade de uma adequada estrutura administrativa para disciplinar e monitorar os serviços delegados a particulares, já que o *déficit* de infra-estrutura, notadamente no setor de energia (aí envolvidos os segmentos da eletricidade, gás e petróleo), impõe, como condição de sobrevivência, a utilização de recursos, financeiros e tecnológicos, privados, sem que se modifique a titularidade do serviço, com o conseqüente poder de controle, que continua sendo pública.

As funções de regulamentar e fiscalizar são, pois, inerentes à natureza autárquica escolhida e às tarefas de execução administrativa da política do poder concedente.

Como só há desenvolvimento com uma boa infra-estrutura e este não pode ser financiado com recursos públicos (aumento de tributos, emissão de moeda ou endividamento a juros elevados), a solução é privatizar a gestão, fortalecendo o controle. Daí a criação da entidade.

A criação de um Conselho de Energia Elétrica para mero acompanhamento do serviço e assessoramento do Ministro não atenderia ao disposto no art. 37, § 3º, da CF, que estabelece que "as reclamações relativas à prestação de serviços públicos serão disciplinadas em lei". A Lei 8.631, de 4.3.93, se limitava a determinar que o concessionário de distribuição criasse em sua área um Conselho de Consumidores, de *caráter consultivo*, para questões ligadas ao fornecimento, tarifas e adequação dos serviços.

O dever de cortesia previsto no art. 6º da Lei 8.987/95 exige não apenas o tratamento cordial do usuário como, ainda (e principalmente), a viabilização da defesa de seus interesses com vistas à satisfação com o serviço prestado. Afinal, desde a Lei 8.078/96 (Código de Defesa do Consumidor) o usuário de serviços públicos foi, expressamente, reconhecido como um dos destinatários da norma do art. 5º, XXXII, da CF.

Como se prevê no art. 30, parágrafo único, da Lei 8.987/95, além da fiscalização do serviço pelo Poder Público, pode ser instituída outra, por comissão composta de representantes do poder concedente, do concessionário e dos usuários. Uma não exclui a outra; impõe-se a modernização do direito administrativo, para atender às complexas necessidades da coletividade; o usuário só terá serviço prestado a contento se houver investidores dispostos a prestá-lo (já que o modelo estatal de financiamento encontra-se saturado); os investidores, por sua vez, só atuarão com um mínimo de segurança (que compense os riscos de encampação e desapropriação, entre outros). Daí se falar na regulação, instituindo uma paraestatalidade da norma e da composição de conflitos envolvendo diretamente os interessados, em igualdade de condições, discutindo aspectos *técnicos* do serviço, que ficam, pois, em separado de injunções *políticas*.

Portanto, ao poder concedente cabe a fiscalização, que pode ser executada pela Agência reguladora.

Para tanto, é necessário assegurar autonomia política, técnica e financeira, nomeando-se dirigentes ou conselheiros com notória especialização no ramo, por mandato fixo, e recursos próprios.

Daí a lei criadora da ANEEL cogitar de dotá-la de uma receita oriunda da arrecadação de uma taxa de fiscalização incidente sobre a tarifa (art. 11), entre outras receitas (estabelecido o princípio de que as dotações orçamentárias do Tesouro devem cessar em um prazo máximo de três anos – art. 11, parágrafo único).

A ANEEL fica sujeita, apenas, ao controle finalístico, agora revigorado sob a técnica do contrato de gestão (art. 7º), negociado e celebrado entre a Diretoria e o Poder Executivo, que deve estabelecer programas anuais para avaliação de desempenho, bem como a solidariedade entre seus membros; o instrumento é peça de auditoria contábil inclusive perante o Tribunal de Contas.

Os dirigentes da ANEEL são submetidos à aprovação do Senado Federal e a exoneração imotivada só é admitida nos 4 primeiros meses de mandato, e ficam vinculados à autarquia nos 12 meses seguintes ao exercício, não podendo atuar em empresas sob regulação da entidade (a violação da "quarentena" caracteriza crime de advocacia administrativa).

A Agência federal, por sua vez, pode descentralizar atribuições para órgãos ou agência estaduais; trata-se de princípio já contido no Decreto-lei 200/67, arts. 6º, III, e 10, § 1º, "b", e uma tendência no setor elétrico, já amplamente debatida no Fórum de Secretários de Energia.

É razoável, para segurança do investidor, que essa tendência (prevista no art. 20 da Lei da ANEEL) esteja ao menos sinalizada no contrato de concessão – garantindo a proximidade entre os agentes envolvidos –, ainda que a regulamentação dessa transferência tenha por instrumento hábil um convênio específico definindo as tarefas transferidas.

Além da substituição do DNAEE pela ANEEL, outro componente importante do sistema elétrico brasileiro é a ELETROBRÁS – Centrais Elétricas Brasileiras, que não apenas participa do planejamento setorial, mas coordena a operação e a expansão do SINTREL, conforme critérios técnicos e operacionais traçados pelo Grupo Coordenador do Planejamento do Sistema – GCPS e Grupo Coordenador para Operação Interligada – GCOI; instituído pelo Decreto 73.102, de 7.11.73 (que regulamenta a Lei 5.899, de 5.7.73), com a preocupação de racionalização do uso de instalações geradoras e de transmissão, de modo a assegurar a continuidade e a qualidade do suprimento de energia aos sistemas de distribuição.

Pelo modelo vigente até 1996 as empresas concessionárias e autoprodutores podiam aderir ao SINTREL, contratando com a ELETROBRÁS a sua utilização, facultada, ainda, a transferência de tal direito. O novo cenário é objeto de Consultoria, tendo sido contratado pelo Governo Federal o consórcio liderado pela empresa inglesa *Coopers & Lybrand*, em estudo objetivando "assegurar a continuidade de suprimento, manter e aprimorar a eficiência, reduzir gastos públicos e pagar dívidas".[5] Nesse passo, a aprovação de uma nova Lei de Sociedades Anônimas já cogita de viabilizar as transformações sociais que permitirão a reestruturação, via cisões e regionalizações, do Sistema Eletrobrás, com intuito de maximizar o preço de venda das estatais.

3. *Concessionários*

As concessões de serviços são, como regra, precedidas de licitação, conforme

5. Segundo o Informativo *CNI-Energia* 8/2, dezembro/96: "Não está destacado, nos relatórios preliminares da Consultoria, o princípio da modicidade das tarifas".

exige o art. 175 da CF, regulamentado pela Lei 8.987/95. No setor de geração, transmissão e distribuição de energia elétrica a quase-totalidade das concessões era outorgada a empresas controladas pelo Poder Público Federal e Estadual.

A total impossibilidade de novos investimentos públicos no setor gerou um *deficit* no atendimento da demanda, forçando a mudança de modelo, agora calcado na parceria com a iniciativa privada, sendo os instrumentos básicos a concessão e a privatização.

Ocorre, porém, que a concessão de novos potenciais, a exigir vultosas quantias para implantar novas obras ou indenizar as existentes, elevaria, em muito, as tarifas; a privatização de empresas estatais com concessões vencidas e/ou caducas, por sua vez, representaria uma receita irrisória para os respectivos controladores.

Nesse contexto foi editada medida provisória, afinal convertida na Lei 9.074, de 7.7.95, para admitir prorrogação de concessões, pelo prazo de até 20 anos (art. 19), com plano de conclusão de obras e compromisso de utilização de recursos privados (art. 20, I e II), abrangendo tanto as concessionárias de geração quanto as de distribuição (art. 24). Para a restauração dos serviços públicos concedidos admitiu-se um prazo maior, de até 30 anos, viabilizando a privatização simultaneamente com a outorga de nova concessão (art. 27 e 30).

A privatização envolve mera alienação de ações da empresa concessionária (aí incluído o controle acionário), não caracterizando, pois, transferência da concessão, que permanece com a mesma empresa; para tal fim, a prorrogação da concessão deve obedecer à legislação do serviço e o contrato conterá cláusulas relativas a requisitos mínimos de desempenho técnico, sendo razoável um procedimento de pré-qualificação ou uma fase de habilitação dos possíveis interessados. Daí dispor o Decreto 1.717, de 24.11.95, que: "O requerimento de prorrogação deverá ser dirigido ao *Departamento Nacional de Águas e Energia Elétrica* – DNAEE, acompanhado de documentos comprobatórios da qualificação jurídica, técnica, financeira e administrativa do interessado, bem como da regularidade e adimplemento de seus encargos junto a órgãos públicos, obrigações fiscais, previdenciárias, compromissos contratuais firmados com órgãos e entidades da Administração Pública Federal[6] e obrigações decorrentes da exploração do serviços de *energia elétrica*, inclusive do pagamento da compensação financeira pela exploração de recursos hídricos".

Para tanto, um mínimo de ativos e de patrimônio líquido, compromissos de manutenção do quadro social e de realização de investimento, podem ser estabelecidos, além de requisitos ligados ao número de consumidores, à quantidade de energia gerada, um percentual reduzido de perdas.

As concessionárias podem ser de *serviço público* ou de *uso de bem público*, distinção que pode esclarecer polêmica lançada pelo art. 4º, § 1º, da Lei 9.074/95, que estabelece que as contratações de exploração de serviços e instalações de energia elétrica e de aproveitamento energético de cursos de água *poderão* ser feitas a título oneroso.

Só existirá competitividade no setor elétrico se for atendido o *princípio da isonomia*; não pelo tratamento idêntico de todos os agentes, mas, ao revés, pelo tratamento desigual, na medida em que tais agentes se desigualam.

Nesse passo, não cabe licitar o aproveitamento de um potencial admitindo a participação de concessionários de serviços públicos, produtores independentes e auto-

6. Neste ponto, o CADIN, cadastro de inadimplentes da Administração Federal, merece apreciação do egrégio STF em ação direta de inconstitucionalidade proposta pela CNI, suspendendo a aplicação do dispositivo que impede o prosseguimento de contratação com devedor cujo nome nele figure.

produtores, já que estes últimos não podem repassar para as tarifas (porque não as cobram) os custos com a geração de energia; a energia é *insumo* para o autoprodutor e *mercadoria* para o concessionário de serviço e para o produtor independente. As licitações devem ser distintas, salvo se admitidos consórcios.

Igualmente distintos devem ser os critérios de julgamento das licitações, posto que, sendo o bem destinado a *serviço público* (Lei 9.074/95, art. 5º, I), a licitação deve observar os critérios previstos no art. 15 da Lei 8.987/95, enquanto que se a licitação é de *uso de bem público* o julgamento observa os tipos previstos no art. 45, § 1º, da Lei 8.666/93.

Isso já admitiria o uso da licitação de melhor técnica para o autoprodutor, que, desta forma, ficaria liberado dos custos pela utilização do potencial, os quais só poderiam ser repassados para o preço do produto final (inviável em segmentos industriais onde as margens de competitividade são bastantes estreitas). Para o julgamento poderiam ser utilizados critérios como a maior energia liberada para o sistema, menor custo da energia, número de empregos gerados etc.

O fato de o art. 4º da Lei 9.074/95 remeter a matéria à Lei 8.987/95 (e às "demais" leis) não poderia limitar o intérprete à conclusão de que todas as concessões devem ser julgadas como se serviços públicos fossem; até porque a regra é aplicar os critérios da Lei 8.666/93, salvo nas exceções nela previstas (arts. 122 e 124), que remetem a matéria às leis específicas de concessões de serviços públicos.

O advento da Medida Provisória 1.531, de 2.12.96, esclareceu a questão, acima de tudo para estimular parcerias entre as categorias, de modo a viabilizar investimentos para todas, sem quebra da lucratividade. Agora, foram acrescidos critérios técnicos como fatores de julgamento das licitações de concessões (incisos IV, V e V, acrescidos ao art. 15 da Lei 8.987).

Esse já era o entendimento de Diógenes Gasparini,[7] invocando o art. 18, IX, da Lei 8.987/95, que exige que constem do edital os critérios técnicos de julgamento da licitação.

Ao flexibilizar o julgamento para admitir que o projeto técnico possa ser proposto pelo licitante, há que se ter cautela na interpretação do art. 3º, III, da Lei da ANEEL, que lhe atribui a competência para "definir o aproveitamento ótimo", eis que já poderia ser da responsabilidade do licitante vencedor o desenvolvimento dos projetos básico e executivo.

O contrato de concessão de serviços públicos de energia, novo ou prorrogado, deverá observar as cláusulas essenciais previstas no art. 23 da Lei 8.987/95, do qual cabe destacar, no inciso XII, a possibilidade de prorrogação, que não deve ser discricionária a qualquer das partes, mas orientada pelos princípios dos arts. 37 e 175 da CF; daí o dever de motivação do ato que autoriza ou denega a prorrogação.

No que concerne às penalidades (inciso VIII), deve-se avaliar se há viabilidade de cobrança administrativa, até mesmo descontando o valor da garantia (inciso V).

O contrato deve estabelecer o modo *amigável* de solução dos litígios (art. 23, V), abrindo margem à arbitragem e à regulação, que cabem à ANEEL.

Os encargos do concessionário estão definidos no art. 31 da Lei 8.987/95 e, em matéria de energia, fixados nos arts. 136 e 141 do Decreto 41.019/57:

"Art. 136. O concessionário de serviços públicos de eletricidade é obrigado a fornecer *energia elétrica*, nos pontos de energia, pelas tarifas aprovadas, nas condições estipuladas neste Capítulo e em atos baixados pelo Ministro das Minas e *Energia* e pelo *Departamento Nacional de Águas e*

7. Aula Magna proferida no 4º Seminário Nacional de Direito Administrativo promovido pela Editora NDJ Ltda., em São Paulo, de 24 a 29.11.96.

Energia Elétrica – DNAEE, aos consumidores de caráter permanente localizados dentro dos limites das zonas concedidas respectivas, sempre que as instalações elétricas das unidades de consumo, destinadas ao recebimento e à utilização de *energia*, satisfaçam condições técnicas de segurança, proteção e operação adequadas". *(artigo com redação dada pelo Decreto 98.335, de 26.10.89)*

"Art. 141. São de responsabilidade total do *concessionário* os encargos correspondentes a:

"I – obras nos sistemas elétricos que não estejam vinculados diretamente ao atendimento de novas cargas;

"II – obras necessárias para atender aos níveis da continuidade e de qualidade de serviços fixados pelo *Departamento Nacional de Águas e Energia Elétrica* – DNAEE, bem como as disposições regulamentares vigentes. *("caput" com redação dada pelo Decreto 98.335, de 26.10.89)*

"Parágrafo único. O disposto nos incisos I e II aplica-se igualmente aos casos em que a execução das obras seja feita concomitantemente com o atendimento de solicitações enquadradas no art. 138." *(parágrafo acrescido pelo Decreto 98.355, de 26.10.89)*

Os arts. 138 e 139 do mesmo diploma legal esclareciam que o DNAEE levaria em conta os investimentos na expansão de capacidade do sistema elétrico, considerando o país como um todo, de modo que não acarretassem acréscimo ao custo total dos decorrentes dos mesmos investimentos.

A substituição do DNAEE pela ANEEL força a regulação desses aspectos, de modo a tornar viável, para ambas as partes e para o interesse público, as ampliações de atendimento.

Para tanto, a Lei da ANEEL (art. 14, III) prevê a participação do consumidor no capital da concessionária, mediante contribuição financeira para execução de obras de interesse mútuo, conforme definido em regulamento.

Dentre os encargos da concessionária está o dever de manter registro e inventário dos bens vinculados à concessão, os quais, salvo para reposição no curso normal dos negócios, não poderiam ser cedidos ou dados em garantia. Nesse passo, o art. 18 da Lei da ANEEL estabelece que somente serão aceitos bens utilizados, exclusiva e permanentemente, para produção, transmissão e distribuição de energia (a Lei 5.655, de 20.5.71, trata do valor global das quotas da Reserva Global de Reversão – RGR; o PL 1.669 ressalvava que poderiam ser considerados "equipamentos próprios de informática destinados ao ciclo de faturamento e as áreas de operação e manutenção do sistema elétrico" – art. 18 parágrafo único –, o que serviria de indicação para o contrato).

4. *Usuários*

Os consumidores de energia elétrica são classificados em categorias distintas, conforme a finalidade e a qualidade de uso – quais sejam: residencial, industrial, comercial, rural, Poderes Públicos, iluminação pública e consumo próprio (Decreto 41.014, de 26.2.57, art. 177, com alteração pelos Decretos 75.887, de 26.6.75, e 86.463, de 13.10.81).

Dentro de tais classes, conforme o princípio da isonomia acolhido nas leis de defesa do consumidor, é vedado estabelecer distinção de tratamento.

Os direitos dos consumidores são aqueles previstos no art. 6º da Lei 8.987/95, assim especificados para os serviços de energia elétrica:

• obter a ligação de energia elétrica para qualquer instalação que atenda aos padrões da Concessionária, aprovados pelo Poder Concedente, aos requisitos de segurança e adequação técnica, segundo as normas específicas. O art. 135 do Decreto

41.019, de 26.2.57, esclareceu que "o ponto de entrega de *energia* será a conexão do sistema elétrico do concessionário com as instalações de utilização de *energia* do *consumidor*" e, ainda, que "as localizações de pontos de entrega serão definidas pelo *Departamento Nacional de Águas e Energia Elétrica* – DNAEE" *(redação dada pelo Decreto 86.463, de 13.10.89)*, agora substituído pela ANEEL;

• obter os esclarecimentos sobre dúvidas relacionadas com a prestação dos serviços, bem assim as informações requeridas e consideradas necessárias para a defesa dos direitos dos usuários;

• liberdade de escolha na utilização dos serviços, observadas as normas do Poder Concedente; nesse passo, poderá adquirir excedentes de autoprodutores ou de produtores independentes, o que implicará a revisão da concessão para repor a perda do concessionário;

• receber o ressarcimento dos danos que, porventura, lhe sejam causados, em função dos serviços concedidos (CF, art. 37, § 6º);

• comunicar à Concessionária e ao Poder Concedente eventuais falhas ou irregularidades verificadas na prestação dos serviços;

• denunciar às autoridades competentes os atos ilícitos praticados pelos agentes ou prepostos da Concessionária.

Já o art. 142 do Decreto 41.019, de 26.2.57, que regulamenta os serviços de energia elétrica, estabelece a responsabilidade do consumidor pelo custeio de obras realizadas a seu pedido relativas a:

"I – extensão de linhas exclusivas ou de reserva;

"II – melhoria de qualidade ou continuidade do fornecimento em níveis superiores aos fixados pelo *Departamento Nacional de Águas e Energia Elétrica* – DNAEE, ou em condições especiais não exigidas pelas disposições regulamentares vigentes, na mesma tensão do fornecimento ou com a mudança de tensão;

"III – melhoria de aspectos estéticos;

"IV – outras que lhe sejam atribuíveis, de conformidade com as disposições regulamentares vigentes."

Esclareceu o § 1º que devem ser incluídas na determinação do encargo de responsabilidade do consumidor as parcelas relativas ao segmento do sistema que atender à unidade de consumo, bem como as referentes à ampliação de capacidade ou reforma de subestações, alimentadoras e linhas já existentes, quando necessárias ao atendimento do pedido (Decreto 98.355, de 26.10.89).

O atendimento dependerá, também, da verificação, pelo concessionário, da conveniência técnica para sua efetivação; eventual divergência pode ser arbitrada pela ANEEL.

No que concerne à expansão de áreas de atendimento para novos consumidores industriais, à ampliação de instalações já existentes, admite-se a exigência, por parte da concessionária, de uma participação financeira do beneficiário, que pode ocorrer sob forma de custeio, aquisição de títulos de créditos ou quotas da sociedade (art. 14, III, da lei). Esta foi a técnica que viabilizou a ampliação dos usuários de serviços de telecomunicações.

Trata-se de importante instrumento de alavancagem do desenvolvimento, possibilitando a ampliação da oferta de energia e de negócios, devendo, pois, ser previsto e estimulado nos contratos de concessão, com garantias para ambas as partes (de modo a evitar o surgimento de "micos" e "moedas pobres"), com acompanhamento do Poder Público (para evitar um processo de monetarização com impacto inflacionário; cogitou-se de a ELETROBRÁS operar uma bolsa de negociação de energia, que seria denominada CNOS – Centro Nacional de Operação de Sistemas, pelo qual produtores independentes, autoprodutores e concessionárias de serviços poderiam vender suas sobras ou adquirir suas necessidades e energia).

Já o Poder Público consumidor faria jus a uma redução de tarifa, fixada, em cada caso, pelo DNAEE. O Decreto 62.724, de 17.5.68, em seu art. 20, incluía, também, "sociedade de economia mista" e "empresas de utilidades pública", o que, no entanto, era de duvidosa constitucionalidade, ante o disposto no art. 173, § 1º, da CF. A norma hoje é de difícil sustentação ante o disposto no art. 9º, § 1º, da Lei 8.987/95; embora possa não haver uma licitação fixando a nova tarifa (art. 15 da Lei da ANEEL) e a concessão não seja aos Estados, e sim a empresas sob seu controle (como no caso da CERJ), a interpretação sistemática e histórica autoriza o rompimento com a legislação anterior, que impõe padrões remuneratórios incompatíveis com a melhoria e expansão do setor. Admite-se, porém, a distinção de tratamento em razão da classe diferenciada.

Afinal, por outro lado, não podem ser desconsideradas as dificuldades financeiras e operacionais dos pagamentos dos Poderes Públicos, que levam a freqüentes atrasos. Há que se negociar, portanto, condições especiais de tratamento; se é certo que o art. 6º, § 3º, II, da Lei 8.987/95 autoriza a interrupção do serviço pelo inadimplemento do usuários, impõe-se que seja "considerado o interesse da coletividade" (já que do fornecimento de energia depende a prestação de outros serviços públicos). Remarque-se, porém, que o corte é admissível, conforme já decidiu o egrégio TJSP, *verbis*: "Tarifas – *Energia* elétrica – Falta de *pagamento* – Corte no fornecimento – Admissibilidade – Prefeitura que não tem o privilégio de consumir *energia* elétrica sem pagar as respectivas contas – Recurso não provido" (Ap. cível 231.470-2, Catanduva, rel. Des. Lair Loureiro, 2.5.94) (fonte: *Jurisprudência Informatizada Saraiva* 4/96).

Há, portanto, que se definir o critério e a oportunidade, mas, em síntese, após advento do art. 6º, § 2º, da Lei 8.987/95, não mais se admite a tese do dever de continuidade do serviço público para usuário inadimplente. Tratando-se de usuário prestador de serviço público ou essencial, o Poder Público deve ser notificado com antecedência de 15 dias para as providências necessárias à preservação da população, sem prejuízo das responsabilidades cabíveis.

Não cabe o corte abrupto do fornecimento, sem o direito de defesa do usuário. Assim se firma a jurisprudência:

"Energia elétrica – Bloqueio sem procura da via amistosa – Abuso de exercício – Caracterização.

"Evidencia-se pleno abuso de exercício por parte da empresa fornecedora de energia elétrica, eis que não procurou a via amistosa, bloqueando, de logo, o fornecimento de energia, sem ao menos ter-se interessado em caracterizar, induvidosamente, o inadimplemento da obrigação pelo consumidor, o que veio a ensejar-lhe expressivos prejuízos" (TJES, acórdão unânime da 3ª C. Cível no Ag. 35959000585, Capital, rel. Des. Maurílio Almeida de Abreu, j. 17.10.95, in *ADCOAS* 8148619).

O art. 7º da Lei 8.987/95 estabelece direitos e obrigações do usuário.

O que é importante é fixar que o regime econômico-financeiro das concessões é ditado pelo critério do "serviço pelo preço", nos termos da proposta vencedora da licitação, do pedido de prorrogação, de reajuste ou revisão e do contrato de concessão firmado em razão da privatização. Devem ser repudiadas as interferências e subsídios que, com o objetivo de regular a inflação, não permitiriam que as tarifas acompanhassem o custo do serviço, tornando-o desatualizado, ineficiente e pouco abrangente. A criação da ANEEL permite a distinção entre o Governo e o poder concedente, outrora reunidos na mesma figura. Ao poder concedente cabe criar condições atrativas para o investimento privado e para ampliação, em qualidade e quantidade, do serviço a que faz jus o consumidor.

5. *O papel do Poder Público como acionista controlador*

Na alienação de ações de empresas estatais prestadoras de serviços públicos o Estado assume uma tríplice preocupação: de *vendedor*; de usuário do serviço e proteção dos interesses do *consumidor*; e de *promotor do desenvolvimento e defesa do meio ambiente*.

Na primeira hipótese o Estado busca melhor preço para venda e no contrato de concessão deve assegurar garantias ao concessionário que tornem lucrativos e, acima de tudo, seguros os investimentos – já que o grande receio dos investidores, especialmente os estrangeiros, é a instabilidade decorrente das sucessivas trocas de governo (e orientações políticas) durante o prazo das concessões (que deve ser dilatado, para assegurar o retorno do investimento). Nesse passo, são de fundamental importância cláusulas relativas à estruturação da empresa ao direito de reajuste e revisão das tarifas, bem como a respectiva periodicidade, além da definição do critério de amortização dos bens vinculados.

Para maximizar o valor de venda, o Poder Público acionista deve considerar o recebimento de títulos e moedas de privatização, bem como a possibilidade de cisão da empresa conforme área de atuação e conforme a atividade – geração, transporte ou distribuição –, o que aumenta o número de potenciais competidores para a sua aquisição mas, por outro lado, pode representar perda da economia de escala. Nas cisões há que se prevenir lesões aos credores da empresa originária, bem como aos acionistas minoritários, que podem embaraçar, em juízo, o processo de venda, com significativo impacto na avaliação (já que a reação imediata do mercado é a retração diante de polêmicas em juízo).

Ponto problemático nesses casos de transformação social é o direito dos trabalhadores, que deve ser respeitado, cogitando-se, ainda, do tratamento a ser dado aos fundos de previdência privada em favor deles instituídos, explicitando-se, sempre, como se dá a sucessão laboral, obrigacional e patrimonial.

A reserva de ação com poderes especiais – *golden share* – costuma impactar negativamente o preço, mas é uma garantia de atendimento do interesse público em matérias tidas como relevantes.

Muitas preocupações giram em torno do critério de indenização em caso de encampação do serviço; isto porque, à luz do art. 36 da Lei 8.987, de 13.2.95, a reversão, no advento do termo contratual, dar-se-á com a indenização das parcelas dos investimentos vinculados a bens reversíveis ainda não amortizados ou depreciados.

Ocorre, porém, que o conceito de justa indenização, oriundo da teoria geral das obrigações, envolve não apenas o dano emergente – o patrimônio vinculado ao serviço –, mas também os lucros cessantes – no caso, o fluxo de caixa esperado ao longo do contrato, já que nele foi projetada a expectativa do investimento; não é demais lembrar que os primeiros anos de concessão representam, quando muito, mera reposição do capital; o lucro só vem numa segunda etapa. O art. 19 da Lei da ANEEL, partindo da premissa de que não há expectativa de direito nos contratos administrativos, expressamente exclui da indenização os lucros cessantes (art. 19), o que é polêmico no conceito de justa indenização.

O Estado-acionista deve se preocupar em assegurar e tornar viável não apenas o abastecimento contínuo e qualificado do mercado como, ainda, a expansão de áreas de atendimento, como forma de ampliar o número de negócios na região – aí incluídos empresas, empregos e receita tributária como conseqüência. Cláusulas nesse sentido justificam a interveniência do Estado no contrato.

O mesmo se diga com relação à preservação ambiental, que exige preocupação com a conservação de energia (Decreto s/n de 18.7.91, que institui o PROCEL – Programa Nacional de Conservação de Energia), com o pagamento de *royalties* pelo uso de bens ambientais e, em especial, normas de utilização de recursos hídricos compatíveis com o respectivo sistema de gerenciamento (afinal, a água usada para a energia é também meio de abastecimento da população, para tratamento de esgotos, além da preservação do ecossistema existente).

O art. 31, § 3º, da Lei da ANEEL prevê que os órgãos responsáveis pelo gerenciamento dos recursos hídricos e a Agência devem se articular para a outorga de concessão de uso em bacias hidrográficas de que possa resultar redução da potência firme de potenciais hidráulicos.

Remarque-se, ainda, a preocupação com o prévio desmatamento e retirada de espécies de áreas a serem alagadas e represadas, que deve constar do projeto básico.

Importante para o concessionário, também, é o papel da regulação, que deve ser delegada pelo ente federal às agências ou órgãos dos Estados que, mais próximos dos "atores" envolvidos, tornam efetivos e razoáveis a fiscalização e o funcionamento adequado do serviço.

6. *Tarifas*

O art. 9º da Lei 8.987/95 dispõe que a tarifa é fixada pela proposta vencedora; entretanto, nas hipóteses de prorrogação do contrato de concessão para fins de privatização (com obediência aos termos do Decreto 1.717, de 24.11.95), o termo aditivo deve estabelecer, com clareza, regras que atendam à modicidade para o usuário e ao equilíbrio econômico-financeiro para concessionário.

O art. 15, III, da Lei da ANEEL, ao estabelecer o regime de "serviço pelo custo", afastou a preservação da política tarifária mencionada no Código de Águas.

O art. 180, I, do Código de Águas adotava o regime de "serviços pelo custo", mas utilizava o custo *histórico*, isto é, o valor contábil do ingresso do bem ativo da companhia, ao invés de se evoluir para a adoção do custo de *reprodução*, que recompõe a perda do valor aquisitivo da moeda, além de estimular investimentos na melhoria do sistema.

Sobre o tema, assim lecionava Caio Tácito, *verbis*: "O que me parece, isto sim, inquestionável é o direito subjetivo das concessionárias à justa remuneração do capital. O processo, de certa forma saudável, de integração dos sistemas nacionais jamais poderá operar em detrimento do direito de cada empresa à garantia do equilíbrio econômico-financeiro, isto é, à taxa mínima de remuneração legal, com a subtração de recursos necessários à manutenção do seu sistema, ou à necessária expansão e melhoramentos dos seus serviços" (*RDA* 155/32-45).

A regra era traçada por portaria, consoante disposição do art. 13 do Decreto 1.705/68, com redação dada pelo Decreto 1.586, de 7.8.95, observado o disposto na Lei 8.631, de 4.3.93.

De acordo com o Decreto 774, de 18.3.93, cabia ao concessionário propor ao DNAEE, para homologação, os níveis de suas tarifas, de acordo com as classes do consumidor final. Tal tarefa agora cabe à ANEEL (art. 15, IV e § 1º). Não pode haver, contudo, discricionariedade; a regra é assegurar o equilíbrio econômico-financeiro do contrato, com justa remuneração do capital investido e serviço adequado.

Antes, foi editado o Decreto 409/91, para explicitar o art. 178 do Código de Águas, que cometeu ao DNAEE o poder de fiscalizar o serviço de produção, transmissão, transformação e distribuição de energia hidroelétrica, com o tríplice objetivo de assegurar serviço adequado, fixar tarifas razoáveis e garantir a contabilidade das mesmas.

O decreto estabelecia, em seu art. 1º, que as faturas emitidas pelas concessionárias de energia elétrica aos consumidores deveriam ser discriminadas em duas parcelas, a saber:

• receita própria, destinada a ressarcimento dos custos do concessionário na prestação do serviço;

• receita transferida, repassada à ELETROBRÁS para custeio de geração, transporte e reservas.

Cabia, ainda, ao DNAEE fixar o percentual da receita de fornecimento a ser repassada como receita de transferência. Havendo excesso ou insuficiência, a compensação será feita no mês seguinte.

Ainda quanto às tarifas, estabelecia o decreto que seriam objeto de proposta do concessionário ao DNAEE para análise e aprovação, a quem caberia, também, baixar instruções complementares à execução do decreto.

A discriminação das parcelas integrantes da tarifa de energia elétrica tem por objeto atender ao poder de fiscalização atribuído por lei ao órgão competente, com vistas à sua razoabilidade e garantia da estabilidade da concessionária, com total amparo no art. 175 da CF, que determina que a lei disponha sobre política tarifária e regime das concessionárias de serviços públicos.

Tal prática já é da tradição do regime tarifário de energia, que desde o Decreto 62.724, de 17.5.68 – que estabelece normas gerais de tarifação para as empresas concessionárias de serviços públicos de energia elétrica –, previa a repartição do custo do serviço de fornecimento entre os componentes "demanda de potência" (onde se incluem as despesas com o custo da potência adquirida) e "consumo de energia" (incluindo demais despesas de exploração e tributos).

Não se mexeu, drasticamente, no regime de tarifação; apenas se disciplinou o dever de informação ao consumidor (CF, art. 175, II), assegurado no art. 6º, III, do Código de Defesa do Consumidor, ao qual também é assegurada a adequada e eficaz prestação dos serviços públicos em geral (arts. 6º, X, e 22).

Vale trazer à colação a lição sempre atualizada de Hely Lopes Meirelles,[8] que, ao comentar o contrato de concessão de serviço público, esclarece que na expressão "serviço adequado" estão sintetizados os cinco princípios regedores de todo serviço público ou utilidade pública – quais sejam: generalidade, permanência, eficiência, modicidade e cortesia –, cabendo ao concedente o poder-dever de fiscalizar e zelar pelo atendimento dos mesmos, agora elevados à categoria de direitos do consumidor.

Quanto à fixação de tarifas mediante proposta, nada mais se fez que cumprir o comando legal traçado desde o Código de Águas, estabelecendo-se o regime de proposta, através da análise de planilhas, onde serão expostas as justificativas para as tarifas razoáveis, englobando:

• despesas de operações e tributos;

• reservas para depreciação;

• remuneração do capital da empresa.

O regime de planilhas para fixação de tarifas não é específico do Código de Águas, mas inerente a todo e qualquer serviço público, tendo por objetivo assegurar o equilíbrio econômico-financeiro do contrato, mantendo estável a relação (lucro justo) inerente ao regime de primado da iniciativa privada, consubstanciado no art. 170 da CF.

8. Hely Lopes Meirelles, *Licitação e Contrato Administrativo*, 11ª ed., São Paulo, Malheiros Editores, p. 278.

Daí por que, tendo em vista essa mencionada "equação financeira" legalmente garantida, os problemas podem ocorrer na fixação pela ANEEL do percentual da receita a título de "receita de transferência", percentual, este, que poderá reduzir o saldo, que constitui a "receita própria" da concessionária. Entretanto, o próprio decreto esclarece que eventuais desvios, para mais ou para menos, serão compensados no mês seguinte.

Ao discriminar a figura da "receita de transferência" a autoridade administrativa agiu dentro do seu poder regulamentar e de controle do serviço público, não invadindo – ao menos no ato *geral* – renda ou lucro da concessionária, que são objeto de preservação através de equação financeira inalterável unilateralmente (por decreto ou ato administrativo); não se criou ou modificou a *política* tarifária – matéria de *lei* –, mas, tão-somente, regulamentou-se a *execução* tarifária, como parte do funcionamento do serviço sistematizado, com vistas a tornar menos moroso o repasse de custeio do mesmo. O objetivo é recuperar as tarifas públicas, reduzindo o sacrifício do erário, que há tempos as vem subsidiando.

O *lucro* é extraído, exatamente, naquilo que se definiu como *receita própria*. O restante, *receita de transferência*, é *custeio do sistema*, que é interligado sob coordenação da ELETROBRÁS e direção e controle da União (poder concedente) – não é nem lucro, nem renda da concessionária, não estando, pois, abrigada na equação econômica. Há que se aguardar o novo modelo para o Sistema ELETROBRÁS.

A prestação de contas, na forma estabelecida pelo concedente, é um dos encargos da concessionária – Lei 8.987/95, art. 31, III –, cabendo à ANEEL organizar um plano de contas específico e simplificado, segmentando contas por tipo de atividade de geração, transmissão e distribuição.

Ainda sobre tarifas, o Decreto 73.102, de 7.11.73, estabelece, no art. 29, a "CCC" – reserva financeira para cobertura do custo de combustíveis fósseis.

Como componente de custo da tarifa existem despesas com a produção ou compra da energia, despesas com a operação do serviço e aquelas inerentes à própria obtenção do contrato, a começar pelo art. 20, § 1º, da CF, regulamentado pelas Leis 7.990, de 28.12.89, e 8.001, de 13.3.90, o pagamento pela obtenção da concessão (Lei 8.987, art. 15, II e III) e a taxa de fiscalização e/ou regulação, sem falar nos investimentos em bens de capital produzidos, adquiridos ou indenizados a concessionários anteriores.

Problemático pode ser o valor da *taxa de fiscalização*, que, tomando por base o "benefício econômico auferido pelo concessionário", violaria o art. 145, § 2º, da CF c/c o art. 155, II (veda utilização de taxa com base de cálculo própria de impostos).

Se a taxa de fiscalização for considerada *tributo* pelo exercício do poder de polícia, sua cobrança implicaria violação do § 3º do art. 155 da CF, que veda a incidência de outros tributos sobre energia elétrica.

É possível, no entanto, interpretação (conforme à Constituição) no sentido de que trata de fiscalização da execução do contrato, tal como prevista nos arts. 30 da Lei 8.987/95 e 67 da Lei 8.666/93, hipótese em que o termo "taxa" teria significado de mero custo operacional do concessionário, sem caráter tributário, mas de natureza *contratual*.

O certo é que a despesa do concessionário é extremamente elevada e o retorno é lento; daí os longos prazos das concessões, que, contudo, tornam o investimento arriscado em face das sucessivas trocas de governos.

Num país como o Brasil, cujo setor energético não tem recebido a adequada massa de recursos, qualquer novo investimento fatalmente propiciará ganhos de eficiência, assegurando lucro certo para o concessionário.

A negociação dos períodos de revisão, portanto, assume importância para fixar o marco a partir do qual o contrato pode ser revisto, para majorar ou reduzir a tarifa; estabelecer que a primeira revisão ocorrerá, por exemplo, em oito anos, reservando ao concessionário os ganhos de eficiência no período, não torna inafastável ou livre de polêmica o cabimento de alguma revisão anterior; isto porque a tônica da revisão é a quebra do equilíbrio econômico-financeiro do contrato, trazendo onerosidade excessiva para qualquer das partes (e não só para o concessionário). A presença da cláusula nesse sentido, contudo, é razoável para estabelecer um princípio e um mínimo de segurança para o investidor que desejar obter a concessão.

A imprevisibilidade é grande, posto que há fatores naturais envolvidos, como períodos de seca, inviabilizando potenciais hidrelétricos; outro ponto alheio à vontade das partes é o consumidor contratar energia com produtor independente ou tornar-se autoprodutor (Lei 9.047, art. 15), o que pode representar quebra do equilíbrio, já que apenas para os grandes consumidores apresenta-se viável a mudança de categoria; outra quebra de equilíbrio pode acontecer quando o concessionário recorre à compra de energia excedente de autoprodutores ou de produtores independentes e estes são obrigados a elevar seus preços.

Portanto, ao se falar em "razoabilidade" de tarifas há que se entender tarifas módicas para o nível de serviço prestado e, por sua vez, calcadas num contrato onde esteja respeitada a respectiva equação econômico-financeira.

O certo é que um novo cenário deve ser apresentado, de modo a fornecer segurança ao investidor, tornar atraente a participação dos agentes financeiros e, via de conseqüência, aumentar, com qualidade, o número de usuários atendidos. O incentivo à regulação e arbitragem pela ANEEL, as concessões e privatizações são, apenas, os primeiros passos.

DA DEFINIÇÃO E DA DIVISÃO (NO DIREITO) – DA CLASSIFICAÇÃO DAS COMPETÊNCIAS DAS PESSOAS POLÍTICAS E O MEIO AMBIENTE

HERALDO GARCIA VITA
Juiz Federal da 1ª Vara de Execuções Fiscais de Curitiba-PR – Professor de Direito Administrativo da Faculdade de Direito de Curitiba e Mestrado na PUC/SP

A) Da definição e da divisão

1. Introdução

Sabemos que os conceitos ou termos jurídicos correspondem às idéias, às apreensões que fazemos de uma coisa ou objeto. No entanto, ao intérprete da norma jurídica não bastariam os conceitos, na medida em que outros elementos não menos importantes indicam o sistema em que vive o Direito: do conjunto de conceitos ou termos chegamos às proposições; do conjunto destas formam-se os raciocínios; finalmente, da reunião dos raciocínios teríamos o sistema jurídico. Enquanto os conceitos ou termos são apreensões, idéias, sem afirmações ou negações de uma coisa (por exemplo: a idéia que fazemos do homem, da pedra, do método cientifico etc.), as proposições seriam a reunião de conceitos por uma afirmação ou negação (exemplo: o analfabeto não pode votar), as quais, por seu turno, formam os raciocínios jurídicos (exemplo: todo homicida deve ser condenado à reclusão; Fulano é homicida, logo, Fulano deve ser condenado à reclusão). Como toda ciência é baseada em demonstrações sobre determinado campo de conhecimento, podemos desdobrar o processo ordenado do cientista do Direito[1] em três operações: conceitos jurídicos, proposições jurídicas e demonstrações.

Tais operações são encontradas não apenas na aplicação das normas jurídicas: para aplicá-las, o profissional precisa interpretá-las, isto é, descobrir seu sentido e alcance; após esta fase, o intérprete aplica a lei ao caso concreto. Com isso, podemos dizer que os conceitos jurídicos são importantes não apenas na interpretação da norma jurídica, mas do mesmo modo na sua aplicação. Na verdade, encontramos os conceitos jurídicos na elaboração da lei, na sua interpretação e na sua aplicação. As idéias trazem os contornos pelos quais os legisladores e os administradores elaborarão as normas; os cientistas do Direito, por intermédio dos conceitos ou termos (operação do pensamento, primeira representação intelectual de um objeto), verificam as palavras utilizadas pelo elaborador da nor-

1. Cf. André Franco Montoro, *Estudos de Filosofia do Direito*, pp. 156-159.

ma jurídica e concluem por uma afirmação ou negação (proposição).

No entanto, ao conceituarmos alguma coisa temos apenas idéia simples do que seja algo; além desse pensamento, outras, mais complexas, produzem-se no nosso intelecto Assim, por exemplo, à idéia de homem (simples), elementos (complexos) são produzidos, discernindo a coisa "homem", animal e racionalidade.[2] Dessa forma, surge a necessidade de delimitarmos e esclarecermos o conceito da coisa, isto é, de defini-la.

Antes de passarmos à definição da definição, a fim de que possamos entender bem o que se vem estudando, precisamos classificar os conceitos segundo sua complexidade, os quais podem ser simples, quando expressos por uma só palavra (por exemplo: homem, árvore, capacidade, empregado), ou complexos, nas hipóteses em que expressos por mais de uma palavra (pessoa jurídica, capacidade civil, servidor público etc.). Assim, ao reportarmos o conceito de homem, embora tenhamos em mente idéia simples (homem) e idéias complexas (animal e racional), podemos nos expressar mediante conceito simples (homem) ou por intermédio de conceito complexo (animal e racional). No último caso, ao dizermos "homem é ser animal e racional", teríamos a proposição; se quisermos defini-lo, poderíamos assim nos expressar: "animal racional".[3] Logo, proposição e definição não se confundem, embora ambas sejam conceito complexo.

Mas também é de importância fundamental o estudo da divisão de um objeto. Além de defini-lo, poderemos, conhecendo-o profundamente, após longo trabalho de pesquisa, dividi-lo, isto é, separar as partes desse objeto, de acordo com regras próprias, estabelecidas pela Ciência.

Na divisão encontramos os elementos componentes do objeto; permite-nos conhecê-lo ainda mais (pois, ao elaborarmos a definição, tivemos de conhecê-lo) e, dessa maneira, estamos contribuindo para o aperfeiçoamento do estudo do objeto.

Enfim, no presente trabalho, nesta parte, sem o escopo de esgotarmos o tema, vamos mergulhar na definição e na divisão, no campo do Direito.

2. *Da definição*

Conforme ressaltamos, definir um objeto significa esclarecê-lo, limitá-lo, a fim de que possamos entendê-lo melhor. Nessa operação, de regra, o cientista tem em mente uma série de procedimentos em virtude dos quais chegará à sua conclusão; isto é, "para chegar a definir, é preciso, na maior parte das vezes, um esforço prévio de elaboração intelectual feita de comparações, de juízos, de raciocínios (...)".[4]

Pois bem. Embora os conceitos sejam simples apreensões, na primeira representação mental de um objeto, ante o fato de necessitar de delimitação e esclarecimento, o cientista parte, bastas vezes, de comparações do objeto em relação a outro (s), a fim de separá-lo(s) dos demais e poder defini-lo. Logo, a definição seria o produto mais evoluído e mais perfeito da primeira operação mental realizada pelo cientista (ao elaborar os conceitos).

Estamos em condições, portanto, de definir a definição: é um termo ou conceito complexo esclarecendo o que uma coisa é ou uma palavra significa;[5] ou, segundo as palavras de Jacques Maritain: "A definição é um conceito complexo ou uma locução que expõe o que uma coisa é ou o que significa um nome (dizendo 'conceito com-

2. Goffredo Telles Júnior, *Curso de Lógica formal*, p. 324.

3. Jacques Maritain, *Elementos de Filosofia 2 – Lógica Menor*, p. 102.

4. Jacques Maritain, *Elementos de Filosofia 2 – Lógica Menor*, p. 102.

5. Cf. André Franco Montoro, apostila *Os Conceitos Jurídicos*, p. 6.

plexo' temos em vista a definição pensada; dizendo 'locução' ou termo complexo, temos em vista a definição pronunciada)".[6]

2.1 Definição e proposição

A proposição, assim como a definição, são conceitos complexos, vale dizer, são expressos por mais de uma palavra. Mas, enquanto na primeira temos a aplicação da definição à coisa definida, na segunda isto não ocorre. Assim, no exemplo "o homem é um animal racional" teríamos uma proposição, no caso, um enunciado; na definição do homem "animal racional" verificamos a existência apenas do predicado (animal racional), e não do sujeito, que seria o definido. Da mesma forma, a definição de empregado, estipulada no art. 3º da CLT: "toda pessoa física que presta serviços de natureza não eventual a empregador, sob a dependência deste e mediante salário". Na hipótese, não há proposição, e sim o predicado de uma proposição, cujo sujeito é "empregado". Portanto, de acordo com a melhor doutrina, proposições e definições não se confundem.[8]

2.2 Tipos de definição

A definição pode ser nominal (de palavras) ou real (de coisa); naquela o cientista procura a definição de palavras, ao explicar o que se entende por um determinado vocábulo; nesta, define as coisas, esclarecendo-as. A definição nominal pode ser etimológica ou semântica, respectivamente para a definição da palavra por sua origem ou por sua significação. Já a definição real divide-se em intrínseca e extrínseca.

2.2.1 *A definição nominal* – Antes mesmo de definir a coisa, o cientista deve verificar a definição de palavras; a significação das palavras; a "definição nominal". De fato, as palavras têm especial importância para o profissional do Direito, seja ele jurista, juiz, promotor ou advogado. Nesse sentido, acentua Jacques Maritain: "Antes de indagar o que é uma *coisa*, o que é o homem, por exemplo, e exprimi-lo em uma definição, não será conveniente esclarecer antes o sentido da palavra pela qual designamos essa coisa, o que ocupará seu lugar na discussão? (...)".[9]

Assim também pensa Goffredo Telles Júnior, para quem "a *investigação científica* deve partir da definição nominal (sempre possível), para chegar à definição real (quando possível), isto é, deve partir de uma noção corrente, para atingir uma noção exata (...)".[10]

Todas as palavras podem ser definidas; "sendo sinais convencionais destinados a exprimir determinadas idéias, sempre haverá meio de explicar a convenção e dizer o que uma palavra significa".[11] Porém, é possível que uma mesma palavra possua várias realidades distintas, como a palavra "Direito", que pode ser empregada nas acepções fundamentais (direito-norma, direito-faculdade, direito-justo, direito-ciência, direito fato-social).[12] Por isso, a lógica divide os termos em unívocos, equívocos e análogos, conforme ensinamento de André Franco Montoro:

"Unívoco é o termo que se aplica a uma única realidade. Exemplo: livro, homem, vegetal.

"Equívoco é o termo que se aplica a duas ou mais realidades radicalmente diversas. Exemplo: o termo 'lente', aplicado ao professor e ao vidro refrativo.

"Análogo é o termo que se aplica a diversas realidades que apresentam entre si certa semelhança. O termo análogo é, as-

6. Ob. cit., p. 103.

7. André Franco Montoro, apostila *Os Conceitos Jurídicos*, p. 6.

8. Ibidem; Goffredo Telles Júnior, ob. cit., p. 327; Jacques Maritain, ob. cit., p. 102.

9. Ob. cit., p. 103.

10. Ob. cit., p. 332.

11. Goffredo Telles Júnior, ob. cit., p. 329.

12. André Franco Montoro, *Introdução à Ciência do Direito*, p. 41.

sim, intermediário entre o unívoco e o equívoco. Exemplo: o vocábulo 'direito', que designa a lei, a faculdade, a ciência, o justo, o fato social (...)."[13]

Evidentemente, o termo unívoco, por aplicar-se a uma única realidade, possui apenas uma definição; o equívoco e o análogo, no entanto, comportam definições diversas, de acordo com os conceitos a que se referem.

a) *A definição nominal etimológica*: dissemos que a definição nominal poderia estar destinada à explicação das palavras por sua origem. Exemplo clássico seria a palavra "Filosofia", do Grego, definida etimologicamente "amor da sabedoria".[14]

No Direito a definição nominal etimológica tem importância, mas não é fundamental; pois a origem das palavras nem sempre reflete seu significado corrente, atual, analisadas sob um contexto normativo maior, em face dos reflexos havidos pelo intérprete do ordenamento jurídico. Seria o ponto de partida pelo qual o cientista do Direito poderia definir objeto de estudo. Talvez por isto Goffredo Telles Júnior[15] acentue a finalidade da definição nominal etimológica de "descobrir a intenção com que a palavra foi criada".

No Direito, como se sabe, a intenção de quem expressou a palavra ou termo não coincide com a interpretação que se faça quando empregada no contexto jurídico. Isto porque, consoante ressaltamos, a pretensão do legislador ou do administrador, ao editar a norma, não é suficiente para interpretá-la e aplicá-la, pois há necessidade de outros mecanismos pelos quais se deva entendê-la.[16] Além disso, a origem da palavra pode não se relacionar intimamente com o conceito, bastando dizer da possibilidade de o legislador ou o administrador expressarem-na sem aos menos ater-se à sua origem, por causa de situações diversas, inclusive a sua utilização corrente no país, critérios políticos, erros etc.

Insegurança maior ainda reside na constatação de que a mesma palavra, de origem estrangeira, pode ter outra realidade no país; não bastaria, assim, ao cientista do Direito buscar sua origem para defini-la. Haveria premente necessidade de verificar a significação da palavra (definição semântica) no país em que aplicada.

Mas o inverso também é possível: determinada palavra de origem estrangeira, traduzida para o país, porém com significado diverso daquele. Com efeito, ao discutir acerca da responsabilidade patrimonial do Estado, Celso Antônio Bandeira de Mello acentua: "É muito provável que a causa deste equívoco, isto é, da suposição de que a responsabilidade pela *faute du service* seja responsabilidade objetiva, deva-se a uma defeituosa tradução da palavra *faute*. Seu significado corrente em Francês é o de culpa. Todavia, no Brasil, como de resto em alguns outros países, foi inadequadamente traduzida como 'falta' (ausência), o que traz ao espírito a idéia de algo objetivo".[17]

b) *A definição nominal semântica*: neste tipo de definição procuramos explicar as palavras por sua significação; buscamos o sentido de uma palavra através de outras mais claras. Através da definição semântica almejamos o "sentido em que a palavra é geralmente empregada".[18] No exemplo de definição de Filosofia teríamos o "conhecimento de todas as coisas pelos primeiros princípios".[19]

As palavras podem ser ambíguas, quando têm diferentes significações, conforme o contexto em que são usadas, ou, ainda,

13. Idem, p. 42.
14. Exemplo colacionado de Goffredo Telles Júnior, ob. cit., p. 334.
15. Ob. cit, p. 334.
16. A respeito do tema, Carlos Maximiliano, *Hermenêutica e Aplicação do Direito*, pp. 44-50.
17. *Curso de Direito Administrativo*, p. 578.
18. Goffredo Telles Júnior, ob. cit., p. 334.
19. Ibidem.

as mesmas palavras podem ter diferentes matizes de significação, ou, finalmente, ao lado da significação central de uma palavra existem extensões metafóricas ou figurativas. É o caso da palavra "Direito", consoante já expusemos.

A imprecisão é outra limitação. As palavras vagas possuem zona de penumbra ou imprecisão, como "jovem", "alto", "bom comportamento", "negligência" etc.

Finalmente, as palavras têm uma "textura aberta"; não podem prever todos os aspectos de um fenômeno ou situação em que poderão ocorrer modificações relevantes.[20]

Por tudo o que se vem expondo, devemos concluir ser de fundamental importância a definição nominal semântica, pela qual se explica o nome, o seu emprego usual, corrente.

Ao contrário do que entendem alguns doutrinadores, as palavras vagas, imprecisas, como "urgência" e "relevância", "motivo relevante" e outras, podem ter uma "certa precisão" em face da situação concreta verificada pelo intérprete. Sirvamonos, mais uma vez, das palavras do professor Celso Antônio Bandeira de Mello a respeito do conceito de "atividade econômica": "A noção de 'atividade econômica' certamente não é rigorosa; não se inclui entre os conceitos chamados teoréticos, determinados. Antes, encarta-se entre os que são denominados conceitos práticos, fluidos, elásticos, imprecisos ou indeterminados. Sem embargo, como apropriadamente observam os especialistas do Direito e Linguagem, embora tais conceitos comportem uma faixa de incerteza, é certo, entretanto, que existe uma zona de certeza positiva quanto à aplicabilidade deles e uma zona de certeza negativa quanto à não aplicabilidade deles. Vale dizer, em inúmeros casos ter-se-á certeza de que induvidosamente estar-se-á perante 'atividade econômica', tanto como, em inúmeros outros, não se estará perante 'atividade econômica'".[21]

2.2.2 *A definição real* – Neste caso, procuramos indagar o que é uma coisa, exprimi-lo numa definição. Por exemplo, a definição de "homem" é "animal racional".

Como a investigação científica parte de uma definição imperfeita, a fim de estabelecer, quanto possível, a cientificamente perfeita, convém trazermos o asserto de Goffredo Telles Júnior: "Descoberta a essência de uma cousa e formulada sua definição real, o sentido da palavra correspondente passa a revelar a essência dessa cousa. Logo, a definição da palavra torna-se idêntica à definição da cousa: a definição nominal coincide com a definição real. Em verdade, desse momento em diante, só existirá uma definição".[22]

A definição real, basicamente, pode ser intrínseca ou extrínseca; na primeira explica-se o que uma coisa é através de suas qualidades ou propriedades reais; na segunda definem-se as coisas por sua origem (definição genética) ou por sua finalidade (definição funcional).[23]

a) *A definição real intrínseca*: nesta definição revelam-se elementos internos próprios do definido. Exemplo: Estado define-se intrinsecamente composto de uma nação e de um governo.[24] Outro exemplo: Homem define-se intrinsecamente animal racional.

Verificamos nos exemplos acima citados a revelação dos elementos lógicos, não reais, não físicos, do definido, na feliz expressão de Goffredo Telles Júnior – seria definição metafísica (ou definição essencial metafísica) –, os quais "não existem separadamente, distintamente, na natureza da

20. Genaro Carrió, *Notas sobre Derecho y Lenguage*, *apud* André Franco Montoro, apostila *A Linguagem do Direito: Semântica, Sintática e Pragmática*, p. 5.

21. Ob. cit., p. 425.

22. Ob. cit., p. 333.

23. André Franco Montoro, *Os Conceitos Jurídicos*, cit., p. 6.

24. Goffredo Telles Júnior, ob. cit., p. 335.

cousa definida, e que, portanto, constituem sua causa formal".[25]

De outro lado, a definição real intrínseca poderia revelar as partes físicas do definido, vale dizer, "os elementos essenciais distintos, que existem realmente (fisicamente) na natureza da cousa definida, e que, portanto, constituem sua causa material".[26] Estaríamos diante da definição física (ou definição essencial física). Exemplo: a definição essencial física de "vivo" é "ser dotado de constituição celular".[27]

b) *A definição real extrínseca*: na definição real extrínseca revelam-se elementos externos próprios do definido. Exemplo: Estado define-se extrinsecamente organização destinada a proteger o bem comum.[28]

Pode definir a coisa por sua origem (definição genética) – por exemplo, a definição de relógio extrinsecamente seria instrumento feito pelo relojoeiro, a de linha seria a figura formada por um ponto que se desloca;[29] e pode definir a coisa por sua finalidade (definição funcional) – a definição de relógio seria o instrumento que serve para marcar horas.[30]

2.3 Regras da definição

A definição, ao limitar e esclarecer o conceito, a idéia, a primeira representação que temos de um dado objeto, não pode ser feita de forma aleatória, desordenada, sob pena de não cumprir sua finalidade. A Ciência depende das definições, a fim de que possa separar os diversos objetos, analisá-los, dividi-los – enfim, estudá-los adequadamente.

a) A definição deve ser exatamente adequada ao definido, isto é, não pode ser mais extensa nem menos extensa que o definido. Por exemplo: a definição de homem "bípede implume" (uma ave depenada é um "bípede implume") – no caso, a expressão definidora (*definiens*) é demasiado ampla; a definição de sapato "cobertura de couro para o pé humano" (há sapatos de madeira e outros materiais) – na hipótese, a expressão definidora é mais estreita que o definido;[31] a definição de Município como pessoa jurídica de direito público é incompleta, pois os Estados, a União e as autarquias também são pessoas jurídicas de direito público.[32]

b) A definição deve ser mais clara que o definido. Não deve conter: (b.1) direta ou indiretamente, o sujeito definido (exemplos: "sol" tem o mesmo significado que "estrela que brilha de dia"; dia é definido de acordo com o brilho do sol;[33] "homem", definido como "ser humano");[34] (b.2) termos negativos, se for possível expressá-la de forma positiva (exemplos: "branco", o que não é preto;[35] "ébrio", pessoa que não é moderada no beber).[36]

c) A definição não deve ser expressa em linguagem ambígua, obscura ou figurada, metafórica. A ambigüidade (palavra com

25. Idem, p. 336.
26. Ibidem.
27. Ibidem.
28. Ibidem.
29. André Franco Montoro, *Os Conceitos Jurídicos*, cit., p. 6.
30. Ibidem.

31. Exemplos trazidos do livro *Metodologia Científica*, de Eva Maria Lakatos e Marina de Andrade Marconi, p. 101.
32. André Franco Montoro, *Os Conceitos Jurídicos*, cit. p. 6.
33. Eva Maria Lakatos e Marina de Andrade Marconi, ob. cit., p. 101.
34. André Franco Montoro, *Os Conceitos Jurídicos*, cit. p. 6.
35. Ibidem.
36. Eva Maria Lakatos e Marina de Andrade Marconi (ob. e p. cits.) esclarecem: "(...) Entretanto, há palavras que não podem deixar de ser definidas de forma negativa, pois são essencialmente negativas em seu significado Exemplos: 'órfã' é 'uma criança que não tem pais vivos', 'calvo' é 'um indivíduo cuja cabeça tem ausência de cabelos'(...)". Advertem: "(...) Finalmente, em questões dúbias, as definições afirmativas são preferíveis às negativas. Exemplo: um 'ébrio' é 'uma pessoa que bebe excessivamente' em vez de 'uma pessoa que não é moderada no beber'". Também para Goffredo Telles Júnior "a definição deve ser, de preferência, positiva", regra, esta, "de aplicação facultativa" (ob. cit., p. 341).

diferentes significações) não é possível, pois se a definição deve esclarecer o conceito, delimitando-o, não faria sentido a utilização de palavras ambíguas para expressar-se o definido. No tocante à linguagem obscura, seu uso igualmente impediria esclarecer o conceito, e, dessa forma, a definição seria inócua.[37] Finalmente, a definição metafórica, figurativa, é inútil para explicar o significado do objeto. Exemplo: pão é o sustento da vida.[38]

d) A definição deve ser, o quanto possível, breve. Exemplos: (d.1) a definição de lei jurídica: norma de conduta do homem com seus semelhantes, garantida pela eventual aplicação da força social, tendo em vista a realização da Justiça.[39] Neste caso, temos presente a brevidade da definição de lei jurídica em sentido amplo; (d.2) "concessão de serviço público é o instituto através do qual o Estado atribui o exercício de um serviço público a alguém que aceita prestá-lo em nome próprio, por sua conta e risco, nas condições fixadas e alteráveis unilateralmente pelo Poder Público, mas sob garantia contratual de um equilíbrio econômico-financeiro, remunerando-se pela própria exploração do serviço, em geral e basicamente mediante tarifas cobradas diretamente dos usuários do serviço."[40] Já neste caso não vemos brevidade na definição posta. Mas, enquanto no primeiro exemplo a brevidade foi possível, em vista de sua finalidade,[41] no segundo, ao contrário, ante a complexidade do tema e a necessidade de sua extensão ("a definição deve ser exatamente adequada ao definido"), o autor reportou-se, adequadamente, ao objeto. Daí a conclusão: a definição deve ser, apenas se for possível, breve; não convindo, não o será.[42]

e) A definição deve ser ordenada no sentido da generalidade decrescente dos conceitos e, sempre que possível, conter o gênero próximo e a diferença específica. Exemplo: a definição de homem "animal racional".[43] "Animal" é termo genérico, podendo ser irracional e racional; "racional", palavra expressada em ordem decrescente a "animal"; há gênero próximo e a diferença é específica. Exemplo: a definição de empresa pública federal: "é a pessoa jurídica criada por lei como instrumento de ação do Estado, com personalidade de direito privado, mas submetida a certas regras especiais decorrentes de ser coadjuvante da ação governamental, constituída sob quaisquer das formas admitidas em Direito e cujo capital seja formado unicamente por recursos de pessoas de direito público interno ou de pessoas de suas administrações indiretas, com predominância acionária residente na esfera federal".[44] Constatamos a observância da regra: pessoa jurídica (genérico), de direito privado (ordem decrescente). Os demais termos utilizados constituem a diferença específica. Há proximidade, em ordem decrescente, dos conceitos; explicam-se as características do definido; a sua constituição; separa o objeto de quaisquer outros.

f) O definido não entra na definição.[45] Conforme tivemos oportunidade de dizer, proposição e definição não são a mesma

37. Mas, advirta-se, "o que é obscuro para um leigo pode ser claro e inteligível para o estudioso da disciplina" (Eva Maria Lakatos e Marina de Andrade Marconi, ob. cit., p. 102).

38. Eva Lakatos e Marina de Andrade Marconi, ob. cit., p. 102.

39. André Franco Montoro, *Introdução*, cit., p. 308.

40. Celso Antônio Bandeira de Mello, ob. cit., p. 428.

41. "Esse conceito de lei aplica-se a todas as normas jurídicas. Não apenas à lei escrita (lei em sentido estrito), mas também ao costume jurídico, às decisões normativas da justiça ou da administração e a todos os preceitos que constituem, em cada sociedade, o campo de seu direito, efetivamente reconhecido" (André Franco Montoro, *Introdução*, cit., p. 308).

42. Acentua Goffredo Telles Júnior: "Esta quinta lei *(definição deve ser breve)* (...) é de aplicação facultativa" (ob. cit., p. 341).

43. André Franco Montoro, *Os Conceitos Jurídicos*, cit. p. 7.

44. Celso Antônio Bandeira de Mello, ob. cit., pp. 94 e 95.

45. Goffredo Telles Júnior, ob. cit., p. 340.

coisa. A definição de "homem" deve ser "animal racional", e não a proposição "o homem é animai racional". Não definimos justiça da seguinte forma: "Justiça é o hábito pelo qual, com vontade constante e perpétua, atribuímos a cada um o que é seu"; isto seria uma proposição. Devemos definir justiça: "Hábito pelo qual (...)".[46]

3. Da divisão

3.1 Noção

O cientista, para precisar o objeto estudado, necessita conhecê-lo; isto se faz por intermédio da definição, isto é, a delimitação e o aclaramento do objeto. Ao mesmo tempo, não pode fugir da complexidade deste objeto definido; entra a operação de distinguir e separar as partes desse objeto, chamada "operação de dividir", cujo produto é a divisão.[47]

Assim como não podemos confundir a definição com a proposição, esta não se confunde com a divisão. A divisão do triângulo será, por exemplo: isósceles ou escaleno; a proposição, o triângulo é isósceles ou escaleno.[48]

3.2 Definição da divisão

A divisão é conceito complexo, distribuindo um todo em suas partes ou uma palavra em suas significações. Exemplo: a divisão das pessoas em naturais e jurídicas, constante do título "Da Divisão das Pessoas" (CC brasileiro, Livro I, Título I).[49]

Nesta definição observamos os dois tipos de divisão, a saber: a de coisa e a de nome.[50] No primeiro caso distinguem-se as partes essenciais físicas de um todo real; assim, por exemplo, corpo vivo divide-se em células.[51] Na segunda hipótese estende-se a divisão "às diversas significações de uma palavra", na feliz expressão de Maritain;[52] por exemplo, a palavra "lama", a qual se divide em "lodo, espécie de mamífero ruminante, sacerdote de Buda".[53]

Mas também é possível a divisão não de um "todo real", conforme acima expusemos ao exemplificarmos a divisão do "corpo vivo" em células; mas, sim, de um "todo lógico" – significa dizer: termo mental, conceito, objeto intelectual, como exemplo a divisão homem em animal e racional.[54]

Feitas estas considerações importantes, passemos às regras ou leis da divisão.

3.3 Regras de divisão

A divisão, para ser bem feita e produzir os resultados desejados, necessita de determinadas regras, consoante as quais o profissional do Direito compreenderá o objeto, mediante a separação do todo em suas partes. Tais regras seriam as seguintes:

1. Cada divisão deve ter um único fundamento. Não podemos dividir "homem" em "brancos, pretos e analfabetos"; devemos fazê-lo segundo o fundamento da cor, em "brancos, pretos, amarelos e vermelhos", e segundo o fundamento da alfabetização, em "analfabetos e alfabetizados".[55]

A divisão dos "bens" em públicos e particulares (arts. 65-68 do CC) tem um único fundamento: pertencerem ou não ao Poder Público.[56] Os bens públicos, quanto à destinação, de acordo com o art. 66 do CC, podem ser (a) de uso comum, destinados ao uso indistinto de todos, como os

46. Ibidem.
47. Goffredo Telles Júnior, ob. cit., p. 343.
48. Jacques Maritain, ob. cit., p. 105.
49. André Franco Montoro, *Os Conceitos Jurídicos*, cit., p. 7.
50. Assim como a definição de coisa e a de nome.
51. Goffredo Telles Júnior, ob. cit., p. 346.
52. Jacques Maritain, ob. cit., p. 105.
53. Goffredo Telles Júnior, ob. cit., p. 345.
54. Ibidem.
55. Idem, p. 348.
56. André Franco Montoro, *Os Conceitos Jurídicos*, cit., p. 7.

mares, ruas, estradas, praças etc.; (b) de uso especial, são os afetados a um serviço ou estabelecimento público, como as repartições públicas, teatros, universidades, museus etc.; e (c) dominicais ou dominiais, são os próprios do Estado como objeto de direito real, tais os terrenos ou terras em geral.[57]

2. A divisão deve ser exatamente adequada ao dividendo, isto é, suas partes devem esgotar a extensão do conceito dividido. Assim, sob fundamento da cor, devemos dividir os homens em "brancos, pretos, amarelos e vermelhos", e não apenas em "brancos e pretos".[58]

O art. 14 do CC brasileiro dividiu as pessoas jurídicas de direito público interno em União, Estados, Distrito Federal e Municípios; porém, olvidou as autarquias e fundações de direito publico, as quais têm a mesma qualidade.[59]

Porém, da mesma forma, a divisão não pode exceder-se: a divisão de homem, segundo o fundamento da raça, em homens "de raça branca, de raça preta, de raça amarela, de raça vermelha e de raça anglo-saxônca", está errada, porque a raça branca inclui a anglo-saxônia.[60]

3. A divisão deve ser ordenada de modo a não haver confusão entre a divisão e a subdivisão. Não devemos dividir "ser animado" em "insensível, racional e irracional", mas sim, primeiramente, em "insensível e sensível"; e depois dividirmos o ser animado sensível em "racional e irracional".[61]

O Código Civil brasileiro, neste aspecto, ao dividir as pessoas jurídicas de direito privado em (a) sociedades civis, associações e fundações e (b) sociedades mercantis, conforme o art. 15, incorre nessa confusão, pois as fundações são patrimônios aos quais se dá determinada finalidade; constituem uma universalidade de bens, ao contrário das associações ou sociedades, que são uma universalidade de pessoas.

A divisão correta seria: (a) sociedades ou associações (civis e mercantis); (b) fundações.[62]

4. A definição e a divisão no Direito

A definição e a divisão podem ser estabelecidas pela lei, pela doutrina ou pela jurisprudência, segundo seu fundamento seja normativo, doutrinário ou das decisões dos tribunais. Questão interessante reside na indagação sobre se o legislador deve antecipar-se e definir e dividir os objetos.

Evidentemente, tudo dependerá do conhecimento profundo do assunto a ser tratado. Algumas vezes o legislador assume a definição e a divisão de determinado objeto e acaba ajudando o intérprete; em outros casos, porém, simplesmente confunde, obstrui o caminho do cientista do Direito, exigindo deste longa trajetória a fim de adequar a expressão do legislador à espécie definida. Para isso, faz trabalhos de fôlego e analisa a expressão definidora da lei em face do contexto normativo.

O exemplo citado por Montoro acerca da divisão feita pelo Código Civil das pessoas jurídicas de direito público interno em União, Estados, Distrito Federal e Municípios bem realça o problema, embora no caso, como bem lembrou o renomado autor, "a omissão se explica porque essas en-

57. Celso Antônio Bandeira de Mello, ob. cit., p. 528.

58. Goffredo Telles Júnior, ob. cit., p. 348.

59. André Franco Montoro, *Os Conceitos Jurídicos*, cit., p. 7.

60. No caso, Telles Júnior diz que a divisão "peca por excesso", em face da regra de que a "divisão deve ser irredutível" (ob. cit., pp. 348 e 349).

61. Goffredo Telles Júnior, ob. cit., p. 349. Para o autor a regra seria a seguinte: "a divisão deve ser ordenada hierarquicamente".

62. André Franco Montoro, *Os Conceitos Jurídicos*, cit., p. 7. Neste ponto poderíamos, ainda, acrescentar a seguinte divisão das pessoas jurídicas de direito privado: sociedades (civis e mercantis); associações (civis); fundações. Isto porque as sociedades, de regra, visam ao lucro; as associações, que são sempre civis, não.

tidades (autarquias e fundações de direito público não alcançadas pela lei) são de criação recente em nossos sistema jurídico".[63]

A respeito das definições e divisões levadas a cabo pelo legislador, Celso Antônio Bandeira de Mello, analisando os critérios do Decreto-lei 200/67 (que estruturou a organização administrativa da União), assim se pronunciou:

"Dentre as pessoas categorizadas no Decreto-lei 200 como 'administração indireta' – e cuja compostura adiante analisaremos –, as autarquias são pessoas de direito público e foram normativamente apontadas como predispostas a 'executar atividades típicas da Administração Pública'. As demais receberam do referido decreto-lei a qualificação de pessoas jurídicas de direito privado. Há nisto um erro, pois as fundações públicas, como ao diante se verá, não são pessoas de direito privado, mas de direito público.

"Para as empresas públicas e sociedades de economia mista foi consignada a finalidade de 'exploração da atividade econômica que o governo seja levado a exercer por força de contingência ou de conveniência administrativa'. Também há um erro neste noção, como se verá a breve trecho. Já as fundações públicas foram configuradas como sujeitos criados 'para o desenvolvimento de atividades que não exijam execução por órgãos ou entidades de direito público' (...)."[64]

Ora, nas hipóteses mencionadas o legislador acabou confundindo as coisas; poderia levar a equívoco todos os que atuam no Direito, em prejuízo do bem-estar social. À doutrina coube a tarefa de retificar o trabalho do legislador; em outros casos, teria a jurisprudência esta incumbência.

Contudo, nem sempre o legislador retira do cientista do Direito o sentido da norma. Realmente, casos há em que o ajuda, e muito, na interpretação que se deva dar a determinado tema. Por exemplo, a Lei 6.938181, que dispõe sobre a Política Nacional do Meio Ambiente, define, no art. 3º, I, o meio ambiente: "o conjunto de condições, leis, influências e interações de ordem física, química e biológica, que permite, abriga e rege a vida em todas as suas formas".

Segundo pensamos, o importante seria o legislador, ao definir ou dividir determinado objeto, verificar toda a tradição jurídica em torno desse objeto; o estudo da doutrina e da jurisprudência acerca do assunto, marco pelo qual o legislador não pode deixar de considerar.

Podemos concluir, então: de regra, cabe à doutrina e à jurisprudência definir e dividir os objetos da ciência do Direito; o legislador, a fim de sistematizar os comandos normativos, também poderá definir e dividir os objetos, porém de forma excepcional e segundo a consolidação desses objetos que vêm sendo estudados pela doutrina e jurisprudência.

5. Conclusão

A definição do objeto feita pelo profissional do Direito, observadas as regras cientificamente adotadas, demonstra a profundidade com que o estudou; apenas os que conhecem, e bem, determinado objeto têm condições de defini-lo adequadamente. As regras seguidas pelo observador contêm enorme importância para o profissional, e não devem ser arredadas.

Do mesmo modo, na divisão realizada pelo profissional do Direito encontramos a demonstração de que conhece o objeto de estudo, sabe onde aplicá-lo e de que se cuida. Ao seguir as regras respectivas, atende aos comandos científicos e ajuda a Ciência.

Para definir e dividir um objeto no campo do Direito é necessário, antes de tudo, saber onde ele se insere: se no direito

63. André Franco Montoro, *Os Conceitos Jurídicos*, cit., p. 7.

64. Ob. cit., p. 83.

público, no privado etc.; se na parte geral ou na especial de determinado código, e assim por diante. Isto porque os princípios de cada instituto diferem entre si e, por evidência, têm reflexos no objeto definido ou dividido.

De qualquer forma, convém ao legislador não definir ou dividir um objeto; não é próprio da lei fazê-lo; porém, se necessário, deverá agir por intermédio de um estudo cientifico do Direito, a fim de que a doutrina e a jurisprudência não a refutem, desde logo, mediante trabalho de interpretação e aplicação das normas legais. Cabe a estes, naturalmente, definir o objeto no campo do Direito, pois nem sempre a definição do legislador corresponde à complexidade da sociedade, e poderá limitar as condutas humanas, ao invés de contribuir para seu aperfeiçoamento. As normas não seguem a complexidade da vida, nunca conseguem alcançar todas as coisa, todas as situações; daí a insuficiência de algumas definições e divisões feitas pela lei.

B) Da classificação de competências das pessoas políticas e o meio ambiente

1. Introdução

Para reger a vida em sociedade os homens estabelecem regras, escritas ou não, as quais têm em vista a organização, a ordem das coisas. Aliás, a ordem é imanente ao ser humano: onde houver sociedade, existirão regramentos a serem observados por todos. Assim, a Constituição de cada país organiza o Estado, ao mesmo tempo que limita a atuação dos diversos órgãos políticos internos desse mesmo Estado.

Como não estamos num Estado unitário, e sim federalista, em que diversos órgãos políticos atuam, conjuntamente ou não, consoante as normas constitucionais, problemas diversos vêm ocorrendo quanto às atribuições de cada qual. Daí a escolha do tema, "classificação das competências", mas realçando a temática do meio ambiente, pois ainda é objeto de divergências, refletindo-se no dia-a-dia das pessoas.

O meio ambiente universalizou-se; todos os países demonstram estar preocupados com a natureza; tomam medidas locais e regionais (no sentido de alcançar outros países), além de outras tantas as quais acabam por envolver praticamente todas as nações. Assim, avulta a necessidade de sistematizar as normas, a fim de tentarmos solucionar os problemas que surgem relacionados ao meio ambiente.

Nossa Constituição Federal refletiu a nova realidade, e, no seu art. 225, em forma de proposição enunciativa, expressou:: "Todos têm direito ao meio ambiente ecologicamente equilibrado, bem de uso comum do povo e essencial à sadia qualidade de vida, impondo-se ao Poder Público e à coletividade o dever de defendê-lo e preservá-lo paras as presentes e futuras gerações".

Ao lado disso, as divisões de competências da União, dos Estados (incluindo o Distrito Federal) e dos Municípios (arts. 21 e ss.) podem fazer surgir problemas diversos, em vistas dos quais alguns doutrinadores debruçam-se em solucioná-los. Tentaremos, em breve trecho, destacar alguns desses temas.

2. Classificação das competências

Competência é a faculdade atribuída a alguém para emitir decisões. Sempre está respalda por norma constitucional ou por lei.

Nossa Constituição adotou a técnica de repartir as competências da União, dos Estados e dos Municípios segundo parâmetros tradicionalmente acolhidos nas Constituições anteriores, concomitantemente às necessidades dos dias modernos, visando à efetividade da atuação estatal. Assim, a competência da União é "enumerada"; a dos Estados, "remanescente"; e a dos Municípios, "definida indicativamente". Esta é a lição de José Afonso da Silva.[65]

Temos condições de observar a existência de competências legislativas, que correspondem ao poder de legislar acerca da matéria, podendo ser exclusivas, privativas e concorrentes; e administrativas, nas quais a entidade política toma medidas concretas para a satisfação do interesse público, dividindo-se em exclusivas e comuns.

a) Na *competência legislativa* exclusiva apenas o ente estatal indicado pela Constituição pode exercer sua atividade: a da União está enumerada, a dos Estados não; é a competência remanescente – o que não for de atribuição da União o será dos Estados; no entanto, os Municípios legislam sobre assuntos de interesse local.

No caso de ser privativa, há a possibilidade de outro ente estatal, os Estados, relativamente à competência da União, mediante lei complementar, legislar sobre questões específicas.[66]

Na competência concorrente a União limita-se a estabelecer normas gerais,[67] mas esta atribuição não retira a possibilidade de Estados e Municípios exercerem a competência suplementar;[68] se não houver referida lei federal, os Estados[69] poderão exercer a competência legislativa plena, até a superveniência de lei federal, a qual suspenderá a eficácia da lei estadual, no que lhe for contrário.[70]

b) A *competência administrativa* é exclusiva nas hipóteses em que nenhuma outra entidade política poderá exercer as atividades que a Constituição destinou ser desta ou daquela pessoa jurídica de direito público interno: o art. 21 enumera a competência exclusiva da União; os Estados têm atuação material ou administrativa conforme a técnica da competência remanescente (art. 25, § 1º), com exceção da exploração dos serviços locais de gás canalizado, que á expressa (art. 25, § 2º); e os Municípios têm diversas atividades indicadas no art. 30, sobretudo o transporte coletivo, que é essencial. Na competência administrativa comum ou paralela as entidades políticas exercem atividades concretas, sem que nenhuma delas tenha exclusividade. Assim, o art. 23 – "É competência comum da União, dos Estados, do Distrito Federal e dos Municípios (...)" – arrola as atividades desenvolvidas por todas as pessoas jurídicas de direito público interno.[71]

3. *O direito ambiental*

A Lei 6.938/81 define meio ambiente: o conjunto de condições, leis, influências e interações de ordem física, química e biológica, que permite, abriga e rege a vida em todas suas formas (art. 3º, I). A Constitui-

65. *Curso de Direito Constitucional Positivo*, p. 455.

66. "Questões específicas" das matérias relacionadas no art. 22 da CF/88, e não de todas as questões relacionadas às mesmas matérias

67. Entendem-se por normas gerais as que veiculam preceitos estabelecedores de princípios e diretrizes, de aplicação uniforme em todo o país.

68. Esta competência suplementar pode ser exercida, assim, tanto pelos Estados quanto pelos Municípios (arts. 24, § 3º, e 30, I). Os Municípios devem respeitar as normas gerais da União e as regionais dos Estados, e suplementá-las naquilo que lhes for necessário, em face do interesse local.

69. Os Municípios não podem exercer a competência plena; apenas os Estados.

70. A suspensão da eficácia da lei estadual *é* automática, independe de manifestação expressa do elaborador da lei federal superveniente. Por cuidar-se de "suspensão de eficácia", e não de revogação, se a lei federal superveniente à estadual for revogada por qualquer motivo, a última restabelecerá, automaticamente, sua eficácia.

71. Em diversos artigos da Constituição da República encontramos competências administrativas, isto é, as que conferem ao Poder Público o exercício de atividades concretas. Sirvam de exemplo os §§ 2º e 3º do art. 211, segundo os quais: "Os Municípios atuarão prioritariamente no ensino fundamental e na educação infantil"; "Os Estados e o Distrito Federal atuarão prioritariamente no ensino fundamental e médio".

ção Federal de 1988, no entanto, alargou o conceito, ao reportar-se ao meio ambiente bem de uso comum do povo e essencial à sadia qualidade de vida, e também ao impor ao Poder Público e à coletividade o dever de defendê-lo e preservá-lo para as presentes e futuras gerações. Da mesma forma, o art. 170, V, estabelece como um dos princípios da livre iniciativa o meio ambiente.

O meio ambiente, sendo uma interação do conjunto de elementos naturais (solo, água, ar atmosférico, flora e fauna), culturais (patrimônio arqueológico, artístico, histórico, paisagístico, turístico) e artificiais (edificações, equipamentos urbanos, comunitários – enfim, todos os assentamentos de reflexos urbanísticos),[72] ainda não se constitui, porém, num direito autônomo, pois "os princípios relativos à tutela ambiental não estão suficientemente amadurecidos para que possam se impor sobre outros ramos do Direito".[73]

Assim, em que pese às normas constitucionais e legais embasadoras de regras administrativas para a conduta da Administração Pública visando à preservação do meio ambiente, o direito ambiental não possui, ainda, contornos próprios, específicos, mesmo porque suas normas estão colacionadas em leis e atos administrativos esparsos, dificultando o trabalho do profissional.

De todo modo, a Constituição da República procurou sistematizar as normas acerca do meio ambiente; interessam-nos, porém, os principais dispositivos, os arts. 21 e ss. e 225, a fim de que possamos ingressar no tema: as competências das pessoas políticas de direito publico interno no que atina ao meio ambiente.

72. *Cadernos Informativos da Associação Paulista do Ministério Público, Curadoria do Meio Ambiente*, coord. de Édis Milaré, p. 20.

73. Paulo de Bessa Antunes, *Curso de Direito Ambiental*, p. 58.

4. A divisão das competências e o meio ambiente

Evidentemente, nos limites naturais deste trabalho não vamos nos alongar em discussões diversas que advêm do tema; mas certamente pretendemos contribuir para maior reflexão a respeito da divisão constitucional das competências da União, dos Estados e dos Municípios, na medida em que todos os entes referidos, incluindo o Distrito Federal, têm atribuições estipuladas pela Constituição Federal; algumas relacionadas à legislação, outras relativas à ação administrativa.

a) Com efeito, pelo teor do art. 24, compete à União, aos Estados e ao Distrito Federal *legislar* concorrentemente sobre florestas, caça, pesca, fauna, conservação da natureza, defesa do solo e dos recursos naturais, proteção do meio ambiente e controle da poluição (inciso VI); proteção ao patrimônio histórico, cultural, artístico, turístico e paisagístico (inciso VII); responsabilidade por dano ao meio ambiente, ao consumidor, a bens e direitos de valor artístico, estético, histórico, turístico e paisagístico (inciso VIII).

Neste tipo de competência, conforme já frisamos, a União limita-se a estabelecer normas gerais (§ 1º); os Estados exercem a competência suplementar, para atender às suas peculiaridades (§ 2º); mas os Municípios, do mesmo modo, podem suplementar a legislação federal e a estadual, no que couber (art. 30, II).

Portanto, em matéria de meio ambiente a competência para *legislar* é concorrente, observando-se, assim, os dispositivos constitucionais que a regem (art. 24 e parágrafos).

Convém observamos não estar impedida a União Federal, na competência concorrente, de legislar a respeito de normas específicas de seu interesse; isto é, a par da possibilidade de legislar com normas gerais, impositivas para todas as pessoas políticas, a União pode editar leis e atos administrativos relacionados à sua competência específica, de seu interesse, como pessoa política interna que é. Poderíamos dizer que no primeiro caso as normas gerais seriam de alçada "nacional"; no segundo, de cunho eminentemente "federal". Com este raciocínio, podemos concluir ser da alçada da União editar as leis para o exercício da competência arrolada no art. 21 da CF/88 (competência exclusiva material da União).

Mas há outra colocação importante: os Municípios estão autorizados, pelo art. 30, I e II, a atuar suplementando a legislação federal e a estadual no que couber, desde que haja, evidentemente, "interesse local". Mas o art. 24, que cuida da competência legislativa concorrente, não os menciona, não os coloca com competência para (1) estabelecer normas gerais, na falta das da União, e (2) suplementar as leis editadas pela União. Então, é de perguntar-se, de fato, se os Municípios têm possibilidade, em tema de meio ambiente, de editar normas gerais se acaso a União e o Estado respectivo não as editaram; e se podem, realmente, suplementar as normas editadas pela União e pelo Estado.

Pois bem. A fim de conciliarmos os dispositivos acima mencionados, no que atina ao meio ambiente, força é concluir: a) na legislação concorrente os Municípios não podem editar normas gerais, pois a Constituição Federal não os autoriza; b) contudo, têm condições de legislar a respeito de interesse local, suplementando as legislações federal e estadual, no que couber; c) de todo modo, podem, na falta das normas federal e estadual, legislar quando a matéria for de seu interesse (local).[74]

Quanto à União e aos Estados, parece-nos desnecessário tecermos comentários sobre a competência legislativa, na medida em que o exposto já foi suficiente para entendermos a matéria.

b) A *competência administrativa relacionada ao meio ambiente* – vale dizer, a que abrange a realização de atividades concretas da Administração Pública – está no art. 23. De acordo com o dispositivo, "é da competência comum da União, dos Estados, do Distrito Federal e dos Municípios" proteger os documentos, as obras e outros bens de valor histórico, artístico e cultural, os monumentos, as paisagens naturais notáveis e os sítios arqueológicos (inciso III); impedir a evasão, a destruição e a descaracterização de obras de arte e de outros bens de valor histórico, artístico ou cultural (inciso IV); proteger o meio ambiente e combater a poluição em qualquer de suas formas (inciso VI); preservar as florestas, a fauna e a flora (inciso VII); registrar, acompanhar e fiscalizar as concessões de direito de pesquisa e exploração de recursos hídricos e minerais em seus territórios (inciso XI). O parágrafo único do mesmo artigo estipula: "Lei complementar fixará normas para a cooperação entre a União e os Estados, o Distrito Federal e os Municípios, tendo em vista o equilíbrio do desenvolvimento e do bem-estar em âmbito nacional". E o art. 225, *caput*, tem a seguinte redação: "Todos têm direito ao meio ambiente ecologicamente equilibrado, bem de uso comum do povo e essencial à sadia qualidade de vida, impondo-se ao Poder Público e à coletividade o dever de defendê-lo e preservá-lo para as presentes e futuras gerações".

E justamente neste ponto, na competência administrativa, a situação complica-se.

A proposição geral, enunciativa, do art. 225 da CF/88, harmonizada com as regras de competência material ou administrativa comum, pode nos sugerir o entendimento segundo o qual na competência comum as entidades políticas agiriam, obrigatoria-

74. Acentua Carlos Ari Sundfeld: "Admite-se, também que, em caso de omissão sucessiva dos legisladores federal e estadual, o Município supra a lacuna, para regulamentar atividade administrativa que não possa deixar de desenvolver, sob pena de violação de dever constitucional (...)" (*RDP* 1/93, p. 278).

mente, sem se preocupar com as demais competências estabelecidas pela Carta Magna; isto é, de nada valeriam as demais regras de competência legislativa e administrativa[75] às entidades políticas.

Mais difícil torna-se o problema quando se sabe que, no Brasil, adotamos o sistema de execução de serviços públicos imediata, ou seja, cada entidade política, de regra, exerce sua atividade com seus próprios funcionários, e não com os da outra entidade.[76]

Da mesma forma, as entidades políticas têm autonomias acentuadas na Carta Política; possuem corpo de servidores próprios, conforme acima informamos, e bens de uso comum, especial e dominial ou dominical.[77]

Além disso, sabemos que o domínio público (o poder de dominação ou de regulamentação que o Estado exerce sobre os bens do seu patrimônio) exterioriza-se também em poderes de soberania, nos quais o Estado exerce seu domínio eminente, isto é, o poder político pelo qual submete à sua vontade todas as coisas de seu território.[78]

Finalmente, o parágrafo único do art. 23 estabelece a exigência da edição de lei complementar para a fixação de normas para a cooperação dos entes políticos, tendo em vista o equilíbrio do desenvolvimento e do bem-estar em âmbito nacional.

Como podemos conciliar tais interesses?

1. Entendemos não ser necessária a edição de lei complementar para a atuação conjunta das entidades políticas. O art. 23 tem eficácia plena, e não necessita de norma infraconstitucional para regulá-lo. A referida lei complementar, a nosso ver, viria apenas indicar a maneira pela qual se daria a cooperação entre as entidades; ainda sem ela, porém, possível se nos afigura a atuação conjunta dos entes políticos estatais, em quaisquer hipóteses, respeitados, apenas, os limites territoriais.

2. Seria possível, na omissão de um ente estatal, o outro atuar em prol do meio ambiente? Como isto ocorreria? Digamos que haja danos ecológicos num bem pertencente ao Município e, por razões diversas, contudo, as autoridades municipais ficam silentes: não penalizam os infratores e nem mesmo restauram a lesão ambiental. Neste exemplo parece-nos coerente o ponto de vista segundo o qual o Estado e até mesmo a União atuem na defesa do meio ambiente lesado. Tanto o servidor estadual como o federal poderiam aplicar as sanções cabíveis, inclusive multas aos infratores, desde que devidamente plasmadas em leis. E vamos mais adiante. Pouco importa ser esta lei municipal, estadual ou federal, na medida em que a competência para aplicá-las seria de todas as entidades políticas.

Então, podemos argumentar ser coerente outro caso: o Município atuar em prol do meio ambiente num bem pertencente à União ou Estado, diante da omissão destes últimos. Agiria na competência administrativa fixada no art. 23 da CF/88. Poderia atuar baseado em lei federal, estadual ou municipal. Pouco importa.[79]

75. Isto porque o ente político pode, após a edição da lei, editar atos administrativos: "Quem pode o mais, pode o menos"; "Quando a lei faculta, ou prescreve um fim, presumem-se autorizados os meios necessários para o conseguir, contanto que sejam justos e honestos".

76. "O *sistema* brasileiro é o da *execução imediata*. União, Estados, Distrito Federal e Municípios mantêm, cada qual, seu corpo de servidores públicos, destinados a executar os serviços das respectivas administrações (arts. 37 e 39)" (José Afonso da Silva, ob. cit., p. 458).

77. Bens de uso comum seriam as praças, estradas, mares etc.; de uso especial, as repartições publicas, teatros, universidades, museus; e dominicais, "os próprios do Estado como objeto de direito real, não aplicados ao uso comum, nem ao uso especial, tais os terrenos ou terras em geral, sobre os quais tem senhoria, à moda de qualquer proprietário, ou que, do mesmo modo, lhe assistam em conta de direito pessoal" (Celso Antônio Bandeira de Mello, *Curso de Direito Administrativo*, pp. 528 e 529).

78. Hely Lopes Meirelles, *Direito Administrativo Brasileiro*, p. 411.

79. "Com efeito, o art. 23 da Constituição contém extenso elenco de competências comuns à União,

Embora as leis devam ser editadas nos termos fixados na Constituição da República, ou seja, cada entidade deverá atuar dentro de sua competência legislativa, a sua aplicação, na competência administrativa comum, pode dar-se, em casos excepcionais, por intermédio de entidade diferente daquela que editou a norma legal. O servidor municipal, estadual ou o federal poderia aplicar as sanções pertinentes, uma vez fixadas em lei (municipal, federal ou estadual).[80]

3. No entanto, é possível ter havido omissão legislativa das entidades políticas competentes. Digamos que a União, na competência concorrente, não edite as normas gerais; o Estado, da mesma forma, omite-se. Neste caso, o Município legisla acerca do assunto de "interesse local" relacionado ao meio ambiente. É que a preservação do meio ambiente é um dever de todos, da sociedade e do Poder Público. Cuida-se de um dever; logo, o Município não pode ficar inerte, apesar da ausência de normas legais "superiores". Legisla acerca do assunto de seu interesse (art. 30, I) e atua, preventivamente ou repressivamente, na campo do exercício do poder de polícia.[81]

Se houver interesse nacional ou estadual e não houver legislações editadas por tais entes no campo da legislação concorrente, ainda assim os Municípios poderão atuar no "estrito campo do interesse local", editando leis e atos administrativos de sua competência. Não poderão, evidentemente, agir fora de seu delimitado território.

4. É importante salientarmos um detalhe: na competência administrativa comum (art. 23), a União, os Estados, o Distrito Federal e os Municípios podem editar atos administrativos, bases pelas quais concretizarão as medidas pertinentes. Exercem o poder de polícia, o qual tem como princípio básico o da "legalidade" (art. 37 da CF/88). Assim, para atuarem na preservação do meio ambiente precisam de lei que lhes dirijam a conduta; por isso, podemos adiantar, se a legislação for insuficiente para a entidade política exercer a atividade em prol do meio ambiente, deverá editar as normas legais pertinentes a fim de fundamentá-la.[82] Existindo omissão legislativa da entidade competente, a outra deverá editar as normas e atos necessários ao combate e à preservação ambiental, *desde que restritos ao território do ente político que as editou*.

5. Em relação a todas essas questões, outra se coloca: a da competência para o

aos Estados e Municípios, que implicam não somente na inibição de atividades particulares contrárias à preservação ambiental, como também em uma conduta positiva da Administração. Assim, o emprego do verbo 'proteger' nos incisos III, IV, IV (sic),VI e VII parece-nos permitir a ação fiscalizadora preventiva e repressiva do poder de polícia, bem como a criação de órgãos municipais especializados" (Maria Sílvia Ribeiro Pereira Barreto e Maria Lúcia Correa, "O Município e a questão ambiental", *RT* 670/235).

80. Paulo Affonso Leme Machado afirma, depois da entrada em vigor do art. 23 da CF/88: "qualquer dos três entes públicos tem competência para aplicar a legislação ambiental, ainda que essa não tenha sido da autoria do ente que a aplica" ("Os Municípios e o direito ambiental", *RF* 317/189 e 190, *apud* Andreas J. Krell, "A posição dos Municípios brasileiros no Sistema Nacional de Meio Ambiente (SISNAMA)", *RT* 709/9). Ressalta, ainda, Andreas J. Krell, ao trazer parecer de Hely Lopes Meirelles, sob o título "Poder de polícia – Taxação de florestas", in *Estudos e Pareceres de Direito Público*, v. IV, São Paulo, 1981, p. 221: "É importante registrar que Hely Lopes Meirelles entendeu que o art. 23 da CF/88 abriu espaço à ação por iniciativa própria da autoridade policial comum – inclusive as Prefeituras – na aplicação das normas estabelecidas pelo Código Florestal (...)" (*RT* 709/15).

81. Poder de polícia é "o conjunto de intervenção da Administração que tende a impor à livre ação dos particulares a disciplina exigida pela vida em sociedade" (Jean Rivero, *Droit Administratif*, 3ª ed., 1965, p. 368, *apud* Celso Antônio Bandeira de Mello, ob. cit., p. 486).

82. Assim também pensa Francisco van Acker: "Portanto, se a Constituição deferiu determinadas competências às três esferas de poder, conferiu-lhes, implicitamente, competência para legislar sobre a mesma matéria sempre que for necessário, ou seja, quando o ordenamento jurídico for insuficiente" (*Revista de Direito Ambiental*, janeiro-março/96, p. 97).

julgamento das causas relacionadas ao meio ambiente.

a) Se o servidor público municipal, diante da omissão da autoridade administrativa federal, numa lesão ao meio ambiente, utilizar-se das normas federais (suplementadoras das normas gerais de competência da União), aplicando, digamos, uma multa ao infrator, qual seria a Justiça competente para julgar a ação proposta por este? Pensamos ser competente o próprio juiz de direito, eis que, no caso, o servidor municipal não agiu por delegação (convênio), mas por competência própria, por força do art. 23 da CF/88. O mesmo resultado ocorreria se, no mesmo exemplo, o funcionário municipal utilizar-se de lei municipal, quer seja a decorrente da competência para suplementar as legislações federal e estadual, ou a referente à insuficiência ou inexistência de tais leis que deveriam reger a matéria.

b) Se o servidor público federal, diante da omissão da autoridade administrativa municipal ou estadual, atuar em prol do meio ambiente, inclusive aplicando sanção cabível contra determinado infrator, a competência seria do juiz federal. Isto porque, pelo raciocínio anterior, se a competência administrativa é comum (art. 23 da CF/88), o servidor federal atuou na sua competência constitucional, própria; além do mais, o ato é da autoridade administrativa federal, e age no estrito cumprimento do dever legal: "(...) as pessoas jurídicas expressam a sua vontade através de seus próprios órgãos, titularizados por seus agentes (pessoas humanas), na forma de sua organização interna (...)" [83]

A respeito da competência jurisdicional para apreciar pedidos que envolvam matéria administrativa, assevera Vladimir Freitas: "(...) Se a sanção, seja ela qual for, tiver origem no órgão federal competente – IBAMA –, a competência será do juiz federal. Se for de autoridade administrativa estadual ou municipal, há que se perquirir se ela age por delegação da autoridade federal, por convênio. Neste hipótese, a competência será, da mesma forma, do juiz federal (TFR, Súmula 60).[84] Mas, se ditas autoridades não atuarem por delegação, o conhecimento caberá ao juiz de direito".[85]

Na verdade, o tema é polêmico e dá ensejo a grandes divergências, com reflexos importantes no dia-a-dia forense. Apenas a doutrina e a jurisprudência terão condições de afeiçoar os ditames constitucionais à realidade que vive o país, objeto de enormes devastações de florestas, emissão de poluentes e demais atos praticados por empresas cuja única finalidade é o lucro fácil.

5. *Conclusões*

Todas as nações têm-se preocupado com o meio ambiente. Daí ter nossa Constituição referido diversos artigos em sua proteção, visando a preservá-lo das condutas que o maculam. De sorte que o advento, sobretudo, dos arts. 23 e 225 da CF vem ao encontro dos novos anseios da coletividade mundial: uma atuação firme, sensata e de responsabilidade dos Poderes Públicos em prol do meio ambiente.

A divisão das competências feita pela Constituição da República quanto ao meio ambiente permite-nos concluir duas situações básicas: a de legislar concorrentemente (União, Estados e Municípios) e a de atuar, com medidas concretas, administrativamente, cuja competência é comum das entidades políticas.

A inovação constitucional, a do art. 23, deve ser vista sob o prisma da referida

83. Hely Lopes Meirelles, ob. cit., p. 67, nota de rodapé 20.

84. Dispõe a referida Súmula: "Compete à Justiça Federal decidir da admissibilidade de mandado de segurança impetrado contra atos de dirigentes de pessoas jurídicas privadas, ao argumento de estarem agindo por delegação do Poder Público federal".

85. *RT* 659/32.

universalização do meio ambiente. Todos têm-se preocupado com o tema, à medida da insuficiência de apenas um dos entes políticos resolver as questões que surgem no cotidiano: ora o problema é local; outrora regional e nacional; às vezes, pensa-se ser local, mas é nacional e universal.

Por isso, há necessidade de ver-se a norma constitucional com a maior eficácia possível. Considerarmos, assim, a competência administrativa comum do art. 23 como um dos alicerces fundamentais para a proteção ambiental, independentemente da competência legislativa concedida pela Carta Magna. Logo, seria possível uma entidade política editar a lei e até mesmo o ato administrativo superveniente e a outra concretizar as medidas necessárias para a preservação ambiental.

De outro lado, devemos reconhecer que no exercício do poder de polícia – no qual se baseia o ente político para defender o meio ambiente – antes da medida concreta da Administração Pública (e antes mesmo da edição dos atos administrativos) a lei surge como necessidade premente: sem ela não pode a Administração Pública atuar, em face do princípio da legalidade, insculpido no Texto Constitucional. Assim, para o exercício da atividade administrativa mencionada no art. 23 o ente político interessado em tomar as medidas pertinentes poderá tanto utilizar-se das normas de outro ente político quanto editá-las, na insuficiência da legislação deste.

Contudo, o tema é árduo; muitos estudos ainda advirão e, certamente, outras soluções poderão vingar em prol do entendimento da universalização do meio ambiente. De todo modo, a interpretação e aplicação que se façam dos dispositivos constitucionais invocados refletem-se na competência da Justiça Comum federal ou estadual de julgar as causas relacionadas ao meio ambiente.

Finalizando, não esperamos com este trabalho esgotar a temática; antes, apenas pensamos ter tido o cuidado de alargar a possibilidade de o Poder Público atuar em prol do meio ambiente.

Bibliografia

ANTUNES, Paulo de Bessa. *Curso de Direito Ambiental*. Rio de Janeiro, Renovar, 1990.

ASSOCIAÇÃO PAULISTA DO MINISTÉRIO PÚBLICO. *Cadernos Informativos, Curadoria do Meio Ambiente*. Coordenação de Édis Milaré. 1988.

BANDEIRA DE MELLO. Celso Antônio. *Curso de Direito Administrativo*. São Paulo, Malheiros Editores, 1995.

FRANCO MONTORO, André. *A Linguagem do Direito: Semântica, Sintática e Pragmática*. Apostila da PUC/SP, Pós-Graduação em Direito, 1997.

_______. *Estudos de Filosofia do Direito*. 2ª ed. São Paulo, Saraiva, 1995.

_______. *Introdução à Ciência do Direito*. 23ª ed. São Paulo, Ed. RT, 1995.

_______. *Os Conceitos Jurídicos*. Apostila da PUC/SP, Faculdade Paulista de Direito, Pós Graduação em Direito, 1997.

KRELL, Andreas J. "A posição dos Municípios brasileiros no Sistema Nacional do Meio Ambiente (SISNAMA)". *RT* 709. Novembro/94.

LAKATOS, Eva Maria, e MARCONI, Marina de Andrade. *Metodologia Científica*. 1ª ed. São Paulo, Atlas, 1988.

MARITAIN, Jacques. *Elementos de Filosofia 2 – Lógica Menor*. 7ª ed. Rio de Janeiro, Agir, 1972.

MAXIMILIANO, Carlos. *Hermenêutica e Aplicação do Direito*. 16ª ed. Rio de Janeiro, Forense, 1996.

MEIRELLES, Hely Lopes. *Direito Administrativo Brasileiro*. 23ª ed. São Paulo, Malheiros Editores, 1998.

PASSOS DE FREITAS, Vladimir. "O magistrado e o meio ambiente". *RT* 659. Setembro/90.

PEREIRA BARRETO, Maria Sílvia Ribeiro, e CORRÊA, Maria Lúcia. "O Município e a questão ambiental". *RT* 670. Agosto/91.

SILVA, José Afonso da. *Curso de Direito Constitucional Positivo*. 11ª ed. São Paulo, Malheiros Editores, 1996.

SUNDFELD, Carlos Ari. "Sistema constitucional das competências". *RDP* 1. 1993.

TELLES JÚNIOR, Goffredo. *Curso de Lógica Formal*. 5ª ed. São Paulo, José Bushatsky Editor, 1980.

VAN ACKER, Francisco. "O Município e o meio ambiente na Constituição de 1988". *Revista de Direito Ambiental*. Ano I. São Paulo, Ed. RT, janeiro-março/96.

OS TRIBUNAIS DE CONTAS E O SANCIONAMENTO ADMINISTRATIVO DE LICITANTES E CONTRATADOS

EDUARDO ROCHA DIAS
Professor de Direito Previdenciário e Direito Constitucional da UNIFOR – Procurador do INSS – Mestrando em Direito pela Universidade Federal do Ceará

Introdução

Os Tribunais de Contas constituem órgãos auxiliares do Poder Legislativo, exercendo atividade de controle externo dos atos administrativos (Souto, 1994:252; Figueiredo, 1991:31 e ss.; Meirelles, 1998:575).

O controle exercido pelos Tribunais de Contas abrange os critérios da legalidade, da legitimidade e da economicidade, nos termos do art. 70 da CF, incluindo ainda o exame da compatibilidade do ato com a moralidade administrativa[1] (Caio Tácito, 1992:45-53; Torres, 1993:33).

Entre as competências constitucionais atribuídas ao Tribunal de Contas da União (aplicáveis, no que couber, às Cortes de Contas das demais unidades federadas, nos termos do art. 75 da CF), tem-se a de determinar prazo para que órgão ou entidade adote as providencias necessárias ao exato cumprimento da lei, "se verificada ilegalidade" (art. 71, IX).

A Lei Orgânica do Tribunal de Contas da União – TCU (Lei 8.443, de 16.7.92), concretizando referidos preceitos constitucionais, dedicou uma seção à fiscalização de atos e contratos. Saliente-se que a simples sujeição de ambos ao controle pelo Tribunal de Contas torna evidente o caráter público das normas que os regem, quer em decorrência da origem pública dos recursos empregados, quer quanto às finalidades públicas que buscam realizar.

O objetivo do presente trabalho é examinar os limites da competência dos Tribunais de Contas, especificamente do TCU, no tocante à aplicação de sanções administrativas a licitantes e contratados. A atuação de tais órgãos pode se dar tanto através da determinação aos gestores públicos omissos para que apliquem sanções a licitantes e contratados, como através da imposição direta de sanções.

1. Sobre o princípio da moralidade administrativa é oportuno fazer-se referência ao artigo "Moralidade administrativa: do conceito à efetivação", de Diogo de Figueiredo Moreira Neto (*RDA* 190/1-44, Rio de Janeiro, outubro-dezembro/92), no qual, além de discutir o histórico do conceito de moralidade administrativa, o autor expende uma série de considerações visando a torná-lo efetivo e operativo. V., ainda, a obra de Marcelo Figueiredo, *Probidade Administrativa – Comentários à Lei 8.429/92 e Legislação Complementar*, São Paulo, Malheiros Editores, 1995).

1. A competência do TCU

Merecem destaque as normas contidas nos arts. 41, I, "b", 45 e 46 da Lei 8.443/92.

A primeira consagra a competência do TCU para acompanhar, pela publicação no *Diário Oficial da União* ou por outro meio, os editais de licitação e os contratos, inclusive administrativos, para fim de assegurar a eficácia do controle e para instruir julgamento de contas. Tal atribuição, referida juntamente com o disposto no art. 113, § 2º, da Lei 8.666/93, é citada como um exemplo de persistência, no Direito brasileiro, de um controle prévio por parte dos Tribunais de Contas (Lucia Valle Figueiredo, 1994a:326; Anhaia Mello, *apud* Citadini, 1995:35; Lins Netto, 1995:82). Jessé Torres Pereira Júnior (1994:607 e 608) entende que a redação do § 2º do art. 113 da Lei 8.666/93 permite a fiscalização pelo TCU de forma "concomitante à execução" da despesa pública, nos casos concretos, com vistas à determinação de prazo para o saneamento de irregularidades ou à representação ao poder competente sobre tais irregularidades ou abusos apurados. O teor do referido dispositivo da Lei de Licitações é o seguinte:

"Art. 113. O controle das despesas decorrentes dos contratos e demais instrumentos regidos por esta Lei será feito pelo Tribunal de Contas competente, na forma da legislação pertinente, ficando os órgãos interessados da Administração responsáveis pela demonstração da legalidade e regularidade da despesa e execução, nos termos da Constituição e sem prejuízo do sistema de controle interno nela previsto.

"§ 1º. Qualquer licitante, contratado ou pessoa física poderá representar ao Tribunal de Contas ou aos órgãos integrantes do sistema de controle interno contra irregularidades na aplicação desta Lei, para os fins do disposto neste artigo.

"§ 2º. Os Tribunais de Contas e os órgãos integrantes do sistema de controle interno poderão solicitar para exame, até o dia útil imediatamente anterior à data de recebimento das propostas, cópia do edital de licitação já publicado, obrigando-se os órgãos ou entidades da Administração interessada à adoção de medidas corretivas pertinentes que, em função desse exame, lhes forem determinadas."

Lembre-se que a Constituição de 1967 aboliu o registro prévio nas Cortes de Contas dos instrumentos contratuais, previsto pela ordem jurídica anterior como condição necessária à eficácia dos mesmos. Tal registro prévio não foi restabelecido pelo constituinte de 1988, o que leva Marcos Juruena Villela Souto (1994:254) a afirmar que o art. 71 da atual Carta Magna consagrou um nítido sistema de controle *a posteriori*. A conseqüência de tal caracterização é que os Tribunais de Contas não poderiam ter qualquer ingerência quanto à celebração ou à apreciação prévia do conteúdo de instrumentos contratuais, sob pena de lesão ao princípio da separação de poderes. Cita Villela Souto (1994:254 e 255) decisão do TJRJ, proferida pelo Des. Pedro Américo Rios Gonçalves (Órgão Esp., MS 680/91, impetrado contra o Tribunal de Contas do Rio de Janeiro), na qual referida tese foi acolhida, encontrando, posteriormente, guarida no STF.

Evidente, porém, que, constatada ilegalidade, os Tribunais de Contas poderão determinar aos administradores a adoção das providências cabíveis, inclusive a retificação dos atos convocatórios e, mesmo, a anulação do certame e do próprio contrato, caso tenha havido vício de ilegalidade no procedimento licitatório que o antecedeu. Os Tribunais de Contas, porém, não detêm competência para anular os atos e contratos da Administração. Com efeito, revestem-se os mesmos da presunção de legalidade.[2] Somente a Administração Pú-

2. Se bem que Jessé Torres Pereira Júnior (1994:602) entende que o teor do art. 113 da Lei 8.666/93 derroga, no particular, a presunção de lega-

blica poderá revogá-los, por motivo de conveniência ou oportunidade. Sua anulação por força de ilegalidade somente poderá decorrer da própria Administração ou do Judiciário.[3] O não atendimento da determinação dos Tribunais de Contas poderá acarretar a desaprovação das contas dos administradores e sua responsabilização pelos prejuízos causados.

Por outro lado, o prazo deixado pela lei (até o dia útil imediatamente anterior à data de recebimento das propostas) para que os Tribunais de Contas possam requisitar o edital acaba por deixar toda a atuação administrativa em permanente compasso de espera e em situação de sujeição caso as medidas corretivas sejam determinadas antes da convolação dos contratos. E os particulares interessados em participar da licitação, a seu turno, que só podem impugnar o edital até cinco dias úteis antes da data de abertura dos envelopes de habilitação (art. 41 da Lei 8.666/93), serão colhidos de surpresa por eventual determinação das Cortes de Contas no sentido de alterar os atos convocatórios do certame. Tal determinação, se feita antes do início do certame, impõe nova publicação do edital retificado e a necessidade de repetição dos atos e prazos já decorridos (art. 21, § 4º, da Lei de Licitações), com o risco de danos também para a própria Administração. Feita após o início do procedimento licitatório mas antes da celebração do contrato, constitui fonte de insegurança para os administrados e de inevitáveis contestações judiciais, ante o direito público subjetivo dos licitantes ao cumprimento do procedimento previsto na Lei de Licitações.

Claro que tais argumentos não podem ser alegados caso a alteração seja determinada por vício de ilegalidade albergado no edital, o qual não pode prevalecer e que, se for grave, deve levar a Administração a anular o certame de ofício ou por provocação de terceiros, inclusive dos Tribunais de Contas (art. 49 da Lei 8.666/93).

Como a Constituição, por outro lado, só se refere à possibilidade de sustação de contrato já firmado (art. 71, §§ 1º e 2º, da Carta Magna), é de se reputar como inconstitucional qualquer tentativa de ingerência dos Tribunais de Contas nas licitações e antes de se celebrarem os contratos que não sejam a requisição de informações e documentos e a determinação de adoção de medidas corretivas por parte dos administradores. É claro, porém, que as irregularidades presentes em tais ocasiões se sujeitarão ao controle posterior das Cortes de Contas, e fundamentarão eventual condenação dos administradores responsáveis ou determinação para a adoção de medidas a seu cargo – sempre, porém, "na forma da legislação pertinente" e "nos termos da Constituição", como declara o *caput* do art. 113 da Lei 8.666/93. Devem os administradores, por sua vez, fornecer aos Tribunais de Contas a documentação pelos mesmos solicitada, a fim de possibilitar a atividade fiscalizatória de referidos órgãos, dado, ainda, o princípio da publicidade de toda atuação administrativa, a repugnar o segredo no âmbito da gestão da coisa pública (Bobbio, 1990:29).

O art. 45 da Lei 8.443/92 trata da competência do TCU para determinar a adoção de medidas necessárias à correção de ilegalidade de ato ou contrato. Entre tais medidas que podem ser determinadas pelo TCU encontra-se a aplicação de sanções a contratado, pela violação ao contrato, no caso de omissão da autoridade administrativa. Tal providência foi sugerida ao Ple-

lidade e legitimidade dos atos administrativos relativos à execução da despesa pública, transferindo à Administração o ônus de demonstrar sua regularidade caso haja impugnação pelas Cortes de Contas.

3. V., a propósito, o conteúdo da Súmula 473 do STF: "A Administração pode anular seus próprios atos quando eivados de vícios que os tornem ilegais porque deles não se originam direitos; ou revogá-los, por motivo de conveniência ou oportunidade, respeitados os direitos adquiridos e ressalvada em todos os casos a apreciação judicial".

nário do TCU, por exemplo, no processo TC-450.138/93-3 (Decisão 016/94, Ata 02, *DOU* 7.2.94, Seção I, p. 1.851), no qual foi apurado inadimplemento contratual por parte de construtora junto à Delegacia de Administração do Ministério da Fazenda do Pará. Os auditores do TCU sugeriram a aplicação à contratada da pena de suspensão do direito de participar de licitação junto a órgãos e entidades da Administração Pública Federal, prevista no contrato original. A sugestão não foi acatada pelo Plenário do TCU, que preferiu abrir oportunidade ao exercício de poder discricionário por parte da unidade auditada, com vistas a negociar uma solução para o problema.

Na decisão TCU-497/93 (Ata 55, *DOU* 29.11.93, p. 18.058) foi determinada à Secretaria de Controle Interno do Ministério dos Transportes – CISET/MT a análise de contratos celebrados entre a RFFSA e uma construtora para o fim de eventual aplicação das sanções previstas no inciso IV do art. 87 e no art. 88 da Lei 8.666/93, tendo, porém, referido órgão de controle interno concluído pela inexistência de elementos suficientes para o enquadramento da empresa mencionada nos referidos dispositivos legais. Na Decisão 100/94, do Plenário do TCU (Ata 07, *DOU* 22.3.94, p. 4.073) também foi determinada a apuração de fatos levantados junto à Prefeitura de Caruaru-PE envolvendo uma série de construtoras, com o fim de aplicação das sanções previstas nos arts. 73 e 74 do Decreto-lei 2.300/86, vigente na época das ocorrências.

Merece, ainda, registro a Decisão 585/94, também do Pleno do TCU (Ata 44, *DOU* 28.9.94, p. 14.742), determinando à Empresa Brasileira de Planejamento de Transportes Urbanos – GEIPOT que não inclua em instrumentos contratuais cláusula prevendo aplicação de multa moratória a ela própria, por atraso no pagamento de importâncias eventualmente devidas, à míngua de previsão legal expressa de tal sanção.

2. *A sustação de contratos pelo TCU*

Importa fazer referência à controvérsia surgida em torno do alcance dos §§ 1º e 2º do art. 71 da CF no tocante à possibilidade ou não de o TCU determinar a sustação de contratos eivados de ilegalidade caso o Congresso Nacional não delibere a respeito no prazo de 90 dias. Referida regra é repetida nos §§ 2º e 3º do art. 45 da Lei 8.443/92.

Para Marcos Juruena Villela Souto (1994:255) não pode o TCU, no silêncio do Congresso Nacional no prazo de 90 dias, já aludidos, determinar a sustação do contrato. As medidas cabíveis a cargo dos Tribunais de Contas seriam apenas a apuração das irregularidades e a rejeição das contas. A sustação[4] dos contratos, ou seja, a suspensão de seus efeitos, só poderia ser determinada pelo próprio Congresso, por ser este o entendimento mais de acordo com o "espírito e a sistemática do controle externo".

Também Antônio Roque Citadini (1995:47) parece ser do entendimento de que a competência para sustar os contratos é do Congresso, em atendimento a provocação do Tribunal, sujeitando-se o gestor a multa pela ilegalidade e a sanção pecuniária proporcional ao dano ao erário. Odete Medauar (1993:139) também não esclarece qual a extensão da decisão que pode vir a ser tomada pelos Tribunais de Contas em caso de omissão do Congresso e do Executivo quanto à sustação de contrato. Afirma, porém, que o ato de sustação cabe "ao Congresso Nacional".

Caio Tácito (1992:51) principia diferenciando o sistema atual de controle do

4. Villela Souto (1994:255) distingue a sustação (suspensão dos efeitos, da eficácia, dos contratos), que pode ser praticada pelo Congresso, da anulação do contrato (invalidação), que só pode ser feita pela Administração (daí por que a lei e a Constituição referem-se à comunicação ao Executivo para adoção das medidas cabíveis) ou pelo Judiciário.

anterior. Antes, omissos o Congresso Nacional e o Executivo, tinha-se por insubsistente a impugnação, com o quê praticamente se reconhecia a regularidade do contrato. Atualmente, no caso de inação do Parlamento e do Executivo, "o Tribunal de Contas reassumirá competência plena para decidir sobre a matéria, prevalecendo, portanto, sua deliberação final".

Não esclarece, porém, referido autor se tal circunstancia inclui a possibilidade de sustação do contrato diretamente pelas Cortes de Contas. Também Jair Lins Netto (1995:78) não é bem claro quanto a tal possibilidade, limitando-se a afirmar que, agora, o silêncio do Congresso importa que a decisão do TCU possa ser "tida como válida".

De qualquer forma, a interpretação mais conforme à tutela dos princípios da moralidade e da legalidade, bem como a que empresta ao controle externo pelo Legislativo o máximo de efetividade (Canotilho, 1992:233), é a que admite a possibilidade de sustação do contrato diretamente pelas Cortes de Contas. Nesse sentido lembre-se a conclusão de Ricardo Lobo Torres (1993:44) de que a legitimidade do Estado Democrático depende do "controle da legitimidade da sua ordem financeira". Referido autor, a partir da análise da doutrina germânica, evidencia o relacionamento entre as finanças públicas e os direitos fundamentais dos cidadãos. Em especial, alude a Ernst Rudolf Huber (*apud* Ricardo Lobo Torres, 1993:42), para quem o controle de contas teria a natureza de uma "garantia institucional da Constituição"[5] (*Institionelle Verfassangsgarantie*), baseando-se na: "a) legalidade, que o vincula exclusivamente à lei; b) independência, que o separa do Executivo; e c) ausência de lacuna, que proíbe os espaços livres de controle".

Vinculando-se à defesa dos direitos fundamentais, em especial os de liberdade, assim como da legalidade e da moralidade, às normas constitucionais definidoras das atribuições das Cortes de Contas deve ser dada a interpretação que possibilite sua máxima eficácia.

A sustação de contratos por parte dos Tribunais de Contas, porém, só seria cabível no caso de existência de provas de ilegalidade, e na hipótese de serem graves e irreversíveis as conseqüências da persistência da contratação. Obviamente, em decorrência do princípio da proporcionalidade, se outra medida menos drástica bastar à restauração da legalidade, esta deverá ser adotada.

3. *A sanção de declaração de inidoneidade*

O art. 46 da Lei 8.443/92 consagra a possibilidade de aplicação pelo TCU da sanção de declaração de inidoneidade para participar, por até cinco anos, de licitação na Administração Pública Federal ao licitante culpado por fraude comprovada à licitação.

Importa salientar que tal dispositivo não foi revogado pelo advento da Lei 8.666/93, como defende Floriano Azevedo Marques Neto (1995:134). Com efeito, distinto é o âmbito de um e de outro diploma legal. A Lei 8.666/93 disciplina as licitações e contratos nos poderes da União, dos Estados, do Distrito Federal e dos Municípios, e as sanções previstas pelo art. 87

5. Paulo Bonavides (1993:439 e ss.) analisa a gênese histórica das garantias institucionais, a partir das garantias constitucionais de teor individualista, geradas segundo a mundivisão do liberalismo, com vistas a tutelar os direitos de liberdade, até alcançar um teor publicista, imbuídas do propósito de proteger as instituições do Estado de Direito. Formula, enfim, a seguinte conclusão (1993:451), buscando incluir as garantias institucionais no antigo conceito de garantia constitucional: "a *garantia constitucional* é uma garantia que disciplina e tutela o exercício dos direitos fundamentais, ao mesmo passo que rege, com proteção adequada, nos limites da Constituição, o funcionamento de todas as instituições existentes no Estado".

da mesma só podem ser aplicadas pelas autoridades indicadas na referida lei; já a Lei 8.443/92 disciplina a atuação do TCU, e a sanção prevista em seu art. 46, por conseqüência, só pode ser aplicada por tal órgão. O pressuposto de aplicação da mesma é específico: fraude comprovada à licitação, apurada pelo Tribunal no curso de sua atuação fiscalizatória em procedimento no qual se garantam o contraditório e a ampla defesa ao particular acusado.

O próprio TCU tem aplicado tal pena após o advento da Lei 8.666/93, como demonstra o Acórdão 113/95, proferido pelo Pleno (Ata 41, *DOU* 25.9.95, p. 14.893), no qual se determinou a instauração de procedimento com vistas a apurar o envolvimento de diversas empresas no direcionamento ocorrido em cartas-convite promovidas pela Coordenadoria Regional do Ceará da Fundação Nacional de Saúde, objetivando a aplicação da sanção prevista no art. 46 da Lei 8.443/92.

O pressuposto eleito pela norma como condição para a aplicação da sanção, "fraude comprovada à licitação", remete a outras normas jurídicas, definidoras do que vem a ser "fraude", que complementam o sentido de sua regulação e que constituem um "pré-tipo", na terminologia de Alejandro Nieto (1994:298). A fraude é uma figura descrita pelo direito penal, que limita, por sua vez, o Tribunal de Contas na identificação do pressuposto de fato do sancionamento.[6] A própria Lei de Licitações colabora para a delimitação do alcance do que vem a se entender por fraude: a conduta ardilosa, tendente à obtenção de uma vantagem indevida em detrimento do erário público e que macule os objetivos da licitação (isonomia, competitividade e escolha do melhor licitante). Nada impede, porém, que o Tribunal de Contas, no exercício da competência normativa ou regulamentar prevista pelo art. 3º da Lei 8.443/92, bosque limitar o conteúdo semântico da expressão "fraude", desde que respeitando os limites demarcados pelo direito penal e pela Lei de Licitações, assim como disponha sobre o procedimento a ser observado na aplicação da sanção de declaração de inidoneidade.

No caso de declaração de inidoneidade proferida pelo TCU o licitante fraudador não poderá participar, por até cinco anos, de licitações na Administração Pública Federal. Tal sanção, a princípio, não produziria qualquer repercussão junto às Administrações estaduais, do Distrito Federal e dos Municípios. A amplitude ou extensão da mesma no âmbito da Administração Pública Federal (se atinge somente a entidade ou órgão em cujo âmbito ocorreram os fatos, ou a todas as entidades e órgãos da Administração Federal) constitui matéria controversa. O princípio segundo o qual deve-se interpretar restritivamente as normas sancionadoras ou que restringem direitos individuais apontaria para o primeiro ponto de vista. Ocorre que não faria sentido que fosse reconhecida a inidoneidade para licitar por parte de uma empresa que praticou fraude no âmbito de um Ministério e que a mesma fosse considerada idônea para participar de licitação realizada por outro Mi-

6. Alejandro Nieto (1994:298) alerta para as diferenças e peculiaridades do mandato de tipificação em sede de direito administrativo sancionador e em sede de direito penal: enquanto neste último a norma muitas vezes se limita a atribuir uma pena a uma determinada conduta, as normas que definem ilícitos administrativos não são autônomas, no sentido de que fazem remissões a outras normas que formulam ordens ou proibições, cuja inobservância leva ao sancionamento. O Tribunal Constitucional espanhol, a propósito, na Sentença 219/89 (*apud* Nieto, 1994:308), já considerou legitima a remissão a outras leis para complementação do tipo da infração: "no vulnera la exigencia de *lex* certa la remisión que el precepto que tipifica las infracciones realice a otras normas que impongan deberes y obligaciones concretas de ineludible cumplimiento de forma que su conculcación se asuma como elemento definidor de la infración sancionable misma, siempre que sea asimismo previsible, con suficiente grado de certeza, la consecuencia punitiva derivada de aquel incumplimiento o transgresión".

nistério. Não se é mais ou menos honesto, ou honesto para alguns fins e desonesto para outros. Tal sanção, portanto, produz efeitos com relação a todas as entidades e órgãos atingidos pela competência fiscalizadora do TCU (art. 70 da CF e art. 1º da Lei 8.443/92). Mas não apenas com relação a eles.

Com efeito, o art. 97 da Lei 8.666/93 tipifica como crime admitir à licitação ou celebrar contrato com empresa ou profissional declarado inidôneo, incidindo no mesmo dispositivo quem, uma vez declarado inidôneo, venha a licitar ou contratar com a Administração. O dispositivo referido não limita a declaração de inidoneidade à proferida pela própria Administração, alcançando igualmente quem tenha sido considerado inidôneo pelos Tribunais de Contas. Diante dessa amplitude, impõe-se reconhecer que a declaração de inidoneidade proferida por um Tribunal de Contas repercutirá inclusive sobre os órgãos e entidades pertencentes a outras esferas de governo, cujos agentes cometeriam o crime previsto no art. 97 da Lei 8.666/93 caso admitissem à licitação ou contratassem empresa ou profissional declarado inidôneo. Tal entendimento, porém, é de difícil operacionalização, ante a inexistência de um cadastro nacional unificado das empresas e profissionais declarados inidôneos por órgãos e entidades das diferentes esferas de governo.

Tais considerações ressaltam a amplitude das atribuições dos Tribunais de Contas em sede de fiscalização da aplicação de sanções a contratados. A certeza da impunidade decorrente da falta de uma adequada fiscalização da execução dos contratos e, por conseqüência, da omissão de sancionamento em caso de inexecução contratual enseja a atuação das Cortes de Contas como forma de se tutelar a moralidade e a legalidade administrativas, determinando aos administradores faltosos a adoção de providências cabíveis, bem como responsabilizando-os pelos danos causados ao erário, sem prejuízo da declaração de inidoneidade dos licitantes comprovadamente responsáveis por fraudes.

4. *O controle jurisdicional das decisões dos Tribunais de Contas*

Mas essa conclusão conduz a outras indagações. Qual é a natureza da atividade dos Tribunais de Contas? Trata-se de exercício de função jurisdicional? E tal atividade sujeita-se a controle jurisdicional?

Constitui opinião assente na doutrina que a atividade desenvolvida pelos Tribunais de Contas não é judicial, mas administrativa, auxiliar do controle exercido pelo Legislativo (Citadini, 1996:414; Miranda, 1987:254; Silva, 1990:627). Opinião mais matizada tem, porém, Seabra Fagundes (1967:142 e ss.), expressa ainda sob a égide da Constituição anterior, para quem, mesmo reconhecendo que as Cortes de Contas exercem precipuamente atividade administrativa, a atividade de exame da regularidade das contas dos responsáveis por bens ou dinheiros públicos, no que concerne ao aspecto contábil, teria a definitividade da função jurisdicional. Entende referido autor que: "se a regularidade das contas pudesse dar lugar a nova apreciação (pelo Poder Judiciário), o seu pronunciamento resultaria em mero e inútil formalismo. Sob esse aspecto (o criminal fica à Justiça da União) a Corte de Contas decide conclusivamente. Os órgãos do Poder Judiciário carecem de jurisdição para examiná-lo".

As Cortes de Contas, nesse sentido, têm-se insurgido contra a possibilidade de controle pelo Judiciário. No relatório do Acórdão 006/96, proferido pelo TCU no processo TC-649.010/92-2, relatado pelo Min. Humberto Guimarães Souto (publicado na *RDA* 204/325-332, abril-junho/96), foram tecidas as seguintes considerações:

"A jurisdição de contas é o juízo constitucional de contas. A função é privativa do Tribunal instituído pela Constituição para julgar das contas dos responsáveis por dinheiros ou bens públicos. O Judiciário não tem função no exame de tais contas, não tem autoridade para as rever, para apurar o alcance dos responsáveis, para os liberar. Essa função é própria e privativa do Tribunal de Contas.

"Comunga esse mesmo entendimento o ilustre Ministro do Superior Tribunal de Justiça Dr. Athos Gusmão Carneiro, que, ao tratar dos dois casos de jurisdição anômala admitidos pela Constituição, em seu livro *Jurisdição e Competência*, Ed. Saraiva, 1989, p. 14, esclareceu: 'As atribuições do Tribunal de Contas são de natureza administrativa. Entretanto, quando 'julga' as contas 'dos administradores e demais responsáveis por bens e valores públicos', tal julgamento impõe-se ao Poder Judiciário no que concerne ao aspecto contábil sobre a regularidade da própria conta; o julgado do Tribunal de Contas constitui prejudicial no juízo penal, como apuração, da qual o juiz não pode se afastar, de elemento de fato necessário à tipicidade do crime (José Cretella Júnior, *Tribunal de Contas, Dicionário*, cit., Seabra Fagundes, *Controle*, cit., n. 62). Da mesma forma, tal julgado impõe-se na ação de ressarcimento promovido contra o responsável pelo alcance'.

"Verifica-se, portanto, que as decisões, quanto ao mérito, proferidas pela Corte de Contas nos processos de sua competência específica fazem coisa julgada material, o que torna impossível a revisão das mesmas por outra instância."

Tal decisão foi proferida em face de pedido formulado por administrador municipal de suspensão do recolhimento de multa ao mesmo imposta pelo TCU até o trânsito em julgado de ação declaratória de nulidade da decisão da referida Corte de Contas que impôs mencionada sanção. O pedido foi indeferido, tendo o TCU fixado novo prazo para o recolhimento da multa aludida.

Importa ressaltar, por outro lado, que as relevantes competências constitucionais atribuídas ao TCU não vão ao ponto de derrogar a garantia contida no art. 5º, XXXV, da Carta Magna, inexistindo, nos arts. 70 a 75 da CF, qualquer dispositivo expresso nesse sentido. Conclui-se, portanto, que o Judiciário poderá ser provocado para apreciar a alegação de violação ou ameaça a direito por parte de ato praticado pelos Tribunais de Contas no exercício de suas competências. Mesmo que se admita a impossibilidade de o Judiciário substituir o julgamento técnico das Cortes de Contas, sobretudo quanto ao aspecto contábil, a ele incumbirá sempre examinar se a conduta do TCU se pautou pelo respeito às leis e à Constituição.

A tentativa de justificar a existência de matérias insuscetíveis de apreciação pelo Poder Judiciário levou a que se propusesse um regime específico para os atos discricionários, para os atos políticos, atos legislativos e os atos *interna corporis* praticados pelas corporações legislativas e tribunais e relacionados com sua organização interna e suas prerrogativas funcionais. Como ressalta Hely Lopes Meirelles (1998: 583 e ss.), mesmo tais atos se sujeitem a controle jurisdicional, não pode a simples alegação de que um ato é político ou *interna corporis* afastar o exame pelo Judiciário de sua repercussão junto a direitos individuais e coletivos. Lembre-se que mesmo os atos administrativos discricionários se sujeitam ao controle do Poder Judiciário. A este cabe verificar se a liberdade concedida abstratamente ao administrador foi, no caso concreto, exercida de forma a melhor atender à finalidade pública subjacente à norma (Moraes, 1989:57; Bandeira de Mello, 1992:47). O exame da ocorrência de desvio de finalidade e da adequação do ato aos motivos alegados para sua prática também incumbe ao Judiciário, não podendo ser afastado pela singela alegação de que o ato é discricionário.

Mesmo os atos praticados pelos Tribunais de Contas no exercício do exame da regularidade das contas de gestores públicos se sujeitam ao controle pelo Judiciário, ao qual incumbirá a verificação de sua constitucionalidade e legalidade, de sua adequação aos motivos invocados para sua prática e da inocorrência de desvio de finalidade e de qualquer lesão ou ameaça a direitos fundamentais. Tal é a conclusão decorrente do alcance do princípio do acesso à jurisdição, tal como delineado pela Constituição Federal de 1988. Somente após superados tais óbices é que prevalecerá o julgamento técnico das Cortes de Contas, e isso exclusivamente quanto ao aspecto contábil.

5. *Conclusões*

Aos Tribunais de Contas, como decorrência de suas competências estabelecidas constitucionalmente, cabe acompanhar e fiscalizar os atos da Administração Pública, entre os quais os procedimentos licitatórios e os contratos administrativos deles decorrentes. Os Tribunais de Contas poderão requisitar informações e documentos, acompanhar as publicações referentes a tais atos e determinar a adoção de medidas corretivas em caso de ilegalidade, nos termos do art. 45 da Lei 8.443/92, referente ao TCU. Entre as ilegalidades que podem ser verificadas está a não aplicação de sanções a licitantes e contratados. As Cortes de Contas não podem anular atos e contratos, atribuição que cabe exclusivamente à própria Administração e ao Judiciário. O não acatamento às determinações dos Tribunais de Contas poderá acarretar a desaprovação das contas e a responsabilização dos administradores públicos. A sustação de contratos eivados de ilegalidade, caso o Congresso Nacional não delibere a respeito no prazo de 90 dias, a que aludem os §§ 1º e 2º do art. 71 da CF, poderá ser feita pelo TCU. A sustação, ou suspensão dos efeitos do contrato, não se contunde com a anulação e a revogação. Referido dispositivo constitucional, por outro lado, deve ser interpretado de forma a se atribuir a maior eficácia possível ao controle pelos Tribunais de Contas, não podendo se aceitar matérias livres de controle, nem violação ao princípio constitucional da moralidade administrativa, o que, sem dúvida alguma, ocorreria caso o silêncio do Congresso no prazo referido impedisse que as Cortes de Contas diretamente sustassem os contratos eivados de ilegalidade.

O TCU pode aplicar aos envolvidos em fraudes comprovadas à licitação a sanção de declaração de inidoneidade prevista pelo art. 46 da Lei 8.443/92. Tal dispositivo não foi revogado pela Lei 8.666/93, que também prevê a sanção de declaração de inidoneidade, sendo distintos os seus âmbitos de aplicação e as autoridades competentes para a sua imposição. Para declararem a inidoneidade de licitante ou contratado devem as Cortes de Contas respeitar os princípios constitucionais que regulam a atividade punitiva do Estado. A empresa ou profissional não poderá participar de licitações na Administração Pública Federal por cinco anos. O art. 97 da Lei 8.666/93, porém, acabou ampliando a abrangência de tal declaração de inidoneidade, posto ter tipificado como crime admitir à licitação ou contratar empresa ou profissional declarado inidôneo, sem distinguir se a declaração de inidoneidade decorreu da própria Administração ou de uma Corte de Contas, da mesma ou de outra esfera de governo, sem embargo, porém, das dificuldade operacionais para tornar tal regra efetiva.

As decisões dos Tribunais de Contas em geral, e as que aplicam sanções em especial, sujeitam-se a controle jurisdicional. A atividade de tais órgãos é administrativa, sujeitando-se ao princípio contido no art. 5º, XXXV, da Carta Magna. Mesmo os atos praticados pelos Tribunais de Contas no exercício do exame da regularidade das contas de gestores públicos sujeitam-se ao controle pelo Judiciário, ao qual incumbirá a verificação de sua constitucionalidade e legalidade, de sua adequação aos motivos invocados para sua prática e da inocorrência de desvio de finalidade e de qualquer lesão ou ameaça a direitos fundamentais. Tal é a conclusão decorrente do alcance do princípio do acesso à jurisdição, tal como delineado pela Constituição Federal de 1988. Somente após superados tais óbices é que prevalecerá o julgamento técnico das Cortes de Contas.

Bibliografia

BANDEIRA DE MELLO, Celso Antônio. *Curso de Direito Administrativo*. São Paulo, Malheiros Editores, 1994.

_______. *Discricionariedade e Controle Jurisdicional*. São Paulo, Malheiros Editores, 1992.

_______. "Regulamento e princípio da legalidade". *RDP* 96. São Paulo, outubro-dezembro/90.

BASTOS, Celso Ribeiro. *Curso de Direito Administrativo*. São Paulo, Saraiva, 1994.

BOBBIO, Norberto. *Estado, Governo, Sociedade – Para uma Teoria Geral da Política*. São Paulo, Paz e Terra, 1991.

_______. *O Futuro da Democracia*. São Paulo, Paz e Terra, 1990.

CANOTILHO, J. .J. Gomes. *Direito Constitucional*. Coimbra, Almedina, 1992.

CITADINI, Antônio Roque. *Comentários e Jurisprudência sobra a Lei de Licitações Públicas*. São Paulo, Max Limonad, 1996.

_______. *O Controle Externo da Administração Pública*. São Paulo, Max Limonad, 1995.

CRETELLA JÚNIOR, José. *Das Licitações Públicas*. Rio de Janeiro, Forense, 1993.

DI PIETRO, Maria Sylvia Zanella. *Direito Administrativo*. São Paulo, Atlas, 1996.

_______. *Temas Polêmicos sobre Licitações e Contratos*. São Paulo, Malheiros Editores, 1995.

FIGUEIREDO, Lucia Valle. *Controle da Administração Pública*. São Paulo, Ed. RT, 1991.

_______. *Curso de Direito Administrativo*. São Paulo, Malheiros Editores, 1994a.

_______. *Direitos dos Licitantes*. São Paulo, Malheiros Editores, 1994b.

FIGUEIREDO, Marcelo. *Probidade Administrativa – Comentários à Lei 8.429/92 e Legislação Complementar*. São Paulo, Malheiros Editores, 1995.

GASPARINI, Diógenes. *Direito Administrativo*. São Paulo, Saraiva, 1993.

JUSTEN FILHO, Marçal. *Comentários à Lei de Licitações e Contratos Administrativos*. 1ª ed. Rio de Janeiro, AIDE, 1993.

LINS NETO, José. "Tribunal de Contas: sempre combatido, nunca conhecido". *RDA* 200/71-84. Rio de Janeiro, Renovar/FGV, abril-junho/95.

MARQUES NETO, Floriano Azevedo. "Extensão das sanções administrativas de suspensão e declaração de inidoneidade". *Boletim de Licitações e Contratos* 3. São Paulo, Ed. NDJ, março/95.

MEDAUAR, Odete. *Controle da Administração Pública*. São Paulo, Ed. RT, 1993.

MEIRELLES, Hely Lopes. *Direito Administrativo Brasileiro*. 23ª ed. São Paulo, Malheiros Editores, 1998.

_______. "Licitação – Aplicação de penalidades". *Estudos e Pareceres de Direito Público*. v. 11. São Paulo, Ed. RT, 1991.

_______. *Licitação e Contrato Administrativo*. 11ª ed. São Paulo, Malheiros Editores, 1997.

MORAES, Germana de Oliveira. "Aspectos normativo, fático e axiológico da discricionariedade". *Revista da Faculdade de Direito* XXX-1/49-62. Fortaleza, Imprensa Universitária, janeiro-junho/89.

MOREIRA NETO, Diogo de Figueiredo. *Curso de Direito Administrativo*. Rio de Janeiro, Forense, 1989.

_______. "Moralidade administrativa – Do conceito à efetivação". *RDA* 190/1-44. Rio de Janeiro, Renovar/FGV, outubro-dezembro/92.

MUKAI, Toshio. *O Novo Estatuto Jurídico das Licitações e Contratos Públicos*. 2ª ed. São Paulo, Ed. RT, 1993.

_______. "Licitação: pontos polêmicos". *Licitações e Contratos na Administração Pública*. Brasília, Consulex, 1996.

NIETO, ALEJANDRO. *Derecho Administrativo Sancionador*. 2ª ed. Madri, Tecnos, 1994.

PEREIRA JÚNIOR, Jessé Torres. *Comentários à Lei das Licitações e Contratações da Administração Pública*. Rio de Janeiro, Renovar, 1994.

PONTES DE MIRANDA, F. C. *Comentários à Constituição de 1967 com a Emenda n. 1 de 1969*. t. III. Rio de Janeiro, 1987.

SEABRA FAGUNDES, Miguel. *O Controle dos Atos Administrativos pelo Poder Judiciário*. Rio de Janeiro, Forense, 1967.

SILVA, José Afonso da. *Curso de Direito Constitucional Positivo*. São Paulo, Ed. RT, 1990.

SOUTO, Marcos Juruena Villela. *Licitações & Contratos Administrativos*. 2ª ed. Rio de Janeiro, Esplanada/ADCOAS, 1994.

SUNDFELD, Carlos Ari. *Licitação e Contrato Administrativo*. São Paulo, Malheiros Editores, 1994.

TÁCITO, Caio. "A moralidade administrativa e a nova lei do Tribunal de Contas da União". *RDA* 190/45-53. Rio de Janeiro, Renovar/FGV, outubro-dezembro/92.

TORRES, Ricardo Lobo. "A legitimidade democrática e o Tribunal de Contas". *RDA* 194/31-45. Rio de Janeiro, Renovar/FGV, outubro-dezembro/93.

ESTUDOS & COMENTÁRIOS

PROCESSO DE CASSAÇÃO DE MANDATO ELETIVO E O AFASTAMENTO PROVISÓRIO DE PREFEITO MUNICIPAL DO CARGO POR DECISÃO DA CÂMARA DE VEREADORES

FÁBIO MEDINA OSÓRIO
Promotor de Justiça no Estado do Rio Grande do Sul
– Mestre em Direito Público pela Faculdade de Direito da Universidade Federal do Rio Grande do Sul – Professor na Faculdade de Direito da PUC/RS e nas Escolas Superiores do Ministério Público-RS e Magistratura-RS

Ementa: O processo de cassação de mandato eletivo de prefeitos e vereadores submete-se ao Decreto-lei 201/67. É cabível a suspensão do prefeito municipal do exercício de suas funções, por decisão fundamentada da Câmara Municipal, para assegurar a instrução processual, por prazo máximo de 90 dias. O ato de cassação é materialmente jurisdicional, imune, portanto, ao controle do Poder Judiciário, salvo quando a decisão se apresente teratológica, viciada por abuso de poder, manifestamente contrária à prova dos autos ou, ainda, quando tenha havido franco desprezo pelas formalidades procedimentais pertinentes, com prejuízo aos direitos de ampla defesa e contraditório.

Introdução

Sabe-se que o prefeito municipal pode responder perante a Câmara de Vereadores por infrações político-administrativas, sujeitando-se, inequivocamente, à possibilidade de cassação de seu mandato eletivo.

É certo que as infrações político-administrativas são dotadas de conteúdo indeterminado. Estão descritas, de modo genérico, no Decreto-lei 201/67, reportando-se a outras legislações. Proceder de modo incompatível com a honra e o decoro do cargo, por exemplo, é infração altamente genérica que sujeita o prefeito ao processo de cassação do mandato eletivo.

Questão interessante diz respeito ao processo de cassação do mandato eletivo e o poder de a Câmara de Vereadores afastar o prefeito municipal do cargo, por decisão fundamentada, para garantia da instrução.

Eis algumas reflexões sobre o tema.

1. Da competência para fixação de normas processuais e para o julgamento dos prefeitos por infrações político-administrativas

Sabe-se que aos Municípios cabe a fixação dos procedimentos relativos à cassação dos mandatos de vereadores e prefeitos. Daí não decorre que haja poderes para que o legislador municipal crie normas processuais.

De fato, evidentemente que ao Município, soberanamente, caberia fixar as normas procedimentais – e não exatamente processuais – do julgamento das infrações político-administrativas, dado que o direito material decorre de normas constitucionais e federais, e o direito processual há de ser conseqüência de legislação federal.

Descaberia à União legislar privativamente sobre os procedimentos que cada Município deve adotar no tratamento dos processos de cassação dos mandatos de seus prefeitos municipais, o que tampouco significa que a legislação federal não possa ser aplicada ou mesmo considerada prevalente no estabelecer normas processuais.

À Câmara de Vereadores compete o exercício do poder de julgar os prefeitos por infrações político-administrativas.

É de se recordar, nesse contexto, que o STJ já decidiu no sentido de admitir a competência das Câmaras de Vereadores no julgamento dos prefeitos por infrações político-administrativas (ROMS 0000490 UF:PI ANO:90 RIP:00006129, Recurso Ordinário em Mandado de Segurança): "Prefeito municipal – Infração político-adminstrativa – Competência – Art. 29, VIII, da CF. Compete a Câmara de Vereadores a apreciação de delitos de cunho político-administrativo cometidos por prefeitos. Os crimes comuns e de responsabilidade são da competência do Tribunal de Justiça estadual (art. 29, VII, da CF). Recurso improvido" (STJ, 2ª T., rel. Min. Américo Luz, 18.4.94, *DJU* 23.5.94, p. 12.584).[1]

A verdade é que não há possibilidade de lacuna legal na repressão às infrações político-administrativas no sistema constitucional pátrio, eis que vige o princípio da responsabilidade dos governantes, os quais devem responder perante os poderes da República por seus atos funcionais abusivos. Não há como aceitar que eventual omissão do legislador municipal, que, descumprindo ordem legal, deixa de editar uma lei complementar, abstendo-se de definir o procedimento administrativo de cassação do mandato do prefeito, pudesse inviabilizar a aplicação das normas materiais e processuais que definem imprescindível observância do dever de probidade administrativa. Tal é a previsão expressa, aliás, do art. 5º do Decreto-lei 201/67, norma perfeitamente aplicável aos processos de cassação de mandato eletivo de prefeitos.

Daí que o art. 4º do Decreto-lei 201/67 cuida das infrações político-administrativas, sujeitas ao julgamento pela Câmara de Vereadores, sancionadas com a cassação do mandato, sem prejuízo de posteriores ou simultâneos processos criminais, civis e até administrativos, sendo que "o processo de cassação vem regulado no art. 5º do Decreto-lei 201/67, se outro não for estabelecido pela legislação dos Estados ou dos Municípios". Enquanto perdurar omissão das legislações estadual ou municipal, aplica-se a legislação federal.[2]

Aliás, Rui Stocco aponta farta jurisprudência no sentido de sustentar a independência das esferas administrativa e judiciária, concluindo que um mesmo fato pode tipificar infrações penais e infrações político-administrativas, podendo o governante responder simultaneamente nos campos político e judicial.[3]

O egrégio TJRS também entende aplicável, nos processos de cassação de mandato eletivo de prefeito, nos Municípios, mesmo diante do silêncio da Lei Orgânica municipal, o Decreto-lei 201/67, cujas normas não foram derrogadas pelo constituinte de 1988, permanecendo em vigor o art. 4º do referido diploma legal.[4]

1. Internet, 22.6.98.

2. Alberto Silva Franco *et alii*, *Leis Penais Especiais e sua Interpretação Jurisprudencial*, 5ª ed., revista e ampliada, 2ª tiragem, t. 2, São Paulo, Ed. RT, 1995, p. 1.367, sendo autor dos comentários o jurista Rui Stocco.

3. Alberto Silva Franco *et alii*, *Leis Penais Especiais e sua Interpretação Jurisprudencial*, t. 2, p. 1.413.

4. V. TJRS, 1ª C. Cível, MS 594115566, Tramandaí. Concederam, à unanimidade, a ordem para

Note-se, no plano material, que proceder de "modo incompatível com a dignidade e o decoro do cargo" é tipificado como infração político-administrativa (art. 4º, X, do Decreto-lei 201/67). Trata-se de infração composta por conceitos jurídicos indeterminados cuja fixação compete ao Poder Legislativo julgador. Ao Judiciário compete o controle negativo, a saber, o afastamento de construções conceituais absurdas ou teratológicas, francamente dissociadas do núcleo conceitual da norma repressiva.

2. *Do afastamento provisório do prefeito do cargo*

Note-se que as garantias do processo de cassação de mandato eletivo, dada sua natureza política, não são as mesmas conferidas no processo penal aos acusados, embora se deva respeitar, também aqui, a plena defesa e o contraditório. "No procedimento do *impeachment*, disciplinado por lei especial, não há lugar para os rigores formais do processo penal, máxime quando, como no caso, não se visa à apuração de crimes de responsabilidade, senão apenas de infrações político-administrativas." As formas adotadas por uma comissão processante, em casos tais, são naturalmente mais flexíveis, dada a natureza política do Tribunal. "Enfim, se a legalidade procedimental se não comprometeu e se a matéria política é estanque à tutela jurisdicional, não se mostra a segurança impetrada merecedora de qualquer êxito."[5]

A Câmara pode afastar o prefeito definitivamente de seu cargo. Pode cassar seu mandato, independentemente do cabimento de qualquer recurso contra o decisório, antes de se operar "coisa julgada administrativa", por assim dizer. Tal decorre de simples leitura dos arts. 4º e 5º, VI, do Decreto-lei 201/67. Nem se cogita, aqui, de real analogia.

Se a Câmara pode cassar o mandato do prefeito, penso que pode também suspendê-lo do exercício das funções, para assegurar a efetividade de sua futura decisão. Trata-se de poder implícito na norma legal e, mais ainda, decorrente do sistema jurídico como um todo. Lembro, aqui, dos poderes implícitos dos agentes públicos.

O *quorum* de dois terços previsto no art. 86, I, da CF/88 parece perfeitamente aplicável ao caso, até porque se ajusta com exatidão àquele consagrado no art. 5º, VI, do Decreto-lei 201/67. *Quorum* razoável, adaptado ao texto constitucional, bem enquadrado no sistema legal adotado para regular o processo de cassação. Não há surpresas nem criações arbitrárias da Câmara de Vereadores. O procedimento é jurídico.

Se os legisladores federal, estadual e municipal silenciaram a respeito do afastamento provisório do prefeito de seu cargo quando de submissão a processo de cassação do mandato, registre-se que o art. 86, I, da CF de 1988, ao cuidar do presidente da República, não se esqueceu do assunto. Aplica-se ao caso o dispositivo constitucional. Se o presidente da República pode ser afastado de seu cargo provisoriamente, pode sê-lo também o prefeito. Se o chefe da Nação é passível de afastamento cautelar, muito mais o será o chefe do Município. O afastamento provisório é acessório em relação ao afastamento definitivo, inclusive existe para assegurar a possibilidade de êxito do processo de cassação do mandato.

Há similitude de situações entre o afastamento provisório do presidente da República e do prefeito municipal, circunstância autorizadora do chamado argumento interpretativo conhecido no brocardo latino *argumentum a maiore ad minus*.

cassar ato judicial que havia suspendido atos da Câmara Municipal de Vereadores do Município de Imbé-RS os quais apuravam, no bojo de processo de cassação de mandato, irregularidades na gestão do prefeito.

5. V. TJSP, decisão datada de 6.11.70, *RDA* 108/346-348.

Trata-se – prefeitos e presidente da República – de chefes do Poder Executivo em esferas distintas. O chefe da Nação estaria, em tese, sujeito a uma decisão de afastamento cautelar, donde decorre também tal conseqüência ao chefe do Município, mesmo porque inexiste lei dispondo em sentido contrário.

O chamado *argumentum a maiore ad minus* é considerado por Karl Larenz diferente da analogia, embora semelhante. Tal raciocínio se estabelece da seguinte forma: "Si, según una disposición legal, para el supuesto de hechos, vale la consecuencia juridica *C*, entonces ésta tiene que valer tanto más para el supuesto de hecho *B* similar a aquél, pues la *ratio legis* de la regla legal atañe al supuesto de hecho *B* aún incluso en mayor medida". A base do raciocínio é a idéia de justiça e de tratamento isonômico de pessoas e situações.[6]

Veja-se que também seria possível aplicar a analogia, dadas a eventual lacuna expressa na legislação municipal e a adequação da hipótese (afastamento provisório de prefeito do cargo, para assegurar a instrução de processo de cassação de mandato) ao art. 86 da CF de 1988.

A analogia pressupõe, como diz Larenz, fatos similares, não idênticos. Se houvesse identidade, os fatos seriam iguais. Em realidade, "los supuestos de hecho no deben ser absolutamente iguales ni desiguales entre si; pero tienen que concordar precisamente en los aspectos decisivos para la valoración jurídica". A analogia trata de pensamento valorativo, e não de uma operação mental lógico-formal, o que remete a uma necessidade de análise da *ratio legis*, "los fines e ideas fundamentales de la regulación legal".[7]

No caso, *eventual* analogia ou raciocínio calcado no *argumentum a maiore ad minus* não estão sendo empregados para criar norma de natureza material retroativa sancionadora ou norma de natureza penal. Não se trata de criar norma criminal, nem de construir situação material desfavorável ao impetrante com emprego de analogia ou argumentação *a maiore ad minus*. O que ocorre – isto, sim – é a adaptação de um procedimento administrativo ao sistema jurídico.

O procedimento adotado no sentido do afastamento provisório de prefeito do cargo, para garantia da instrução legal, está regulado no Decreto-lei 201/67, com pequena incidência do art. 86, I, da CF/88, formatando-se o processo administrativo de cassação do mandato a partir da combinação de tais normas jurídicas. Trata-se de processo administrativo devidamente legal.

Devo referir precedente importante do TJRS em situação análoga. No caso, o vereador foi acusado de falta de decoro parlamentar, por haver brigado com um jornalista no recinto da Câmara. Assim, embora não houvesse definição formal rígida acerca da figura da "falta de decoro parlamentar", o Tribunal entendeu bem adequada a tipicidade – tipicidade, esta, aberta, composta por conceito jurídico indeterminado. Depois, não havia previsão legal de sanção de suspensão do vereador do exercício de suas funções, mas apenas de cassação de seu mandato. A Câmara, todavia, aplicou-lhe sanção de suspensão das funções. O Tribunal de Justiça entendeu que "não comete violação a preceito legal a Câmara de Vereadores que aplica ao edil a pena de suspensão por agressão a profissional da imprensa durante sessão do Legislativo Municipal". Adotando, na íntegra, as razões do Promotor de Justiça-RS André Ricardo Colpo Marchesan, o Tribunal entendeu exatamente que quem pode o mais, pode o menos. Se poderia o órgão legislativo cassar o mandato do vereador, poderia também suspendê-lo das funções.[8]

6. Karl Larenz, *Metodología de la Ciencia del Derecho*, trad. de Marcelino Rodríguez Molinero, Barcelona, Ariel Derecho, 1994, pp. 382 e 383.

7. Karl Larenz, *Metodologia de la Ciencia del Derecho*, p. 375.

8. TJRS, 2ª C. Cível, Ap. 595163015, Vacaria, rel. Des. Henrique Osvaldo Poeta Roenick, j. 9.10.96, v.u.

Parece-me que é o mesmo caso ora examinado. Se a Câmara pode cassar o mandato do prefeito, por que não poderia suspendê-lo das funções, provisoriamente, para garantia da instrução? Se a legislação federal autoriza, inequivocamente, o processo de cassação do mandato, deve outorgar ao Poder Legislativo os meios necessários para operacionalizar adequadamente sua legítima pretensão punitiva. Trata-se de meios e poderes implícitos.

3. Do âmbito de atuação do Poder Judiciário no controle do ato da Câmara de Vereadores

Finalmente, quanto ao alcance do Poder Judiciário no exame das provas, tratando-se de motivação do órgão e aplicação das sanções, cabe trazer à tona algumas ponderações.

Não se olvide que o processo de cassação do mandato eletivo do prefeito, pela Câmara de Vereadores, por infrações político-administrativas, assemelha-se ao *impeachment*, cuja finalidade é afastar dos cargos públicos os maus administradores. Não compete ao Poder Judiciário manifestar-se sobre o mérito da decisão dos parlamentares, tampouco substituir o órgão competente na análise das provas e dos fatos, salvo nas hipóteses de agressões às formalidades procedimentais. "Em verdade, não cabe ao Judiciário, em princípio, verificar se o detentor de mandato legislativo incorreu ou não em qualquer dos casos que justificam a cassação de seu mandato. O que está diretamente sob o controle jurisdicional é a forma e o processo utilizado para tanto." Daí que, segundo entendimento do STF, no controle de *impeachment* de prefeito, à luz do Decreto-lei 201/67, ao Judiciário basta o reconhecimento da legalidade formal do procedimento da Câmara de Vereadores, sendo-lhe vedado ingressar na análise de questões *interna corporis*, *v.g.*, ponderação dos fatos e valoração das provas.[9]

Parece-me que o Poder Judiciário somente pode anular o processo de cassação de mandato eletivo de prefeito se houver franco e inarredável divórcio entre as provas apuradas e a solução adotada. Esse divórcio há de ser absoluto e radical, incontroverso.

Descabe, evidentemente, o chancelamento judicial de um processo de pura perseguição política, despido de razoabilidade, calcado em meras alegações.

Também descabe ao Poder Judiciário substituir o soberano Poder Legislativo no julgamento do prefeito. Não se pode admitir que os juízes analisem a prova e concluam pela injustiça da decisão. Se há duas versões possíveis, é de se tolerar a decisão da Câmara de Vereadores que se embasa em uma delas.

Trago, analogicamente, a orientação dos Tribunais na interpretação dos julgamentos adotados pelo Tribunal do Júri: "Solução condenatória calcada em subsídios probatórios recolhidos na fase de elaboração do inquérito policial revela-se inatacável, uma vez se tenha em linha de conta que os jurados decidem por íntima convicção com vistas à prova dos autos, e não limitadamente com vistas à prova judicializada".[10]

Veja-se que os jurados não podem é condenar alguém sem "o mais breve fundamento",[11] assertiva que se aplica ao julgamento proferido pela Câmara de Vereadores na apreciação da cassação do mandato do prefeito municipal. Se não houver o menor fundamento, por mínimo que seja, não há, realmente, como cassar o mandato.

9. Carlos Eduardo Thompson Flores Lenz, "A intervenção do Judiciário no processo de *impeachment*", *RT* 695/263, ano 82, setembro/93.

10. V. decisão do TJRS em Saulo Brum Leal, *Júri Popular*, Porto Alegre, Livraria do Advogado, 1992, p. 264.

11. Saulo Brum, *Júri Popular*, p. 264.

Porém, se houver um fundamento breve, mínimo, já existirá suporte para o decreto de cassação.

A Câmara de Vereadores, ao contrário do Tribunal do Júri, deve fundamentar sua decisão condenatória. O ato há de ser devidamente motivado, de tal sorte que se possa efetuar o controle jurisdicional. Não se imagine, todavia, que essa motivação não possa ser averiguada no bojo do processo, em relatórios ou outras peças jurídicas que integrem o conteúdo do ato decisório, pois evidentemente que é admissível ao órgão julgador reportar-se a documentos constantes dos autos do feito. Motivação é de ser vista de forma mais ampla possível.

Considerações finais

Creio que é possível à Câmara de Vereadores, com suporte no Decreto-lei 201/67, afastar o prefeito municipal, de modo provisório, do cargo, para assegurar a instrução do processo de cassação do mandato eletivo.

Ao Judiciário cabe um controle apenas negativo do ato da Câmara, que é um ato materialmente jurisdicional. Somente se a decisão se apresentar teratológica caberá ao Judiciário eliminar a arbitrariedade.

Não se pode retirar das Câmaras de Vereadores o poder de cassar o mandato eletivo dos prefeitos municipais, obedecidas as garantias da ampla defesa e do contraditório. Inaceitável subtrair do Poder Legislativo o julgamento político do chefe do Poder Executivo.

Insito ao poder de cassação do mandato é, sem dúvida, o poder de afastamento provisório do cargo, por prazo determinado, para garantia da instrução. Trata-se de poder implícito cuja admissão é imprescindível ao processo de operacionalização do princípio da responsabilidade.

RESPONSABILIDADE DOS AGENTES PÚBLICOS POR CONDUTAS OMISSIVAS APÓS A VIGÊNCIA DO CÓDIGO DE DEFESA DO CONSUMIDOR[1]

GEORGHIO A. TOMELIN
Acadêmico de Direito da Faculdade de Direito da PUC/SP

1. Introdução

O estudo das condutas estatais categorizadas como omissivas tem despertado grande interesse, especialmente no pertinente à indenização pelos danos delas advindos. De fato, ou o Estado age, ou não age. Agindo, o fará sempre na esteira do princípio da legalidade, devendo reparar, ao menos em princípio, os malefícios que causar aos administrados, em homenagem até ao princípio da equânime distribuição das cargas públicas.

O conteúdo das condutas comissivas estará sempre de antemão traçado no texto legal. Quanto às omissivas, também para que ganhem relevância jurídica, imprescindível a causalidade normativa – seu requisito essencial. A administração é a atividade daquele que não é senhor (Cirne Lima), e qualquer conduta de conteúdo negativo terá na lei, necessariamente, sua delimitação formal.

A mais autorizada doutrina – na esteira do pensamento francês – resolve a responsabilidade decorrente de conduta estatal omissiva por meio da teoria da *culpa de serviço*. Nestas hipóteses afastar-se-ia a teoria do risco integral (responsabilidade objetiva) para entender como subjetiva a responsabilidade extracontratual da Administração.

Assim esteve pacificado até que veio a lume o Código de Defesa do Consumidor (CDC), momento em que toda a sorte de vantagens foi conferida aos consumidores, com vistas a suprimir suas *vulnerabilidades*. Tratados presumidamente como hipossuficientes, se lhes conferiu a possibilidade de argüir a responsabilidade objetiva dos prestadores de serviços, sejam públicos ou privados (CDC, art. 14 c/c art. 22).

Mas o Estado não pode ser erigido à categoria de *segurador universal*,[2] mesmo porque "não é dado ao intérprete inculcar imbecilidade à norma jurídica".[3] Neste

1. Trabalho laureado com o *Prêmio Professor Caio Tácito – Melhor Monografia*, outorgado pelo Instituto Brasileiro de Direito Administrativo – IBDA, no XII Congresso Brasileiro e II Congresso Sul-Americano de Direito Administrativo, que se realizou na Cidade de Foz do Iguaçu em 6.8.98.

2. A locução é de Celso Antônio Bandeira de Mello, *Curso de Direito Administrativo*, 9ª ed., São Paulo, Malheiros Editores, p. 616 (XVII/59).

3. A frase lapidar está inserida na *petição de impugnação* à candidatura do Sr. Fernando Henrique Cardoso à Presidência da República, protocolada no

momento, deve ser revisto o elastério que se tem atribuído à teoria objetiva, para só então definir quais os casos em que estará o Estado obrigado a reparar o dano decorrente de sua inação, pela simples prova da linha de causação entre a conduta genericamente descrita no texto da lei e o dano experimentado pelo particular.

Há que se definir se os interesses difusos dos consumidores configuram *dimensão óbvia dos simples direitos subjetivos*, como pretende o professor Celso Antônio Bandeira de Mello,[4] ou se estamos realmente diante da superação da *summa divisio* entre o público e o privado propugnada por Mauro Cappelletti.[5]

A questão é relevantíssima e terá inúmeras conseqüências na prática cotidiana dos administradores. Estará o Estado em todos os seus atos jungido aos preceitos do Código de Defesa do Consumidor? Equiparar o conceito de *cidadão* ao de *consumidor* configura maior ou menor garantia para os administrados?

Tais indagações merecem respostas aprofundadas, e somente um estudo que parta da principiologia constitucional terá fôlego para respondê-las. Despretensiosamente, segue um esboço.

2. *Dignidade da pessoa humana e Estado de Direito*

Coexistir implica sempre coartar desilusões.[6] Instigados pela busca do ente que obviaria a tão sonhada *pax perpetua*, os cultores da filosofia contratualista desenvolveram toda uma justificação para a criação do Estado, por meio do *contrato social*.

Nessa toada, a Carta que dá nascedouro jurídico ao Estado brasileiro eleva à categoria de sobreprincípio a dignidade da pessoa humana. A um só tempo cria o ente supraindividual e lhe irroga a competência para curar, de maneira isonômica, as inevitáveis seqüelas advindas da coexistência em sociedade.

Os homens possuem expectativas, que ora recaem sobre suas próprias existências, e ora recaem sobre a pletora multitudinária que os cerca. Inevitável a conflituosidade: *communio est mater rixarum*.

Na mesma medida em que todos vêem na conjuração das desilusões individuais o caminho para a felicidade, é inexorável que acreditem num plexo mínimo de direitos coletivos, imprescindível a uma coexistência digna e pacífica. A definição destes, por acordo de vontades, gera o Estado Democrático de Direito, cuja principiologia, insculpida no "Preâmbulo" do Texto Maior, ilumina todo o conjunto de garantias constitucionais ali elencadas, visando à homogeneização procedimental dos relacionamentos intersubjetivos e à conseqüente proteção da pessoa humana.

3. *O Estado Democrático de Direito e a responsabilização*

Partimos do homem e de sua realidade fática. *Ex facto, ius oritur*. Nesse contexto, qual o papel do Estado? O que justificaria sua existência enquanto órgão superindividual?

Toda a tessitura do órgão estatal se volta para a função precípua de dar vazão ao somatório de expectativas humanas que subjazem ao inconsciente coletivo. A coisa pública deve, então, estar sinergicamente imantada por este somatório de expectativas. Na impossibilidade de atender à

TSE em 14.7.98 pelo advogado Celso Antônio Bandeira de Mello. Um excelente resumo da argumentação utilizada pelo referido mestre é o artigo publicado no jornal *Folha de S. Paulo* em 7.7.98 (1.3 – "Tendências/Debates").

4. Em artigo publicado na *RTDP* 15/107, "A democracia e suas dificuldades contemporâneas".

5. V., a respeito, o artigo "Formações sociais e interesses coletivos diante da Justiça Civil", *RePro* 5/128-159, janeiro-março/77.

6. Para um maior aprofundamento desta idéia consulte-se a obra magistral *Função Social da Dogmática Jurídica*, do professor Tércio Sampaio Ferraz, Max Limonad, 1998, reedição (no prelo).

vontade de todos, atenderá à da maioria, por meio dos seus representantes, sempre em nome da *vontade geral*.[7] Todo o poder emana do povo e em seu nome será exercido.

Para tanto, impõe-se à Administração aplicar a lei de ofício (Seabra Fagundes). O que não implica seja a competência a ela outorgada um cheque em branco (Caio Tácito). Deve-se sempre buscar a finalidade ótima insculpida no texto da lei (Celso Antônio), como vetor ao cumprimento de toda a principiologia insculpida no texto da Lei Maior (CF, art. 1º e incisos, art. 37, *caput*, art. 170 e incisos etc.). Ademais, ao Estado se atribui o monopólio do exercício da violência dita legítima, que no direito administrativo pode muito bem ser representada pelo *poder de polícia* e pela *auto-executoriedade* dos atos administrativos.[8]

Neste sentido, é de se perquirir, em cada momento histórico (Foucault), qual o *ontos epistêmico*[9] da função que se inculcará ao ente supraindividual. É o *modus operandi* de sua estrutura que vai garantir um funcionamento afinado com a prefalada vontade geral.

7. A locução *vontade geral* celebrizou-se na obra *Do Contrato Social*, do filósofo Jean-Jacques Rousseau, grande defensor da *democracia direta*. Logo, é de se ressaltar sua posição sempre avessa à *democracia representativa* (Montesquieu), exaltada no mesmo parágrafo.

8. "Para Balladore Pallieri, o Estado tem a 'competência das competências', já que fixa sua própria competência, sem depender de outras entidades" (Roque Antônio Carrazza. *Curso de Direito Constitucional Tributário*, 10ª ed., São Paulo, Malheiros Editores, 1997, p. 85).

9. O mestre Oswaldo Aranha Bandeira de Mello, com seu arraigado aristotelismo, brilhantemente leciona que: "O estudo do Estado como filosofia, isto é, dos seus primeiros princípios, envolve a pesquisa das suas razões explicativas. Pressupõe o exame das suas causas essenciais. Assim, a filosofia do Estado se preocupa em indagar das suas próprias causas. Por conseguinte, da sua origem, ou causa eficiente; do seu objetivo, ou causa final; dos elementos determináveis para a sua formação, ou causa material; e dos princípios que o determinam e o especificam, ou causa formal" (*Princípios Gerais de Direito Administrativo*, 2ª ed., v. I, Rio de Janeiro, Forense, 1979, p. 83).

"Ele [o Estado] é 'questionado' pela *proposta de tratar a metódica jurídica como a totalidade de todas as indagações segundo: funções – estruturas – modos de trabalho*, isto é, pela proposta de simultaneamente questionar como também praticar o Estado de Direito, porque ele é mediado pela realidade social e histórica, e de fazer isso segundo a pretensão do próprio Estado de Direito à racionalidade, ao controle, à modificação por meio da comunicação e do consenso ao invés da violência destituída de linguagem."[10]

De toda esta sistemática exsurgem como sobranceiros os princípios da representatividade e da responsabilidade, imanentes ao princípio republicano, todos sempre tão caros ao inolvidável Geraldo Ataliba. Tem a palavra final o publicista maior: "Se a coisa é pública pertence ao povo, perante este todos os seus gestores devem responder".[11]

4. *Fundamento da responsabilização e dever de indenizar*

Fundamenta-se a responsabilidade estatal por atos lesivos ao patrimônio de alguns na idéia geral de que o sobrevalor social não pode assentar-se sobre o desvalor de alguns. Em razão da natureza do ato praticado, o fundamento da responsabilização se *biparte*, conforme a licitude da conduta, na lição magistral do professor Celso Antônio Bandeira de Mello, cujas palavras são insubstituíveis:

"a) No caso de comportamentos *ilícitos* comissivos ou omissivos, jurídicos ou materiais, o dever de reparar o dano é a *contrapartida do princípio da legalidade*. Porém, no caso de comportamentos ilícitos

10. Friedrich Müller, *Direito – Linguagem – Violência: Elementos de uma Teoria Constitucional*, I, Porto Alegre, Sérgio Antônio Fabris Editor, 1995, p. 32.

11. *República e Constituição*, 2ª ed., São Paulo, Malheiros Editores, 1998, p. 66.

comissivos, o dever de reparar já é, além disso, imposto também pelo *princípio da igualdade*.

"b) No caso de comportamentos *lícitos*, assim como na hipótese de danos *ligados à situação criada pelo Poder Público* – mesmo que não seja o Estado o próprio autor do ato danoso –, entendemos que o fundamento da responsabilidade estatal é garantir uma equânime repartição dos ônus provenientes de atos ou efeitos lesivos, evitando que alguns suportem prejuízos ocorridos por ocasião ou por causa de atividades desempenhadas no interesse de todos. De conseguinte, seu fundamento é o princípio da igualdade, noção básica do Estado de Direito."[12]

No direito brasileiro, todavia, não se abraçou irrestritamente a teoria do risco integral, persistindo a necessidade de provar a culpa ou o dolo nas hipóteses em que o serviço *não funcionou*, *funcionou mal* ou *tardiamente*, podendo ter funcionado. Nestes casos a responsabilidade será subjetiva. A mera comprovação do nexo causal entre o dano experimentado e a inação do Estado não é suficiente a ensanchar a sua responsabilização. Necessário se faz provar a culpa do serviço.

Com efeito, nosso direito segue a dualidade do direito francês: "La responsabilité de la puissance publique, de même, est normalement liée à la *faute*; exceptionnellement, elle peut exister en *l'absence de faute*. Mais la faute administrative, ou *faute de service*, présente, par rapport à la faute civile, des caractères originaux; quand à la responsabilité sans faute, tout demeurant subsidiaire, elle est beaucoup plus developpée qu'en droit privé, et ne se fonde pas exclusivement sur le risque crée".[13]

Certeira a lição do mestre Rivero: o Poder Público, se age em descompasso com o mandamento legal, é presumivelmente faltoso, havendo ainda responsabilidade independentemente do risco criado; o que, a nosso ver, ocorre sempre que se lesam alguns para benefício da coletividade.

Ensina o mestre dos mestres, Oswaldo Aranha Bandeira de Mello, *in verbis*: "A responsabilidade fundada na teoria do risco-proveito pressupõe sempre ação positiva do Estado, que coloca terceiro em risco, pertinente à sua pessoa ou ao seu patrimônio, de ordem material, econômico ou social, em benefício da instituição governamental ou da coletividade em geral, que o atinge individualmente, e atenta contra a igualdade de todos diante dos encargos públicos, em lhe atribuindo danos anormais, acima dos comuns inerentes à vida em sociedade".[14]

Nesta sede, trataremos especificamente das *condutas omissivas*, restando, destarte, afastada a teoria objetiva. Isto pelo fato de que nas lesões decorrentes de condutas comissivas o problema do confronto com o Código de Defesa do Consumidor não se põe, pois nestes casos o mero descumprimento da lei administrativa inculcará responsabilidade objetiva ao Poder Público, esbanjando proteção ao administrado, pois os direitos administrativo e consumerista se complementam.

O problema surge quando o dano decorre da não prestação por parte de agente público de serviço que deveria ter prestado a tempo e modo à população. Figuremse, a título de exemplo, os serviços prestados gratuitamente em hospital da rede pública e os serviços rodoviários prestados por empresa concessionária do Estado, remunerada por meio de pedágio.

12. Ob. cit., pp. 608 e 909 (XVII/36) (os grifos estão no original).

13. Jean Rivero e Marcel Waline. *Droit Administratif*, Paris, Dalloz, 1994, p. 238.

14. *Princípios Gerais de Direito Administrativo*, 1ª ed., v. II, Rio de Janeiro, Forense, 1974, p. 487.

Trabalharemos, em homenagem à clareza, com estas duas hipóteses.

5. *A responsabilidade por atos omissivos*

Em linha de princípio, é aplicável às duas hipóteses aventadas o regime de direito administrativo, pois tanto o servidor do hospital quanto o administrador da concessionária estão jungidos ao plexo de normas publicísticas que imanta o atuar de todos os que laboram em nome do interesse público. Ademais, o *intuitus personæ* está presente em ambas as situações: o servidor prestou concurso, e a concessão[15] operou-se por meio de procedimento licitatório. Esta é a regra.

Logo, se o hospital não promoveu o procedimento cirúrgico, só responderá se for provado que o serviço não funcionou, funcionou mal ou tardiamente – quando estivesse em condições de funcionar. O mesmo se dá com a hipótese da concessionária.[16]

Diferentemente se concluirá, entretanto, se entendermos que o Código de Defesa do Consumidor incluiu no conceito de fornecedor de serviço *qualquer pessoa pública*. É o que se dessume de uma leitura rápida dos arts. 3º, 14 e 22 da Lei 8.078/90. Se assim for, aplica-se às duas hipóteses toda sorte de presunções legais inseridas no Código, e tanto a concessionária quanto o hospital responderão objetivamente. Assim tem entendido grande parte da doutrina consumerista, como se depreende da lição do jurista Zelmo Denari, *in verbis*: "(...) parece razoável concluir que, a partir do advento do Código de Defesa do Consumidor, a responsabilidade do Estado pelo funcionamento dos serviços públicos não decorre da falta mas do fato do serviço público, *ficando evidente que o legislador pátrio acolheu, iniludivelmente, a teoria do risco administrativo* (...)".[17]

Seria desastroso. Todas as vítimas do precário atendimento da rede hospitalar pública brasileira mereceriam indenização. Fática e juridicamente, esta não é a melhor solução, ainda que axiologicamente seja extremamente desejável. Vejamos.

O que singulariza a espécie de relação de consumo tutelada pelo Código de Defesa do Consumidor é o fato de ser grafada pela contraprestacionalidade direta, imediata, representada pela remuneração do serviço.[18] É pressuposto lógico para o Código de Defesa do Consumidor que o consumidor do serviço sempre haja versado os recursos que financiaram o conjunto dos procedimentos efetuados. Logo, o Código quer banir das relações de consumo a baliza que o elemento financeiro inculca aos serviços prestados.

Nesse diapasão, e na busca do equilíbrio, imputa responsabilidade objetiva ao prestador em caso de falha, como meio de compensar o consumidor por eventuais prejuízos decorrentes do apetite capitalista ou da mera exploração da atividade econômica. Tudo permeado pela idéia aprioristi-

15. "L'importance de son objet fait de la concession de service public un acte dominé par l'*intuitus personæ*" (André de Laubadère, *Traité de Droit Administratif*, 14ª ed., t. 1, Paris, LGDJ, 1996, pp. 829 e 830).

16. Verdade é que os contratos de concessão costumam ser minudentes, podendo ainda ser alterados unilateralmente pela Administração, motivo pelo qual se garante ao concessionário o equilíbrio econômico-financeiro. A Administração assim o faz para a garantia dos administrados. Este fato, entretanto, não impede a existência de situações reais de responsabilização por omissão fundada na teoria da *faute de service*.

17. In *Código Brasileiro de Defesa do Consumidor – Comentado pelos Autores do Anteprojeto*, 5ª ed., Rio de Janeiro, Forense Universitária, 1998, p. 179 (grifamos).

18. Assim está redigido o § 2º do art. 3º do CDC: "Serviço é qualquer atividade fornecida no mercado de consumo, *mediante remuneração*, inclusive as de natureza bancária, financeira, de crédito e securitária, salvo as decorrentes das relações de caráter trabalhista".

ca de que a *perfectibilidade* do serviço prestado deve ser o correlato lógico do *lucro* percebido. *Perfeição* e *lucro* restariam equiparados, respectivamente, aos funtores *necessário* e *contingente* estudados pela lógica alética.

Por óbvio, "a conjugação 'orgânica' da técnica com o lucro precede a sua junção com a ciência" – alerta o filósofo Jean-François Lyotard.[19] Ressalve-se, contudo, que aos serviços prestados pelo ente estatal se inculca *performatividade máxima*, representada pela finalidade ótima inserida no texto da lei, a ser buscada por aqueles que manuseiam poderes públicos. O mesmo não se pode exigir do mercado, jungido a leis de índole privatística. Na esfera privada se pode fazer tudo o que a lei não proíbe.

Temos, destarte, dois regimes que se entremeiam quando da prestação, em nome do Estado, de serviços aos particulares. Qual regime aplicar para o ressarcimento dos danos eventualmente advindos das escaramuças entre o atos estatais e a esfera de direitos dos particulares?

Se estivermos diante da mais-valia, inquestionavelmente será aplicável o Código do Consumidor, e teremos responsabilidade objetiva, independentemente da natureza do ato.

Sempre que estivermos diante de um serviço prestado diretamente pelo Estado em obediência à lei, independentemente de prestação pecuniária direta, será aplicável o direito administrativo e teremos a possibilidade de responsabilidade subjetiva (*faute de service*), fazendo-se necessária a prova da culpa do serviço.

Ao que tudo indica, para o hospital da rede pública se aplica a responsabilidade subjetiva, fazendo-se necessária a prova da culpa, quando inquinado de omisso. Já para a concessionária de serviços rodoviários, remunerada por meio de pedágio – contraprestação direta –, se imputa responsabilidade objetiva, bastando a prova da ocorrência do dano e o nexo causal.

6. *Conclusão*

A promulgação do Código do Consumidor constituiu um grande avanço e um instrumento a mais na proteção dos administrados. Não tem este, contudo, o condão de derrogar o regramento de direito administrativo validamente expedido e afinado com o Texto Básico de 1988.

Erigir o Estado à categoria de segurador universal em nada contribuiria para o desenvolvimento e melhoria da qualidade de vida como um todo. As soluções reais para os problemas que afligem a parcela da população menos afortunada virão com a atualização da técnica, pelo investimento e pela pesquisa.

A relação de hipossuficiência de que fala o Código de Defesa do Consumidor não se aplica às relações diretas entre administrado e Estado. Frente ao *Estado* nunca seremos vulneráveis ou hipossuficientes pois *ele* nos pertence. O Estado é a própria sociedade civil jurídica e politicamente organizada.[20]

De revés, frente aos concessionários – aos quais a Administração delega a execução de serviço público em nome próprio – persiste a relação de hipossuficiência, sendo assegurado ao usuário lesado pela desídia do fornecedor a responsabilização objetiva deste, mesmo nos casos de conduta omissiva.

Outra não poderia ser a conclusão. Admitir como plausível que o Estado responda sempre objetivamente, em todas as hi-

19. In *A Condição Pós-Moderna*, Lisboa, Gradiva Publicações, 1989.

20. Apesar do caráter peremptório de tal afirmação, entendemos que em nada resta vergastada a distinção entre *interesse público primário* e *interesse público secundário*, tão cara ao administrativista italiano Renato Alessi.

póteses, equivaleria a dizer que as prioridades estatais, após a publicação do Código de Defesa do Consumidor, são passíveis de inversão em face das contingências inerentes à vida humana. Uma simples epidemia que assolasse a população teria o condão de paralisar o Estado por falta de recursos, pelas infinitas indenizações que passariam a ser devidas. Ao que tudo indica, não é esta a *mens legis* que se quis atribuir ao Código de Defesa do Consumidor.

7. *Bibliografia*

ATALIBA, Geraldo. *República e Constituição*. 2ª ed., atualizada por Rosolea Miranda Folgosi. São Paulo, Malheiros Editores, 1998.

BANDEIRA DE MELLO, Celso Antônio. "A democracia e suas dificuldades contemporâneas". *RTDP* 15. 1998.

_______ . *Curso de Direito Administrativo*. 9ª ed. São Paulo, Malheiros Editores, 1997.

BANDEIRA DE MELLO, Oswaldo Aranha. *Princípios Gerais de Direito Administrativo*. 1ª ed., v. II, e 2ª ed., v. I. Rio de Janeiro, Forense, 1974 e 1979.

CAPPELLETTI, Mauro. "Formações sociais e interesses coletivos diante da Justiça Civil". *RePro* 5. Janeiro-março/77.

CARRAZZA, Roque Antônio. *Curso de Direito Constitucional Tributário*. 10ª ed. São Paulo, Malheiros Editores, 1997.

CIRNE LIMA, Ruy. *Princípios de Direito Administrativo*. 5ª ed. São Paulo, Ed. RT, 1982.

DI PIETRO, Maria Sylvia Zanella. *Direito Administrativo*. 8ª ed. São Paulo, Atlas, 1997.

FERRAZ, Tércio Sampaio. *Função Social da Dogmática Jurídica*. São Paulo, Max Limonad, 1998, reedição (no prelo).

FIGUEIREDO, Lucia Valle. *Curso de Direito Administrativo*. São Paulo, Malheiros Editores, 1998.

FOUCAULT, Michel. *A Verdade e as Formas Jurídicas*. Rio de Janeiro, Nau Editora, 1996.

GRINOVER, Ada Pellegrini, e outros. *Código Brasileiro de Defesa do Consumidor – Comentado pelos Autores do Anteprojeto*. 5ª ed. Rio de Janeiro, Forense Universitária, 1998.

LAUBADÈRE, André de. *Traité de Droit Administratif*. 14ª ed., t. 1. Paris, LGDJ, 1996 (pp. 829 e 830).

LYOTARD, Jean-François. *A Condição Pós-Moderna*. Lisboa, Gradiva Publicações, 1989.

MANCUSO, Rodolfo de Camargo. *Interesses Difusos – Conceito e Legitimação para Agir*. 4ª ed. São Paulo, Ed. RT, 1998.

MÜLLER, Friedrich. *Direito – Linguagem – Violência: Elementos de uma Teoria Constitucional, I*. Porto Alegre, Sérgio Antônio Fabris Editor, 1995.

RIVERO, Jean, e WALINE, Marcel. *Droit Administratif*. Paris, Dalloz, 1994.

SEABRA FAGUNDES, Miguel. *O Controle dos Atos Administrativos pelo Poder Judiciário*. 4ª ed. Rio de Janeiro, Forense, 1967.

TÁCITO, Caio. *Abuso de Poder Administrativo no Brasil – Conceitos e Remédios*. 1959.

O PODER EXECUTIVO E O PODER LEGISLATIVO NO CONTROLE DE CONSTITUCIONALIDADE*

GILMAR FERREIRA MENDES
Procurador da República – Professor Adjunto da Universidade de Brasília-UnB – Mestre em Direito pela Universidade de Brasília-UnB – Doutor em Direito pela Universidade de Münster, República Federal da Alemanha

I – Introdução. II – Poder Executivo e Poder Legislativo no controle direto da legitimidade dos atos normativos. III – O Executivo e o Legislativo no controle abstrato de normas: a ação direta de inconstitucionalidade ou de constitucionalidade de lei ou ato normativo. IV – O Executivo e o Legislativo no controle incidental de normas.

I – Introdução

O tema relativo ao papel do Legislativo e do Executivo no controle de constitucionalidade suscita um número elevado de indagações. Evidentemente, essas questões passam pelo próprio controle de legitimidade dos atos normativos no âmbito dos Poderes Executivo e Legislativo, envolvendo até mesmo a atuação de órgãos superiores desses Poderes no controle direto de constitucionalidade.

Assim, tanto o exercício do poder de veto por parte do Chefe do Executivo, quanto o controle de constitucionalidade exercido pelos órgãos legislativos situam-se no contexto desse esforço de controle de constitucionalidade dos atos normativos pelos Poderes Executivo e Legislativo.

Outra questão de relevo neste contexto refere-se à possibilidade ou não de o Executivo deixar de cumprir decisão legislativa com fundamento em uma alegada inconstitucionalidade.

A controvérsia, que, sob o regime constitucional anterior, ganhou alguma densidade doutrinária e jurisprudencial, perdeu, certamente, muito do seu significado prático em face da nova disciplina conferida à ação direta de inconstitucionalidade. A outorga do direito para propor a ação direta, aos Chefes do Executivo federal e estadual, retira, senão a legitimida-

* Palestra proferida no Congresso Brasileiro de Administração Pública e Direito Municipal, IGAM, 25, 26 e 27.10.95, Canela – RS.

de desse tipo de conduta, pelo menos na maioria dos casos, a motivação para a adoção dessa conduta de quase desforço no âmbito do Estado de Direito.

Não se pode perder de vista, outrossim, que o controle de constitucionalidade acaba por ser visto pelo Executivo e pelo Legislativo como óbice ou estorvo na realização de dadas políticas. A decisão judicial que afirma a inconstitucionalidade de uma decisão legislativa traduz-se, não raras vezes, em obstáculo definitivo a consecução de determinados objetivos, eliminando uma ou algumas possíveis soluções alvitradas.

Nesse sentido, pode-se dizer que o chamado "legislador negativo" converte-se em legislador positivo, na medida que ele se mostra capaz de delimitar ou restringir as alternativas políticas a serem utilizadas. O Legislativo ou o Executivo poderão adotar todas as alternativas políticas possíveis, dentre aquelas consideradas legítimas pelos órgãos judiciários.

Mencione-se, a propósito, que, desde a entrada em vigor da CF 88 até os dias atuais, o STF deferiu cerca de 600 liminares para suspender a eficácia de atos normativos estaduais ou federais no âmbito da ação direta de inconstitucionalidade. Muitas dessas decisões ainda não foram confirmadas pelo Supremo Tribunal (cerca de 508), restando a eficácia normativa da disposição suspensa com base tão-somente na decisão cautelar.

Evidentemente, a simples instauração de controvérsia sobre a legitimidade ou não de uma determinada decisão legislativa já se mostra apta a produzir uma ampla insegurança jurídica, podendo dar ensejo ao adiamento da implementação de determinadas decisões legislativas.

É nesse contexto que surge também a necessidade de que se desenvolva um instrumento que assegure ao Legislativo e ao Executivo a possibilidade de provocar o Judiciário, não para provocar uma declaração de inconstitucionalidade, mas, ao revés, para afirmar, de maneira definitiva, a legitimidade de uma dada lei.

A Emenda Constitucional 3, de 1993, veio, ainda que parcialmente, colmatar a lacuna identificada, permitindo que, em caso de dúvida ou controvérsia, sobre a legitimidade de uma lei federal, pudessem o Presidente da República, a Mesa da Câmara dos Deputados, a Mesa do Senado Federal ou, ainda, o Procurador-Geral da República provocar o Supremo Tribunal com o objetivo de colher, com eficácia contra todos e efeito vinculante, uma declaração de constitucionalidade de ato normativo.

É verdade que, em face do Texto Constitucional federal, não há espaço para discussão sobre a possibilidade de se utilizar ação direta de constitucionalidade perante o STF com o objetivo de ver afirmada a legitimidade de direito estadual.

A questão que remanesce refere-se à possibilidade de o Estado-membro instituir a ação declaratória de constitucionalidade para a aferição de legitimidade do direito estadual ou municipal em face da Constituição estadual.

Outra questão sensível, na qual Legislativo e Executivo estão necessariamente envolvidos, diz respeito ao controle de constitucionalidade da omissão. Embora o constituinte brasileiro tenha tratado o controle de constitucionalidade da ação e o controle de constitucionalidade da omissão como instrumentos distintos, não é difícil concluir que esses institutos estão mais próximos do que uma análise superficial poderia indicar.[1]

Assinale-se, por último, que o modelo constitucional fez ressurgir, entre nós, sistema de controle de legitimidade dos atos regulamentares que deverá ser exercido

1. Cf. Gilmar Ferreira Mendes, "A doutrina constitucional e o controle de constitucionalidade como garantia da cidadania", *Cadernos de Direito Tributário e Finanças Pública*, 3/21-43, v. 1, abr.-jun./93.

pelo Congresso Nacional (ou pelas Assembléias Legislativas, se for o caso, no plano estadual (CF, art. 49, V).

Antes de contemplarmos cada uma das questões enunciadas, afigura-se-nos conveniente, senão necessário, assentar que o Texto Constitucional de 1988 introduziu uma mudança radical no nosso sistema de controle de constitucionalidade.

A ampla legitimação conferida ao controle abstrato, com a inevitável possibilidade de se submeter qualquer questão constitucional ao STF, operou uma mudança substancial – ainda que não desejada – no modelo de controle de constitucionalidade até então vigente no Brasil.

O monopólio de ação outorgado ao Procurador-Geral da República no sistema de 1967/69 não provocou uma alteração profunda no modelo incidente ou difuso. Este continuou predominante, integrando-se a representação de inconstitucionalidade a ele como um elemento ancilar, que contribuía muito pouco para diferenciá-lo dos demais sistemas "difusos" ou "incidentes" de controle de constitucionalidade.

A CF 88 reduziu o significado do controle de constitucionalidade incidental ou difuso ao ampliar, de forma marcante, a legitimação para propositura da ação direta de inconstitucionalidade (CF, art. 103), permitindo que, praticamente, todas as controvérsias constitucionais relevantes sejam submetidas ao STF mediante processo de controle abstrato de normas.

Convém assinalar que, tal como já observado por Anschütz ainda no regime de Weimar, toda vez que se outorga a um Tribunal especial atribuição para decidir questões constitucionais, limita-se, explícita ou implicitamente, a competência da jurisdição ordinária para apreciar tais controvérsias.[2]

Portanto, parece quase intuitivo que, ao ampliar, de forma significativa, o círculo de entes e órgãos legitimados a provocar o STF, no processo de controle abstrato de normas, acabou o constituinte por restringir, de maneira radical, a amplitude do controle difuso de constitucionalidade.

Assim, se se cogitava no período anterior a 1988 de um *modelo misto* de controle de constitucionalidade, é certo que o forte acento residia, ainda, no amplo e dominante sistema difuso de controle. O controle direto continuava a ser algo acidental e episódico dentro do sistema difuso.

Ressalte-se que essa alteração não se operou de forma ainda profunda porque o STF manteve a orientação anterior, que considerava inadmissível o ajuizamento de ação direta contra direito pré-constitucional em face da nova Constituição.

A ampla legitimação, a presteza e celeridade desse modelo processual, dotado inclusive da possibilidade de se suspender imediatamente a eficácia do ato normativo questionado, mediante pedido de cautelar, fazem com que as grandes questões constitucionais sejam solvidas, na sua maioria, mediante a utilização da ação direta, típico instrumento do controle concentrado.

A particular conformação do processo de controle abstrato de normas confere-lhe, também, novo significado como instrumento federativo, permitindo a aferição da constitucionalidade das leis federais mediante requerimento de um Governador de Estado e a aferição da constitucionalidade das leis estaduais, mediante requerimento do Presidente da República.

A propositura da ação pelos partidos políticos com representação no Congresso Nacional concretiza, por outro lado, a idéia de defesa das minorias, uma vez que se assegura até às frações parlamentares menos representativas a possibilidade de argüir a inconstitucionalidade de lei.

2. Gerhard Anschütz, *Verhandlungen des 34. Juristentangs,* v. II, Berlim e Leipzig, 1927, p. 208.

A outorga do direito de propositura da ação direta de inconstitucionalidade aos partidos políticos com representação no Congresso Nacional realiza, de forma radical, a idéia, exposta inicialmente por Kelsen, da utilização da jurisdição constitucional, especialmente do controle abstrato de normas, para a defesa das minorias.[3]

Tal como afirmado, a CF 88 pretendeu preservar o chamado sistema misto de controle de constitucionalidade, combinando elementos do sistema difuso com aqueles outros do modelo concentrado de controle de normas. Todavia, a ampliação do direito de propositura fez com que se reduzisse o significado do sistema difuso de controle em geral. Quase todas as questões fundamentais sobre controle de constitucionalidade são veiculadas em ação direta de inconstitucionalidade.

A amplitude do direito de propositura faz com que até mesmo pleitos tipicamente individuais sejam submetidos ao STF mediante ação direta de inconstitucionalidade. Assim, o processo abstrato de normas cumpre, entre nós, uma *dupla função*: ele atua tanto como instrumento de defesa da ordem objetiva, quanto como instrumento de defesa de posições subjetivas.[4]

Finalmente, ressalte-se que a CF 88 resolveu a controvérsia sobre a possibilidade de se instaurar o controle abstrato de normas municipais, autorizando expressamente o constituinte estadual a instituir a representação de inconstitucionalidade perante o Tribunal de Justiça, tendo como parâmetro de controle o direito constitucional estadual (CF, art. 125, § 2º). Subsiste, portanto, a impossibilidade de se submeter o direito municipal a um controle direto em face da CF.

3. Hans Kelsen, *Entwicklung der Staatsgerichtsbarkeit*, VVDStRL 5 (1929), pp. 30 e ss.

4. Peter Häberle, "Grundprobleme der Verfassungsgerichtsbarkeit", in *Verfassungsgerichtsbarkeit*, Darmstadt, 1976, p. 1 (14).

II – Poder Executivo e Poder Legislativo no controle direto da legitimidade dos atos normativos

1. Considerações preliminares

Executivo e Legislativo tem um papel marcante em algumas questões relacionadas com o controle de legitimidade dos atos do Poder Público:

(*1*) o exercício do poder de veto com fundamento na inconstitucionalidade da lei, típica atribuição do Executivo, entre nós;

(*2*) a possibilidade de suspensão de atos normativos que exorbitem dos limites estabelecidos em lei (art. 49, V);

(*3*) a correção de decisões judiciais pelo Poder Legislativo;

(*4*) a possibilidade de anulação dc atos normativos pelo Legislativo;

(*5*) a possibilidade de que o Executivo se negue a aplicar a lei com fundamento no argumento da inconstitucionalidade;

(*6*) a possibilidade de que se declare a nulidade de lei mediante ato de natureza legislativa.

2. O poder de veto sob o argumento da inconstitucionalidade do projeto de lei

É fácil ver que o veto de um projeto de lei sob o argumento da inconstitucionalidade outorga ao Executivo uma faculdade de enorme significado num sistema constitucional, que, como visto, privilegia o controle judicial de constitucionalidade das leis.

Não são raros os autores que identificam aqui configuração de um modelo preventivo de controle de constitucionalidade.

É verdade que esse poder há de ser exercido *cum grano salis*, não se confundindo com aquele outro, que autoriza o Chefe do Executivo a negar a sanção a projetos de lei manifestamente contrários ao interesse público.

Evidentemente, a vinculação de todos os órgãos públicos à Constituição não permite que o Chefe do Poder Público se valha do veto com fundamento na inconstitucionalidade com a mesma liberdade com que poderá utilizar o veto com base no interesse público.

Dir-se-á, porém, que eventual utilização abusiva do veto com fundamento na suposta inconstitucionalidade da proposição poderia ser sempre reparada, pois estaria sujeita a apreciação e, portanto, ao controle do organismo parlamentar competente.

Essa resposta é evidentemente insatisfatória, porque admite que um órgão público invoque eventual inconstitucionalidade sem que esteja exatamente convencido da sua procedência. Isto relativiza, de forma inaceitável, a vinculação dos Poderes Públicos à Constituição. Por outro lado, parece inequívoco que a apreciação do veto pela Casa Legislativa não se inspira exatamente em razões de legitimidade. A ausência de maioria qualificada fundada em razões meramente políticas implicará a manutenção do veto ainda que lastreado em uma razão de inconstitucionalidade absolutamente despropositada.

A indagação que subsiste diz respeito à possibilidade de que se pudesse judicializar a questão constitucional, tendo em vista a aferição da legitimidade ou não do fundamento invocado.

Em um sistema de rígida vinculação à Constituição, parece plausível admitir, pelo menos, que a maioria que garantiu a aprovação da lei deveria ter a possibilidade de instaurar tal controvérsia. Quanto ao instrumento processual adequado, deve-se mencionar que o STF tem admitido a utilização do mandado de segurança em situações típicas de conflito entre órgãos.[5]

Assim, esse controle político de legitimidade[6] também estaria submetido ao controle judicial.

3. A sustação de atos de delegação e dos atos regulamentares pelo Poder Legislativo

O art. 49, V, da CF 88, restabeleceu, parcialmente, na ordem constitucional brasileira instituto que havia sido introduzido entre nós na Constituição de 1934 (CF, art. 91, II), autorizando o Congresso Nacional a sustar os atos legislativos que ultrapassem os limites da delegação outorgada (lei delegada) ou os atos normativos que exorbitem do poder regulamentar ou dos limites de delegação legislativa.

Trata-se de fórmula excepcional no sistema constitucional brasileiro, que, por isso mesmo, há de merecer uma interpretação estrita.

Nas suas anotações à Constituição de 1934, observou Pontes de Miranda a propósito: "(...) o inciso II do art. 91 constitui atribuição importantíssima. É a primeira vez que adotamos exame dos regulamentos sem o caso concreto, exame da lei em si mesma, em sua existência (..). A Constituição brasileira vai além, posto que só se exerça o poder de exame depois de emitidos. Um pouco função de Alta Corte constitucional, como preconizamos em 1932. O poder do Senado Federal, no caso do inciso II, é total e definitivo. Pode refugar parte ou todo o regulamento. É um intérprete da Constituição e das leis, a respeito de regulamentos do Poder Executivo".[7]

Evidentemente, essa competência excepcional – um autêntico controle político de legitimidade – é suscetível de contraste na via judicial.

5. MS 20.257, Min. Moreira Alves, *RTJ* 99/1.031-1.041.

6. Cf., a propósito, Anna Cândida da Cunha Ferraz, *Conflito entre Poderes,* São Paulo, 1994, p. 204.

7. *Comentários à Constituição da República dos Estados Unidos do Brasil*, t. I, pp. 770-771.

O próprio STF tem entendido ser admissível a ação direta de inconstitucionalidade contra resolução de órgão legislativo que suste a eficácia de ato regulamentar. Nesse sentido, registre-se que aquela Corte já acolheu ação direta proposta com o objetivo de impugnar a legitimidade de Decreto Legislativo estadual que suspendeu os efeitos de ato do Poder Executivo sem a observância dos limites estabelecidos no art. 49, V, da Constituição.[8]

Deve-se registrar que, salvo melhor juízo, esse instituto não se mostra apto a propiciar um efetivo instrumento de controle contra abusos perpetrados pelo Executivo no exercício do Poder Regulamentar. Já a dificuldade de colher maiorias nas Casas Parlamentares para lograr uma decisão clara sobre a legitimidade do ato normativo questionado demonstra a insuficiência desse instituto como instrumento de aferição de legitimidade do ato normativo. Por isso, ninguém poderá, em sã consciência, sustentar que a falta de uma decisão da Casa Legislativa sobre a observância ou não pelo Poder Executivo dos limites do poder regulamentar corresponderia a uma decisão de improcedência.

A importância que assume o regulamento na ordem jurídica parece sugerir a necessidade de que, ao lado desse instrumento, se desenvolva forma mais expedita de controle de legitimidade dos atos regulamentares.

Kelsen já havia assinalado que qualquer ofensa contra o Direito ordinário configuraria uma ofensa indireta contra a própria Constituição, desde que esta contivesse o princípio da legalidade da Administração.[9] Não obstante, enquanto a inconstitucionalidade *direta* poderia ser aferida pela via abstrata, a inconstitucionalidade *indireta* somente poderia ser examinada dentro de um sistema de controle da legalidade. Com a diferenciação entre a *inconstitucionalidade direta* e *indireta*, esforçava-se Kelsen para superar as dificuldades práticas decorrentes da ampliação desse conceito de inconstitucionalidade.[10] Reconhecia-se, porém, a dificuldade de se traçar uma linha precisa entre a inconstitucionalidade *direta* e *indireta*.[11]

Sem fazer qualquer distinção entre inconstitucionalidade *direta* e *indireta*, a doutrina brasileira enfatiza que qualquer regulamento que deixe de observar os limites estabelecidos em lei é inconstitucional.

A CF 88, tal como já fizera a Constituição de 1967/1969 (art. 153, § 2º, c/c 81, III), consagra no art. 5º, II, os princípios da supremacia da lei e da reserva legal como elementos fundamentais do Estado de Direito, exigindo que o poder regulamentar do Executivo seja exercido apenas para *fiel execução da lei* (CF, art. 84, IV).

Disso resulta diretamente, pelo menos no que concerne aos direitos individuais, que a ilegalidade de um regulamento equivale a uma inconstitucionalidade, porque a legalidade das normas secundárias expressa princípio do Direito Constitucional objetivo[12] ("Ninguém está obrigado a fazer ou deixar de fazer alguma coisa senão em virtude de lei" (CF, art. 5º, II).

Entendimento contrário levaria a uma completa ruptura com a necessária vinculação da Administração à Constituição, uma vez que ela poderia editar qualquer ato regulamentar, ainda que em contradição com os direitos individuais, sem observância do princípio da reserva legal.[13]

8. Cf., sobre o assunto, ADIn 748, rel. Min. Celso de Mello, *DJ* 6.11.92, p. 20.105.

9. Hans Kelsen, *Wesen und Entwicklung der Staatsgerichtsbarkeit*, VVDStRL 5 (1929), p. 41.

10. Como observado por Ipsen (*Rechtsfolgen der Verfassungswidrigkeit von Norm und Einzelakt*, p. 147), o ponto central do problema residia, para Kelsen, na diferenciação entre a competência da jurisdição constitucional e da jurisdição administrativa.

11. Hans Kelsen, *Wesen und Entwicklung der Staatsgerichtsbarkeit*, VVDStRL 5 (1929), p. 39.

12. Geraldo Ataliba, "Poder regulamentar do Executivo", *RDP* 57-58/197-198.

13. Cf., a propósito, no Direito alemão, Erichsen, *Staatsrecht und Verfassungsgerichtsbarkeit*, v. I, p. 20.

Nesse caso, tal como já ressaltado por Papier, *a legalidade da restrição configura condição de sua constitucionalidade*. A contrariedade à lei representa sempre um caso de ofensa a direito individual.[14]

É certo que a inexistência de um sistema de controle judicial que permita aferir a legitimidade da atividade regulamentar pode levar a uma *desvalorização* do postulado da supremacia da lei e da reserva legal.[15] Outrossim, a falta de controle judicial, nesses casos, pode flexibilizar excessivamente o princípio da divisão dos poderes, afetando, assim, uma decisão fundamental do constituinte (CF, art. 2º).

Por outro lado, a proximidade – às vezes, a quase contusão – entre a questão constitucional e a questão legal na relação entre lei e regulamento não recomenda que a competência para conhecer dessa questão seja deferida a uma outra Corte de Justiça, como já se cogitou entre nós, uma vez que, muito possivelmente, surgiriam conflitos de interpretação praticamente insolúveis.

Assim, poder-se-ia cogitar da criação de instituto especial, nos moldes estabelecidos pelo art. 139 da Constituição austríaca, conferindo também o controle abstrato da legitimidade dos atos regulamentares ao STF, mediante iniciativa de órgãos do Poder Legislativo (eventualmente, as Mesas da Câmara e do Senado Federal) e do Procurador-Geral da República.[16]

4. A "correção" de decisões judiciais pelo Poder Legislativo

Na Constituição de 1937, criou-se a possibilidade de se suspender, mediante ato legislativo, decisão judicial que declarasse inconstitucionalidade do ato normativo. Isso deveria ocorrer através de uma resolução do Parlamento Nacional, aprovada por uma maioria qualificada de dois terços dos votos (art. 96). Esse instituto deveria cumprir dupla função: *confirmar a validade da lei e cassar a decisão judicial questionada*.[17] A lei *confirmada* ganhava, assim, a força de uma Emenda Constitucional.[18]

A necessidade desse instituto foi justificada com o caráter pretensamente *antidemocrático* da jurisdição, o que acabava por permitir a utilização do controle de normas como instrumento aristocrático de preservação do poder ou como expressão de um *Poder Moderador*.[19]

14. Hans-Jürgen Papier, "'Spezifisches Verfassungsrecht' und 'einfachos Recht' als Argumentationsformel des Bundesverfassungsgerichts", in *Bundesverfassungsgericht und Grundgesetz*, v. I, p. 432 (434).

15. Cf. O. A. Bandeira de Mello, *Princípios Gerais de Direito Administrativo*, v. I, pp. 314-316; Geraldo Ataliba, "Poder regulamentar do Executivo", *RDP* 57-58/196; Rui Cirne Lima, *Princípios de Direito Administrativo*, p. 37; Pontes de Miranda, *Comentários à Constituição de 1967, com a Emenda n. 1, de 1969*, v. III, pp. 312-314; sobre a questão no Direito tedesco, cf., Stern, *Staatsrecht der Bundesrepublik*, v. 1, pp. 85-87.

16. Cf., sobre o assunto, proposta de emenda revisional do deputado Adroaldo Streck (Proposta n. 3.342), que recomendava também a supressão do art. 49, X (competência do Congresso Nacional para sustar atos do Poder Executivo que exorbitem do poder regulamentar ou dos limites de delegação legislativa).

17. José de Castro Nunes, *Teoria e Prática do Poder Judiciário*, Rio de Janeiro, 1943, p. 593.

18. Celso Bastos, *Curso de Direito Constitucional*, p. 63.

19. Francisco Campos, "Diretrizes constitucionais do novo Estado brasileiro", *RF* 415-417/229, v. 73, jan.-mar./38. Cf., a seguinte passagem, *verbis*:

"Não me parece essencial ao Poder Judiciário a prerrogativa de declarar a inconstitucionalidade das leis ou de recusar-lhes a execução com fundamento na sua incompatibilidade com a carta constitucional. Para que se pudesse considerar como essencial essa prerrogativa, seria indispensável que sem ela não se pudesse conceber a existência do Poder Judiciário.

"Ora, tal prerrogativa não é um atributo que se encontre reconhecido universalmente ao Poder Judiciário. Ao contrário, é um atributo do Poder Judiciário do tipo americano, e mesmo nos Estados Unidos seriamente combatido com os melhores fundamentos.

"A Constituição americana é, como se sabe, obra de um pequeno número de grandes legistas. A supremacia do Poder Judiciário, mediante a prerrogativa que lhe foi atribuída de guarda suprema da Constituição, foi um arranjo ou uma construção imaginada por legistas.

"Os legistas são, por natureza, conservadores, e a perspectiva de mudanças, inovações ou experiências sempre os intimida Os interesses criados constituem o centro das suas preocupações. Nos arranjos ou nas combinações dos mecanismos de governo, de processo ou de justiça, o que domina o seu espírito não é o lado dinâmico, liberal ou progressista, mas o estático, o das garantias que assegurem a permanência do *status quo*, a duração do adquirido, a estabilidade das situações consolidadas, a conservação dos interesses criados. O mundo dos legistas não é o do futuro, mas o do passado, o mundo dos arquétipos ou das fórmulas em que se cristalizou a experiência do passado.

"Os legistas que formularam a teoria da Constituição americana não constituíam exceção aos caracteres que definem em todo o mundo a família dos legistas. A implantação de instituições eminentemente dinâmicas como são as instituições democráticas despertou no seu espírito o temor de que elas viessem a constituir fonte de desassossego ou de mudanças na ordem de cousas estabelecida. Cumpria tutelar os poderes de origem popular, sujeitos às injunções da opinião pública, criando um super poder, de caráter permanente e sem nenhuma dependência para com os movimentos de opinião, de maneira que os órgãos representativos não fossem compelidos pelas pressões populares a entrar no caminho das inovações ou das reivindicações democráticas, que sempre se fazem, como é natural, à custa dos interesses criados. Ora, os juízes, não só pela formação especial do seu espírito, como pela situação privilegiada que lhe era assegurada na Constituição, tenderiam, naturalmente, a manter a ordem de cousas estabelecida, procurando, de boa-fé, interpretar a Constituição no sentido da concepção do mundo próprio à sua família espiritual, isto é, de acordo com o princípio, que informa toda filosofia conservadora, de que a ordem de cousas vigentes em um dado momento é a ordem natural e eterna.

"O mecanismo de controle judicial, inventado pelos legistas americanos, correspondia, inteiramente, aos motivos, conscientes ou obscuros, que os inspiravam. O caráter dinâmico das instituições democráticas se achava coarctado por uma poderosa força de inibição, tanto mais poderosa quanto idealizada por uma hábil propaganda. que conseguiu criar no público a convicção de que a peça teria por função proteger o povo contra os abusos do poder.

"A verdade, porém, e que o mecanismo de controle judicial da constitucionalidade das leis tinha por fim exclusivo a proteção dos interesses criados ou da ordem de cousas estabelecida contra as veleidades de iniciativa dos poderes representativos no sentido de favorecer as aspirações populares ou de alterar, na direção democrática, as relações de poder existentes no País ao tempo da promulgação da Constituição.

"A ideologia conservadora encontrou, assim, no Poder Judiciário, o instrumento destinado a moderar ou inibir os ímpetos democráticos da Nação. A Constituição passava, por um processo metafísico, a incorporar a filosofia dos juízes. Essa filosofia, que se confundia com a Constituição, tornava-se, assim, filosofia obrigatória no País. Só era constitucional a concepção do mundo dos juízes, os seus pontos de vista preconcebidos em relação à sociedade, aos direitos individuais e aos interesses da Nação. Por este artifício, a política de uma democracia, a qual, como toda política democrática, é eminentemente ativa e dinâmica, era transferida dos órgãos de delegação popular para um cenáculo de notáveis, que uma série de prerrogativas e de privilégios tornava independente, senão impermeável às mudanças operadas no sentimento público ou na concepção da vida dos seus contemporâneos.

"Completando o processo, seguramente ingênuo e de boa-fé, de dissimulação do papel conferido ao Poder Judiciário, a teoria procurou atenuar a sua importância, declarando que o julgamento dos Tribunais pressupõe uma provocação e um litígio, isto é, que o supremo intérprete da Constituição não tem a faculdade de interpretá-la em abstrato. Como observa, porém, Lord Birkenhead, quando o Tribunal decidindo um litígio, declara a lei inconstitucional, o que ele decide, em última análise, é o caso da lei, privando-a de toda autoridade.

"Ora, a Constituição tem por conteúdo os grandes poderes do governo destinados a ser exercidos para grandes fins públicos. Atribuir a um Tribunal a faculdade de declarar o que é constitucional, é, de modo indireto, atribuir-lhe o poder de formular nos termos que lhe parecerem mais convenientes ou adequados à própria Constituição. Trata-se, no caso, de confiar a um órgão que se não origina do povo, e que não se encontra sujeito à sua opinião, o mais eminente dos poderes, porque, precisamente, o poder que define os grande poderes do governo e os grandes fins públicos a que se destina o governo. O controle judicial da constitucionalidade das leis é, sem dúvida nenhuma, um processo destinado a transferir do povo para o Poder Judiciário o controle do governo, controle tanto mais obscuro quanto insusceptível de inteligibilidade pública, graças à aparelhagem técnica e dialética que o torna inacessível à compreensão comum. A supremacia do judiciário não é, pois, como procura fazer acreditar uma ingênua doutrina que atribui ao método jurídico um caráter puramente lógico e objetivo, uma supremacia aparente. É, ao contrário, uma supremacia política, porque a função de interpretar, que redunda na de formular a Constituição, é a mais alta ou a mais eminente das funções políticas.

"O controle judicial da constitucionalidade das leis, ao invés de constituir uma proteção do povo era um expediente sabiamente engenhado para o fim de impedir ou moderar as reivindicações populares, ou colocar sob o controle dos interesses criados ou da filosofia conservadora dos beneficiários da ordem estabelecida a evolução das instituições democráticas, privando-as das virtualidades dinâmicas que lhes são inerentes.

Deveria ser criada, sobretudo em virtude da *abertura* das normas Constitucionais, uma instância especial, que estivesse em condições de corrigir eventuais desvios da Constituição.[20] A faculdade confiada ao Parlamento de suspender decisões judiciais acabou por ser exercida diretamente pelo ditador mediante a edição de decretos-leis (Constituição de 1937, art. 180).[21] Confir-

"É, como se vê, uma sobrevivência do Poder Moderador da monarquia, um resíduo monárquico que se enquistou nas instituições democráticas com o fim de embaraçar os seus movimentos naturalmente orientados no sentido das inovações, das experiências e de uma concepção criadora e liberal da vida, exatamente o oposto da filosofia própria aos interesses criados, que postulam a conservação, a permanência, a continuidade, a duração das situações adquiridas.

"A propósito da idealização de que o controle judicial foi objeto nos Estados Unidos, Allen Smith, falecido Professor de Ciência Política na Universidade de Washington, escreve no seu livro póstumo *The growth and decadence of constitutional government:*

"'Não há, provavelmente, outro exemplo, em toda a história da evolução constitucional, em que a opinião haja sido tão iludida quanto à verdadeira natureza de um arranjo ou de um artifício político. A razão ostensiva de atribuir o poder de veto aos Tribunais era a de prover um meio de tornar efetivas as limitações constitucionais; o objetivo real era, porém, o de concentrar o poder político na Suprema Corte dos Estados Unidos, e, mediante a função que lhe era conferida de interpretação final, transformar a Constituição no baluarte do conservantismo.'

"Eis aí como, em instituições democráticas, o povo, ao invés de controlar, passa a ser controlado por um poder em cuja formação não participou e cujos processos de controle, duplamente dissimulados, porque exercidos sob as modestas aparências de um litígio de direito comum e envolvidos em uma técnica somente acessível a especialistas, escapam ao registro crítico da opinião popular.

"A modificação introduzida pela Constituição de 10 de novembro teve por fim repor na Nação o controle do governo, submetendo-o ao juízo do povo, ao qual deve ficar livre a opção quando se tratar de pôr em movimento o mecanismo constitucional no sentido de serem realizados os grandes fins de governo, fins de ordem pública e geral, em relação aos quais o pronunciamento definitivo não pode deixar de caber ao povo. É a passagem do governo dos cenáculos para o governo do povo.

"A faculdade de interpretar final e conclusivamente a Constituição, só se justificaria atribuí-la em regime democrático ao Poder Judiciário se o método jurídico fosse de natureza puramente lógica ou dedutiva. A função judiciária seria, então, puramente lógica ou dedutiva. A função judiciária seria, então, puramente passiva, a interpretação limitando-se apenas a tornar explícito o conteúdo da lei.

"Tais postulados são, porém, hipóteses contrárias à realidade. Nem o método jurídico é puramente lógico, nem o pensamento jurídico puramente objetivo. A interpretação, por sua vez, longe de ser passiva e neutra, é um processo de criação ou de elaboração ativa. Quando a lei a ser interpretada é a Constituição, as generalidades, a amplitude, a compreensão da matéria, abre um vasto campo à contribuição do intérprete que, embora animado da maior boa-fé, não pode deixar de verter em termos da sua filosofia pessoal ou da sua concepção da vida problemas do maior interesse vital para todo o mundo e em torno de cuja expressão, por mais precisa que seja, não pode deixar de existir um halo de indeterminação propício às opções do temperamento, do caráter ou da vontade.

"Nestas condições, atribuir a supremacia ao Judiciário é atribuí-la à filosofia dos juízes. Em se tratando de interesses nacionais, dos grandes poderes do governo e dos grandes fins públicos a que o governo se destina, é, certamente, mais democrático senão mais acertado, preferir à filosofia e à opção dos juízes a opção e a filosofia da Nação."

20. Francisco Campos, "Diretrizes constitucionais do novo Estado brasileiro", *RF* 415-417/229, v.73, jan.-mar./38.

21. Cf., a propósito, Decreto-lei 1.564, de 5.9.39, com o seguinte teor:

"Decreto-lei n. 1.564, de 5 de setembro de 1939

"Confirma os textos de lei, decretados pela União, que sujeitaram ao imposto de renda os vencimentos pagos pelos cofres públicos estaduais e municipais.

"O Presidente da República, usando da atribuição que lhe confere o art. 180 da Constituição, e para os efeitos do art. 96, parágrafo,

"Considerando que o Supremo Tribunal Federal declarou a inconstitucionalidade da incidência do imposto de renda, decretado pela União no uso de sua competência privativa, sobre os vencimentos pagos pelos cofres públicos estaduais e municipais;

"Considerando que essa decisão judiciária não consulta o interesse nacional e o princípio da divisão eqüitativa de ônus no imposto,

"Decreta:

"Artigo único. São confirmados os textos de lei, decretados pela União, que sujeitaram ao imposto de renda os vencimentos pagos pelos cofres públicos estaduais e municipais; ficando sem efeito as decisões do Supremo Tribunal Federal e de quaiquer outros tribunais e juízes que tenham declarado a inconstitucionalidade desses mesmos textos.

"Rio de Janeiro, 5 de setembro de 1939, 118º da Independência e 51º da República.

"Getúlio Vargas. Francisco Campos. A. de Souza Costa."

mada a constitucionalidade da lei, passava o STF a reconhecer *ipso jure* a sua validade.[22]

22. É interessante, a propósito, registrar voto do Min. Carlos Maximiliano, quando se discutiu, no MS 623, a eficácia da decisão confirmatória baixada pelo Presidente da República em relação às questões ainda não apreciados pelo STF:

"A Constituição de 1891 incorporou o Brasil ao sistema democrático americano – o do governo de leis em vez de governo de homens; entre nós, como nos Estados Unidos e na República Argentina, a cúpula do regime achava-se na Corte Suprema; por isto, os grandes presidentes da terra de Jefferson, nas cerimônias solenes, davam a frente aos juízes do pretório excelso, em republicana e belíssima homenagem à soberania da Justiça. Os Tribunais reviam e anulavam, aliás com discreta reserva, as leis e atos contrários ao espírito do Código Fundamental.

"O Chile constituía notória exceção, porque se inclinara para a onipotência parlamentar, à francesa, porém evoluiu no sentido generalizado no continente: naquela república, a Reforma Constitucional de 1925 investiu o Judiciário da prerrogativa outorgada pelo estatuto norte-americano, 'o mais perfeito do mundo', segundo o conceito de Barbalho dos Andes, o hábil comentador do novo código básico, o professor Guerra, morto tragicamente em Valparaiso na semana em que eu visitava aquela encantadora cidade de veraneio.

"Notável coincidência, no mesmo ano de 1925, famoso aresto do Tribunal Supremo da Alemanha (*Reichsgericht*), em 4 de novembro proclamou a autoridade da magistratura para declarar inválidos, por inconstitucionais, diplomas legislativos; assim foi decidido, apesar de não haver na Constituição de Weimar preceito expresso a tal respeito. Manifestou-se na terra de Frederico, à semelhança do que ocorrera, sobre o mesmo assunto, na pátria de Washington, a ação criadora da jurisprudência.

"O Estatuto brasileiro de 1937, no art. 96, transferiu, em tal esfera, a supremacia ao Legislativo, quando provocado pelo Presidente: julgada inconstitucional, uma lei, posterior decreto atua e prevalece como vitoriosos embargos infringentes ao aresto supremo. De tal prerrogativa do Parlamento usou o Sr. Presidente da República, escudado no art. 180 da Constituição, a propósito da incidência de imposto federal sobre os proventos de funcionários locais, porque, sobrepondo a lei a interesse ou rivalidade individual ou de classe, os membros do pretório mais alto haviam declarado os serviços, e, conseqüentemente, os servidores dos Estados, isentos de tributos que eles, Ministros togados, pagam, na média de cinco contos de réis anuais, sem recalcitrar nem discutir.

"Qual a diretriz futura a predominar nos pretórios, em face da resolução presidencial? Não posso recorrer ao apoio precioso do Direito Comparado; porque a providência constitucional brasileira, consistente em reformar sentenças por meio de decretos *não encontra similar ou paradigma em país nenhum do orbe terráqueo*. Recorro a outra fonte: os precedentes, em casos análogos. Vigorante o sistema generalizado na América, embora o Judiciário apenas decidisse em espécie e a sentença final só obrigasse no caso em apreço, Presidente e Congresso, em obediência ao princípio da harmonia dos poderes, dali por diante, se abstinham de agir ou deliberar contra as conclusões do aresto supremo. Pela mesma razão, agora, atribuída à Legislatura a antiga preeminência da Corte excelsa, esta não mais conhecerá de igual inconstitucionalidade. Seria, aliás, irrisório estar a proferir acórdãos platônicos, arestos por lei destituídos de exeqüibilidade. Prevalecerá no alto pretório o inelutável, embora murmurando os seus membros o *e pur si muove*, de Galileu. Em conclusão: pelo menos no meu conceito, o desagradável incidente para o qual confluíram, durante uma quinzena, as vistas sobressaltadas dos juristas nacionais, está definitivamente encerrado.

"No tocante à hipótese em apreço, eu julgo prejudicados os dois recursos; porque o Decreto-lei 1.564, de 5.9.39, posterior à sentença concessiva do mandado de segurança, explicitamente a tornou sem efeito" (*RF* 82/298-300).

Embora a doutrina não tenha logrado explicitar a origem ou a fonte de inspiração imediata desse instituto, é certo que ele não estava previsto, nem implicitamente, na Constituição polonesa de 23.4.1935, uma vez que esse texto sequer previa o controle de constitucionalidade. Parece mais correto concluir que esse instituto possui referência na própria experiência constitucional norte-americana. É o que se lê na seguinte passagem da obra de Karl Loewenstein sobre o Direito constitucional americano, especialmente sobre a prática da correção de decisões judiciais mediante ato legislativo ou até mesmo mediante emenda constitucional:

"Um outro mecanismo de limitação do poder da Corte Suprema assenta-se na possibilidade de nulificação dos efeitos da decisão mediante lei de caráter corretivo (*korrigierendes Gesetz*). Trata-se apenas de casos em que o Congresso manifesta divergência com interpretação conferida à norma pela Corte Suprema. Esse mecanismo não se aplica às hipóteses de declaração de inconstitucionalidade de índole formal ou material. *Nesses casos, apenas uma reforma constitucional pode mostrar-se apta a solver o conflito*, como já ocorreu após a declaração de inconstitucionalidade da lei de imposto de renda (*Bundeseinkommensteuer*) (*Pollock v.Farmers' Loan &. Trust Co.*, 158 U.S. 601, 1898) através da promulgação da XVI Emenda (1913). Esses casos são raros, uma vez que o Congresso apenas consegue utilizar-se do poder de emenda contra decisão da Suprema Corte em hipóteses de inequívoco relevo. A correção de decisões judiciais mediante lei superveniente é, todavia, freqüente, podendo-se falar de um permanente jogo de xadrez entre Congresso e Suprema Corte, no qual aquele logra dar sempre o xeque mate" (Loewenstein, *Verfassungsrecht und Verfassungspraxis der Vereinigten Staaten,* 1959, p. 429).

De fato, a Emenda XVI à Constituição Americana foi conseqüência direta da decisão da Suprema Corte no caso *Pollock v. Farmers' Loan & Trust Co.*, 157 U.S. 429 (1895); 158 U.S. 601 (1895), como anotado por Edward Corwin: "A ratificação desta emenda foi conseqüência direta da decisão de 1895, pela qual uma Corte Suprema muito dividida julgou inconstitucional a tentativa do Congresso, do ano anterior, de tributar uniformemente os rendimentos em todo os Estados Unidos. Um imposto de renda derivado da propriedade, declarou a Corte, era 'imposto indireto' que o Congresso, de acordo com os termos do Artigo I, Seção 2, cláusula 3, e Seção 9, cláusula 4, só podia lançar obedecendo a regra da proporcionalidade, segundo a população" (Edward S. Corwin, *A Constituição Norte-Americana,* Rio de Janeiro, 1986, p. 336).

Contudo, como bem observa Loewenstein, não se cuidou propriamente de *rejeição* da decisão da Corte Suprema (o que representaria a supressão da independência do Poder Judiciário), mas de posterior reforma constitucional, resguardando-se íntegra a decisão da Corte Suprema.

Em verdade, a exigência de Emenda Constitucional apontada por Loewenstein para que a Suprema Corte, em decisão posterior, venha a fixar entendimento diverso, configurando-se novo precedente, subsiste até nossos dias.

Em 1989, relativamente ao caso *Texas v. Johnson,* onde se apreciava o episódio de queima da bandeira nacional, deu-se a tentativa de nulificação da decisão da Corte Suprema pela edição de lei pelo Congresso. Posteriormente, o próprio diploma congressual veio a ser declarado inconstitucional pela Suprema Corte. Empreendeu-se, então, o oferecimento de Emenda Constitucional – sem que se lograsse aprovação – como possibilidade única de vir a superar-se a orientação da Corte. Ilustra o fato a seguinte passagem de Akhil Reed Amar: "When announced, the decision was greeted by a hailstorm of protest, including a congressional statute designed to evade, if not eviscerate, its holding. When the Court struck down that statute by the same 5-4 vote (with none of the original dissenters willing to back down in the name of *stare decisis*), leading members of Congress proposed a constitutional amendment to overrule the Court and came within thirty-four votes of the necessary two-thirds in the House and within nine votes in the Senate" ("Quando anunciada, a decisão foi recebida por uma tempestade de protestos, incluindo-se uma lei do Congresso elaborada para evitar, senão esvaziar, seu conteúdo. Quando a Corte fulminou tal diploma pela mesma maioria de 5 a 4 (sem que qualquer dos originariamente vencidos tencionasse retificar seu voto em nome do *stare decisis*), líderes do Congresso propuseram uma emenda constitucional para desautorizar a Corte e não obtiveram mais de trinta e quatro votos dos necessários dois terços da Câmara e nove votos no Senado").[23]

23. "The Case of the Missing Amendments: R. A.V. *v.* City of St. Paul", *Harvard Law Review* 1/ 124, v. l06, nov./ 92.

Assinale-se que a questão poderia assumir outros contornos nos Estados Unidos se a Constituição americana contivesse disposição com força de cláusula pétrea, pois, nesse caso, eventual revisão, nessa parte, acabaria por marcar uma ruptura da própria ordem constitucional. Embora a Constituição americana contenha cláusula que impõe a representação paritária dos Estados no Senado Federal (art. 5º), nada obsta, segundo o entendimento dominante, a eliminação desse preceito.[24]

De qualquer forma, pode-se afirmar, com relativa segurança, que não só toda fundamentação doutrinária, mas também a própria conformação conferida ao instituto previsto no art. 96, parágrafo único, da Constituição de 1934 parecem indicar que a sua origem histórica reside mesmo na prática político-jurídica norte-americana.

E de se observar, porém, que, como assinalado, diferentemente da práxis desenvolvida nos Estados Unidos, a fórmula consagrada pela Carta de 1937 não apenas permitia a constitucionalização de normas consideradas até então inconstitucionais, como também ensejava a cassação da declaração de inconstitucionalidade proferida pelo STF.

A possibilidade de alteração do Texto Constitucional para permitir que determinada conduta ou norma, considerada inconstitucional, passasse a ser compatível com a Constituição não apresenta maiores novidades. A cassação da decisão judicial com eficácia retroativa e a preservação da lei inconstitucional outorgam ao modelo de 1937 uma configuração peculiar e, provavelmente, sem paradigma no Direito Comparado.

Feitas essas considerações, caberia indagar se instituto semelhante ao concebido pelo constituinte de 1937 – ainda que não idêntico – poderia ser introduzido entre nós mediante proposta de Emenda de Revisão. Mais precisamente, deve-se contemplar a possibilidade de se superar o núcleo de cláusulas imantadas com a garantia da imutabilidade mediante decisão do legislador constituinte, ainda que a deliberação seja tomada por uma maioria qualificada.

Parece que, diante de um modelo constitucional que consagra as chamadas "garantias de eternidade", tal fórmula não poderia jamais ser estabelecida.

5. *Controle de constitucionalidade direto e a inexecução da lei pelo Executivo*

Um dos temas mais tormentosos no âmbito da discussão sobre a atuação do Executivo no controle de constitucionalidade refere-se, certamente, à possibilidade de que, sob o argumento da inconstitucionalidade, se negue à Administração a dar cumprimento a uma dada decisão legislativa.

Pode-se afirmar que até o advento constitucional da Emenda Constitucional 16, de 1965, que introduziu o controle abstrato de normas no nosso sistema, era plenamente majoritária a posição que sustentava a legitimidade da recusa à aplicação da lei considerada inconstitucional.[25]

24. Loewenstein, *Teoría de la Constitución*, trad. e estudo sobre a obra, por Alfredo Gallego Anabitarte, 2ª ed., Barcelona, Ed. Ariel, 1976, p. 190.

25. Carlos Maximiliano, *Comentários à Constituição de 1891*, Porto Alegre, 1929, p. 311, n. 226; Miguel Reale, *Revogação e Anulamento do Ato Administrativo*, Rio, 1968, p. 47; Themístocles Brandão Cavalcante, "Arquivamento de representação por inconstitucionalidade da lei", *RDP* 16/169 e ss.; Caio Mário da Silva Pereira, Parecer D-24 do Consultor-Geral da República, publicado no *DOU* de 20.6.61; Adroaldo Mesquita da Costa, Parecer H-184, de 7.5. 65, publicado no *DOU* de 22.6.65; L. C. Miranda Lima, Parecer, *RDA* 81/ 466 e ss. V. tb., as decisões do STF: RMS 4.211, rel. Min. Cândido Motta Filho, *RT* 2/386-7; RMS 5.860, rel. Min. Vilas Boas, acórdão publicado em audiência de 23.2.59; Repr. 512, rel. Min. Pedro Chaves, *RDA* 76/308-9 (1964); RE 55.718-SP, rel. Min. Hermes Lima, *RTJ* 32/143-47; RMS 14.557, rel. Min. Cândido Motta

Na vigência da Constituição de 1967/69 firmou o STF entendimento no sentido de que seria constitucional decreto de Chefe de Poder Executivo estadual que determinasse aos órgãos a ele subordinados que se abstivessem da prática de atos que implicassem a execução de dispositivos legais vetados por falta de iniciativa exclusiva do Poder Executivo.[26]

Tal como anotou o STF, cuidava-se de hipótese inequívoca de inconstitucionalidade e que, por isso, não se baseava em inconformismo de um Poder em face do outro. Ao contrário, a Corte vislumbrou aqui uma situação de auto-defesa de prerrogativa que a Constituição conferia ao Executivo para melhor atender ao interesse público.[27]

Tal como demonstra Ruy Carlos de Barros Monteiro em minucioso estudo,[28] a questão sobre eventual descumprimento de lei considerada inconstitucional pelo Poder Executivo deu ensejo a intensa controvérsia doutrinária e jurisprudencial.

É certo que a questão perdeu muito do seu apelo em face da CF 88, que outorgou aos órgãos do Executivo, no plano estadual e federal, o direito de instaurar o controle abstrato de normas. A possibilidade de se requerer liminar que suspende imediatamente o diploma questionado reforça ainda mais esse entendimento. Portanto, a justificativa que embasava aquela orientação de enfrentamento ou de quase desforço perdeu razão de ser na maioria dos casos.

Assinale-se, porém, que, ao apreciar ação direta de inconstitucionalidade, já sob o império da CF 88, teve o STF a oportunidade de enfatizar que "os Poderes Executivo e Legislativo por sua Chefia – e isso mesmo tem sido questionado com o alargamento da legitimação ativa na ação direta de inconstitucionalidade –, podem tão-só determinar aos seus órgãos subordinados que deixem de aplicar administrativamente as leis ou atos com força de lei que considerem inconstitucionais".[29]

Se se entender – como parece razoável – que o Executivo, pelo menos no plano estadual e federal, não mais pode negar-se a cumprir uma lei com base no argumento de inconstitucionalidade, subsistem ainda algumas questões que poderiam legitimar uma conduta de repúdio.

Como o controle abstrato de normas não abrange as leis pré-constitucionais,[30] não seria razoável que o Executivo se visse compelido a aplicar a lei que considerasse incompatível com nova ordem constitucional, se não dispusesse de outra possibilidade de provocar um pronunciamento jurisdicional sobre a matéria.

Da mesma forma, no plano do Município, inexiste a possibilidade de se provocar, de forma direta, um pronunciamento definitivo do STF sobre a incompatibilidade entre lei municipal e a CF. Também aqui, seguindo a orientação fixada pelo Supremo Tribunal, poder-se-ia admitir que a autoridade administrativa negasse aplicação ao direito municipal sob o argumento da inconstitucionalidade.

Outra questão, igualmente relevante, diz respeito à possibilidade de o Executivo negar-se a implementar determinada vantagem concedida pelo legislador a servidores sob o argumento de falta de previsão na Lei de Diretrizes Orçamentárias ou de falta de previsão orçamentária.

O STF entende que a falta de autorização específica não implica nulidade da lei

Filho, *RTJ* 33/330-8; RMS 13.950, rel. Min. Amaral Santos, *RDA* 97/116-120 (1969).

26. Repr. 980, rel. Min. Moreira Alves, *RTJ* 96/496.

27. Repr. 980, rel. Min. Moreira Alves, *RTJ* 96/496-508.

28. O argumento de inconstitucionalidade e o repúdio da Lei pelo Poder Executivo, *Revista Forense* 284/101, v. 79, out.- dez./83.

29. ADIn 221, rel. Min. Moreira Alves, *DJ* 22.10.93.

30. ADIn 2, rel. Min. Paulo Brossard, *DJ* 12.2.92.

concessiva da vantagem, impedindo, porém, a sua execução.

Nesse sentido, convém registrar passagem de voto do eminente Min. Ilmar Galvão na ADIn 1.292: "É, portanto inegável que, sendo o regime instituído pelo art. 169 da CF, não basta a existência de recursos orçamentários para autorizar o pagamento de vantagem funcional, sendo, ao revés, ato afrontoso ao princípio da moralidade administrativa e suscetível de constituir grave irregularidade, que pode chegar às raias do ilícito penal, o pagamento de despesa dessa natureza que não tenha sido objeto de autorização específica na lei dė diretrizes orçamentárias".[31]

Essa decisão autoriza o Executivo a negar aplicação à lei concessiva de vantagem não prevista na Lei de Diretrizes Orçamentárias e na Lei Orçamentária.

6. Sobre a possibilidade de anulação da lei inconstitucional pelo Poder Legislativo

Tendo em vista o argumento da nulidade da lei inconstitucional, poder-se-ia indagar se ao Legislativo seria legítimo declarar a nulidade de uma dada lei por considerá-la incompatível com a Constituição.

Apreciando a questão suscitada por Medida Provisória que anulava ato normativo anterior, fixou o STF o entendimento de que a declaração de inconstitucionalidade não poderá ser levada a efeito mediante a utilização de ato normativo. Nesse sentido, convém registrar a seguinte passagem do voto emitido pelo eminente Min. Moreira Alves: "Em nosso sistema jurídico, não se admite declaração de inconstitucionalidade de lei ou de ato normativo com força de lei por lei ou por ato normativo com força de lei posteriores. O controle de constitucionalidade da lei ou dos atos normativos é da competência exclusiva do Poder Judiciário. Os Poderes Executivo e Legislativo, por sua chefia – e isso mesmo tem sido questionado com o alargamento da legitimação ativa na ação direta de inconstitucionalidade –, podem tão-só determinar aos seus órgãos subordinados que deixem de aplicar administrativamente as leis ou atos com força de lei que considerem inconstitucionais".[32]

A decisão deixou evidente que a pretensão anulatória manifestada em ato normativo haveria de ser interpretada como ato de ab-rogação da disposição considerada inconstitucional.[33]

III – O Executivo e o Legislativo no controle abstrato de normas: a ação direta de inconstitucionalidade ou de constitucionalidade de lei ou ato normativo

1. Considerações preliminares

A CF 88 conferiu direito de propositura de ação direta de inconstitucionalidade perante o STF ao Presidente da República, à Mesa da Câmara dos Deputados e à Mesa do Senado Federal, no plano da União, assegurando a legitimação para agir ao Governador do Estado e à Mesa da Assembléia Legislativa, no plano do Estado-membro.

Ao contrário de algumas Constituições modernas, o texto de 1988 não assegurou expressamente o direito de propositura a uma minoria qualificada. Isso não significa, porém, que a CF 88 recusou proteção às minorias parlamentares. Ao revés, ao se outorgar o direito de propositura aos partidos políticos com representação no Congresso Nacional, acabou-se por se assegu-

31. ADIn 1.292, rel. Min. Ilmar Galvão, *DJ* 15.9.95.

32. ADIn 221, rel. Min. Moreira Alves, *DJ* 22.10.93.

33. ADIn 221, rel. Min. Moreira Alves, *DJ* 22.10.93.

rar uma radical proteção às chamadas "minorias parlamentares", permitindo que até mesmo aqueles com apenas um representante em uma das Casas do Congresso Nacional esteja legitimado a instaurar a ação direta de inconstitucionalidade.

O legislador constituinte, ao introduzir a ação direta de constitucionalidade foi, todavia, mais restritivo, concedendo o direito de propositura tão-somente ao Presidente da República, à Mesa da Câmara, à Mesa do Senado e ao Procurador-Geral da República.

Como assinalado, resta indagar, ainda, se o constituinte estadual estaria implicitamente autorizado a instituir a ação declaratória de constitucionalidade no plano estadual.

2. *Direito de propositura de ação direta pelo Governador do Estado e pela Mesa da Assembléia Legislativa: relação de pertinência*

A jurisprudência do STF tem identificado a necessidade de que o Governador de um Estado que impugna ato normativo de outro demonstre a relevância, isto é, a *relação de pertinência* da pretensão formulada – da pretendida declaração de inconstitucionalidade da lei.[34]

Essa questão foi discutida na Alemanha sob o império da Constituição de Weimar, verificando-se uma controvérsia doutrinária sobre a admissibilidade ou não de uma ação proposta pelo Estado da Baviera contra a lei da Turíngia.[35]

Entendimento semelhante vem sendo adotado em relação ao direito de propositura das Mesas das Assembléias Legislativas.[36]

A falta de autorização constitucional para que o legislador estabeleça outras limitações ao direito de propositura suscita dúvida sobre a correção do entendimento esposado pelo STF.

Pareceria mais ortodoxo, pois, tendo em vista a natureza objetiva do processo de controle abstrato de normas, que, na espécie, fosse admitida a ação direta independentemente de qualquer juízo sobre a configuração ou não de uma relação de pertinência.

3. *O direito de veto do Presidente da República e do Governador do Estado e o exercício do direito de propositura*

Se o Presidente da República ou o Governador do Estado não exercer o poder de veto, nos termos do art. 66, da CF, é de se indagar se poderia, posteriormente, argüir a inconstitucionalidade da lei perante o STF.

Pode acontecer que a existência de dúvida ou controvérsia sobre a constitucionalidade da lei impeça ou dificulte a sua aplicação, sobretudo no modelo do controle de constitucionalidade vigente no Brasil, onde qualquer Juiz ou Tribunal está autorizado a deixar de aplicar a lei ao caso concreto se esta for considerada inconstitucional. Nesse caso, não poderia ser negado ao Presidente da República o direito de propor a ação com o propósito de ver confirmada a constitucionalidade da lei.[37]

Não está, todavia, aqui respondida a questão sobre a possibilidade de o Presidente da República propor a ação direta com o propósito de ver declarada a inconstitucionalidade de uma lei federal.

A CF não fornece base para limitação do direito de propositura. Por outro lado,

34. ADIn 902, rel. Min. Marco Aurélio, *DJ* 22.4.94, p. 8.946.

35. Cf. Gilmar Ferreira Mendes, *Die abstrakte Normenkontrolle vor dem Bundesverfassungsgericht und vor dem Supremo Tribunal Federal,* Berlim, 1991, p. 85.

36. ADIn 1.096, rel. Min. Celso de Mello, *DJ* 22.9.95.

37. Sobre a problemática no Direito alemão, cf. K. Zeidler, *Gedanken zum Fernseh – Urteil des Bundesverfassungsgerichts,* AöR 86, 1961, pp. 361(380-381).

não paira dúvida de que, ao assegurar uma amplíssima legitimação, o constituinte buscou evitar, também, que se estabelecessem limitações a esse direito.

Tal como já ressaltado, os titulares do direito de propositura atuam no processo de controle abstrato de normas no interesse da comunidade[38] ou, se quisermos adotar a formulação de Friesenhahn,[39] atuam como autênticos *advogados da Constituição*.

É se de acentuar, ainda, que, se o Chefe do Poder Executivo sanciona, por equívoco ou inadvertência, projeto de lei juridicamente viciado, não está ele compelido a persistir no erro, sob pena de, em homenagem a uma suposta coerência, agravar o desrespeito à Constituição.

Nesse sentido, já assinalara Miranda Lima, em conhecido Parecer no qual advogava o descumprimento da lei inconstitucional pelo Executivo, à falta de outro meio menos gravoso, que "o Poder Executivo, que deve conferir o Projeto com a Constituição, cooperando com o Legislativo no zelo de sua soberania, se o sanciona por inadvertido de que a ela afronta, adiante, alertado do seu erro, no cumprimento de seu dever constitucional de a manter e defender há de buscar corrigi-lo, e se outro meio não encontrar para tanto, senão a recusa em a aplicar, deixará de lhe dar aplicação".[40]

O modelo de ampla legitimação consagrado no art. 103 da CF 88, dificilmente se deixa compatibilizar com o recurso a essa medida de quase desforço concernente ao descumprimento pelo Executivo da lei considerada inconstitucional.

Se o Presidente da República – ou, eventualmente, o Governador do Estado – está legitimado a propor a ação direta de inconstitucionalidade perante o STF, inclusive com pedido de medida cautelar, não se afigura legítimo que deixe de utilizar essa faculdade ordinária para valer-se de recurso excepcional, somente concebido e tolerado, à época, pela impossibilidade de um desate imediato e escorreito da controvérsia.[41]

Todavia, é inegável que muitas vezes, um juízo seguro sobre a inconstitucionalidade da lei pode vir a se formar somente após a sua promulgação, o que legitima a propositura da ação, ainda que o Chefe do Poder Executivo tenha sancionado o projeto de lei aprovado pelas Casas Legislativas.

Eventual sanção da lei questionada não deve colocar óbice à admissibilidade da ação direta proposta pelo Chefe do Executivo, mormente se se demonstrar que não era manifesta, ao tempo da sanção, a ilegitimidade suscitada.

Daí parecer-nos equivocada a orientação esposada pelo STF na ADIn 807, segundo a qual, "quando (...) o ato normativo impugnado em .sede de fiscalização abstrata tiver emanado também do Chefe do Poder Executivo – a lei, sendo ato estatal subjetivamente completo, emerge da conjugação das vontades autônomas do Legislativo e do Executivo – e este figurar, em conseqüência, no pólo passivo da relação processual, tornar-se-á juridicamente impossível o seu ingresso em condição subjetiva diversa daquela que já ostenta no processo".[42]

38. Cf., sobre a problemática, Söhn, *Die abstrakte Normenkontrolle: Bundesverfassungsgericht und Grundgesetz*, v. 1, pp. 292-306; Stephan, *Das Rechtsschutzbedürfnis*, 1967, pp. 147 e ss.; Goessl, *Organstreitigkeiten innerhalb des Bundes*, pp. 173 e 219.

39. Cf. Friesenhahn, *Verfassungsgerichtsbarkeit*, Jura, 1986, pp. 505-509.

40. L. C. Miranda Lima, Parecer, *RDA* 81/466-470 (1965).

41. Cf., a propósito, Ruy Barros Monteiro, "O argumento de inconstitucionalidade e o repúdio da lei pelo Poder Executivo", *Revista Forense* 284/101, v. 79, out.-dez./93.

42. ADIn 807, rel. Min. Celso de Mello, *DJ* 11.6.93. Registre-se que na espécie, após ter sancionado o projeto de lei, o Governador do Estado Rio Grande do Sul apresentou pedido de ingresso na cau-

4. *Direito de propositura do Governador do Distrito Federal e da Câmara Legislativa do Distrito Federal*

A CF não contemplou expressamente o direito de propositura da ação direta de inconstitucionalidade pelo Governador do Distrito Federal.

Embora o *status* do Distrito Federal no Texto Constitucional de 1988 seja fundamentalmente diverso dos modelos fixados nas Constituições anteriores, não se pode afirmar, de forma apodítica, que a sua situação jurídica é equivalente à de um Estado-membro. Não seria lícito sustentar, porém, que se estaria diante de modelos tão diversos que, no caso, menos do que uma omissão, haveria um exemplo de *silêncio eloqüente,* que obstaria à extensão do direito de propositura aos órgãos do Distrito Federal.

Assinale-se que se afigura decisivo para o desate da questão a disciplina contida no art. 32 da CF, que outorga ao Distrito Federal poder de auto-organização, atribui-lhe as competências legislativas dos Estados e Municípios e define regras para a eleição de Governador, Vice-Governador e Deputados Distritais, que em nada diferem do sistema consagrado para os Estados-membros.

Destarte, para os efeitos exclusivos do sistema de controle de constitucionalidade, as posições jurídicas do Governador e da Câmara Legislativa do Distrito Federal em nada diferem das situações jurídicas dos Governadores de Estado e das Assembléias Legislativas.

O eventual interesse na preservação da autonomia de suas unidades contra eventual intromissão por parte do legislador federal é em tudo semelhante. Também o interesse genérico na defesa das atribuições específicas dos Poderes Executivo e Legislativo é idêntico.

sa na qualidade de litisconsorte ativo do Procurador-Geral da República, autor originário da impugnação.

Portanto, ainda que se possam identificar dessemelhanças significativas entre o Estado-membro e o Distrito Federal e, por isso, também entre os seus órgãos executivos e legislativos, é licito concluir que, para os fins do controle de constitucionalidade abstrato, as suas posições jurídicas são, fundamentalmente, idênticas.

Não haveria razão, assim, para deixar de reconhecer o direito de propositura da ação direta de inconstitucionalidade ao Governador do Distrito Federal e à Mesa da Câmara Legislativa, a despeito do silêncio do Texto Constitucional.

O direito de propositura do Governador do Distrito Federal foi contemplado expressamente pelo STF na ADIn 645, reconhecendo-se a sua legitimidade ativa por via de interpretação compreensiva do texto do art. 103, V, da CF 88 c/c o art. 32, § 1º, da mesma Carta".[43]

5. *O Executivo e o Legislativo na ação declaratória de constitucionalidade*

a) Considerações preliminares

A Emenda Constitucional 3, de 1993, introduziu em nosso sistema a ação declaratória de constitucionalidade de lei ou ato normativo federal, assegurando o direito de propositura ao Presidente da República, à Mesa da Câmara e à Mesa do Senado Federal, bem como ao Procurador-Geral. Restou excluída do âmbito da ação declaratória a legislação estadual.

A Lei Fundamental de Bonn outorgou ao *Bundesverfussangsgericht* competência para examinar, no controle abstrato de normas, a compatibilidade entre o direito federal e a Lei Fundamental ou entre o direito estadual e a Lei Fundamental ou outras disposições do direito federal (art. 93, I, 2), no caso de existência de *dúvida*

43. ADIn 645-2, rel. Min. Ilmar Galvão, *DJ* 21.2.92, p. 1.693; v. tb., ADIn 665, rel. Min. Octávio Gallotti, *DJ* 24.1.92, p. 5.376.

(*Zweifel*) ou *controvérsia* (*Meinungsverschiedenheit*).

De um lado, esse processo revela-se adequado instrumento de defesa da Constituição, permitindo eliminar do ordenamento jurídico as leis inconstitucionais (*função de defesa*).[44] De outro, o controle abstrato de normas contribui para a segurança jurídica quando infirma a existência de inconstitucionalidade, espancando dúvidas sobre a higidez da situação jurídica (*segurança jurídica*).[45]

Deve-se ressaltar que, em virtude da escolha dos órgãos legitimados, a instauração do controle abstrato de normas dá-se, normalmente, em caso de conflito entre a maioria governamental e a oposição parlamentar. Tal circunstância permite que esta se valha do seu direito de instaurar o controle abstrato ou que o faça através do Governo de um dos Estados por ela controlado.[46]

Dessa forma, pode o próprio Governo contribuir para uma maior clareza e segurança jurídica, conforme, de resto, demonstram alguns exemplos da jurisprudência da Corte Constitucional alemã.[47]

Assim, cumpre, a ação declaratória de constitucionalidade, a função de afastar a insegurança jurídica decorrente de pronunciamentos judiciais contraditórios. O mesmo fenômeno se constata entre nós com a adoção da ação declaratória de constitucionalidade pela Emenda 3, de 1993.

b) Ação declaratória: requisitos de admissibilidade

Ao contrário da proposta contida na Emenda Roberto Campos, que outorgava o direito de propositura da ação direta de constitucionalidade a todos os entes legitimados para propor a ação direta de inconstitucionalidade, a Emenda 3, de 1993, acabou por deferir esse direito apenas ao Presidente da República, à Mesa do Senado Federal, à Mesa da Câmara dos Deputados e ao Procurador-Geral da República (art. 103, § 4º).

Ao lado do direito de propositura, há de se cogitar aqui, também, de uma legitimação para agir *in concreto*, tal como consagrada no Direito alemão, que se relaciona com a existência de um estado de incerteza, gerado por dúvidas ou controvérsias sobre a legitimidade da lei. Há de se configurar, portanto, situação hábil a afetar a presunção de constitucionalidade, que é apanágio da lei.

Embora o Texto Constitucional não tenha contemplado expressamente esse pressuposto, é certo que ele é inerente às ações declaratórias, mormente as ações declaratórias de conteúdo positivo.

Assim, não se afigura admissível a propositura de ação direta de constitucionalidade, se não houver *controvérsia* ou *dúvida* relevante quanto à legitimidade da norma.

44. *BVerfGE* 1.184 s.

45. *BVerfGE* 1.396(413).

46. Cf., principalmente, as ações movidas pelo Partido Social-Democrata contra a política exterior do Governo Adenauer. 1.396 (Serviço militar obrigatório e Comunidade Européia de Defesa – *Wehrpflicht*, EVG); 4.157 (Estatuto do Sarre – *Saar-Statut*); as ações movidas pelo Estado de Hesse contra o sistema de financiamento dos partidos políticos (*Parteienfinanzierang*) (8, 51; 20, 56) e contra a disciplina do Estado de Necessidade (30, 1), as ações dos Senados de Bremen e Hamburgo e do Governo da Renânia do Norte-Vestfália contra a lei que disciplinava a recusa à prestação do serviço militar (*Kriegsdienstverweigerangs-Neuordoungsgesetz* – KDVNG) (69, 1); as ações dos cristãos-democratas (CDU/CSU) contra a Lei que descriminalizava o aborto (*Fristenlösung*) (39, 1) e contra a reforma da lei sobre o serviço militar obrigatório (*Wehrpflichtnovelle*) (48, 127); a ação do Governo da Baviera contra o Tratado Fundamental entre as duas Alemanhas (*Grundvertrag*) (36, 1); a ação do governo da Baixa-Saxônia contra o § 10.*b* da Lei de Imposto de Renda (*Einkommensteuergesetz*) de 5.12.77 (53, 63); a ação dos cristãos-democratas (CDU-CSU) contra o § 2, I, da Lei de Orçamento 1981 (*BVerfGE* 79, 311); V., tb., Brunn-Otto Bryde, *Verfassungsentwicklung. Stabilität und Dynamik im Verfassangsrecht der Bundesrepublik Deutschland,* 1980.

47. *BVerfGE* 2, 307; *BVerfGE* 6, 10; *BVerfGE* 12, 205(217 s.); cf., também, *BVerfGE* 2, 143(158).

Evidentemente, são múltiplas as formas de manifestação desse estado de incerteza quanto à legitimidade da norma.

A insegurança poderá resultar de pronunciamentos contraditórios da jurisdição ordinária sobre a constitucionalidade de determinada disposição.

Se a jurisdição ordinária, através de diferentes órgãos, passar a afirmar a inconstitucionalidade de determinada lei, poderão os órgãos legitimados, se estiverem convencidos de sua constitucionalidade, provocar o STF para que ponha termo à controvérsia instaurada.

Da mesma forma, pronunciamentos contraditórios de órgãos jurisdicionais diversos sobre a legitimidade da norma poderão criar o estado de incerteza imprescindível para a instauração da ação declaratória de constitucionalidade.

Embora as decisões judiciais sejam provocadas ou mesmo estimuladas pelo debate doutrinário, é certo que simples controvérsia doutrinária não se afigura suficiente para objetivar o estado de incerteza apto a legitimar a propositura da ação, uma vez que, por si só, ela não obsta à plena aplicação da lei.

Assim, não configurada dúvida ou controvérsia relevante sobre a legitimidade da norma, o STF não deverá conhecer da ação proposta.

É certo, pois, que somente a configuração de um estado de incerteza poderá legitimar concretamente – a instauração do controle abstrato de normas na sua acepção positiva.

Ao julgar a Ação Declaratória de Constitucionalidade n.1, firmou o STF entendimento no sentido de que referida ação somente poderia ser proposta em caso de existência de firme controvérsia judicial sobre a legitimidade da lei federal.[48]

48. ADec 1, rel. Min. Moreira Alves, *DJ* 16.6.95.

6. Ação declaratória de constitucionalidade no âmbito estadual

Em face do silêncio do Texto Constitucional, na versão da Emenda 3, de 1993, restaria indagar se os Estados-membros poderiam instituir a ação declaratória de constitucionalidade no âmbito da unidade federada com objetivo de afirmar a legitimidade de atos normativos estaduais e municipais em face da Constituição estadual.

A imprecisão da fórmula adotada na Emenda 16, de 1965, *representação contra inconstitucionalidade de lei ou ato de natureza normativa, federal ou estadual, encaminhada pelo Procurador-Geral,* não consegue esconder o propósito inequívoco do legislador constituinte, que era o de permitir, "desde logo, a definição da controvérsia constitucional sobre leis novas".

Não se pretendia, pois, que o Procurador-Geral instaurasse o processo de controle abstrato com o propósito exclusivo de ver declarada a inconstitucionalidade da lei, até porque ele poderia não tomar parte na controvérsia constitucional ou, se dela participasse, estar entre aqueles que consideravam válida a lei.

Não se fazia mister, portanto, que o Procurador-Geral estivesse convencido da inconstitucionalidade da norma. Era suficiente o requisito objetivo relativo à existência de *"controvérsia constitucional"*. Daí ter o constituinte utilizado a fórmula equívoca – *representação contra a inconstitucionalidade da lei, encaminhada pelo Procurador-Geral da República* – que explicitava, pelo menos, que a dúvida ou a eventual convicção sobre a inconstitucionalidade não precisava ser por ele perfilhada.

Se correta essa orientação, parece legítimo admitir que o Procurador-Geral da República tanto poderia instaurar o controle abstrato de normas, com o objetivo precípuo de ver declarada a inconstitucionalidade da lei ou ato normativo (*ação declaratória de inconstitucionalidade ou representação de inconstitucionalidade*), como poderia postular, expressa ou tacitamente, a declaração de constitucionalidade da norma questionada (*ação declaratória de constitucionalidade*).

A cláusula sofreu pequena alteração na Constituição de 1967 e de 1967/69 (*representação do Procurador-Geral da República, por inconstitucionalidade de lei ou ato normativo federal ou estadual* – CF 67, art. 115, I, *l*; CF 67/69, art. 119, I, *l*).

O Regimento Interno do STF, na versão de 1970,[49] consagrou expressamente essa idéia: "Art. 174.(...). § 1º. Provocado por autoridade ou por terceiro para exercitar a iniciativa prevista neste artigo, o Procurador-Geral, entendendo improcedente a fundamentação da súplica, poderá encaminhá-la com parecer contrário".

Essa disposição, que, como visto, consolidava posição tradicional no Tribunal, permitia ao titular da ação encaminhar a postulação que lhe fora dirigida por terceiros, manifestando-se, porém, em sentido contrário.

Não é preciso maior esforço de argumentação para demonstrar que, do ponto de vista dogmático, nada mais fez o Regimento Interno do que positivar, no plano processual, a orientação que balizara a instituição da representação de inconstitucionalidade (controle abstrato) entre nós.

Ela se destinava não apenas a eliminar a lei declarada inconstitucional da ordem jurídica (pedido de declaração de inconstitucionalidade), mas também a elidir controvérsias que se instaurassem sobre a legitimidade de determinada norma (pedido de declaração de constitucionalidade).

Assim, se o Procurador-Geral encaminhava súplica ou representação de autoridade ou de terceiro, com parecer contrário, estava simplesmente a postular uma declaração (positiva) de constitucionalidade. O pedido de representação, formulado por terceiro e encaminhado ao Supremo, materializava, apenas, a existência da *controvérsia constitucional* apta a fundamentar uma *necessidade pública de controle.*

49. *DJ* 4.9.70, pp. 3.971 e ss.

Essa cláusula foi alterada, passando o Regimento Interno a conter as seguintes disposições: "Art. 169. O Procurador-Geral da República poderá submeter ao Tribunal, mediante representação o exame de lei ou ato normativo federal ou estadual, para que seja declarada a sua inconstitucionalidade. § 1º. Proposta a representação, não se admitirá desistência, ainda que afinal o Procurador-Geral se manifeste pela sua improcedência".

Parece legítimo supor que essa modificação não alterou, substancialmente, a idéia básica que norteava a aplicação desse instituto. Se o titular da iniciativa manifestava-se, afinal, pela constitucionalidade da norma impugnada, é porque estava a defender a declaração de constitucionalidade.

Na prática, continuou o Procurador-Geral a oferecer *representações de inconstitucionalidade,* ressaltando a relevância da questão e manifestando-se, afinal, muitas vezes, em favor da constitucionalidade da norma.

A falta de maior desenvolvimento doutrinário e a própria balbúrdia conceitual instaurada em torno da *representação interventiva*[50] – confusão essa que contaminou os estudos do novo instituto – não permitiram que essas idéias fossem formuladas com a necessária clareza.

50. Alfredo Buzaid, *Da Ação Direta de Declaração de Inconstitucionalidade no Direito Brasileiro,* São Paulo, Saraiva, 1958, p. 107; Barbosa Moreira, "As partes na ação declaratória de inconstitucionalidade", *Revista de Direito da Procuradoria-Geral do Estado da Guanabara* 13/67(75-76) (1964); Themístocles Cavalcante, *Do controle...*, cit., pp. 115 e ss.

A própria disposição regimental é equívoca, pois, se interpretada literalmente, reduziria o papel do titular da iniciativa, o Procurador-Geral da República, a de um despachante autorizado, que poderia encaminhar os pleitos que lhe fossem dirigidos, ainda que com parecer contrário.

Assinale-se, porém, que a idéia subjacente a essa fórmula imperfeita, concepção que já havia presidido a própria elaboração da Emenda Constitucional 16, era a de que o Procurador-Geral da República poderia instaurar o controle abstrato de normas quando surgissem *controvérsias constitucionais*.

Ser-lhe-ia legítimo, pois, tanto pedir a declaração de inconstitucionalidade, como advogar a pronúncia de uma declaração de constitucionalidade. A *controvérsia constitucional* ou a *dúvida fundada sobre a constitucionalidade da norma* representava, assim, um *pressuposto processual implícito do controle abstrato de normas* (pressuposto objetivo), que legitimava a instauração do controle abstrato de normas, seja com o escopo de ver declarada a inconstitucionalidade da norma, seja com o propósito de ver afirmada a sua constitucionalidade.

Daí ter o saudoso Víctor Nunes Leal observado em palestra proferida na Conferência Nacional da OAB, de 1978 (Curitiba), que, "em caso de representação com parecer contrário, o que se tem, na realidade, sendo privativa a iniciativa do Procurador-Geral, é uma representação de constitucionalidade".[51]

A propósito, acrescentou, ainda, o notável jurisconsulto: "Relembro, aliás, que o ilustre Professor Haroldo Valladão, quando Procurador-Geral da República,[52] sugeriu ao signatário (não sei se chegou a registrá-lo por escrito) a conveniência de deixar expressa no Regimento a representação destinada a afirmar a constitucionalidade, para solver dúvidas, ainda que não houvesse pedido formal de terceiros no sentido da inconstitucionalidade.[53]

Sem dúvida, a disciplina especifica do tema no Regimento Interno do STF serviria à segurança jurídica, na medida que afastaria, de uma vez por todas, as controvérsias que marcaram o tema no Direito Constitucional brasileiro.

Assinale-se que o registro dessas assertivas constantes de manifestação autorizada de Víctor Nunes demonstra também que, ao contrário do que afirmado por alguns autores, o instituto da *ação declaratória de constitucionalidade* não representa um *novum* sequer para a doutrina constitucional pátria.

Entendi da a *representação de inconstitucionalidade* como instituto de *conteúdo dúplice* ou de *caráter ambivalente,* mediante o qual o Procurador-Geral da República tanto poderia postular a declaração de inconstitucionalidade da norma, como defender a declaração de sua constitucionalidade, afigurar-se-ia legítimo sustentar, com maior ênfase e razoabilidade, a tese relativa à obrigatoriedade de o Procurador-Geral submeter a questão constitucional ao STF, quando isto lhe fosse solicitado.

A controvérsia instaurada em torno da recusa do Procurador-Geral da República de encaminhar ao STF representação de inconstitucionalidade contra o Decreto-lei 1.077, de 1970, que instituiu a censura prévia sobre livros e periódicos,[54] não serviu – infelizmente – para realçar esse *outro lado* da representação de inconstitucionalidade.[55]

51. Víctor Nunes Leal, "Representação de inconstitucionalidade perante o STF: um aspecto inexplorado", *RDP* 53-54/25, v. 13, jan.-jun./80.

52. O Professor Haroldo Valladão exerceu o cargo de Procurador-Geral da República no período de 19.4.67 a 13.11.67.

53. Leal, ob. cit., *RDP* 53-54/25-33.

54. Reclamação 849, rel. Min. Adalício Nogueira, *RT* 59, p. 333.

55. Cf., sobre o assunto, registros da discussão travada no Conselho Federal da OAB, em março de

De qualquer sorte, todos aqueles que sustentaram a obrigatoriedade de o Procurador-Geral da República submeter a representação ao STF, ainda quando estivesse convencido da constitucionalidade da norma,[56] somente podem ter partido da idéia de que, nesse caso, o Chefe do Ministério Público deveria, necessária e inevitavelmente, formular uma ação declaratória – positiva – de constitucionalidade.

Na Representação 1.092, relativa à constitucionalidade do instituto da reclamação, contido no Regimento Interno do antigo Tribunal Federal de Recursos, viu-se o Procurador-Geral da República, que instaurou o processo de controle abstrato de normas e se manifestou, no mérito, pela improcedência do pedido, na contingência de ter de opor embargo infringentes da decisão proferida, que julgava procedente a ação proposta, declarando inconstitucional a norma impugnada.[57]

O STF considerou admissíveis os embargos pelos fundamentos contidos no voto do eminente Relator, Min. Néri da Silveira:

"Se os embargos constituem recurso e este é meio de provocar, na mesma ou na superior instância, a reforma ou a modificação de uma sentença desfavorável, seria, em princípio, de entender que, procedente a ação, ao autor não caberia opor-se ao resultado, que pleiteou vestibularmente. Porque não sucumbente, não estaria legitimado a recorrer.

"Sucede, porém, que, na ação direta de inconstitucionalidade de lei ou ato normativo federal ou estadual, por sua natureza, enquanto instrumento especial de controle jurisdicional de constitucionalidade, não é, desde logo, de invocar os princípios regentes da teoria do processo civil, senão na medida que os consagrou o Regimento do STF, onde se regula a representação de competência originária e exclusiva desta Corte (Constituição, art. 119, I, *l*). Assim, já se tornou assente o descabimento da assistência no processo de representação para a declaração de inconstitucionalidade de lei ou ato normativo federal ou estadual ou para interpretação de lei (Representações 1.161-5-GO, 1.155-1-DF e 972-DF). Por igual, não se afirma impedimento de membro da Corte para o julgamento da ação direta de inconstitucionalidade ou de interpretação de lei ou ato normativo federal (Sessão de 13.9.83). Ao Procurador-Geral da República, a quem a Constituição reserva, com exclusividade, aforar a ação, não se lhe reconhece, todavia, a faculdade de desistir da representação. Instrumento por via do qual se exerce função política do Judiciário, no controle dos atos dos outros Poderes, e dele próprio, o procedimento de ação direta se reveste de especialidade com sua destinação. O julgamento, na representação, refere-se à lei ou ato normativo, em tese, e a decisão que os tem como inconstitucionais encerra, em si mesma, o efeito de excluir-lhes a eficácia *erga omnes*, dispensada, assim, qualquer posterior manifestação do Senado Federal, para suspender a execução da lei ou ato normativo, tidos como inválidos, a teor do art. 42, VII, da CF. De outra parte, está no parágrafo único do art. 169 do Regimento Interno do STF, que o Procurador-Geral da República, inobstante autor da ação direta, pode, em sua manifestação final pedir a improcedência da representação, tal como na espécie aconteceu (fls. 141/151). Pontes de Miranda, de referência à posição do Chefe do Ministério Público Fede-

1971, *Arquivos do Ministério da Justiça* 118/23, 1971.

56. Cf., a propósito, Josaphat Marinho, "Inconstitucionalidade de lei – representação ao STF", *RDP* 1/150; Caio Mário da Silva Pereira, voto proferido no Conselho Federal da OAB, *Arquivos do Ministério da Justiça* 118/25; Themístocles Cavalcante, "Arquivamento de representação por inconstitucionalidade da lei", *RDP* 16/169; Adaucto Lucio Cardoso, voto na Reclamação 850, *RT* 50/347-348; Celso Bastos, *Curso de Direito Constitucional,* 1982, p. 69.

57. Embargos na Representação 1.092, rel. Min. Néri da Silveira, *RTJ* 117/921 e ss.

ral, diante da norma do art. 119, I, *l*, da Constituição, observa: 'A legitimidade ativa, que tem o Procurador-Geral da República, estende-se à oposição de embargos de nulidade ou infringentes do julgado ou dos embargos declaratórios. É órgão da União: não só a representa, representa-a, como órgão que é' (in, *Comentários à Constituição de 1967, com a Emenda 1, de 1969*, t. IV, 2ª ed., p. 44). Em face da especialidade do processo da ação direta de inconstitucionalidade, compreendo que o Procurador-Geral pode, inobstante julgada procedente a representação, notadamente, se pedir em sua manifestação final a improcedência da demanda constitucional, interpor embargos ifringentes ao acórdão do STF".[58]

Ora, ao admitir o cabimento dos embargos infringentes opostos pelo Procurador-Geral da República contra decisão que acolheu representação de inconstitucionalidade de sua própria iniciativa, o STF contribuiu para realçar esse *caráter ambivalente* da representação de inconstitucionalidade, reconhecendo implicitamente, pelo menos, que ao titular da ação era legítimo tanto postular a declaração de inconstitucionalidade da lei, se disso estivesse convencido, como pedir a declaração de sua constitucionalidade, se, não obstante convencido de sua constitucionalidade, houvesse dúvidas ou controvérsias sobre sua legitimidade que reclamassem um pronunciamento definitivo do STF.

É verdade que a Corte restringiu significativamente essa orientação no acórdão de 8 de setembro de 1988. O Procurador-Geral da República encaminhou ao Tribunal petição formulada por grupo de parlamentares que sustentava a inconstitucionalidade de determinadas disposições da Lei de Informática (Lei 7.232, de 29.10.84). O Tribunal considerou inepta a representação, entendendo que, como a Constituição previa uma ação de inconstitucionalidade, não poderia o titular da ação demonstrar, de maneira insofismável, que perseguia outros desideratos.[59]

Embora o STF tenha considerado inadmissível representação na qual o Procurador-Geral da República afirma, de plano, a constitucionalidade da norma, é certo que essa orientação, calcada numa interpretação literal do Texto Constitucional, não parece condizente, tal como demonstrado, com a natureza do instituto e com a sua práxis desde a sua adoção pela Emenda 16, de 1965.

Todavia, a Corte continuou a admitir as representações e, mesmo após o advento da CF 88, as ações diretas de inconstitucionalidade nas quais o Procurador-Geral limitava-se a ressaltar a relevância da questão constitucional, pronunciando-se, a final, pela sua improcedência.[60]

Em substância, era indiferente, tal como percebido por Víctor Nunes, que o Procurador-Geral sustentasse, desde logo, a constitucionalidade da norma, ou que encaminhasse o pedido para, posteriormente, manifestar-se pela sua improcedência.

Essa análise demonstra claramente que, a despeito da utilização do termo *representação de inconstitucionalidade*, o controle abstrato de normas foi concebido e desenvolvido como processo de *natureza dúplice ou ambivalente*.

Portanto, não parece subsistir dúvida de que a ação declaratória de constitucionalidade tem a mesma natureza da ação direta de inconstitucionalidade, podendo-se afirmar até que aquela nada mais é do que uma ADIn com sinal trocado.[61]

58. Embargos na Representação 1.092, rel. Min. Néri da Silveira, *RTJ* 117/921(944-945).

59. Repr. 1.349, rel. Min. Aldir Passarinho, *RT* 129/41.

60. Cf., dentre outras, ADIn 716-5, rel. Min. Marco Aurélio, *DJ* 29.4.92, p. 5.606.

61. Cf., a propósito, Gilmar Ferreira Mendes, "Ação declaratória de constitucionalidade: a inovação da Emenda 3, de 1993", in Ives Gandra da Silva Martins e Gilmar Ferreira Mendes (org.), *Ação Declaratória de Constitucionalidade*, São Paulo, 1994, p. 56.

Se se entender – o que parece absolutamente correto do prisma dogmático – que a própria representação de inconstitucionalidade contém, em si mesma, a ação declaratória de constitucionalidade, poder-se-á sustentar, de forma plausível, que, independentemente de qualquer autorização expressa do legislador constituinte federal, estão os Estados-membros legitimados a instituir a ação declaratória de constitucionalidade.

IV – O Executivo e o Legislativo no controle incidental de normas

1. Introdução

Não se pode deixar de registrar, ainda, o significado para órgãos do Executivo do controle incidental de normas.

Ao contrário do que se verifica no sistema americano de controle de constitucionalidade, a ordem jurídica brasileira não outorga uma posição privilegiada aos órgãos da administração ou da legislatura no processo incidental de controle de constitucionalidade.[62] Se a questão envolver apenas pessoas privadas, não terá o Poder Público oportunidade de proceder à defesa do ato questionado.

É verdade, todavia, que desde 1934, vem-se exigindo que a decisão afirmadora da inconstitucionalidade de uma dada lei ou ato normativo seja proferida pela maioria absoluta dos membros do Tribunal. A partir de 1977, passou-se a admitir que tal decisão fosse proferida também pela maioria absoluta do órgão especial da Corte de Justiça (cf. a respeito, CF 88, art. 97).

Nos últimos tempos, enceta-se discussão sobre a legitimidade de se utilizar a ação civil pública como instrumento de controle de constitucionalidade de leis federais, estaduais ou municipais.

A discussão não é desprovida de sentido, até porque a decisão que, nesse processo, afirma a inconstitucionalidade de uma dada lei acaba por ser dotada de eficácia geral. Assim, muitas vezes a decisão proferida na ação civil pública pelo juízo monocrático provocará o esvaziamento do significado normativo de uma disposição. É lícito, pois, indagar sobre a legitimidade da utilização da ação civil pública como instrumento de controle de normas.

2. O controle de constitucionalidade e a ação civil pública

Como se sabe, no Brasil, a Lei 7.347, de 24.7.85, consagrou a ação civil pública como instrumento de defesa dos chamados "interesses difusos e coletivos". Nos termos da própria lei especial, a ação civil pública poderá ter por objeto a condenação ou o cumprimento de obrigação de fazer ou de não fazer. É, portanto, amplíssimo o objeto da ação civil pública na ordem jurídica brasileira, estando a sua utilização condicionada, fundamentalmente, apenas à própria definição do conceito jurídico indeterminado relativo aos "interesses difusos e coletivos".

Esse objeto extremamente amplo tem ensejado a utilização da ação civil pública como instrumento de controle de constitucionalidade. A despeito do embaraço que não raras vezes provoca, o tema não tem merecido reflexão mais acurada no âmbito da nossa Dogmática Constitucional.

A pergunta básica que se pretende introduzir e a seguinte: é legítima a utilização da ação civil pública na ordem jurídica brasileira para obter a declaração de inconstitucionalidade de lei ou ato normativo? Evidentemente, essa questão sugere desdobramentos: em face das próprias especificidades processuais que caracterizam a ação civil pública, poder-se-ia ainda cogitar de um controle meramente incidental ou concreto de constitucionalidade

62. Hans Kelsen, *Il Controllo di Costituzionalità delle Leggi: La Giustizia Costituzionale*, Milão, 1981, p. 295 (306).

cuja eficácia restaria limitada às partes envolvidas na controvérsia? Ou, de fato, estamos diante de um processo especialíssimo, de característica notoriamente objetiva, isto é, sem partes, no qual o requerente atua na defesa genérica do interesse público?

Não há dúvida de que as respostas a essas questões dependem de algumas reflexões sobre o próprio modelo brasileiro de controle de constitucionalidade. O sistema adotado no Brasil, de inspiração americana, limitava-se, inicialmente, a um controle incidental ou concreto. A questão constitucional haveria de ser considerada no âmbito de um caso ou de uma controvérsia concreta entre as partes. A adoção da representação interventiva a partir, efetivamente, de 1946, ensejou o desenvolvimento do controle abstrato, consagrado pela Emenda Constitucional 16, de 1965, e mantido pelo Texto Constitucional de 67/69.

Como visto, a CF 88 reduziu o significado do controle de constitucionalidade incidental ou difuso, ao ampliar, de forma marcante, a legitimação para propositura da ação direta de inconstitucionalidade (CF, art. 103), permitindo que, praticamente, todas as controvérsias constitucionais relevantes sejam submetidas ao STF mediante processo de controle abstrato de normas.

A propósito, vale registrar pronunciamento do Min. Moreira Alves no RE 91.740-RS:

"Com efeito o controle da inconstitucionalidade das leis em tese ainda quando deferido – como sucede no Brasil – ao Poder Judiciário, não é, ao contrário do que ocorre com o controle *incidenter tantum* (que, por isso mesmo, foi admitido nos Estados Unidos da América do Norte, independentemente de Texto Constitucional que o consagrasse expressamente), ínsito à atribuição jurisdicional (aplicar a lei válida e vigente ao caso concreto submetido ao Judiciário) mas ato de natureza eminentemente política uma vez que por ele se julga diretamente e em abstrato a validade de ato dos outros Poderes do Estado (o Legislativo e o Executivo) em face dos preceitos constitucionais a que todos os Poderes devem guardar obediência.

"Por isso mesmo, Willoughby (*The Supreme Court of the United States*, p. 36, Baltimore, 1890) faz esta advertência: 'Every act of the legislature is presumably valid. Its constitucionality can be tested only when brought before the court in a specific case. The court never goes to meet a law, nor anticipates its execution by an opinion as to its constitutionality. The court is brought into the political arena, independently of its own will. It judges the low only because it is obliged to judge the case" ('Todo ato do poder legislativo é presumidamente válido. Sua constitucionalidade somente pode ser testada se trazida diante da Corte em caso concreto. A Corte nunca vai de encontro à lei, nem antecipa, em juízo sobre sua constitucionalidade, a execução que lhe dará. A Corte é trazida para a arena política independentemente de sua vontade. Ela julga a lei somente porque é obrigada a julgar o caso').

"Por isso mesmo, o controle de constitucionalidade *in abstracto* (principalmente em países em que, como o nosso, se admite, sem restrições, o *incidenter tantum*) é de natureza excepcional, e só se permite nos casos expressamente previstos pela própria Constituição, como consectário, aliás, do princípio da harmonia e independência dos Poderes do Estado. Não há que se falar, portanto, nesse terreno, de omissão da CF que possa ser preenchida – principalmente quando se trata, como no caso, de meio de controle para a preservação da obediência dela – por norma supletiva de Constituição Estadual. Se nem o STF pode julgar da constitucionalidade, ou não, em tese, de lei ou ato normativo municipal diante da CF, como admitir-se que as Constituições Estaduais, sob o pretexto de omissão daquela, dêem esse poder, de natureza, como disse, eminentemente política, aos Tribunais de Justiça locais, e, portanto, ao próprio STF, por via indireta, em grau de recurso extraordinário?

"Ocorre, pois, no caso impossibilidade jurídica que reconheço de ofício."[63]

Ressalte-se que na apreciação da questão destacou-se a singularidade desses tipos de processo consistente na necessária eficácia *erga omnes* do pronunciamento da Corte que profere a declaração de inconstitucionalidade.

A ela assim se referiu o Min. Moreira Alves: "(...) se fosse possível aos Tribunais de Justiça dos Estados o julgamento de representações dessa natureza com relação a leis municipais em conflito com a CF poderia ocorrer a seguinte situação esdrúxula. É da índole dessa representação – e isso hoje é matéria pacífica nesta Corte – que ela transitando em julgado tem eficácia *erga omnes* independentemente da participação do Senado Federal o que só se exige para a declaração *incidenter tantum*, o que implica dizer que se transitasse em julgado a decisão nela proferida por Tribunal de Justiça esta Corte Suprema estaria vinculada à declaração de inconstitucionalidade de Tribunal que lhe é inferior mesmo nos casos concretos futuros que lhe chegassem por via de recurso extraordinário. O absurdo da conseqüência, que é da índole do instrumento, demonstra o absurdo da premissa".[64]

Também o Min. Leitão de Abreu dela se ocupou, como se vê na seguinte passagem de seu voto: "Gostaria de deduzir com o desenvolvimento que o alto relevo dessa questão constitucional comportaria as razões que a meu sentir militariam a favor da tese perfilhada pelo acórdão recorrido se superáveis em relação ao presente caso todos os óbices que se levantam acerca do cabimento da representação proposta perante o Tribunal local para a declaração de inconstitucionalidade da lei municipal de que na hipótese se trata por incompatibilidade com a CF. Não achei meios jurídicos todavia que me habilitassem a vencer o obstáculo levantado pelo Min. Moreira Alves no que diz respeito à situação que se criaria no caso de se declarar pelo Tribunal de Justiça inconstitucionalidade de lei municipal por denotar conflito com a Carta Federal sem que dessa decisão se manifeste recurso extraordinário. Transitada em julgado decisão dessa natureza ficaria na verdade o Supremo Tribunal vinculado à declaração de inconstitucionalidade pronunciada pelo Tribunal de Justiça e por via de conseqüência impossibilitado de julgar casos concretos futuros que em recursos extraordinários se trouxessem à sua apreciação. Como essa conseqüência, que seria inelutável, se me afigura também inadmissível não há senão concluir, a meu ver malgrado a elegante construção jurídica do Tribunal paulista, pela inconstitucionalidade das expressões 'inconstitucionalidade' do artigo 54, I, *e*, da Constituição do Estado de São Paulo. Conhecendo, pois, do recurso, lhe dou provimento para que a inconstitucionalidade assim fique pronunciada".[65]

Em outras palavras, reconheceu-se que a decisão de Corte estadual que declarasse a inconstitucionalidade de lei municipal em face da CF, com eficácia *erga omnes*, poderia, de forma absurda, vincular o próprio STF.

Assim, a característica fundamental do controle concreto ou incidental de normas parece ser o seu desenvolvimento inicial no curso de um processo, no qual a questão constitucional configura "antecedente lógico e necessário à declaração judicial que há de versar sobre a existência ou inexistência de relação jurídica".[66]

63. RE 91.740-RS, rel. Min. Xavier de Albuquerque, *RTJ* 93(1)/461-462.

64. *RTJ* 103(3)/1.115.

65. RE 92.169-SP, rel. Min. Cunha Peixoto, *RTJ* 103(3)/1.116-1.117.

66. Alfredo Buzaid, "'Juicio de amparo' e mandado de segurança: contrastes e confrontos", *Revista*

De qualquer sorte, impende salientar que, a partir de 1934, vem a ordem constitucional brasileira emprestando tratamento especial ao controle incidental de constitucionalidade.

Como se sabe, a Constituição de 1934 consagrou a competência do Senado Federal para suspender a execução de qualquer lei ou ato declarado inconstitucional pelo Supremo Tribunal (art. 91, IV, c/c o art. 96). E, no art. 179, condicionou a declaração de inconstitucionalidade pelos tribunais ao sufrágio da maioria absoluta.

Tais modificações são reveladoras de uma nítida diferenciação no âmbito do controle difuso de constitucionalidade. Embora preservasse a competência do juiz singular para apreciar a questão constitucional, o constituinte estabelecia pressupostos para a declaração de inconstitucionalidade das leis pelos Tribunais.

Subordinou-se a eficácia *erga omnes* da decisão do Supremo Tribunal que declarasse a inconstitucionalidade da lei ou ato à resolução do Senado Federal (art. 91, IV).

Não obstante, o sistema de declaração de inconstitucionalidade por todos os Juízes e Tribunais, exigida, no caso destes, a observância do *quorum* especial, e a suspensão pelo Senado Federal do ato declarado inconstitucional, pelo Supremo Tribunal, foram incorporados pela Constituição de 1946 (arts. 101, III, *b* e *c*, 200 e 64), pela CF 67/69 (arts. 119, III, *a*, *b*, *c*, 116, e 42, VII) e pela CF 88 (arts. 97 e 52, X).

O controle de constitucionalidade concreto ou incidental, tal como desenvolvido no Direito brasileiro, é exercido por qualquer órgão judicial, no curso de processo de sua competência.[67] A decisão, "que não é feita sobre o objeto principal da lide, mas sim sobre questão prévia, indispensável ao julgamento do mérito",[68] tem o condão, apenas, de afastar a incidência da norma viciada.

Daí recorrer-se à suspensão de execução pelo Senado de leis ou decretos declarados inconstitucionais pelo STF (CF 67/69, art. 42, VII).[69]

Esta colocação parece explicitar a natureza singular da atribuição deferida ao Senado Federal. A suspensão constitui ato político que retira a lei do ordenamento jurídico, de forma definitiva e com efeitos retroativos. É o que ressalta, igualmente, o STF, ao enfatizar que "a suspensão da vigência da lei por inconstitucionalidade torna sem efeito todos os atos praticados sob o império da lei inconstitucional".[70]

Ora, é fácil ver, pois, que, no âmbito da sistemática adotada pela ordem constitucional brasileira, ao contrário da decisão proferida no controle direto ou concentrado, que, por sua própria natureza, é dotada de eficácia geral, a decisão manifestada no controle difuso ou incidental há de ter eficácia limitada às partes envolvidas na controvérsia. Eventual extensão da eficácia da decisão do STF há de depender sempre do pronunciamento do Senado Federal.

De todas essas digressões resulta ser inadmissível a criação de processos destinados a aferir a legitimidade de normas de forma abstrata ou com eficácia geral pelo legislador ordinário ou pelo constituinte estadual.

Em face das características especiais que ornam a ação civil pública, seria lícito indagar sobre a sua adequação para o

de Direito Processual Civil, v. 5, jan.-jun./62, pp. 30-78; cf., também, Zagrebelsky, *La giustizia costituzionale*, Bologna, Il Mulino, 1979, p. 84.

67. Carlos Alberto Lúcio Bittencourt, *O controle Jurisdicional da Constitucionalidade das Leis*, 2ª ed., Rio de Janeiro, Forense, 1968, pp. 36-7 e 46.

68. Celso Bastos, *Curso de Direito Constitucional*, 5ª ed., São Paulo, Saraiva, 1982, p. 59; Alfredo Buzaid, "'Juicio de amparo'...", cit., p. 69.

69. O ordenamento constitucional de 1988 manteve inalterada essa orientação (CF 88, art. 52, X).

70. RMS 17.976, rel. Min. Amaral Santos, *RDA* 105/111-113.

controle de constitucionalidade das leis na modalidade de controle incidental ou concreto. Em outros termos, seria possível que o juiz, ao apreciar pedido formulado em ação civil pública, afastasse topicamente a incidência ou a aplicação de uma dada norma federal ou estadual em face da CF? Qual seria a eficácia dessa decisão?

É fácil ver, desde logo, que a ação civil pública não se confunde, pela própria forma e natureza, com os processos cognominados de "processos subjetivos".

A parte ativa nesse processo não atua na defesa de interesses próprios, mas procura defender um interesse público devidamente caracterizado. Assim sendo, afigura-se difícil, senão impossível, sustentar-se que a decisão que, eventualmente, afastasse a incidência de uma lei considerada inconstitucional, em ação civil, teria efeito limitado às partes processualmente legitimadas.

É que, como já enunciado, a ação civil pública aproxima-se muito de um típico processo sem partes ou de um processo objetivo, no qual a parte autora atua não na defesa de situações subjetivas, agindo, fundamentalmente, com escopo de garantir a tutela do interesse público.[71]

Não foi por outra razão que o legislador, ao disciplinar a eficácia da decisão proferida na ação civil, viu-se compelido a estabelecer que "a sentença civil fará coisa julgada *erga omnes*".

Isso significa que, se utilizada com o propósito de proceder ao controle de constitucionalidade, a decisão que, em ação civil pública afastar a incidência de dada norma por eventual incompatibilidade com a ordem constitucional, acabará por ter eficácia semelhante à das ações diretas de inconstitucionalidade, isto é, eficácia geral e irrestrita.

Já o entendimento esposado pelo STF no sentido de que essa espécie de controle genérico da constitucionalidade das leis constituiria um afazer político de determinadas Cortes, realça a impossibilidade de utilização da ação civil pública com esse escopo. Em verdade, ainda que se pudesse acrescentar algum outro desiderato adicional a uma ação civil pública destinada a afastar a incidência de dada norma infraconstitucional, é certo que o seu objetivo precípuo haveria de ser a impugnação direta e frontal da legitimidade de ato normativo. Não se trataria de discussão sobre aplicação de lei a *caso concreto,* porque de caso concreto não se cuida. Ao revés, a própria parte autora ou requerente legitima-se não em razão da necessidade de proteção de um interesse específico, mas exatamente de um interesse genérico amplíssimo, de um interesse público. Ter-se-ia, pois, uma decisão (direta) sobre a legitimidade da norma.

Deve-se acrescentar, ademais, que o julgamento desse tipo de questão pela jurisdição ordinária de primeiro grau suscita um outro problema, igualmente grave, no âmbito da sistemática de controle de constitucionalidade adotada no Brasil. Diferentemente da decisão *incidenter tantum* proferida nos casos concretos, inclusive pelo STF, cuja eficácia fica adstrita às partes do processo, a decisão sobre a constitucionalidade da lei proferida pelo juiz de primeiro grau haveria de ser dotada de eficácia geral e abstrata. Nem poderia ser diferente: como as partes na ação civil pública atuam não na defesa de interesse jurídico específico, mas, propriamente, na proteção do interesse público, qualquer pretensão no sentido de limitar a eficácia das decisões proferidas nesses processos apenas às partes formais do processo redundaria na sua completa nulificação.

Em outros termos, admitida a utilização da ação civil pública como instrumento adequado de controle de constitucionalidade, tem-se *ipso jure* a outorga à juris-

71. Harald Koch, *Prozessführung im öffentlichen Interesse*, Frankfurt am Main. 1983, pp. 1 e ss.

dição ordinária de primeiro grau de poderes que a Constituição não assegura sequer ao STF. É que, como visto, a decisão sobre a constitucionalidade da lei proferida pela Excelsa Corte no caso concreto tem, necessária e inevitavelmente, eficácia *inter partes*, dependendo a sua extensão da decisão do Senado Federal.

Ainda que se desenvolvam esforços no sentido de formular pretensão diversa, toda vez que, na ação civil ficar evidente que a *medida ou providencia* que se pretende questionar é a própria lei ou ato normativo, restará inequívoco que se trata mesmo é de uma impugnação direta de lei.

Nessas condições, para não se chegar a um resultado que subverta todo o sistema de controle de constitucionalidade adotado no Brasil, tem-se de admitir a inidoneidade completa da ação civil pública como instrumento de controle de constitucionalidade, seja porque ela acabaria por instaurar um controle direto e abstrato no plano da jurisdição de primeiro grau, seja porque a decisão haveria de ter, necessariamente, eficácia transcendente das partes formais.

É verdade que o tema ora abordado ainda não foi objeto de apreciação direta pelo STF. É certo, porém, que, tal como enunciado, essas conclusões parecem encontrar respaldo pleno na jurisprudência da Corte Suprema. A par de outras decisões já mencionadas, afigura-se digno de referência acórdão recém-publicado, no qual o STF acolheu Reclamação que lhe foi submetida pelo Procurador-Geral da República, determinando o arquivamento de ações ajuizadas na 2ª e 3ª Varas da Fazenda Pública da Comarca de São Paulo, por entender caracterizada a usurpação de competência do STF, uma vez que a pretensão nelas veiculada não visava ao julgamento de uma relação jurídica concreta, mas ao da validade de lei em tese.[72]

A propósito, mencione-se a seguinte passagem do voto do eminente relator, Min. Francisco Rezek: "A leitura do acervo aqui produzido faz ver que o objeto precípuo da ação em curso da 2ª e 3ª Varas da Fazenda Pública da comarca de São Paulo é, ainda que de forma dissimulada, a declaração de inconstitucionalidade da lei estadual em face da Carta da República. As requerentes, ao proporem a providência cautelar, preparatória da ação principal, deixam claro que esta visa a '...decretar a ilegalidade da medida...' (fls. 34). Ocorre que a 'medida' tida por ilegal é a própria lei. E o juízo de inconstitucionalidade da lei só se produz como *incidente* no processo comum – controle difuso – ou como escopo precípuo do processo declaratório de inconstitucionalidade da lei em tese – controle conceituado".[73]

Essa orientação da Suprema Corte reforça a idéia desenvolvida de que eventual esforço dissimulatório por parte do requerente da ação civil pública haverá de restar ainda mais evidente, porquanto, diversamente na situação manifesta no precedente referido, o autor aqui pede tutela genérica do interesse público, devendo, por isso, a decisão proferida ter eficácia *erga omnes*. Assim, eventual pronúncia de inconstitucionalidade da lei levada a efeito pelo juízo monocrático terá força idêntica à da decisão proferida pelo STF no controle direto de inconstitucionalidade.

As especificidades desse modelo de controle, o seu caráter excepcional, o restrito deferimento dessa prerrogativa (no que se refere à aferição de constitucionalidade de lei ou ato normativo estadual ou federal em face da CF) apenas ao Supremo, a legitimação restrita para provocação do Supremo – somente os órgãos e entes referidos no art. 103 da Constituição estão autorizados a instaurar o processo de controle –, a dimensão política inegável dessa

72. Reclamação 434, rel. Min. Francisco Rezek, *DJ* 9.12.94.

73. Reclamação 434, rel. Min. Francisco Rezek, *DJ* 9.12.94.

modalidade, tudo leva a infirmar a possibilidade de que se proceda ao controle de legitimidade de lei ou ato normativo federal ou estadual em face da Constituição no âmbito da ação civil pública.

3. *Incidente de inconstitucionalidade*

Na Revisão Constitucional de 1994, afigurou-se acertado introduzir o incidente de inconstitucionalidade, que permitiria fosse apreciada diretamente pelo STF controvérsia sobre a constitucionalidade de lei ou ato normativo federal, estadual ou municipal, inclusive os atos anteriores à Constituição, a pedido do Procurador-Geral da República, do Advogado-Geral da União, do Procurador-Geral de Justiça e do Procurador-Geral do Estado, sempre que houvesse perigo de lesão à segurança jurídica, à ordem ou às finanças públicas. A Suprema Corte poderia, acolhendo incidente de inconstitucionalidade, determinar a suspensão de processo em curso perante qualquer juízo ou tribunal para proferir decisão exclusivamente sobre a questão federal suscitada.

Referido instituto destinava-se a completar o complexo sistema de controle de constitucionalidade brasileiro, permitindo que o STF pudesse dirimir, desde logo, controvérsia que, do contrário, daria ensejo certamente a um sem-número de demandas, com prejuízos para as partes e para a própria segurança jurídica.

Assim, mediante provocação de qualificados atores do processo judicial, a Corte Suprema fica autorizada a *suspender os processos em curso e proferir decisão exclusivamente sobre a questão constitucional.*

Ressalte-se de imediato que, a despeito da aparente novidade, técnica semelhante já se adota entre nós desde 1934, com a chamada *cisão funcional* da competência, que permitia que, no julgamento da inconstitucionalidade de norma perante Tribunais, o Plenário ou o Órgão Especial julgasse a inconstitucionalidade ou a constitucionalidade da norma, cabendo ao órgão *fracionário* decidir a espécie à vista do que restar *assentado* no julgamento da questão constitucional.

Sem dúvida, o incidente ensejaria a separação da questão para o seu julgamento, não pelo Pleno do Tribunal ou por seu Órgão Especial, mas, diretamente, pelo STF.

Daí o inevitável símile com a técnica consagrada nos modelos de *controle concentrado de normas,* que determina seja a questão submetida diretamente à Corte Constitucional toda vez que a norma for relevante para o julgamento do caso concreto e o Juiz ou Tribunal considerá-la inconstitucional (cf., *v.g.*, Constituição austríaca, art. 140, (1); Lei Fundamental de Bonn, art. 100, I, e Lei orgânica da Corte Constitucional, § 13, ns. 11, 80 e ss.).

Todavia, as diferenças são evidentes.

Ao contrário do que ocorre nos modelos concentrados de controle de constitucionalidade, nos quais a Corte Constitucional detém o *monopólio da decisão* sobre a constitucionalidade ou a inconstitucionalidade da lei, o incidente de inconstitucionalidade não altera, em seus fundamentos, o *sistema difuso* de controle de constitucionalidade introduzido entre nós pela Constituição de 1891. Juízes e Tribunais continuam a decidir também a questão constitucional, tal como faziam anteriormente, cumprindo ao STF, enquanto guardião da Constituição, a uniformização da interpretação do Texto Magno mediante o julgamento de recursos extraordinários contra decisões judiciais de única ou última instância.

Convém assinalar que somente em casos excepcionais, de relevante interesse público, poderia a Corte Suprema acolher o incidente de inconstitucionalidade, para proferir decisão exclusivamente sobre a questão constitucional.

O novo instituto serviria para antecipar as decisões sobre controvérsias constitucionais relevantes, evitando que elas venham a ter um desfecho definitivo após longos anos, quando muitas situações já se consolidaram ao arrepio da "interpretação autêntica" do STF.

A experiência histórica recente demonstra que, muitas vezes, temas polêmicos acabam sendo decididos de maneira açodada por Juízes e Tribunais ordinários, que optam por declarar a inconstitucionalidade de normas, reconhecidas, posteriormente, como legitimas pelo STF.

A adoção do incidente de inconstitucionalidade propiciaria ao STF a oportunidade de conhecer das questões antes mesmo que se consolidassem orientações ou interpretações outras, de difícil superação ou desfazimento.

O incidente de inconstitucionalidade proposto oferece solução adequada para a difícil questão do controle de constitucionalidade da lei municipal em face da CF. Os embaraços que se colocam à utilização da ação direta de inconstitucionalidade contra a lei municipal perante o STF, até mesmo pela impossibilidade de se apreciar o grande número de atos normativos comunais, poderão ser afastados com a introdução desse instituto, que permitirá ao STF conhecer das questões constitucionais mais relevantes provocadas por atos normativos municipais.

A eficácia *erga omnes* e o efeito vinculante das decisões proferidas pelo STF nesses processos hão de fornecer a diretriz segura para o juízo sobre a legitimidade ou a ilegitimidade de atos de teor idêntico, editados pelas diversas entidades comunais.

Essa solução é superior, sem dúvida, a alternativa oferecida, que consistiria no reconhecimento da competência dos Tribunais de Justiça para apreciar, em ação direta de inconstitucionalidade, a legitimidade de leis ou atos normativos municipais em face da CF. Além de ensejar múltiplas e variadas interpretações, essa solução acabaria por agravar a crise do STF, com a multiplicação de recursos extraordinários interpostos contra as decisões proferidas pelas diferentes Cortes estaduais.

Outra virtude inegável do instituto reside na possibilidade de sua utilização para solver controvérsia relevante sobre a legitimidade do direito ordinário pré-constitucional em face da nova Constituição.

Aprovado o referido instituto, passaria o ordenamento jurídico a dispor de um instrumento ágil e célere para dirimir, de forma definitiva e com eficácia geral, as controvérsias relacionadas com o direito anterior à Constituição que, por ora, somente podem ser veiculadas mediante a utilização do recurso extraordinário, cuja decisão tem eficácia limitada às partes envolvidas no processo.

Agosto de 1996

JURISPRUDÊNCIA

TRIBUNAL DE ALÇADA DO ESTADO DO PARANÁ

Apelação cível n. 69.235-7 – 5ª Vara Cível de Curitiba
Apelante: Editora Abril S/A
Apelado: Francisco Leite Chave
Relator: Juiz Mendonça de Anunciação

Ofensa à reputação profissional de advogado. Indenização por danos morais e profissionais (materiais). Provimento parcial do recurso para afastar a última delas, por ausência de fundamentação e de comprovação.

ACÓRDÃO N. 5.415 –
SÉTIMA CÂMARA CÍVEL

Vistos, relatados e discutidos estes autos de Apelação cível n. 69.235-7, da 5ª Vara Cível de Curitiba, em que é apelante Editora Abril S/A e apelado Francisco Leite Chaves.

Adoto o relatório da respeitável sentença apelada, assim redigido:

Francisco Leite Chaves, casado, advogado, residente e domiciliado em Brasília, SDS 111, bloco "B", apto. 42, adentrou com ação de reparação civil contra Editora Abril S/A, pessoa jurídica de direito privado com sede em São Paulo, Capital, e escritórios nesta Capital, à avenida Cândido de Abreu, n. 651, 7º andar, aduzindo, em síntese: que retornou às atividades forenses após ter sido Senador pelo Estado por 12 anos, tendo publicado aviso, por três vezes, a respeito, no 1º caderno da *Gazeta do Povo* e da *Folha de Londrina*; que a *Revista Veja*, n. 1.204, de 16.10.91, no encarte Paraná, página 5, Seção Antena, publicou que seu anúncio entre centenas de anúncios de advogados de porta de cadeia vinha chamando a atenção; que a matéria, redigida de forma subliminar, causou dano ao seu bom nome e honra, posto que defendeu centenas de causas relevantes, inclusive no exterior, tendo bom conceito funcional, sendo membro, inclusive, de associações jurídicas internacionais; culmina solicitando indenização por danos morais, e materiais a ser apurada mediante arbitramento, afora as verbas da sucumbência. Documentos de fls. 11 *usque* 227, 240 e 241.

Na audiência prefacial (fl. 229), conciliação rejeitada, juntou-se a defesa de fls. 242 *usque* 249, acompanhada dos documentos de fls. 250 *usque* 257. Argumentos: nulidade da citação por ser a sede em São Paulo; inexistência de intenção delituosa mas apenas estranheza na utilização do mesmo espaço que utilizam advogados de porta de cadeia, de clientela escasso ou inexistente; que a expressão advogado de porta de cadeia não tem conteúdo depreciativo e se refere tão-somente, a profissionais que militam na esfera criminal; que o *animus narrandi* exclui o dolo; que não restou evidenciado qualquer prejuízo; que a demanda é totalmente improcedente.

Na continuação da audiência (fl. 277) tomou-se o depoimento pessoal do autor (fl. 277), ouvindo-se três testigos pelo autor (fls. 278 *usque* 280) e duas pela ré (fls. 282 e 283). Memorial pelo autor às fls. 286 *usque* 292 e pelo réu às fls. 293 *usque* 299, ambos ratificando e desenvolvendo as teses anteriormente expendidas.

Acrescento que o Dr. Juiz de Direito julgou procedente o pedido e condenou a requerida no seguinte: "a) pagamento de indenização por dano moral no valor de 25 salários mínimos; b) pagamento de dano patrimonial oriundo do fechamento do escritório em Curitiba, a ser apurado em execução de sentença por arbitramento; c) publicação de nota na *Revista Veja*, com o mesmo destaque da anterior, do teor dispositivo desta sentença que reputou a nota primitiva ofensiva ao bom nome do autor e difamatória, incompatível com seu *status* de profissional correto e ex-Senador da República".

S. Exa. condenou ainda a ré a pagar as despesas processuais e honorários advocatícios de 16% sobre o total da condenação.

Inconformada, a vencida interpôs a presente apelação. Argúi a nulidade da sentença por ser *extra et ultra petita*, violando o disposto nos artigos 128 e 460 do Código de Processo Civil, desde que condenou a apelante a pagar indenização por danos patrimoniais – não comprovados sequer – extrapolando o pedido inicial que era apenas de indenização por danos morais.

No mérito, pediu a reforma da sentença com esteio no exame que faz dos elementos contidos nos autos.

Recebido o recurso no duplo efeito, o apelado deixou de respondê-lo; e, com o devido preparo, os autos subiram a esta Corte.

VOTO

Improcede a preliminar de nulidade da sentença, porque a petição inicial contém pedido de indenização por danos profissionais, contrariamente ao sustentado nas razões de apelação. Parece ter ocorrido ausência de fundamentação desse pedido, o que será apreciado na devida oportunidade.

No mérito, a respeitável sentença apelada está substancialmente correta no concernente ao reconhecimento do dever de indenizar imposto à apelante, merecendo apenas parcial reforma.

Dúvida não há de que aquele artigo foi de mal gosto e de conteúdo depreciativo, atentando contra a reputação profissional do apelado. Este mandara publicar aviso a colegas, amigos e clientes, fazendo-os saber do reinício de suas atividades profissionais após exaurido seu mandato de Senador da República. O aviso foi feito de modo comedido, discreto e sério.

Entretanto, a ré resolveu fazer pilhéria através daquele artigo, expondo o apelado ao ridículo, como se tratasse de profissional mal sucedido, assemelhando-o a "advogado sem clientela, que vive a procurar clientes pela prisões" (Buarque de Holanda, no verbete "Advogado", subverbete "Advogado de porta de xadrez").

Diante disso, parece indiscutível o elemento subjetivo inspirador daquela ofensiva nota, porque o achincalhe se revela intencional na medida em que associa nominalmente o apelado a uma conduta considerada desprezível ou aviltante, o que é suscetível de ferir a dignidade de qualquer profissional, notadamente em se tratando de quem sempre desfrutou de grande prestígio e renome na comunidade jurídica do Estado, como é o caso do apelado, portador de invejável *curriculum*, bem destacado na sentença recorrida.

Nesse particular, pois, afigura-se correta a deliberação monocrática, que também acertou na fixação da indenização por danos morais em vinte e cinco salários mínimos, cujo *quantum* não foi verberado pela apelante nem pelo apelado.

Correta, também, ao condenar a apelante a publicar o teor da parte dispositiva da sentença, como forma mais eficaz de reparar a ofensa. Como não está mais sendo publicado o encarte estadual, segundo afirmação da apelante, a publicação deverá ser feita, obviamente, na edição nacional. Não tem sentido publicar em outros órgãos, porque são os leitores da *Veja*, que haviam tomado conhecimento da ofensa, que devem, agora, tomar conhecimento, também, da sua reparação.

Finalmente, merecer prosperar o recurso no seu inconformismo contra a indenização por *danos profissionais*. Embora os tenha pedido, a inicial foi totalmente omissa em sua fundamentação, não explicitando, sequer, no que consistiriam. Sem amparo na peça exordial ou em qualquer outro arrazoado do recorrido, *data venia*, o douto Magistrado sentenciante entendeu que decorreriam do fechamento do escritório do apelado, em Curitiba. Porém, além de em nenhum momento o autor dado tal enfoque à questão, acresce observar que não há prova conclusiva de que o escritório desta Capital tenha sido fechado como conseqüência daquela nota.

Além disso, os fatos constitutivos do direito à indenização devem ser provados no processo de conhecimento, desde que o de liquidação de sentença se presta apenas para a fixação do *quantum debeatur*.

Sobre o assunto, decidiu o Supremo Tribunal Federal que "o pedido pode ser genérico, mas isso não significa que os fatos dos quais decorra a obrigação de indenizar perdas e danos não devam ser comprovados no processo de conhecimento. Na liquidação apura-se apenas o *quantum*..." (*RTJ* 105/1.289).

Identificado com o mesmo entendimento, o Superior Tribunal de Justiça decidiu que "...a prova do lucro cessante deve ser feita no processo de conhecimento, jamais na liquidação. Não demonstrada sua ocorrência, a sentença de mérito declarará improcedente a pretensão" (*RSTJ* 67/393).

Sendo assim, essa indenização haverá de ser expungida da condenação e, obviamente, da parte dispositiva da sentença a ser publicada na revista da apelante.

Provido, desse modo, parcialmente o recurso, o autor arcará com um terço e a ré com dois terços das despesas processuais. Dos 16% de honorários arbitrados na sentença, 11% serão destinados ao advogado do autor, e 5% ao da requerida.

Em face o exposto, acordam os Juízes da Sétima Câmara do Tribunal de Alçada do Paraná, por unanimidade de votos, em dar parcial provimento ao recurso, nos termos do presente voto.

Presidiu o julgamento, como voto, o Senhor Juiz Waldemir Luiz da Rocha e dele participou o Senhor Juiz Miguel Pessoa.

Curitiba, 30 de setembro de 1996

Mendonça de Anunciação, Relator.

JURISPRUDÊNCIA

TRIBUNAL DE ALÇADA DO ESTADO DO PARANÁ

Apelação cível n. 88.688-0-Maringá – 2ª Vara Cível
Apelante: Arno Silvestre Macagnan
Apelado: Município de Maringá
Relator: Juiz Conv. Ronaldo Moro

Tributário – Contribuição de melhoria – Lançamento sob valor superior ao do valor de mercado do imóvel – Confisco – Inconstitucionalidade – Apelação provida.

1. A contribuição de melhoria exige para sua configuração válida a obediência aos parâmetros do valor total do custo da obra pública e da valorização do imóvel beneficiado.

2. A Constituição Federal de 1988 não derrogou as disposições do CTN e do Dec.-lei 195/67, cuja legislação lhe não é incompatível, sendo assegurada sua aplicação por força do parágrafo 5º do art. 34 das Disposições Transitórias da vigente Carta Magna.

3. Nulo se afigura o lançamento tributário sob as vestes de contribuição de melhoria, quando seu valor excede o custo de mercado do imóvel imputado como valorizado pela obra pública de pavimentação da via pública onde se situa, eis que evidenciados o efeito de confisco do tributo e sua conseqüente inconstitucionalidade.

ACÓRDÃO N. 5.176 –
SÉTIMA CÂMARA CÍVEL

Vistos, relatados e discutidos estes autos de Apelação cível n. 88.688-0, de Maringá – 2ª Vara Cível, em que é apelante Arno Silvestre Macagnan, sendo apelado Município de Maringá.

RELATÓRIO

Trata-se de recurso de apelação interposto contra sentença que julgou improcedente a ação anulatória de débito fiscal proposta por Arno Silvestre Macagnan, sob o entendimento de ter havido confisco tributário na cobrança de contribuição de melhoria, decorrente de pavimentação asfáltica realizada nas vias públicas fronteiriças ao seu imóvel.

Alega o apelante em sua petição inicial, em síntese, que o valor lançado como tributo supera o valor de mercado do imóvel; que não houve valorização do imóvel com a benfeitoria realizada; que não há amparo legal para a cobrança na forma em que foi feita; que só é devida a contribuição de melhoria no caso de efetiva valorização do imóvel beneficiado; que existe nulidade do edital, face à ausência de requisitos essenciais à sua formação.

Em resposta, o Município de Maringá aduziu que a Constituição Federal de 1988 é que deve ser aplicada, pois derrogou a legislação anteriormente vigente, não havendo mais a necessidade de edital antecipado, tendo a contribuição de melhoria passado a ser cobrada em virtude da realização da obra, sendo seu valor apurado após o término da mesma; que a obra trouxe muitos benefícios tendo havido valorização do imóvel; que o único limite para a cobrança do tributo é o custo total da obra; que o edital possui todos os requisitos exigidos; que durante a publicação dos editais e durante a realização da obra não houve qualquer impugnação pelo autor.

Após a realização da perícia técnica, o Ministério Público manifestou-se pela improcedência da ação, argumentando que a contribuição da melhoria decorre do beneficiamento dos imóveis e a valorização já é inerente e resulta de sua própria realização, não tendo o requerente provado que não houve valorização em seu imóvel.

A demanda foi julgada improcedente, sob o fundamento de que, não existindo lei complementar, regulando a aplicação do artigo 145 da Constituição Federal, este deve ser interpretado literalmente e aplicado conjuntamente com o Código Tributário Municipal; que houve, obviamente, valorização do imóvel e que não restou vislumbrada nenhuma irregularidade no edital.

Irresignado com essa decisão, recorre o autor, pretendendo a reforma da mesma, repetindo as alegações da exordial, destacando o fato de que a anistia concedida pelo Município não abrangeria a contribuição de melhoria e que esta não poderia ser cobrada em razão da nulidade do edital.

Na contrariedade recursal, o Município de Maringá busca sustentar a manutenção da decisão, aduzindo que não restou comprovado que não houve valorização do imóvel e que a limitação da cobrança deste tributo está determinada pelo artigo 145, da Constituição Federal, e pelo Código Tributário Municipal.

Em novo pronunciamento, o Ministério Público esclarece que o valor da obra incorporou-se ao valor do imóvel, não havendo que se falar em confisco e que o edital da obra obedece a todos os requisitos legais, mesmo porque não foi impugnado no prazo de trinta dias.

Já a douta Procuradoria-Geral da Justiça entende merecer provimento o recurso de apelação, em razão de ter a Constituição Federal recepcionado a legislação tributária anterior, continuando a vigor o Código Tributário Nacional e o Decreto-lei n. 195/67, o que torna inviável a contribuição de melhoria sem a correspondente valorização imobiliária, sendo nulo o lançamento que só considera o custo total da obra como base para a cobrança do tributo em questão.

É o relatório.

VOTO

Cuida-se de apelação colimando à nulidade do lançamento de contribuição de melhoria pelo Município de Maringá em razão da efetivação de obra pública consistente em pavimentação de vias públicas no Parque das Laranjeiras, que redundou a cobrança do valor da obra sob valor excedente ao valor de mercado do imóvel pertencente ao recorrente, o que caracterizaria o confisco tributário, como, de igual, pela desobediência à legislação vigente que ensejaria a regularidade da cobrança do tributo em questão.

Conforme se apurou no feito em perícia judicial, o lote pertencente ao apelante teria valor estimado de Cr$ 1.900.000,00 (hum milhão e novecentos mil cruzeiros) (f. 143 item "B"), após a efetivação da reputada pavimentação, enquanto que o lançamento a título de contribuição de benfeitoria alcançou, segundo a notificação expedida em 13.2.93 (f. 18), o valor original de Cr$ 3.529.991,04 (três milhões, quinhentos e vinte e nove mil, novecentos e noventa e um cruzeiros e quatro centavos), e sob valor corrigido, constante da mesma notificação, Cr$ 4.271.289,16 (quatro milhões, duzentos e setenta e um mil, duzentos e oitenta e nove cruzeiros e dezesseis centavos).

Já pelo cotejo dos valores apontados, verifica-se que o custo rateado da obra pública encetada, e atribuído a ressarcimento proporcional pelo apelante, excederia, de muito, o valor de mercado do próprio imóvel, denunciado na inicial, pela média apurada extrajudicialmente, em cerca de 141,19% a maior, o que caracterizaria, como postula o apelante, no reconhecimento de verdadeiro confisco tributário.

O Município, por seu turno, acoberta-se na tese de que, a partir da Constituição Federal de 1988, o fato gerador do tributo contribuição de melhoria cingir-se-ia exclusivamente ao custo da obra pública, valor a ser rateado pelos imóveis lindeiros beneficiados, estando, pela locução constitucional do artigo 145, III, "decorrente de obras públicas", derrogados tanto o Código Tributário Nacional, em seus artigos 81 e 82, como o Decreto-lei 195/67.

Entendo, todavia, desassistir razão ao Município apelado. É que a norma constitucional vigente do artigo 145, III, da Carta Magna, facultando à União, os Estados, o Distrito Federal e aos Municípios, a instituição de impostos, taxas e, especificamente, "contribuições de melhoria, decorrentes de obras públicas", também preceitou, em seu artigo 146, caber à lei complementar: "(...) II – regular as limitações constitucionais ao poder de tributar; e III – estabelecer normas gerais em matéria de legislação tributária, especialmente sobre: a) definição de tributos e de suas espécies, bem como, em relação aos impostos discriminados nesta Constituição, a dos respectivos fatos geradores, bases de cálculo e constituintes; b) obrigação, lançamento, crédito, prescrição de decadência tributários; (...)", estipulando, outrossim, em suas Disposições Transitórias, artigo 34, que:

"O Sistema Tributário Nacional entrará em vigor a partir do primeiro dia do quinto mês seguinte ao da promulgação da Constituição, mantido, até então, o da Constituição de 1967, com a redação dada pela Emenda n. 1, de 1969, e pelas posteriores.

"(...)

"§ 3º. Promulgada a Constituição, a União, os Estados, o Distrito Federal e os Municípios poderão editar as leis necessárias à aplicação do Sistema Tributário Nacional nela previsto.

"§ 4º. As leis editadas nos termos do parágrafo anterior produzirão efeitos a partir da entrada em vigor do Sistema Tributário Nacional previsto na Constituição.

"§ 5º. Vigente o novo sistema tributário nacional, fica assegurada a aplicação da legislação anterior, no que não seja incompatível com ele e com a legislação referida nos §§ 3º e 4º."

Como é notória, referida lei complementar, decantada no cenário político federal como ultra necessária, ainda pende de efetivação, razão pela qual, ao reverso do explicitado na sentença apelada, impõe-se a exegese da espécie dos autos, segundo a legislação anterior que não é incompatível com a norma constitucional citada de contribuição de melhoria.

Nesse aspecto, gize-se a própria Constituição anterior, com a Emenda n. 23/83, já havia transmudado o preceito do tributo, ora em exame, para relegar à lei regulamentar sua explicitação específica. Não se constitui, assim, de novidade constitucional.

E nessa diretriz, a jurisprudência emanada do Pretório Excelso, mesmo após a promulgação da vigente Constituição Federal, já externou:

> Recurso extraordinário. Constitucional. Tributário. Contribuição de melhoria. Art. 18, II, CF/67, com a redação dada pela EC n. 23/83.
>
> Não obstante alterada a redação do inciso II do art. 18 pela Emenda Constitucional n. 23/83, a valorização imobiliária decorrente de obra pública – requisito ínsito à contribuição de melhoria – persiste como fato gerador dessa espécie tributária. RE conhecido e provido (RE n. 116.147-SP, 2ª T. do STF, rel. Min. Célio Borja, j. 29.10.91, *DJU* 8.5.92, p. 06268).

Também o Superior Tribunal de Justiça, a respaldar a tese da aplicação da legislação infraconstitucional a respeito da contribuição de melhoria, CTN e DL 195/67, já decidiu:

Tributário – Contribuição de melhoria – Fato gerador – Base de cálculo – Requisitos da valorização ou de especifico benefício – Artigo 18, II, CF/67 (Emenda 23/83) – Artigo 145, III, CF/88 – Artigos 81 e 82, CTN – Decreto-lei n. 195/67 (artigos 1, 2 e 3).

1. Recapeamento de via pública, com o custo coberto por um "plano de rateio entre todos os beneficiados", afronta exigências legais (arts. 81 e 82, CTN; Decreto-lei 195/67, arts. 1 e 2).

2. Ilegalidade do lançamento de contribuição de melhoria baseado no custo, sem a demonstração dos pressupostos de valorização ou específico benefício, conseqüente da obra pública realizada no local de situação do imóvel.

3. Precedentes da jurisprudência.

4. Recurso provido (REsp 634-SP, 1ª T., rel. Min. Milton Luiz Pereira, j. 9.3.94, *DJU* 18.4.94, p. 08440).

Tem-se, pois, segundo a jurisprudência de nossos tribunais superiores, como ainda vigente a legislação infraconstitucional relativa à contribuição de melhoria, prevalecendo, dessarte, a necessidade de obediência para sua configuração, qual seja, o limite máximo do custo da obra pública a ser rateado entre os beneficiários, e o limite individual circunscrito à valorização do imóvel decorrente da mesma obra pública.

Ademais, explícito é o preceito do inciso IV do artigo 150 da vigente Constituição Federal, que veda aos órgãos executivos a utilização do tributo "com efeito de confisco".

Gize-se, outrossim, que o próprio Código Tributário Municipal de Maringá, em seu artigo 167, prevê que a contribuição de melhoria lançável como tributo, tem como limite, em seu cálculo, não só pelo total a despesa realizada, como sobretudo, individualmente, "o acréscimo de valor que da obra resultar para cada imóvel beneficiado..." (f. 90), parâmetro último não observado como regular nas circunstâncias.

Na espécie dos autos, pois, conclui-se que não só houve lançamento tributário de caráter confiscatório, por exceder inclusive a quase o dobro do valor de mercado do imóvel, como, de igual, pela inobservância aos preceitos que regulam infraconstitucionalmente o tributo, razão pela qual forçoso é que se reconheça pela nulidade do lançamento da contribuição de melhoria objeto do presente feito, para que, se for o caso, seja o mesmo tributo renovado com obediência aos ditames legais e sob valor consentâneo, obedecidas as regras dos pertinentes do Código Tributário Nacional e do Decreto-lei 195/67, e do próprio Código Municipal, não derrogada pela vigente Constituição Federal, enquanto não regulamentado o preceito maior do tributo em questão.

De mister é que se lembre a lição do renomado Hely Lopes Meirelles, em sua obra *Direito Municipal Brasileiro*, 3ª ed., p. 315, ainda sob a égide da CF/67, porém eficiente e aplicável para a espécie:

"O *valor individual da contribuição de melhoria*, isto é, o *quantum* que cada proprietário deverá recolher aos cofres municipais, será fixado, no máximo, em quantia igual ao acréscimo do valor que a obra acarretar a seu imóvel. Conjugando-se esse requisito (valor individual) com o anterior (valor total), a parte de cada proprietário deverá ser calculada em função da valorização da área beneficiada e da despesa com a obra. Assim, a despesa será rateada proporcionalmente entre os proprietários, segundo o montante da valorização da área, até o limite da despesa pública.

"A *valorização efetiva e o rateio entre os proprietários*, na proporção do acréscimo valorativo dos respectivos imóveis, são requisitos emergentes do conceito constitucional de contribuição de melhoria, pelo que não podem ser alegados, sob pena de se descaracterizar o tributo, tornando ilegítima a sua imposição. Esses requisitos dificultam sobremodo a institucionalização do tributo, em razão das dificuldades práticas para a quantificação da valorização, total e individual, decorrente da obra pública. Na verdade, somente o mercado imobiliário, através dos preços de compra e venda e de locação alcançados após a execução da obra, pode indicar corretamente a sua área de influência e os índices de mais valia."

E adverte o conceituado autor mais adiante:

"(...) a contribuição de melhoria, como qualquer tributo, não é contratual, pois resulta do poder impositivo da entidade tributante, que deve ser exercido em estrita consonância com os princípios e preceitos constitucionais e legais pertinentes. Destarte, ainda que tenha concordado na estimativa de valorização, o contribuinte poderá recorrer às vias administrativas e judiciais, dentro do lapso da prescrição qüinqüenal, para obter a redução ou a devolução do pagamento, se a valorização efetiva foi inferior à prevista ou não ocorreu. Pela mesma razão, entendemos que a entidade tributando pode lançar contribuição adicional, se a valorização superou a previsão e a arrecadação não foi suficiente para indenizá-la das despesas com a obra."

Voto, pois, pelo provimento do recurso, reformando a decisão monocrática, nos termos antes explicitados, com inversão do ônus da sucumbência.

DECISÃO

Acordam os Juízes integrantes da Sétima Câmara Cível do Tribunal de Alçada do Estado do Paraná, por unanimidade de votos, em dar provimento ao recurso, nos termos do voto do Juiz Relator.

Participaram do julgamento os senhores Juízes Mendonça de Anunciação, Presidente, com voto, e Prestes Mattar.

Curitiba, 19 de agosto de 1966

Ronald Moro, Juiz Relator.

JURISPRUDÊNCIA

TRIBUNAL DE ALÇADA DO ESTADO DO PARANÁ

Apelação cível e reexame necessário n. 0079389-3, de Curitiba, 3ª Vara da Fazenda Pública
Apelante 1: Positivo Administração e Participações Ltda. e outro
Apelante 2: Município de Curitiba
Apelado: Ministério Público
Relator: Juiz Paulo Habith

Ementa: Reexame necessário. Apelação cível. Ação civil pública. Imóvel de valor cultural, histórico e arquitetônico não integrante do Cadastro como Unidade de Interesse de Preservação. Ausência de tombamento provisório ou definitivo. Demolição regular. Inocorre o dever de reparação de dano se o titular exerce legítimo direito de propriedade. Bem imóvel adquirido em hasta pública livre de condições ou impugnações. Registro imobiliário livre e desembaraçado. Proteção do patrimônio histórico-cultural só emerge de ato de autoridade administrativa, ordenando o tombamento. Expedição de alvará de demolição regular. Recursos providos para julgar improcedente a ação.

ACÓRDÃO N. 7.736 – PRIMEIRA CÂMARA CÍVEL

Vistos, relatados e discutidos estes autos de apelação cível e reexame necessário sob n. 0079389-3, de Curitiba, 3ª Vara da Fazenda Pública, em que são apelantes – Positivo Administração e Participações Ltda. e outro e Município de Curitiba, apelado Ministério Público.

RELATÓRIO

Trata-se de apelação cível interposta pelos apelantes nominados, e reexame necessário, em razão da sentença prolatada às fls. 348/360, que julgou procedente o pedido do Ministério Público, condenando o primeiro apelante ao pagamento do dano correspondente ao valor da casa demolida, atualizado monetariamente a partir da data do laudo até o efetivo pagamento e, o Município de Curitiba, segundo apelante, ao pagamento das despesas de dita demolição.

Irresignado, aduz o primeiro que dita demolição foi realizada mediante autorização do poder público, inexistindo norma legal impeditiva; que não houve o prévio tombamento do bem, não possuindo o mesmo valor histórico; que o laudo foi elaborado tendenciosa e parcialmente; que existem apenas meros interesses pessoais na preservação do bem, incompatíveis com as finalidades da ação civil pública.

O Município de Curitiba sustenta em suas razões de recurso que autorizou a demolição do imóvel, tendo em vista que o mesmo não integrava o cadastro de preservação do município; que a expedição do alvará foi legal; que conforme previsão constitucional, não cabe ao Município proceder aos tombamentos de imóveis, tarefa reservada à União, aos Estados e ao Distrito Federal.

Contra-arrazoando os recursos, aduz o apelado que a preservação da memória da cidade é indubitavelmente um interesse difuso; que estão inseridos na esfera do Ministério Público, a proteção aos interesses difusos e coletivos; que o alvará de demolição está eivado do vício da nulidade em virtude do não atendimento ao disposto no art. 2º do Decreto municipal 196/84; que a perita agiu de forma independente e imparcial.

Manifestaram-se os representantes do Ministério Público em ambos os graus de jurisdição pela confirmação da r. sentença.

Subiram os autos ao Egrégio Tribunal de Justiça, que não conheceu do recurso, remetendo-o a este tribunal.

É o relatório.

VOTO

Foram os apelantes condenados a indenizar para o fundo previsto no art. 13, da Lei n. 7.347/85, nos valores constantes na respeitável sentença recorrida de fls. 348/360, por ter sido reconhecido, que a primeira, adquirente do imóvel de valor histórico, o teria demolido, apesar de tombamento provisório, com a colaboração da segunda, que emitira, com vício de nulidade, o competente alvará de demolição.

Sob a ótica dos apelantes incorreu a conduta reconhecida na sentença, porquanto teria a primeira exercido seu direito de propriedade, e quanto ao segundo, exercido mero ato administrativo, normal e corriqueiro.

Na realidade, a discussão toda revelou o confronto entre o direito de propriedade e a limitação administrativa imposta a ele. A municipalidade estaria envolvida pelo fornecimento do documento de demolição.

Cabe, primeiramente, estabelecer o conceito de valor histórico contido no *inciso III do art. 1º, da Lei n. 7.347/85.*[1]

O valor da residência de Ulisses Vieira, sita a rua Carlos de Carvalho, 663, conforme constatação da perícia, revelou-se inequívoco, não só como residência de vulto histórico, como também de valor arquitetônico.

Todavia, alijado de qualquer interesse público.

Vejo que ao tempo do reconhecimento deste valor, embora a comunidade paranaense, e em especial a curitibana, tivesse reconhecido dito valor não asseguraria ao Ministério Público a propositura da ação civil correspondente, ante a inexistência de *requisitos permissíveis*.[2] Dito valor se apresentava de forma relativa, não recebendo dos poderes públicos o tombamento, quer voluntário ou compulsório, quer provisório ou definitivo, ou tivesse dita propriedade inscrita nos livros da municipalidade, como propriedade de preservação.

À época do movimento de proteção da propriedade, inexistia em qualquer registro da Prefeitura Municipal de Curitiba, o imóvel mencionado, por ato administrativo de preservação e muito menos junto ao IPPUC como se vê dos documentos de fls. 125 a 127.

O confronto referido é que ensejou a discussão, e é nele que vou dirimir a questão por entender que a sentença lançada, está em desarmonia com o conteúdo do processado, devendo a meu ver prevalecer as razões dos apelantes.

Há muito tempo, que se discute as limitações ao direito de propriedade, por

1. Constitui bem de valor histórico todo aquele que, pela sua natureza, material ou imaterial, portador de referência à ação, à identidade e à memória seja suscetível de preservação por interesse do Poder Público.

2. Há jurisprudência entendendo não constituir óbice ao ajuizamento da ação civil pública, o fato do imóvel não estar tombado (*RT* 150/370; *RF* 58/586) e outras entendendo possível que dito interesse possam ser comprovados no curso da ação (*RJTJSP* 122/50, 114/38), cuja orientação desacolho, por filiarse àquele que exige obediência aos requisitos do art. 216, da Constituição Federal e § 1º do art. 1º do Decreto-lei 25, de 30.11.37.

eminentes professores, com várias teses. Dentre elas, colho o escólio de Fernando Andrade de Oliveira,[3] que estabeleceu a sujeição do direito individual ao direito coletivo de interesse do Estado, com a atuação e limitação meramente administrativa.

Nesta mesma obra, mais adiante, sob conclusão número 10, reconhece a supremacia do direito administrativo no regime jurídico da *propriedade privada*.[4]

Entretanto, não se pode olvidar que o direito à limitação administrativa, deve decorrer da lei e não pode confrontar com o direito real de propriedade.

Porque *ninguém será obrigado a fazer ou deixar de fazer alguma coisa senão em virtude de lei* (inciso II, art. 5º, da CF).

Qualquer ato de restrição do direito de propriedade, mesmo emanado de ato administrativo deve estar previsto na lei estadual ou federal, ante a competência legislativa concorrente adquirida no art. 24, da Constituição Federal.

O município, pelo art. 30, da Carta Constitucional, só tem competência administrativa para promover a proteção.

Como já disse anteriormente, inexistia sobre a propriedade qualquer condição ou qualquer registro de tombamento provisório ou definitivo, neste último entenda-se voluntário ou compulsório, ao tempo da arrematação pela ré e apelante Positivo Administração e Participações Ltda., que adquiriu o imóvel em hasta pública, como se vê da carta de arrematação, objeto do registro de fls. 143.

A ausência de qualquer condição no mencionado registro, assegura ao proprietário todos os direitos inerentes ao domínio, quais sejam, *o uso, gozo e disponibilidade*.[5]

A regra registral, ante a publicidade do ato do registro, decorre do princípio constitucional inerente ao *direito de propriedade*.[6]

Inobstante a ótica imprimida pelo autor na inicial, percebe-se que o órgão ministerial foi mais envolvido pelo valor *sentimental* do bem; pelo calor da discussão popular na mesma época em que muitas atribuições daquele órgão estavam em debate, do que seu efetivo valor histórico e arquitetônico, sem que com isso venha a se atribuir qualquer impulso temerário à lícita e justificada iniciativa ministerial.

Observando-se as declarações de vizinhos de fls. 43 e 49, verifica-se que o valor histórico defendido tinha escopo de fazer sombra ao principal objetivo que era impedir a construção do prédio pretendido pela ré-apelante.

A prova pericial produzida trouxe inúmeros valores a serem considerados referentemente a pretensão do tombamento. Todavia, todos eles em momento algum sensibilizaram a municipalidade, o Estado ou a União, porquanto não foi dita casa

3. E, é então, pela lei administrativa formal que o direito administrativo regula a propriedade privada, conformando-a as diferentes e específicas necessidades do interesse público primeiro no plano superior das limitações administrativas, mas também pelas servidões e demais institutos congêneres do direito administrativo, sem prejuízo da possibilidade de extinguir o próprio direito, mediante regular procedimento expropriatório. Nesse campo e no nível mais concreto das relações entre o Estado e os proprietários, atua a relação de administração (pública) que enfraquece ou mesmo paralisa o direito subjetivo individual (fls. 248, *Limitações Administrativas à Propriedade Privada Imobiliária*, Forense 1ª ed.).

4. "Sem prejuízo da garantia constitucional, o direito de propriedade é exercido sobre as normas qualitativa e quantitativamente preponderantes do seu regime administrativo, definindo o conteúdo e a extensão das faculdades do proprietário, que coexistem com várias modalidades de obrigação. Em suma: o titular do domínio exerce os seus direitos elementares, usando, fruindo a coisa e dela dispondo, sobretudo segundo as normas do direito administrativo".

5. "A presunção *juris tantum* da existência do domínio e de direitos reais é o principal efeito do registro imobiliário comum" (Maria Helena Diniz, p. 517, n. 5, *Sistema de Registro de Imóveis*, 1992, Saraiva).

6. Inciso XXII, art. 5º, da Constituição Federal.

incluída entre aqueles previamente indicados à proteção.

Entretanto, o histórico do imóvel retrata que o mencionado bem, ante a sua indivisibilidade reconhecida em ação própria, foi objeto de arrematação pela ré, sem quaisquer condições, circunstância que por si só ensejaria a disponibilidade plena, não só pela obtenção da posse e domínio através do Poder Judiciário, garantidos pelos efeitos do registro imobiliário (publicidade, legalidade, força probante, continuidade, retificação, prioridade, especialidade, disponibilidade, instância e tipicidade) como também durante o seu processamento, já que ninguém requereu em juízo, familiares, organizações comunitárias ou qualquer terceiro interessado, a inserção de qualquer restrição ou que constasse do edital de hasta pública quaisquer limitações do direito de propriedade. A publicidade desta limitação ou eventualmente qualquer outro ônus imporia ao bem certa restrição, e que se houvesse, não ensejaria por parte da ré-apelante o interesse na aquisição.

Depois da aquisição é que se imporia quaisquer restrições? Não me parece lícito e nem tampouco convincente tal procedimento.

Vale a pena citar matéria do ilustre jornalista Renato Schaitza, fls. 73:

> "Os conselhos são para alunos do curso de Direito da UFPR, que articularam o tombamento do sobrado que pertenceu ao professor Ulisses Vieira. O imóvel foi demolido neste final de semana, aproveitando o feriadão. Só ficou em pé a mágoa da rapaziada, que se entregou ao desespero na sexta-feira, telefonando para meio mundo. Ninguém teve a força de deter a demolição. Ou melhor: embora estivesse armado um processo de tombamento,[7] no departamento de patrimônio cultural, o proprietário (grupo Positivo) foi mais esperto. Botou abaixo, já não havia como ajuizar qualquer embargo".

7. Apenas um requerimento encaminhado à Prefeitura Municipal de Curitiba.

Tal comentário opinativo foi lançado quando já consumada a demolição. Entretanto restou ressaltado no trecho alguns pontos que revelam o pensamento da comunidade na ocasião. (Deduzo que mencionado articulista representava à época o pensamento da comunidade).

E a matéria, assim continua:

> "Foram três os erros estratégios da moçada. Alardearam, correram abaixo-assinados – faltou silêncio. Não contaram com a força e a agilidade de um grupo econômico de porte. Cá entre nós – opinião minha – faltou à causa um tantinho de mérito"

E destaco:

> "O sobrado da Rua Carlos de Carvalho não tinha grande significado cultural ou artístico, embora nele residisse o professor Ulisses Vieira, fundador do Centro de Letras do Paraná."

E opina, conclusivamente sobre o tombamento:

> "O tombamento, como aqui se faz – penso – é uma violência do Estado contra o cidadão proprietário."

Deduz, portanto, que a propriedade em questão não gozava, na comunidade, do mesmo conceito transmitido na inicial.[8]

Na audiência, como se infere do termo de fls. 328, não foi produzida qualquer prova testemunhal. Valeu-se a ilustrada magistrada na prova documental e pericial produzidas.

Por estas razões valho-me da matéria mencionada para acrescer alguns ingredientes de julgamento:

8. "Art. 334. Não dependem de prova os fatos: I – notório ...". Fato notório. É o do conhecimento pleno pelo grupo social onde ele ocorreu ou desperta interesse, no tempo e no lugar onde o processo tramita e para cujo deslinde sua existência tem relevância (p. 762, *CPC Comentado*, 2ª ed., Nélson Néry Júnior).

a) Que "ninguém teve a força de deter a demolição";

b) Faltou mérito à pretensão; e

c) Que o sobrado não tinha valor cultural ou artístico.

Na primeira posição, restou reconhecida a ausência de oposição. E nem se poderia, pois o proprietário estava exercendo o legítimo direito de propriedade, com alvará regularmente expedido pela municipalidade. Não reconheço ato de esperteza.

A falta de mérito, é como já disse anteriormente, a casa ocupada por um comitê político não possuía o caráter histórico dado pelo Ministério Público, porquanto em sua defesa tinha apenas valor sentimental e ocasional dos vizinhos, e tampouco valor cultural ou artístico.

E com referência ao tombamento, como violência, é necessário refletir.

De fato, para procedimento de qualquer tombamento provisório ou definitivo, em que não seria só a limitação ao direito de propriedade, mas manifesta expropriação, *nada fez o Estado neste sentido*.[9]

Se o Estado assegura ao adquirente, através do Poder Judiciário, pelo juízo (Carta de Arrematação) e pelo registrador (registro imobiliário), a transferência livre de condições e sem quaisquer ônus, como demonstram as certidões de fls. 142/143, inocorre a prática de ato lesivo que ensejasse, em contrapartida, a responsabilidade civil almejada pelo Ministério Público.

Para que o ato da primeira ré-apelante fosse considerado como um dever jurídico de reparação, seria necessária a presença do nexo causal entre a sua ação e o resultado, e que essa ação fosse ilegítima ou ilegal.

A ré-apelante tinha conhecimento de intenção restritiva da propriedade, que era submissa e ineficaz ante o direito real adquirido.

Embora haja discussão no feito, sobre a existência de notificação, esta também se revelou ineficaz, ante a *ausência de procedimento*.[10] Tratava-se de mera informação.

A questão perquirida sobre o dano na prova pericial, demonstrou que se inicialmente tivesse sido preservado o bem, ao tempo em que ainda estava em poder dos familiares, ou mesmo quando das comemorações do centenário do ilustre paranaense, toda discussão não teria ocorrido.

Esperou-se que dito bem fosse à hasta pública, sem qualquer condição ou limitação, para depois de recebido o preço, sofrer o novo adquirente o procedimento expropriatório?

Por que não foi tal requerimento realizado quando se encontrava em fase de alienação judicial?

Não me cabe responder.

9. Apontando esta realidade, com a autoridade que lhe é própria, Hely Lopes Meirelles ensina ser obrigatória a reparação dos prejuízos causados pelo poder público, quando o tombamento não se constituir apenas de limitação administrativa, mas em verdadeira interdição da propriedade privada. E exemplifica dizendo que o recuo de alguns metros das construções em terrenos urbanos configura mera limitação administrativa gratuita, aduzindo logo a seguir: "Mas, se esse impedimento de construção atingir a maior parte do terreno, tornando a área inconstruível, deixará de ser limitação para ser interdição de uso da propriedade e, nesse caso, ficará o poder público a indenizar a restrição que aniquilou o direito dominial e suprimiu o valor econômico do bem. Pois ninguém adquire terreno urbano em que seja vedada a construção, como também nenhum particular adquire terras ou matas que não possam ser utilizadas economicamente, seguindo a sua destinação normal" (*Estudos e Pareceres de Direito Público* 2/167, citado na obra de *Perdas e Danos*, Arnaldo Mamitt, 2ª ed., Aide).

10. Realmente, "notificação ao proprietário do bem a ser tombado não é a mesma coisa do que um edital para conhecimento de interessados. A notificação, no caso, guarda grande semelhança com a citação inicial, no processo judicial. É o chamamento do réu para que tome conhecimento do pedido que é feito contra ele. E ainda que não tenha necessidade de revestir-se das mesmas formalidades do processo judicial, a notificação no processo administrativo do tombamento deve obedecer a um mínimo de requisitos sem os quais se torna nula e de nenhum efeito".

E embora restasse evidente o prejuízo à comunidade, quer histórico, cultural ou arquitetônico, inexistiu tempo ao regular tombamento. E neste caso a atitude da apelante não pode ser considerada como ilícita ou ilegal.

Estando o pedido administrativo do alegado tombamento em fase inicial, tampouco na fase provisória, ou seja, na fase em que o administrado oferece sua defesa e tenta demonstrar a injustiça do procedimento, quer por nulidade do processo ou ainda porque não guarda o bem os conceitos previstos na lei, tal procedimento se diz inicial. Quando aceito e em procedimento, com notificação regular, diz-se provisório. E se declarado pelo poder público, torna-se definitivo.

No procedimento intermediário não pode o administrado alterar, em qualquer hipótese o bem. Se o fizesse constituiria ato ilícito, importando na reparação. Se, definitivo, pior ainda.

No caso em exame não existia procedimento. Apenas um pedido para torná-lo preservável.

E como se trata de bem de total conservação, o que impediria a edificação a que se destinava (observe-se os pedidos de alvarás e consultas amarelas, estas destinadas à edificação, de fls. 125 a 150), o caso não seria de tombamento, mas sim de desapropriação. E de acordo com a lei, o procedimento expropriatório é precedido de *decreto expropriatório na forma da letra k, do art. 5º do Decreto n. 3.365/41*.

E embora haja entendimento ao contrário, entendo que a "proteção do patrimônio histórico-cultural só emerge de ato de autoridade administrativa, ordenando o tombamento. TJSP, Ap. n. 83211-1, SP, rel. Des. Ernani de Paiva, j. 19.3.1987".

Restou afastada, portanto, a responsabilidade civil atribuída aos apelantes, não só pela descaracterização do ato, a meu ver legal, mas pela ausência da declaração do tombamento ou desapropriação que ensejaria o nexo causal entre a ação ou omissão e o resultado.

Não tendo a primeira apelante agido na forma que lhe foi atribuída na inicial, é de se dar provimento ao seu apelo.

De outro lado, embora interligadas as ações entre os apelantes, também o Município de Curitiba não obrou de forma ilícita ou ilegal.

Não há prova nos autos.

A ausência de interesse de preservação não constava da relação de imóveis cadastrados, a qual retirava a obrigatoriedade da consulta do IPPUC ou Fundação Cultural de Curitiba, como sustentou o Município às fls. 376/377, que reconheço como *procedente*.[11]

Aliás, bem justificou: "6. Portanto, como tal imóvel não integrou o Cadastro como de interesse de preservação, a critério da comissão competente, foi deferido o pedido de alvará de demolição, sem a tramitação mencionada pela r. sentença às fls. 358, pois entendeu o Município se tratar de um imóvel como qualquer outro na cidade" (fls. 377).

A municipalidade, cumprindo ato e ofício não pode ser responsabilizada pela regularidade. Não provou o autor tenha o Município obrado em erro ou ação ilícita ou mesmo ilegítima na expedição do alvará de demolição.

11. "3. Todavia, por ocasião do pedido, foi constatado que aquele imóvel não constava na relação de imóveis cadastrados como Unidade de Interesse de Preservação, única forma cabível do Município de promover a proteção do patrimônio histórico cultural local... E mais adiante... 4. Desta forma, pela constatação de que o referido imóvel, nunca integrou o cadastro de preservação do município e, se fosse caso de tombamento, teria que ser através do Estado,... e por fim ... 5. Somente nos casos de imóvel que possa ter valor cultural, histórico ou artístico, a critério de comissão especializada na matéria deverá o pedido de Alvará de Demolição, ser examinado previamente pelo IPPUC e pela Fundação Cultural de Curitiba, com parecer posterior da Procuradoria Geral do Município."

Por fim, sustento que a competência da municipalidade, conforme preceito constitucional já mencionado, é meramente administrativa, dependendo, portanto da iniciativa do legislador estadual e federal.

Mesmo que tivesse tal competência, restaria evidente que tal ato deveria ter origem na lei.

Acompanho o entendimento de Antonio A. Queiroz Telles, quando sustenta.[12]

> Entendemos, isto sim, deva o tombamento compulsório, para adequar-se, perfeitamente, ao sistema jurídico vigente, ser viabilizado, necessariamente, através de ato legislativo, em cada caso, ou seja, de acordo com o preceituado no art. 8º do Decreto-lei n. 25/37: "proceder-se-á ao tombamento compulsório quando o proprietário se recusar a anuir à inscrição da coisa".
>
> Esta idéia implica, conseqüentemente, na admissão de outra. Quer dizer, assim, que o voluntário ocorreria mediante o procedimento administrativo nos termos do disposto no art. 7º do mesmo decreto-lei: "proceder-se-á ao tombamento voluntário sempre que o proprietário o pedir a coisa se revestir dos requisitos necessários para constituir parte integrante do patrimônio histórico e artístico nacional... ou sempre que o mesmo proprietário anuir por escrito, à notificação que se lhe fizer, para a inscrição dos livros do tombo".
>
> Justificamos nossa opinião, tendo em conta o próprio preceito constitucional que assegura ao indivíduo a prerrogativa de não ser obrigado, a não ser em virtude de lei."

Por entender que não se pode alterar a ordem jurídica, por mais relevante que seja o objeto e o interesse público, não há meio que justifique a ofensa a um direito adquirido, mesmo individual, obtido legalmente dentro desta mesma ordem.

12. *Tombamento e seu Regime Jurídico*. Ed. RT, 1992, p. 82.

> *Assim, voto no sentido de dar provimento a ambos os apelos para julgar a ação civil pública improcedente.*
>
> A sucumbência, quando a ação é intentada pelo Ministério Público, tem sido afastada pela jurisprudência, por entender que o Ministério Público quando propõe a ação civil pública para proteção dos direitos difusos, coletivos ou individuais homogêneos, está agindo no interesse da coletividade. Assim, não poderá ser condenado nas verbas da sucumbência quando a demanda for julgada improcedente (*RT* 639/73; *RJTJSP* 135/209).
>
> O MP, quando exerce a ACP, tem os mesmos poderes e ônus que as partes (CPC 81), devendo suportar a condenação no pagamento das despesas quando vencido na ACP (CPC 20); como o MP é órgão do Estado, este responderá, cabendo oportunamente imputar o valor da condenação em sua verba orçamentária (TJRS, 1ª Câm. Cível, Ap. 59200668-8, rel. Des. Araken de Assis, j. 16.3.1993, v.u., *Bol. AASP* 1.806/317).[13]

Inicialmente elegi dita corrente porque no nosso direito vigente com a regra da sucumbência, vigora também o princípio da causalidade, e portanto, os réus não deram causa à propositura da ação, eis que tanto um como outro, agiram dentro da lei.

Embora relutasse, porque conheço o montante das despesas e os incômodos de uma ação judicial, convenci-me que a melhor solução entre as correntes doutrinárias é aquela que conclui pela não sujeição do Ministério Público à sucumbência processual.

> "Tendo o código adotado o princípio da causalidade, não se divisa a que título aquela responsabilidade lhe poderia ser carregada; como substituto o Ministério Público age, intervém ou contesta, mas não é parte na relação de direito substan-

13. Ambas jurisprudências estão arroladas à p. 1.445 do *CPC Comentado*, Nélson Néry Júnior, Ed. RT, 2ª ed.

cial, agindo no interesse de uma ou de ambas as partes, ou no interesse público.

"A indenidade do Ministério às regras da sucumbência prevalece quando o respectivo órgão age como titular da ação por direito próprio, no resguardo de um interesse de ordem pública ..."

Deixo de aplicar, portanto, contra o vencido, a verba de sucumbência.

No que concerne a verba honorária pericial, cabe ao perito, querendo, a iniciativa de cobrança administrativa ou judicial junto ao Estado do Paraná.

Acordam os juízes integrantes da Primeira Câmara Cível do Tribunal de Alçada do Estado do Paraná, por unanimidade em dar provimento aos recursos na forma acima.

O julgamento foi presidido pelo Juiz Mário Rau, sem voto, e dele participaram, além deste Relator, os senhores Juízes Antônio Renato Strapasson e Cunha Ribas.

Curitiba, 18 de março de 1997.

Paulo Habith, Juiz Relator.

REVISTA TRIMESTRAL DE *DIREITO PÚBLICO*

DOUTRINA: UM CASO PARADIGMÁTICO DE VIOLAÇÃO AO DIREITO – *Celso Antônio Bandeira de Mello* • CIDADANIA E CONSTITUIÇÃO (AS CORES DA REVOLUÇÃO CONSTITUCIONAL DO CIDADÃO) – *Cármen Lúcia Antunes Rocha* • A LEI DOS PARTIDOS POLÍTICOS (LEI 9.096, DE 19 DE SETEMBRO DE 1995) – *Sérgio Sérvulo da Cunha* • O DEVIDO PROCESSO LEGAL E O ESTADO DEMOCRÁTICO DE DIREITO – *Geraldo Brindeiro* • A AUTONOMIA DO BANCO CENTRAL – *José Simões Patrício* • O PRESSUPOSTO LÓGICO DO ATO ADMINISTRATIVO – *José Roberto Pimenta Oliveira* • ***PARECERES:*** CONTRATO DE ASSOCIAÇÃO – DESCUMPRIMENTO DO PRINCÍPIO CONSTITUCIONAL DA IMPESSOALIDADE DA ADMINISTRAÇÃO PÚBLICA – *Fábio Konder Comparato* • ASPECTOS DO PROCESSO DE "IMPEACHMENT" – RENÚNCIA E EXONERAÇÃO DE AGENTE POLÍTICO – TIPICIDADE CONSTITUCIONAL DOS CRIMES DE RESPONSABILIDADE – *Luís Roberto Barroso* • CORREÇÃO MONETÁRIA DE PARCELAS PAGAS COM ATRASO A SERVIDOR PÚBLICO – *Mirtô Fraga* • INCINERAÇÃO DE DOCUMENTOS ARQUIVADOS NO ARQUIVO GERAL DA PREFEITURA MUNICIPAL – *Hélcio de Abreu Dallari Júnior* • REESTRUTURAÇÃO DO SETOR POSTAL BRASILEIRO – *Floriano Peixoto de Azevedo Marques Neto* • ***ESTUDOS E COMENTÁRIOS:*** A ANEEL E A DESESTATIZAÇÃO DOS SERVIÇOS DE ENERGIA – *Marcos Juruena Villela Souto* • DA DEFINIÇÃO E DA DIVISÃO (NO DIREITO) – DA CLASSIFICAÇÃO DAS COMPETÊNCIAS DAS PESSOAS POLÍTICAS E O MEIO AMBIENTE – *Heraldo Garcia Vita* • OS TRIBUNAIS DE CONTAS E O SANCIONAMENTO ADMINISTRATIVO DE LICITANTES E CONTRATADOS – *Eduardo Rocha Dias* • PROCESSO DE CASSAÇÃO DE MANDATO ELETIVO E O AFASTAMENTO PROVISÓRIO DE PREFEITO MUNICIPAL DO CARGO POR DECISÃO DA CÂMARA DE VEREADORES – *Fábio Medina Osório* • RESPONSABILIDADE DOS AGENTES PÚBLICOS POR CONDUTAS OMISSIVAS APÓS A VIGÊNCIA DO CÓDIGO DE DEFESA DO CONSUMIDOR – *Georghio A. Tomelin* • ***CONFERÊNCIAS E DEBATES:*** O PODER EXECUTIVO E O PODER LEGISLATIVO NO CONTROLE DE CONSTITUCIONALIDADE – *Gilmar Ferreira Mendes* • ***JURISPRUDÊNCIA***

MALHEIROS EDITORES